政府公共关系教程

张岩松 张言刚 主 编

清华大学出版社

北 京

内 容 简 介

本书首先对政府公共关系的内涵、特征、原则、职能、要素、程序等方面进行了系统阐述,在此基础上,还重点对政府形象塑造、政府危机处理和政府网络公关等政府公共关系的全新领域从理论和实践方面进行了深入的探索,从而形成了富有创新意识的政府公共关系理论体系。为了增强本书的实践性,每章后还辅以最新的典型政府公共关系案例。

本书可以作为职业教育本科院校、应用型本科院校、高职高专院校、成人院校、各级党校、行政学院的公共事业管理、行政管理、传播学、公共关系学等专业的教材,也可以作为各级党政领导和广大公务员提高政府公共关系理论水平的优秀读物。

图书在版编目(CIP)数据

政府公共关系教程/张岩松,张言刚主编.--北京:清华大学出版社,2015(2021.8重印)
ISBN 978-7-302-39730-4

Ⅰ.①政… Ⅱ.①张… ②张… Ⅲ.①国家行政机关-公共关系学-教材 Ⅳ.①D035.1

中国版本图书馆 CIP 数据核字(2015)第 067996 号

责任编辑:张龙卿
封面设计:徐日强
责任校对:袁 芳
责任印制:朱雨萌

出版发行:清华大学出版社
　　　　网　　　址:http://www.tup.com.cn,http://www.wqbook.com
　　　　地　　　址:北京清华大学学研大厦 A 座　　　　　邮　　编:100084
　　　　社 总 机:010-62770175　　　　　　　　　　　邮　　购:010-62786544
　　　　投稿与读者服务:010-62776969,c-service@tup.tsinghua.edu.cn
　　　　质量反馈:010-62772015,zhiliang@tup.tsinghua.edu.cn

印 装 者:北京国马印刷厂
经　　销:全国新华书店
开　　本:185mm×260mm　　印　张:21.25　　　　　字　数:490 千字
版　　次:2015 年　 月第 1 版　　　　　　　　　　印　次:2021 年 8 月第 9 次印刷
定　　价:59.00 元

产品编号:060579-02

前 言
FOREWORD

　　政府是国家行政管理的主体,承担着协调、管理社会各方面事务的重要职责。当今的中国,社会的发展日新月异,社会生活日趋复杂,这对政府的行政管理工作提出了更高的要求。传统社会中那种简单、粗放的管理模式,显然已无法适应现代社会的要求。在这一背景下,政府要成功地履行自己的管理职能,就必须讲究管理艺术,注重管理手段、方法上的改进与创新,以适应管理内容的变化。现代科技的进步,又为政府提高其管理水平准备了物质技术基础。于是,政府公共关系应运而生了。

　　党的"十八大"报告指出:要更加注重改进党的领导方式和执政方式,保证党领导人民有效治理国家,加快形成党委领导、政府负责、社会协同、公众参与、法治保障的社会管理体制,加快形成源头治理、动态管理、应急处置相结合的社会管理机制。这标志着政府公共关系将大有用武之地,政府公共关系适逢难得的发展机遇,政府公共关系的时代到来了!

　　在政府工作中,充分运用公共关系艺术,提高政府管理的整体成效,是一条已经得到实践证实的普遍经验。甚或可以认为,政府运用公共关系艺术的水准本身就是其管理水平高低的一个标志。管理水平直接决定着管理成效,管理成效又是政府建立并维持其合法性的基础。因此,任何现代政府如果在管理上故步自封,缺乏进取与革新的行动,都无异于自掘坟墓。新形势下,各级政府及公务员需要科学地运用政府公共关系理论,直面公众,加强沟通,正视媒体,挑战危机,展示自我,塑造全新的良好形象。

　　蓬勃开展的政府公共关系实践需要理论的指导。站在理论的高度,系统地分析和总结我国政府公共关系事业所积累的经验,科学地探讨与回答政府公关实践中的规律和问题,建立并发展有中国特色的社会主义政府公共关系理论体系,从而为实践的发展提供理论指导,已成为摆在公共关系理论工作者面前的重大而紧迫的课题。有鉴于此,我们编写了《政府公共关系教程》一书。

　　本书首先对政府公共关系的内涵、特征、原则、职能、要素、程序等方面进行了系统阐述,在此基础上,还重点对政府形象塑造、政府危机处理和政府网络公关等政府公共关系的全新领域从理论和实践方面进行了深入的探索,从而形成了富有创新意识的政府公共关系理论体系。为了增强本书的实践性,每章后还辅以最新的典型政府公共关系案例。

　　在本书写作的过程中,笔者注重紧密联系中国实际,有针对性地研究和解决政府公共关系实践中的一系列问题,力求使本书兼具理论和应用价值。同时,尽可能广泛地借鉴和吸收国内外有关政府公共关系理论研究的最新成果。

　　本书由张岩松、张言刚主编，王允、蔡颖颖为副主编。张岩松编写第 1～3 章，张言刚编写第 6～9 章，王允编写第 5 章，蔡颖颖编写第 4 章。张国桐、王芳、刘思坚、蔡颖颖、王琳、高琳、潘丽、李健、刘桂华、王艳洁、陈百君、张昀、乌玉洁、穆秀英、赵静、张铭、刘嫣茹、宋英波编写了各章的实训项目。本书由张言刚统稿。

　　尽管笔者为完成本书付出了艰辛的劳动，倾注了大量的心血，但限于学识水平，不妥之处恐难避免，殷望大家教正。

编　者

2015 年 5 月

目　录
CONTENTS

第一章

政府公共关系导论

政府的目标和活动的多样化比起公共关系实践的其他任何领域来说都要丰富得多。

——[美]斯科特·卡特里普

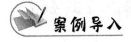 **案例导入**

曲阜市的"马上就办"

2014 年 6 月，山东省曲阜市"马上就办"工作体系成为全国首个通过国际质量管理认证的服务民生类工作体系。2011 年，立足于将"马上就办"的效能理念、行政理念、管理理念转变成政治常态，体现民本思想、负责精神、干事姿态和高效环境，曲阜市建立了"马上就办"三大运作载体、四项运作机制、五类约束制度，载体化、常态化运作了"马上就办"，并引入 ISO 9001 国际质量管理体系。2012 年，"马上就办"工作法入选人民网评选的优秀地方新政。工作中，我们的具体实践和思考如下。

用"马上就办"强化"百姓至上"理念，促进干部直接联系服务群众

"马上就办"源于党的群众路线，是"百姓至上"执政理念的具体体现。

"马上就办"实现了"急群众之所急"。"马上就办"必须有承接载体，对群众咨询和求助高效处理，最大限度地便民利民。一是设立"马上就办办公室"。在不增加人员、不增加编制、不增加经费的原则下设立 101 个"马上就办办公室"，单位主要负责人兼任办公室主任，一名副职担任办公室副主任，主持办公室日常工作，形成了"人人都是责任人，事事都要马上办"的浓厚氛围和办理机制。二是开通"马上就办一线通"。整合多个服务热线和投诉电话，开通"4412345"服务热线，抽调专门人员 24 小时接听群众来电，对接全市 101 个"马上就办办公室"。对群众和基层单位反映的各类问题，马上回应、马上交办、马上跟踪，确保了"马上就办"效果。三是配备"马上就办直通车"。在各镇街和重要民生部门配备了"马上就办直通车"，现场处置、有效解决群众合理诉求，流动承办"马上就办"事项，一线督导"马上就办"事项办理情况。

　　"马上就办"体现了"想群众之所想"。群众的心声要及时听取,渠道要畅通。围绕拓展"马上就办"服务平台,要设立广泛集纳民生民意的工作平台。一是群众可以通过市委书记信箱直接向市委书记反映问题和诉求、提出意见和建议,并实现了每信必批,件件落实。二是76个部门单位同时在网站开通问政平台,对群众提出的咨询、反映的问题,限时答复,超时问责。三是定期举办市委书记与网民面对面的座谈会,每位市级领导联系一名热心网民,定期沟通"网意",实现了"网上听民意,网下解民忧"。

　　"马上就办"对应了"应群众之所求"。群众诉求无小事。群众的诉求要全面回应,办理民生实事更要"马上就办"。一是创新实施征集交办群众"最不满意十件事",实现了工作由群众提出、群众交办、群众监督、群众评判,建立了群众监督批评党委政府工作机制。二是以"第一书记"为带动,整合全市法律、农业、科技、工商、文化等民生部门的工作人员力量,村村组建了"第一书记工作室",建立了"组团式"服务群众机制。三是实行市信访局第一局长"1+2"制度,每季度开展一次公开大接访、公开大下访活动,全部市级领导沉到一线和镇街受理群众上访事宜,实现了首接负责、包案到底。

让"马上就办"成为作风常态,提升服务效能

　　"马上就办"是一种理念、是一种服务,更是一种革新,是对作风的自我革新,是官场治懒、提升效能的自我革命。

　　"马上就办"的本质是科学行政。"马上就办"理念要求,必须以科学的态度和理念推进行政的科学设计和无缝对接,让"马上"拥有实践可能和制度保障。其本质就是"首接负责"和"审批提速"。"首接负责"要求的是责任主体。每个单位的"马上就办办公室"、问政平台管理员都是本单位"马上就办"的责任主体,在遇到群众问询、求助事项时,负责协调,涉及本单位职能的,必须办理到位;涉及其他部门职能的,重点做好单位间的协调,辅以对群众进行解释说明。市级"马上就办一线通"负责全市来电求助、咨询和责任交办。第一书记面对来自任职村村民的咨询求助,要负责到底,协调职能部门单位。第一局长对接访案件也要一包到底,有权代表市委、市政府协调调度任何单位和个人。"审批提速"要求的是压减事项、缩短流程。探索实行了"一会制"审批模式,制订实施了一次告知制等10项机关效能基本制度,创新推进"网上审批"、"并联审批"、"全程代办"等。2011年以来,全市审批事项由312项压减至161项;共有3批230个项目实现"零收费";审批速度提升30%以上。

　　"马上就办"的体现是依法行政。在"马上就办"的理念诠释中,"马上"是一种态度,"就"要求有体制机制保障,"办"是落脚点,但要求的是马上启动办事程序,而不是马上办完。我们在制度设计中,既充分强调"急事急办、要事快办、特事特办",也强调"依法办理",防止"滥办乱为"。在把握中,一是强调受理不推脱,该受理的必须即时受理,启动办理程序,能当场办完的当场办完,不能当场办完的必须解释清楚;二是强调办理不拖拉,有规定时限的,必须在规定时限内办完;三是强调服务不打折,要以方便群众为原则,该告知的一次性告知、明确时限的必须告知明确时限。所以,"马上就办"与"按程序办"、"按法律办"并不冲突,作风不仅体现在速度上,也体现在态度上,依法行政不影响行政效能。

"马上就办"的核心是高效行政。"马上就办"体现的是速度和效率,要有效率意识和制度保障。一要让"马上就办"入脑入心。大力营造"马上就办"的氛围,开展强化"马上就办"理念集中教育活动,设立"马上就办"永久性标识,在新闻媒体开设"马上就办"专栏,编制印发了"马上就办"工作手册,利用各具特色的"马上就办"符号,让广大干部职工时刻体会"马上就办"氛围,感知"马上就办"压力,深化"马上就办"理念,形成"马上就办"自觉。二要完善相关制度规定。针对"马上就办办公室"、"马上就办一线通"、"马上就办直通车"、"市委书记信箱"、"网络问政平台"等运作平台,分别出台管理和办理办法,规范工作程序、约束工作人员行为。

将"马上就办"上升为督察政治,破解"为官不为"

"马上就办"既是一种落实状态,也是一个推进标准,内含方法,更有要求,是着力倡导的一种工作精神,破解"为官不为"难题的有效途径,必须上升为督察政治。

即时督察。有载体就要有标准、有流程。有工作就要有落实、有检查。既然是"马上就办",就要完善系统内监督,靠及时、即时的督察实现"马上就办一线通",对承办单位进行监督;各"马上就办办公室"对本单位承办科室进行监督;第一个受理事项的"马上就办办公室"对另一个"马上就办办公室"进行监督;当事人对"马上就办办公室"办理结果进行监督。同时,每周"马上就办一线通"、"书记信箱"、"网络问政平台"的办理情况都要进行统计,结果要纳入部门单位年度考核成绩,而且要在全市进行通报,传导压力、倒逼落实。目前,"马上就办"已成为曲阜市统揽各项工作的总载体,成为引领发展、加快发展的原动力,推进曲阜市实现了财政收入"三年翻番",招引新上项目462个,连续两次获得济宁市综合考核第一名。

全民督察。"马上就办"是为民办事,要让群众知晓、监督和评判,用群众的力量推动落实,让群众满意。要通过电视、广播、报纸、网站和宣传栏等阵地,对有关事项进行充分的公开。要健全群众评价监督,设置办理结果反馈及群众满意度测评栏,接受群众即时评价;组建群众监督评议团,对"马上就办办公室"分系统、不定期评议,现场打分,排出名次,公开结果。"马上就办"成为曲阜的政务服务品牌,提升了工作效能,推动了全民免费查体、困难家庭大病全报销、农村公路建设等一系列民生工程顺利实施,曲阜获得了群众满意度考核济宁市第一的好成绩。

结果运用。"马上就办"与"不马上就办"绝不能无关痛痒。在载体化运作过程中,要将督察结果作为单位和个人的重要考量因素,奖优罚劣,形成"马上就办"的导向,营造风清气正的用人环境,打造良好的政治生态。目前,曲阜形成了"马上就办"、"天天一线"、"5+2"、"白加黑"的工作常态,营造了"实干当头、全力全速、敢于担当、全面创新"的工作氛围。

(资料来源:李长胜.曲阜"马上就办"的事件与思考.光明日报,2014-11-11,09版)

问题:

1. 曲阜市"马上就办"工作体系的成功运作,收到了哪些公关效果?

2. 结合本案例谈谈你对政府公共关系内涵的理解。

第一节　公共关系概述

政府公共关系是公共关系的一种具体的、特殊的形式。所以,要了解政府公共关系,必须首先了解公共关系。

一、公共关系的含义

(一)"公共关系"一词的来源

"公共关系"一词来自英语 Public Relations,简称 P. R.。由于它是由两个英文单词组成的,所以包括两层含义:一层是 Public;另一层是 Relations。Public 以两种词性表现出来:一种是形容词,意为公众的、公共的、公众事务的,与 Private(私人)相对应,表明它是非私人的,非秘密性的;另一种是名词,意为公众、大众,表明它不是个体,而是集团、群体。Relations 为名词,意为关系、交往等。一般来说,简单的关系是以个体与个体的形式联系在一起并进行交往的,是一种简单的、直接的交往,这种关系我们称为"人际关系"。由于 Relations 以特定的形式出现,其内涵更丰富、意义更深远。

首先,这种关系被复数所限定,表明它只能是在复杂的交往中体现出的多种关系。这种关系可能是直接关系,也可能是间接关系;可能是单向关系,也可能是双向乃至多向关系。

其次,这种关系被英语 Public 所限定,表明它只能是社会组织在复杂的社会交往中与其各类公众及公众群体之间所建立起来的非个体、非秘密、非私人的关系,这种关系具有公众性、公开性、群体性、社会性等特点。

综合两个英语单词的内涵和特点进行分析,将 Public Relations 译为"公众关系"更为确切,因为它是站在一个固定的角度——社会组织来分析其所面临的各种关系。不同的社会组织,由于其业务特点、工作对象不同,会面临不同的公众对象,从而形成不同的公众关系。同一个社会组织,由于不同时期工作的重点不同,也会面临不同的公众,形成不同的公众关系。这说明"公众关系"并不具有"公共"性,它不可能像"公共电话"、"公共汽车"、"公共图书馆"、"公共浴室"、"公共厕所"那样具有普遍意义,但是因"公共关系"已经约定俗成并广为流传,这里也将其叫作"公共关系",以便容易被更多的读者所接受。

(二)公共关系的定义

尽管公共关系在实践上早已被各种社会组织所应用,但从理论上给它下一个科学的定义却并非易事,迄今为止仍是众说纷纭、莫衷一是。

公共关系作为一门新兴学科以其综合性、应用型、边缘性等学科特征,使得国内外不同的公共关系专家从不同的角度对其进行阐述,概括起来,大致有以下定义。

被称为"公共关系之父"的美国公共关系职业创始人艾维·李(Ivy Lee)认为,公共关系是一种公开的宣传活动①。

被认为是公关理论创始人的爱德华·伯耐斯(Edwaa L. Bernays),将公共关系视为社会科学的一部分,他认为公共关系就是社会组织引导公众对组织行为进行了解和产生亲善的行为②。

20世纪50年代以撰写被誉为"公关圣经"的《公共关系教程》一书而闻名公关界的斯科特·卡特里普(Scott M. Cutlip)与艾伦·森特(Allen H. Cent)提出的公关定义是:公共关系是这样一种管理功能:它建立并维护一个组织和决定其成败的各类公众之间的互利互惠关系③。

英国著名的公共关系学者弗兰克·杰夫金斯认为:公共关系就是一个组织为了达到与它的公众之间相互了解的明确目标,而有计划地采用一切向内和向外的传播沟通方式的总和④。

美国学者莱克斯·哈罗博士收集了此前人们给公共关系做的472种定义后给出了一个更详细的定义,即"公共关系是一种独特的管理功能。它能帮助建立和维护一个组织与其各类公众之间传播、理解、接受和合作的相互联系;参与问题和事件的管理;帮助管理层及时了解舆论并且做出反应;界定和强调管理层服务于公共利益的责任;帮助管理层及时了解和有效地利用变化,以便作为一个早期警报系统帮助预料发展趋势;并且研究和利用健全的、符合职业道德的传播作为其主要手段。"⑤

当代美国公关界的权威代表詹姆斯·格鲁尼格(James E. Grunig)从其研究成果"卓越公关"的角度,提出"公共关系是一个组织与其公众之间的传播管理,其目的是建立一种与这些公众相互信任的关系。"⑥

国际公共关系协会(IPRA)在1978年对公共关系所下的定义是:"为组织领导人承担咨询任务并贯彻实施计划的执行。"⑦

美国著名公关学家伦纳德·萨菲尔(Leonard Saffir)在《强势公关》中提出:"公共关系已经成为一门有影响力而且系统完备的成熟学科,能够通过强大而温和的手段影响人们的观念。如果使用得当,公关能发挥双向作用,既提供反馈信息,预测公关舆论,同时又制订计划,影响和引导舆论。"⑧

写作畅销书《公关第一、广告第二》的美国当代营销大师阿尔·里斯(Al Ries)认为:"就公共关系而言,核心是品牌塑造。"⑨

从上述国际著名的公关学者及机构对公关概念的界定可以看出,对公共关系概念的理解与社会经济发展水平同步演进、逐渐完善,这些表述既体现了公关概念的实用特性,

---

①②③⑦　[美]斯科特·卡特里普,等．公共关系教程．明安香,译．北京:华夏出版社,2002

④　[英]弗兰克·杰夫金斯．公共关系理论与实践．上海:复旦大学出版社,1989

⑤　[美]艾伦·森特,斯科特·卡特里普．有效的公共关系．北京:华夏出版社,2002

⑥　http://www.chinapr.com.cn

⑧　[美]伦纳德·萨菲尔．强势公关．梁浚洁,段燕,译．北京:机械工业出版社,2002

⑨　[美]阿尔·里斯,劳拉·里斯．公关第一、广告第二．罗汉,虞琦,译．上海:上海人民出版社,2004

也反映了公关理论的不断成熟性。

国内公关界根据自己的理解和实践,也提出了不少公共关系的定义。现介绍几种代表性的定义。

余明阳提出:"公共关系是社会组织为了塑造组织形象,通过传播、沟通手段来影响公众的科学与艺术。"[1]

居延安认为:"公共关系是一个社会组织在运行中,为使自己与公众相互了解、相互合作而进行的传播活动和采取的行为规范。"[2]

喻野平认为:"公共关系是一种劝服形式的协调活动。"[3]这个定义主要是针对"公共关系是一种协调活动"而言,因为"协调"是一个抽象概念,它没有指明采用什么样的具体行为来协调关系,而一些强制性的行为、非法的行为和不情愿的行为也会起到协调关系的作用。但公关的行为性质必须是非强制性的、合法的、自愿接受的。

除此以外,还有一些定义非常具体直观。

- 公共关系是90%靠自己做得对,10%靠宣传。
- 公共关系即通过良好的人际关系来辅助事业成功。
- 公共关系就是促进善意。
- 公共关系不是一台打字机可以买到,也不是一张订货单可以延期,它是一种生活方式,时时刻刻表露在各种态度与行动中,对工作人员、顾客以及整个社会都有影响。
- 公共关系就是争取对你有用的朋友。
- 公共关系是说服和左右社会大众的技术。
- 公共关系是创造风气的技术。
- 广告是要大家买我,公共关系是要大家爱我。
- 公共关系就是讨公众喜欢。
- 公共关系是生产力。[4]

以上各种观点由于各自考察的角度不同,分别揭示了公共关系不同的侧面特征。这些定义对于理解公共关系的作用也是非常有用的,它们生动形象、直观明了。但它们只揭示了公共关系的部分含义,不够全面、准确。

我们认为,给公共关系下定义既要抓住本质,又要严密全面。这里我们赞同美国公共关系权威詹姆斯·格鲁尼格提出的定义:"公共关系是一个组织与其公众之间的传播管理,其目的是建立一种与这些公众相互信任的关系。"这个定义认为公共关系的主体是组织,客体是公众,手段是传播与沟通,同时强调公共关系是一种管理职能、管理行为。它不同于生产管理、技术管理、人力资源管理、财务管理、营销管理,它是对一个组织传播行为、传播资源、传播过程和传播媒体的管理。它的管理目标最终是调整组织与公众之间的关系,从而优化组织的所处环境,使组织的整体价值得到提升。[5]

① 熊源伟.公共关系学.合肥:安徽人民出版社,2001
② 居延安.公共关系学.上海:复旦大学出版社,2001
③ 喻野平."劝服说"能统一公关理论吗.贵州民族学院学报,2000(4);106
④ 杨为民.公共关系也是生产力.中国工商,2003(12);106
⑤ 杜创国.公共关系实用教程.北京:清华大学出版社,2007

综上所述,本书给公共关系的定义是:公共关系是一种现代管理职能。它是指一个社会组织通过有计划、有目的的信息传播手段与公众进行双向信息交流,从而树立良好的组织形象,赢得内外公众的信任和支持,为组织的发展创造最佳的社会环境。这个定义概括了公共关系的手段、对象、职能与目标,可以说是一个比较完整、科学的定义。

(三)公共关系的表现形式

关于对"公共关系"概念的理解,还可以从不同的角度去分析,这使其表现出不同的形式。

1. 公共关系状态

从静态公共关系的角度来看,公共关系首先是一种社会状态,即一个组织所处的公众关系状态和社会舆论状态。社会组织的公共关系状态是无形的,但却是客观的,无论是有意还是无意,任何社会组织都处在一定的公共关系状态之中,这种状态是与任何社会组织相伴的一种客观存在,是不以社会组织的意志为转移的。因此,就任何社会组织而言,都不存在有无公共关系状态的问题,而只有良好的或不良的、自觉的或自然的公共关系状态的区别。这种客观存在着的公共关系状态,形成对社会组织有利的或不利的内外环境,对组织的生存和发展起着积极或消极的作用。

2. 公共关系活动

从动态公共关系的角度来看,公共关系又是一种活动或工作。当一个组织通过自己的努力来改善自身的公共关系状态时,就是在从事公共关系活动和开展公共关系工作,这是主观见诸客观的一种实践过程。其实,任何一个组织,为了生存和发展,为了实现自己的目标和责任,总要处理方方面面的关系,这实际上就是进行公共关系活动和开展公共关系工作。在这方面同样不存在有无的差别,而只是可以区分为自觉的或自发的、出色的或不力的、有效的或无效的、专门的或兼有的。当然,只有自觉地、有计划地、创造性地开展有效的公共关系活动,才能积极构建组织良好的公共关系状态。一个组织也只有自觉地、有计划地进行公共关系活动,才能出手不凡、有所创造、事半功倍。因此,公共关系活动又被称为"公共关系艺术"。另外,随着公共关系活动专业化的需要,公共关系成为一项职业,有其专门的组织、机构及人员。

3. 公共关系意识

公共关系也是一种意识、观念,它是现代组织及其人员对公共关系客观状态的自觉认识和理解,是对公共关系活动经验的能动反映和概括。例如,塑造形象意识、服务公众意识、传播沟通意识、诚信互惠意识、广结良缘意识、立足长远意识、创新审美意识、危机忧患意识等。公共关系意识来源于公共关系实践活动,因而对后者有明显的依赖性。公共关系意识一经形成,就具有相对的独立性和能动性,从而对公共关系实践活动具有指导意义。对任何组织来说,构建良好的公共关系状态,必须开展有效的公共关系活动,而这些活动又必然是在一定的公共关系意识指导下进行的。反之,没有正确的公共关系意识,就不可能自觉地进行公共关系活动,因而也不会形成良好的公共关系状态。可以说,公共关系意识是自觉构建良好的公共关系状态的思想基础和开展有效的公共关系活动的行动指南,是现代组织及其人员的必备素质。不同的社会组织及人员有无自觉的和正确的公共关系意识,确有天壤之别,而且其结果也大不一样。人们谈论公共关系,往往津津乐道那些独具匠心的各种手段和技巧,而忽视其中包含的公共关系意识和思想,这是公共关系不能上层次、上水平的关键所在。其实,公共关系本质上是一种思想、文化,是一种战略,只有在正确的思想和战略的基础之上,公共关系才能有精彩的运作和闪光的创造。

4. 公共关系学

公共关系学是一门新兴的软管理学科,它以公共关系活动及其规律性为研究对象,既是一门多学科交叉并具有自己的概念、范畴及其系统的理论科学,又是一门具有明显的可操作特征的应用科学。这门学科在公共关系实践活动上受到社会重视,客观上需要在系统总结和理论升华的基础上建立和发展起来,同时又成为强化公共关系意识和推动公共关系实践的指南。学习和普及公共关系学,增加社会组织及其人员的公共关系意识,并且研究和运用公共关系学的基本理论指导企业和其他各类社会组织的公共关系工作,对企业经营管理水平的全面提高乃至整个社会的和谐与发展,都具有重要的意义。当今世界计算机技术的发展和在社会各个领域的广泛普及,已经极大地推进了整个社会物质和精神的文明与进步,公共关系学理论的发展和为各类社会组织的普遍应用,也同样会造就整个社会物质和精神的文明与进步。

上述公共关系的主要层次是互相区别又互相联系的,这些层次是在认识和说明公共关系概念时应当弄清楚的。

(四)公共关系的内在含义

公共关系是社会关系的一种管理职能,反映的是事物之间相互联系、相互作用的机制和状态。公共关系的基本含义应从以下几个方面加以把握。

1. 塑造形象的艺术

形象就是某一事物或人在公众心目中的印象,或者说是公众对某一事物或人的总体评价。"形象"一词的内涵和外延都很大。从构成社会的主体来说,有国家形象、城市形象、地区形象、组织形象、个人形象;就一个具体的企业来说,有企业形象、产品形象、商标形象、环境形象、领导形象、员工形象等。形象有好坏、优劣之分。影响形象的因素纷繁复杂,一个不利的因素就可能导致形象不佳,而最佳形象的获得容不得任何不利的因素。因此,公共关系特别强调:组织必须时刻注意建立和维护良好的社会形象,否则将会直接影响到目标的实现。

在当今社会,形象已引起了人们的重视,我们常说"维护祖国尊严"、"珍视企业信誉"、

"创建文明城市"、"给人留下美好的第一印象"等,都是要求人们注重形象。1960 年和 1968 年,尼克松两次竞选美国总统,由不注重形象到注重形象,结果一败一胜,其经验教训告诉我们:注重形象是十分重要的,它关系到组织的生存与发展,关系到事业的成败,关系到目标的实现。

2. 建立和谐友善的关系

关系是人和人之间或事物之间通过人的相互作用、相互影响而形成的具有某种联系的状态。公共关系的定义强调公共关系是组织与其相关公众相互适应的状态,这种相互适应的状态就是指要形成一种和谐友善的关系状态。

人类自诞生开始就与自然界产生了一定的联系,人与人进行交往就产生了关系。随着人类的增多,关系愈加复杂。人们由于共同目标的需要聚集在一起,形成一定的群体或组织时,因人的作用和影响,这个群体或组织之间也产生了关系,进而形成了邻里关系、组织关系、社会关系、城乡关系、国际关系等。关系也具有双重特性:一方面,关系具有客观性;另一方面,关系又具有动态性。正是基于关系的双重特性,公共关系强调要利用传播沟通、相互协调、真诚合作、互惠互利等改善组织与公众之间的关系。公共关系界有一句俗话:"公共关系不能树立敌人。"公共关系要广结善缘、广交朋友,只有与社会公众形成一种和谐友善的关系,组织才能与公众相互适应、协调发展。

3. 强调真情的沟通

所谓"沟通",是指社会组织、公众运用信息符号进行的思想、观念、情感或信息交流的过程。一个组织要想在公众中树立良好的形象,首先必须把组织的有关信息告诉公众,让公众了解组织,同时还必须了解公众的想法、意见、建议等。要做到这一点,组织必须进行沟通,否则就会出现信息阻塞,造成误解、偏见,出现矛盾,从而影响到组织与公众之间建立良好的关系。

真情的沟通能获得公众的理解、信任、支持与合作。在现实社会中解决矛盾和冲突的方法只有两个,要么战争,要么和平。当人们选择和平时,唯一的解决方法就是通过真诚的沟通。公共关系强调运用真诚的沟通改善组织的对内、对外关系,为组织创造一个友善、和谐的生存与发展的环境。

4. 利用传播媒介开展有效的传播

西方学者强调公共关系是 90％靠自己做得好,10％靠宣传。公共关系不仅要求社会组织努力工作,还要善于宣传自己已有的成果。这一点似乎与中国传统的价值观念相悖,实际上这是个观念问题。中国的改革开放政策正是转变传统观念的结果。我国的各行各业,尤其是企业必须尽快转变观念,学会传播并善于推销自己,否则必然在竞争中被淘汰;同时,还要利用传播媒介探究传播技巧,进行有效的传播。因为,积极主动地开展有效的传播才是提升组织形象的重要手段。

5. 建立一流的信誉

信誉,通常指信用、名声。公共关系强调建立一流信誉,就是要为组织争取到公众的信任、赞美和支持,提高组织的美誉度。组织良好信誉的建立,一方面需要组织内的所有员工在日常性公共关系活动中遵章守纪,讲究社会公德,说到做到,善待公众;另一方面需要组织在开展专门性公共关系活动中有意识地为组织树立一个可信任的形象,在出现突发事件、意外事故的情况下更要坚持组织的基本宗旨,这是对组织信誉的考验。信誉就是财富、信誉就是资源,建立一流信誉是公共关系追求的目标和努力的方向。

二、公共关系的界定

为了进一步明确公共关系的内涵和外延,有必要对公共关系做出界定。所谓公共关系界定,是指通过分析公共关系与相关事物之间的联系与区别来阐释公共关系的真实内涵,从而有助于我们进一步加深对公共关系本质的认识。

(一)公共关系与庸俗关系

所谓庸俗关系,就是通常所说的"拉关系"、"走后门",凭借地缘、亲缘、人缘或特殊权力,为谋取个人或小集团权利,采取非法或不正当手段建立起来的关系。它与真正意义上的公共关系存在着本质的区别。

1. 二者产生的社会条件不同

公共关系是在商品经济高度发达、信息传播手段日趋先进、社会经济活动空前复杂的社会条件下产生的。庸俗关系从本质上讲,则是在前商品经济的条件下滋生的,是在封建血缘关系、等级关系的影响下形成的陋习。

2. 二者的目的不同

公共关系是以建立良好的组织形象、维护组织与公众双方的合理利益为目标。庸俗关系则仅仅是以谋取个人或小集团的私利为目的。

3. 二者的社会效果不同

由于公共关系和庸俗关系服务的目的有根本的区别,二者实施的社会效果也就明显不同。公共关系有利于促进社会合作,加强各方的沟通与理解,从而为经济的发展、民主政治空气的形成及精神文明建设创造良好的气氛与环境。庸俗关系由于其目的猥琐,只会对社会风气造成污染,从而损害社会整体的利益。

4. 二者的交往方式不同

公共关系以组织为交往主体,是一种非个人化的关系,其交往方式讲求正大光明、公正诚实、信誉至上、遵纪守法,符合社会道德规范。庸俗关系则是幕后交易,以礼物、人情、原则做交易筹码,不惜放弃原则、违背道德,甚或违法乱纪。

5. 二者的理论依据不同

公共关系是一门科学和艺术,它严格按照科学规律办事,有规范化的组织形式、正规的工作程序和严格的职业道德。庸俗关系则毫无原则可言,只是充满了"庸俗性"的经验,其指导思想是"人不为己,天诛地灭"的灰色信念。

(二)公共关系与宣传

公共关系与宣传确有某些相似之处,但二者又有着明显的区别。

1. 从属性上看

宣传具有教育、劝说、诱导的性质;而公共关系的传播属于纯粹的信息交流。

2. 从内容上看

宣传旨在导向,重在说理,让宣传对象转变或提高认识;而公共关系的传播旨在交流,重在事实,寻求理解。

3. 从过程上看

宣传遵循的是以我为主的单向模式,使客体向主体靠拢;而公共关系的传播遵循的是相互关照的双向沟通,使主体通过调整自身行为以适应客体。

4. 从工作准则上看

宣传活动既可能奉行实事求是的准则,也可能奉行唯宣传者主观需要为是的准则;公共关系则只能奉行尊重事实、实事求是的准则,否则便无公共关系可言。

(三)公共关系与人际交往

人际交往是指发生在个人与个人之间的社会联系形式。公共关系尽管是一种非个人化的关系,但在外在形式上往往表现为人际关系。组织与公众之间的联系与沟通,往往是通过若干个人的行为来实现,从而使公共关系具有人际交往的某些特征。但是,二者的区别也是十分明显的。

1. 主体不同

人际交往的主体是个人,涉及的是个人与个人之间的关系问题。公共关系的主体是组织,它所涉及的是组织与公众之间的非个人化的关系问题。

2. 服务对象不同

人际交往是个人的事情,交往双方从交往中获益或受损,所以它服务的是个人。公共关系的状况如何,最终受影响的是组织。

3. 采用的手段不同

人际交往采用的基本手段是人际间直接的语言传播。公共关系的交往手段则要复杂得多,往往需要大规模地借助现代传播媒介和传播技术,策划各种专门活动,才能收到效果。

(四)公共关系与广告

广告是付费购买或使用传播媒介,以对产品、服务及某项行动的意见和想法进行推销、宣传的活动。开展公共关系有时需要以广告为工具,而有效的广告又需要以公关思想作指导,故二者有着密切的联系。不过,公共关系毕竟不同于广告,两者之间的区别也是明显的。

1. 目的不同

广告的目的是推销产品和服务,引起公众的购买行为。公共关系则是通过组织与公众的双向沟通来达到寻求公众理解和支持的目的。

2. 传播原则和特征不同

广告传播信息的原则是引人注目,形成轰动效应,故而其宣传手法具有倾向性、渲染性和夸张性。公共关系传播信息的原则必须客观、真实,为此公关工作强调在信息传播中要体现真诚、真情、真意。

3. 传播方式不同

广告基本上是单向传播、单向灌输。公共关系则是一种双向的信息交流。

第二节　政府公共关系的内涵与特征

在了解和掌握了公共关系的一般含义和特征之后,本节将就政府公共关系的含义、特征等问题进行专门的分析。

一、政府公共关系的含义

（一）政府的含义

关于政府,有广义和狭义两种解释①。

1. 广义的"政府"

广义的"政府"是指国家各种权力机关的总称,它包括从中央到地方行使国家立法、行政、司法权力的所有机关。如美国布朗大学的陶曼(Taubman)公共政策研究中心对世界各个国家或地区的国家级政府网站进行评估时,对"政府网站"的界定是:这些网站包括行政执行机构(如总统、总理、管理者、政党领导者、王室)、立法机构(如议会、国会)、司法机构(如主要国家级法院)、内阁机构以及提供政府关键功能的主要机构(如健康、人事、税收、教育、内部关系、经济发展、行政管理、能源、外交、外资、交通、军事、旅游和商业管理)②。这里的"政府"明显指广义上的。

2. 狭义的"政府"

狭义的"政府"通常是指一个国家除立法、司法部门以外的行政权力机关。③ 它更准确地说应该是"政府机构"。

以往的文献也将中国共产党的机构划入"政府"范畴,相关的说法有:"所谓政府,指国家权力的执行机构,即国家行政机关。例如,在我国,政府包括了中央人民政府,即国务院和地方各级人民政府,如省、自治区、直辖市人民政府及地、市县(旗)、乡等政府机关和相应的中国共产党委员会。"④另有:"这里的政府,指建立在社会经济基础上的上层建筑的核心部门,包括行使行政、立法、司法职能以及代表国家实行宏观管理的各级权力机构。在我国还包括执政党各级机构。"⑤这里也接受并采用这种说法。

总之,在阶级社会中,政府作为统治阶级行使权力的主要机构,是维护国家存在和发展的基本条件。一般来说,政府承担着对国家各方面的事务进行管理、指导、协调、服务、监督、保卫等基本职能⑥。

---

① 冯丙奇,齐小华.政府公关操作.北京:清华大学出版社,2011
② West DM. WMRC Global E-Government Survey. http//www. insidepolitics. org/egovt01int. egovt01int. html, 2006-08-21
③ 詹文都.政府公共关系.广州:华南理工大学出版社,2004
④ 徐美恒,李明华.公共关系管理学.北京:中国人民公安大学出版社,2002
⑤ 居延安,赵构华,胡正娥,等.公共关系学.上海:复旦大学出版社,1989
⑥ 孔德元.政府公共关系.青岛:青岛出版社,1997

（二）政府公共关系的含义

1. 政府公共关系的英文对应概念

由于公共关系发展于美国等英文国家，"政府公共关系"所对应的相关英文说法有很多。冯丙华、齐小华在其编著的《政府公关操作》(清华大学出版社，2011)一书中对此进行了较清晰的阐述，充分显示了这一概念"本来"的含义，现录于此，供参考。

（1）government public relations

从字面上讲，该概念的基本含义应当是"政府的公共关系"，说的是以政府机构为主体的公共关系。

（2）public relations in government

该概念字面的含义应当是"政府机构服务的公共关系"，其含义较狭窄。

（3）public relations for government

该概念字面的含义为"为政府机构服务的公共关系"，其含义不是十分清晰，因为只有以政府机构为主体的公共关系才能被称为政府公共关系。

（4）government public relations

该概念字面的含义为"政府公共关系"，与"政府的公共关系"相差不多。

（5）Municipal Public Relations

1966 年和 1977 年，研究者安德森和怀特各自出版了一本专著，专门讨论 Municipal Public Relations。另外，一些学院也开设了名为 Municipal Public Relations 的课程，这些大学或学院如美国的达勒姆技术社区学院（Durham Technical Community College）与阿什维尔—本考波社区技术学院（Asheville-Buncombe Technical Community College），该课程对市政府公共关系及其对政府工作影响进行了总体的概览，内容包括公共关系的原则、新闻稿、新闻发布会、公共信息官员、形象调查等。

（6）government public affairs

该概念字面含义为"政府公共事务"。

（7）administrative public relations

该概念应当与相关文献的"行政公共关系"较近，有时是指"管理性"的含义，如 Administrative Public Relations Director。

（8）Government Information Work、Government Information Programs 或 Government Communication

该概念字面含义为"政府信息活动"、"政府信息项目"、"政府沟通"等。

2. 政府公共关系的定义

目前我国国内相关文献已经对政府公共关系的定义进行了各种表述，具体可分为以下几类①。

（1）强调政府公共关系是一种活动或政府与公众的互动

比如，"政府公共关系是政府为了更好地运行其职能，运用传播手段与社会公众建立相互了解、相互适应的持久联系，以期在公众中塑造政府的良好形象，争取公众对政府工作的理解和支持的一系列活动"。②

"政府公关是一种特殊类型的公共关系，是在市场经济条件下政府的一种职能。所谓政府公共关系是指政府为了更好地管理社会公共事务，运用传播手段与社会公众建立相互了解、相互适应的持久联系，以在公众中塑造政府的良好形象，争取公众对政府工作的理解和支持的社会沟通活动。"③

"所谓政府公共关系，就是政府为了更好地管理社会事务而运用传播手段与社会公众建立相互理解、相互适应的持久联系，以便在公众中塑造政府的良好形象，争取公众对政府工作的理解和支持的活动。"④

"所谓政府公共关系，是指某个特定的政府（国家或地方）在运用公共权力管理公共事务、实现政府公共关系管理根本目标的过程中，通过向公众提供真诚的服务和有计划的传播活动，达到与公众之间的利益协调和信息共享，进而树立良好的政府形象的一种管理活动。"⑤

"政府公共关系是指政府与社会和公众的良性互动，以塑造良好形象，最大限度地争取公众对政府工作的理解和支持。"⑥

（2）强调政府公共关系是一种关系状态

"政府公共关系，是指政府为了更好地管理社会公共事务而运用公关手段与社会公众建立相互了解、相互适应的持久联系，以在公众中塑造良好形象，争取公众对政府工作的理解、信任和支持的一种公共关系。"⑦

"从本质上讲，所谓政府公共关系就是指政府机构与其内外社会公众之间的一种联系状态。这种联系状态是维系推动政府机构存在和发展的社会网络机制。"⑧

（3）强调政府公共关系是公共关系的一个特殊领域

"政府公共关系是公共关系学的一个分支，属于部门公共关系，它是专门研究政府这一特定组织，为塑造形象，赢得内外公众的信任与支持，通过传播、沟通手段，采取相应行为规范影响公众的科学与艺术；是公共关系的一般原理在政府部门的发展和应用。"⑨

"政府公共关系是公共关系的一般原理在政府这一特定社会组织中的应用。它是政府运用各种传播手段或政民联系形式，与公众进行交流、沟通，并通过有效的管理和服务，

① 冯丙奇，齐小华．政府公关操作．北京：清华大学出版社，2011
② 钟倩．新闻发言人制度与公共关系管理．当代传播，2003（6）：79-80
③ 王洪萍．浅谈政府公关．天津市财贸管理干部学院学报，2000（4）：36
④ 谢玉华．公共部门公共关系学．长沙：湖南人民出版社，2003
⑤ 谢昕，王小增．基于公共行政理念的政府公共关系发展历程探析．湖北社会科学，2005（9）：38
⑥ 唐钧．政府公共关系．北京：北京大学出版社，2009
⑦ 傅箭星，陶长英．政府公共关系亟待加强．地方政府管理，1997（3）：7-10
⑧ 王兴顺．政府公共关系概述．辽宁行政学院学报，2001（4）：8-11
⑨ 吕景春，胡钧浪．政府公共关系理论与实践的若干思考．惠州大学学报（社会科学版），1996（1）：18-22

建立相互间适应、理解、支持、信任的行为或职能。具体来说,就是作为公共关系主体的政府,通过各种咨询性、服务性、协商交流的机构或制度,就党和国家的路线、方针、政策、法律、法规以及各种社会议题等内容,与公众进行广泛的沟通与交流。其目的是制定政策,推行政令;消除误会,真诚合作;树立政府的良好形象和声誉,形成凝聚力和协同力,促进政府的目标和任务的完成。"[①]

参考以上定义,本书认为,所谓政府公共关系,就是指各种政府机构在遵循一般公共关系原理的基础上,为了更好地管理社会公共事务而运用传播手段与社会公众建立相互了解、相互适应的持久联系,以便在公众中塑造政府的良好形象,争取公众对政府工作理解和支持的活动。

从这个定义不难看出,政府公共关系包括政府、传播、形象三个基本构成要素。政府是主体,是政府公关活动的组织者和发动者。没有政府,就谈不上政府公共关系。政府公共关系活动的状况和效果既依赖于政府,又影响着政府。传播是政府公关活动的途径和手段。政府正是通过传播渠道来达成与各类公众的沟通和相互了解。正因为如此,一个社会的传播媒介是否先进、传播渠道是否畅达,往往会直接影响政府公关活动的效果。塑造良好的政府形象是政府公关活动的最终目标,政府的所有公关活动实际上都是围绕这一目标展开的。当然,政府公关的内容相当复杂,每一种具体的公关活动的直接目标也可能各不相同,但任何具体目标都必须统一到塑造良好的政府形象这一最终目标上来。这是由政府公关的特殊性决定的。

二、政府公共关系的特点

政府公共关系是一种特殊类型的公共关系。所谓特殊类型,是指它一方面具有一般公共关系的各种基本属性;另一方面又具有不同于其他类型公共关系的特点。这些特点概括起来有以下几个方面。

(一) 公众的特殊性

与其他类型的公共关系相比,政府公关的公众范围是相当广泛的。政府机构的主要公众是与之相关的人民大众,包括社会的各个阶级与阶层、各个民族、各个党派、各种团体和社会组织等各种社会力量。一句话,政府所面对的实际上是整个社会公众。除此之外,由于政府承担并履行着外交、国防、外贸等涉外职能,它还必须面对国际公众。所以,政府公众的广泛性是其他任何组织所无法与之相比的。同时,政府公众的特殊性还表现为公众结构上的复杂性。政府面对的公众是以利益关系为基础的,他们分为各种不同的利益群体。这些利益群体,既有公共的社会利益,又有各自不同的特殊利益。因此,对政府制定的有关政策和法令,不同的利益群体会持不同的态度,产生不同的意见。不仅如此,由于个体公众与组织公众交错在一

---

① 宋湘华. 政府公共关系理论初探. 行政论坛,1997(10):32-33

起与政府发生关系,政府所面对的公众在结构上呈现出相当的复杂性。这是其他任何组织在开展公共关系时都不曾遇到的。

（二）主体的特殊性

公共关系所涉及和处理的是组织与公众之间的关系。组织是公共关系中的主体。从这个意义上说,公共关系实质上是一种组织行为。政府也属于社会组织的范畴,但它又不同于一般的社会组织。政府作为一种社会组织,其特殊性表现在:首先,政府拥有极大的权力,具有权威性。它可以制定政策、颁布法令,垄断并合法地使用暴力。这些都是其他任何社会组织所不能比拟的。其次,政府在整个社会中是独一无二的。一个国家或地区不可能出现几个政府。政府的独占性使其超然于其他任何社会组织之上,并且不受竞争规则的制约。

在表现形式上,政府作为公共关系的主体也有其"不同凡响"之处:其一,体系巨大。从中央到地方直至基层,政府机构形成一个完整的体系,其规模之大是绝大多数社会组织所无法相比的。其二,结构复杂。政府的行政管辖范围可谓包罗万象,从居民的衣食住行到社会的经济发展、文化教育、国防外交、环境生态,几乎人类生活的各个方面都已被纳入政府的行政管辖范围。与此相应,政府机构也就成了一个严密而全面的系统网络,分布于整个国家的各个领域,上下对口,层次分明,纵横交错。

（三）任务的特殊性

任何组织开展公共关系工作的任务都是为了提高组织的知名度和美誉度。其中,提高知名度是首要的任务。如果组织不为公众所了解,所谓组织形象也就无从谈起。对于政府这样一种特殊的社会组织来说,其公关工作中几乎不存在提高知名度的任务。一个国家或地区的人民,不可能不知道管辖他们的政府,所以,拥有较高的知名度是政府的天然优势。这样,与企业公共关系相比,政府公共关系的任务主要是提高美誉度的问题,即树立"创新、务实、高效、廉洁"的政府形象,争取公众对政府工作的理解和支持,以便为各项行政管理活动的顺利开展创造有利的社会环境和社会条件。

（四）传播条件的特殊性

任何组织开展公关工作都必须借助于传播工具。传播是联系组织与公众的桥梁和纽带。政府公共关系的传播条件与众不同,它拥有其他任何社会组织都无法与之相比的巨大优势。

1. 政府本身掌握着大量的大众传播工具

在我国,主要的新闻单位及出版、电影事业都由政府管理,政府还有自己的报纸。这在客观上使得公共关系计划能够得到严格保证,使公共关系部门在围绕政府中心工作开展的公共关系活动中牢牢地掌握了主动权,并且可以通过多种新闻工具从各个角度大量地、反复地进行信息轰炸,来加深公众的印象,提高公关工作的效率。

2. 政府的组织传播最为严密而迅速

许多社会组织在小范围内组织传播效率尚可,一旦组织过大则往往成为松散的集团,组织传播的效率即会降低。政府机构虽大,却组织严密,对组织传播无论是纵向的还是横向的都非常有利,可以使信息准确而迅速地在组织内部流动。

3. 政府公共关系综合运用传播手段

政府公共关系经常综合、交叉使用各种传播渠道、传播手段和信息载体。政府的许多政策都是先采取文件形式实施内部的组织传播,尔后再采取大众传播方式。有时则两种方式并用。这种多种方式并举的方法,在其他组织中比较少见。它是政府公共关系有效沟通的优势所在。

4. 政府可以通过控制信息以调整形象

在一些实行新闻审查和书报检查的国家里,媒体所传载的信息预先要经过政府的筛选。这种通过控制信息以调整形象的做法,也是其他任何社会组织所无法办到的。当然随着互联网的普及和影响力的扩大,政府控制信息的能力也在减弱。

(五)目标的特殊性

政府是一种非营利性组织,是为社会大众服务的机构。因此,与企业不同,政府开展公共关系追求的不是经济效益,而是社会效益。政府公共关系活动正是围绕这一目标而展开的。任何公共关系活动都是为了求得公众对组织的理解和支持。但是,如何评价公共关系工作的成效,其标准迥然不同。企业公共关系活动成效如何,主要看它是否有利于提高企业的经济效益。政府公共关系的评估标准则是综合社会效益。只有从社会发展的综合状况中才能看出政府工作的优劣,检验政府的各项职能,包括分散、渗透在各个具体职能中的公共关系工作的现状。

第三节　政府公共关系的由来和发展

一、政府公共关系的由来

人们普遍认为,真正意义上的公共关系与商品经济的发展、民主政治的兴起及现代传播技术的进步密切相关。所以,职业化的、科学的公共关系是在 20 世纪初才开始的。

作为一种社会现象和社会活动,公共关系发展的历史渊源要长得多。远在公元前几世纪,在当时一些文化较发达的国家里,就产生了类似于现代公共关系的一些活动。

古代社会的组织程度很低。除了政府及附属于政府的一些组织之外,社会上几乎不存在其他类型的组织。所以,所谓古代社会的公共关系主要表现为政府公共关系。

据说,考古学家们曾在伊拉克发现了一份公元前1800年的农业公告。它的主要内容是告诉农民如何种地、如何灌溉、如何对付田鼠、如何收割庄稼,有点像现代社会某些农业组织的宣传资料。这大概是我们所知道的最早的政府公共关系活动。

在古印第安人的历史著作中,关于国王特使的记载也谈道:国王特使的职能是保持国王与公众的联系,鼓励公众支持国王,制造有利于政府的舆论,并且还负有刺探情报的责任。

古罗马帝国的公关活动也很有代表性。它的统治者们十分了解舆论的重要性,不断地通过信使和邮政系统来研究舆论。其中,凯撒是运用公关手段来为政治服务的著名人物。在统帅军队征战高卢时,他把进军作战的情况不断派信使送往罗马,大肆张扬,为自己歌功颂德。最后,他终于如愿以偿地获得舆论和民众的拥戴,登上皇帝宝座。在他之后的几个罗马皇帝,也都十分重视利用新闻宣传这一手段,连篇累牍地报道宫廷新闻和国家事务。此外,古罗马的统治者们还十分重视民意,经常运用小恩小惠来抚慰公众,以维护和巩固自己的统治。

中国是世界上的文明古国之一。在中国历史上,从很早起就产生了具有公共关系性质的观念和活动。《左传》中记载了子产不毁乡校的故事。文章通过子产反对取缔乡校的故事,说明他如何重视来自下层的呼声:"夫人朝夕退而游焉,以议执政之善否。其所善者,吾则行之;其所恶者,吾则改之。"用今天的话说,就是执政者应当沟通上下的信息渠道,这样才能及时了解、掌握来自群众的呼声、意愿,从而有效、及时地调整政策,防患未然,否则"大决所犯,伤人必多,吾不克救也"。

在我国历史上,此类具有政府公共关系性质的事例不胜枚举。众所周知的西汉和亲政策、班超出使西域、诸葛亮"七擒七纵孟获"、文成公主入藏、郑和下西洋,都是这方面的典型案例。

古代社会的所谓政府公共关系活动,由于其历史条件的限制,同现代意义上的政府公共关系相去甚远,只能被看作政府公共关系的雏形或萌芽。

二、政府公共关系的发展

近代以来,随着商品经济的发展、民主政治形式的确立以及技术革命所带来的传播手段的日趋进步,公共关系逐渐成为一种独立职业、一种艺术、一门科学。

一般认为,现代意义上的公共关系创立于20世纪初的美国。19世纪末20世纪初,为适应美国竞选、修宪、筹措资金、提高票房收入等活动的需要,开始出现了以游说、报刊宣传、民意测验等内容的公共关系活动,并提出了公共关系概念。

公共关系在创立的初期,主要运用在企业和工商界,尔后逐渐扩大到其他社会组织。第一次世界大战期间,美国总统威尔逊为适应战争的需要,建立了以乔治·克里尔为主席的公众信息委员会。这是美国政府正式建立的专门从事公共关系的政府机构。该委员会的主要任务是组织公众舆论支持战争。为了保证战争的胜利,美国联邦政府不仅投入了大量的财力和兵力,而且还发动了一场大规模的政府公关运动。为调动各方面的力量支持战争,美国政府提出了"战争能使世界顺利走向民主"的公关宣传口号。为了战争的需要,美国政府对电话公司实施控制,要求新闻界实施自我新闻检查。粮食部门要求人们节约粮食。此外,美国政府还发动了一场"为自由而捐款"的运动,以便为战争筹集资金,结果取得了巨大的成功。

第一次世界大战结束以后,在美国及其他一些国家,政府公共关系逐渐从一种具有"应急性质的随机活动"变成了政府部门的日常工作。在 20 世纪 30 年代的经济萧条和"新政"实施过程中,罗斯福总统领导下的美国政府运用娴熟的公关技巧,有效地影响公众,赢得了他们对政府经济政策及改革计划的支持,从而为新政的顺利推行创造了有利的社会心理环境和舆论环境。

第二次世界大战期间,各交战国更是大量而又广泛地运用公共关系手段来为战争服务,具有浓厚公共关系色彩的心理战从内容到技术都更趋完善,"精神战争"的术语被收入词典。罗斯福总统的战争情报办公室负责所有的公共关系和战时宣传服务,其工作不仅大大鼓舞了盟军的士气,而且在敌人那里埋下了怀疑和失望的种子。

第二次世界大战(简称"二战")以后,公共关系为越来越多的人所了解、重视和信服,有了长足发展。政府公共关系开始被越来越多的国家所认识,逐渐成为一种全球性现象。"二战"后政府公共关系发展具有以下特点:第一,由于科技的进步,战后政府公共关系的技术和手段日趋先进。电子计算机、卫星通信等技术手段的广泛运用,极大地提高了政府公共关系的效率,拓展了其工作范围。第二,机构和人员的日趋专门化和职业化。"二战"后许多国家的政府开始将公共关系活动列为政府的一项专门工作,设置了专门从事公共关系活动的政府机构;或者在政府的有关机构内设置处理公共关系事务的职能部门,配置素质较高的专门公共关系官员和工作人员。第三,公共关系开始进入政府的高级决策层,发挥重要的参谋和咨询作用,成为决策者的智囊团。信息是决策的基础,公共关系部门的信息优势使其成为政府决策过程中必不可少的因素。第四,政府公关活动不再局限于中央一级,成为各级政府当局的日常工作。

三、美国政府公共关系的经验

自从公共关系在美国起源以来,美国的公共关系就在不断发展,美国政府公共关系也积累了丰富的实践经验。[①]

---

① 赵宇峰. 美国政府的公关发展对我国政府形象建设的启示. 江西社会科学,2003(12):72-73

（一）机构健全，活动多样

在美国，联邦政府雇用了 13 000 多名公关人员，每个国会议员有一个公关班子。美国政府各部门还设有新闻发布机关和发言人，代表政府阐明社会事件的真相，就重大问题发表见解，以向新闻界施加影响，引导舆论。另外，政府公关部门还组织各类型的公关活动，如专访、内部吹风会、高级官员发表讲话等。通常在美国，联邦政府本身避免使用公共关系或公共关系活动这些词语，但美国州政府、地方政府等各级机构都有公共关系工作部门，只是名称不同，或叫公共信息部，或叫公共事务部等。

（二）加强沟通，鼓励参与

美国各界政府都非常重视激发和鼓励公民参与政府工作。罗斯福总统设立了一条白宫访问专线电话，供公众直接与白宫对话。克林顿总统为了更有效地与公众沟通，开设了白宫的电子邮箱，公众只需坐在计算机旁就可以轻松地把信息传到白宫。

（三）媒介互动，密切关系

新闻媒介具有范围广、效率高的特点。美国各届政府都与新闻界的关系十分密切。为了更好地与新闻界保持密切的关系，政府与新闻界还搞人员互相渗透，就是政府从新闻界物色人才，新闻界也从政府官员中雇用人员。美国不仅重视与新闻界的关系，而且还设有自己的宣传媒介。像"美国之音"就是美国政府对外宣传美国方针、政策的舆论工具。

（四）首脑形象，精心设计

美国政府公关十分重视政府首脑的个人形象设计。美国总统的形象就是一种集体创作，由公关专家精心构建，再经新闻媒介传送到公众中。在克林顿连任竞选中，以曼迪为首的形象设计班子精心设计了这样一个动作："总统在演奏中，接过搭档保罗·贝格拉递过来的墨镜，然后顺手戴上。"于是，第二天在全国各地报刊的头版上，出现了身材高大、戴着宽边墨镜、吹奏萨克斯管的总统形象。这让选民们充分领略了总统人性中友善、迷人的一面。

四、政府公共关系在中国

（一）政府公共关系在中国的发展

20 世纪 80 年代以来，随着改革开放的发展，公共关系也逐渐被国人所认识，并很快风行于各行各业、各个领域。短短十几年间，中国公共关系的发展呈现出突飞猛进的势头,跨越了引入学习阶段、骤热阶段和冷静反思阶段,开始步入健康、稳步发展的轨道。

中国公共关系事业的发展,是由企业界率先起步的。20 世纪 80 年代初,领改革开放风气之先的南方一些企业和具有较高经营管理水平的酒店、宾馆,依照国外现代企业的模式设立了公共关系机构。随后,国内企业界的人士逐渐意识到公关事业对于增进企业经济和社会效益的重要性。因此,20 世纪 80 年代中期以后,公共关系便以燎原之势,从南到北、从沿海到内地迅速发展起来。

1988 年年底,新华社两位记者以"政府形象"为题,报道了上海市实行廉政的情况,很快引起了研究组织形象的公关界人士的格外关注。人们据此分析,我国公共关系的热点已经不再局限于企业界,而开始进入社会政治生活领域。经过多年的发展,我国的政府公共关系事业已经逐步步入正轨,取得了明显的成效。这主要表现在以下方面。

1. 政府公共关系活动广泛开展

一些大中城市结合地方文化特色,以树立城市形象、开展经济和文化交流为目的,运用公共关系策划,成功地举办了一系列公关色彩很浓的社会活动。例如:山东潍坊的国际风筝节、淄博的陶瓷琉璃艺术节、哈尔滨的冰灯节、上海和成都的电视节、呼和浩特的那达慕节、青岛的啤酒节等。这些活动在提高城市知名度、招商引资等方面都产生了积极的作用。

2. 政府公共关系在一些城市开始制度化

例如,天津市政府自 1983 年开始,就将为群众办实事作为一项制度固定下来。年初公布办实事的内容,年底兑现,以接受群众监督。其他许多城市也纷纷设立市长电话或市长接待日,加强同群众的直接沟通,既密切了与群众的联系,也有助于提高政府形象和行政管理效率。

3. 设立公共关系机构

1991 年,国务院新闻办公室宣告成立。与此同时,全国政协决定设立新闻处。国务院各部门及许多省市政府也都设立了新闻发言人,以加强信息传播、增进公众对政府工作的了解。湖南双峰县在政府机构改革中,首家设立了公共关系局。这意味着我国政府公关事业的发展已进入了一个新的阶段。

(二) 政府公共关系在中国发展的历史必然性

中国政府公共关系虽然起步稍晚于企业界,但其发展势头和成效不仅毫不逊色,而且在许多方面大有后来居上之势。这种情况的出现绝非偶然,它同我国改革开放和社会生活的巨大变迁有着必然的联系。可以说,政府公共关系在中国的发展有着深刻的社会历史必然性。

1. 政府公共关系是社会主义市场经济发展的必然要求

市场经济是我国经济体制改革的总体目标。这一新经济体制的根本特点在于：使市场在国家的宏观调控下对资源配置起基础性作用，使经济活动遵循价值规律的要求；通过价格杠杆和竞争机制的功能，把资源配置到效益较好的环节中去，实现优胜劣汰；运用市场对各种经济信号反映比较灵敏的优点，促进生产和需求的及时协调。所以，社会主义市场经济是一种完全不同于过去的计划经济的新经济模式。

随着社会主义市场经济体制的确立，政府的经济管理职能和管理方法及手段都必然要随之发生变化。过去那种行政力量统辖一切经济事务和经济活动的集权管理模式将完全被政府对经济的宏观间接调控模式所代替。政府的经济管理职能将更多地体现在对市场的引导、监督、保证、服务等方面。同时，管理手段上也将由过去单纯地运用行政手段逐渐地转变为行政、经济、法律、公共关系等多种手段并用的新的管理样式。

经济体制的转型及相随而来的政府职能和管理模式的转化，使政府公共关系的意义、作用日益显现出来。在新的经济体制下，政府要有效、成功地履行好经济管理的职能，就必须借助于公共关系这一手段。卓有成效的政府公共关系，能够有效地协调社会各方利益，完善政府同企业及各类经济实体的关系，争取公众对政府各项经济政策及改革措施的理解和支持，为本国或本地区的经济发展创造良好的外部环境和条件。因此，在市场经济条件下，重视发挥政府公共关系的作用，乃是形势发展的客观需要。

2. 政府公共关系是政治走向民主化的内在需要

政治民主化是社会主义制度的本质要求，也是社会主义社会的一项基本特征。政治民主化的表现就是人民群众通过广泛地参与政治活动来行使当家做主的权利。政府公共关系正是达成这一目标的有效途径，原因如下：

第一，开展政府公共关系能够密切政府与人民群众的联系，加强两者间的沟通与交流。怎样加强社会的民主政治建设呢？首先，必须增加政府工作的透明度和开放程度，做到重大事情让人民群众知道，重大决策让人民群众参与。其次，政府在管理和决策中必须重视群众的意愿和要求，反映他们的利益，体现出人民政府的性质。要做到以上两点，其基本前提是政府与公众之间必须进行有效、全面、及时的沟通联系，而这正是政府公共关系的职能之一。

第二，开展政府公共关系是塑造政府形象的有效途径。政治民主化的条件之一，是政府必须获得人民群众的支持与合作。如果社会公众对政府普遍失望，对政治产生厌倦，是谈不上什么民主政治的。要争取广大群众的理解、支持、信任、合作，政府必须注意保持和维护自身的良好形象。要做到这一点，就离不开成功的政府公共关系活动。

3. 开展政府公共关系是维护社会稳定的迫切需要

稳定是发展和改革的前提，发展和改革必须要有稳定的政治和社会环境。我国当前正处于体制转轨时期，人们思想观念的转变需要一个过程，各方面利益关系变动较大，各种矛盾可能会比较突出，保持稳定因而具有重大的现实意义。一句话，没有稳定的社会政治环境,一切都无从谈起。

维护社会稳定的任务在于:消除群众的各种疑虑和误解,缓和或化解各种矛盾和冲突,以减少或消除可能发生的社会动荡,形成一种巩固、稳定、和谐的社会政治局面。要做到这一点,除了要依靠各项改革开放的决策正确、措施得力,并在实践中取得实质性进展之外,还需要通过政府公共关系方面的工作,来宣传、说明、解释政府的决策意图和配套措施,以争取群众的理解和支持。对一些涉及群众切身利益的热点、敏感问题,如住房、工资、物价等方面的改革,更需慎重。在改革前及实施过程中,必须加强与群众的联系,倾听他们的呼声,尽可能满足他们的合理要求,并采取相应的补救、配套措施,以确保有关改革前途的一些决策措施的实施,不至于由于缺乏沟通而引起群众的误解或不良反应,从而达到维护社会安定大局的要求。

4. 开展政府公共关系是对外开放的必然结果

对外开放是我们的基本国策。经验证明,开放是激发内部活力的重要条件。我们这些年来所取得的经济和社会成就,同对外开放政策的成功实施有着不可分割的联系。

对外开放不仅是经济开放,也包括政治、文化、信息方面的开放;不仅是国与国之间的开放,也意味着地区与地区之间、部门与部门之间的开放。在这种大范围、多层次、全方位的开放格局中,国家、地区、部门要建立和发展同外部世界的联系与合作,首要的前提是必须了解对方,并让对方了解自己;否则,所谓交流、交往与合作就成了盲目的行动。要达到相互了解的目的,就需要发挥政府公共关系信息采集、双向沟通的功能。从这个意义上讲,政府公共关系既是对外开放的要求,也是它的条件。

(三)21世纪政府公共关系发展新趋势

随着政府公共关系的产生、发展和日益成熟,政府公关已成为政府工作的重要组成部分。进入21世纪,政府公共关系的发展出现了新的发展趋势。

1. 政府公共关系工作内容深入化

随着时代的发展,对政府公共关系工作的开展水平提出了更高的要求。人们已经不满足于目前简单的公示制度,而是对政府各个方面进行深入的了解,所以政府要对开展公关活动的内容进一步深化,以适应时代和人民群众的要求。

2. 政府公共关系活动日益受到重视

政府公共关系活动不仅频繁,而且已经引起人们一定的重视。这里仅以政府公共关系领域的评鉴活动为例加以说明。2003年,上海浦东新区政府、黄浦区建委获得上海市优秀公关奖。在上海,政府部门参加公关案例活动评选还是第一次;在全国,政府部门获得优秀公关金奖也是第一次。[①]

3. 政府公共关系沟通范围国际化

随着全球一体化的发展,各国之间的联系加强,需要各国政府充分开展政府公关活动,加强彼此间的沟通和了解,以达到"双赢"的目的。

4. 政府公共关系活动手段、形式多样化

一方面,政府充分利用传统的大众媒介,如广播、电视、报纸等;另一方面,政府又利用现代网络等先进技术,针对不同工作性质和不同公众,利用不同的传播方式进行政府公关活动。

第四节　政府公共关系的工作程序

政府公共关系工作纷繁复杂,形式多样,不仅具有较高的艺术性,而且具有较强的科学性,它使政府的形象管理具有高度的计划性、连贯性、节奏性和规范性。从事政府公共关系工作的人员已开始按照调查研究、制订计划、实施计划和评估结果这四个工作步骤,运用科学的理论和有效的方法处理和解决各种问题。这四个工作步骤前后相继、互相衔接,形成了一个完整的工作流程,被公关专家们称为"四步工作法"。

一、调查研究

政府公共关系工作中的调查研究,主要是了解那些受政府机构影响的社会公众对政府路线、方针、政策和行为的意见、观点、态度的反映,提出政府机构对自身形象的期望与社会公众对政府形象的实际评价之间所存在的差距。它是政府公共关系工作程序的第一个步骤,是做好公共关系工作的基础。

(一) 调查研究的原则

1. 客观性原则

调查的客观性是政府公共关系人员应遵循的最重要原则。政府公共关系在调查过程中,应从客观实际出发,要注意区分公众的客观态度和主观臆想。在调查过程中,只有把握了调查对象的客观态度,才能对公众的有关评价得出科学、准确的结论。政府公关人员

---

① 公关金奖颁给政府部门——上海两个政府部门凭借公关活动在全国首获金奖. 公关世界,2003(3):6-7

在调查过程中,切忌主观性,不可随心所欲地给客观事实加入主观猜测的成分,而应随时随地地从客观事实出发,不回避更不掩盖事实。只有这样,才能充分保证调查结果的信度和效度。

2. 全面性原则

政府公共关系调查的全面性要求公关人员在收集调查对象对政府组织形象的评价时,必须注意搜集各方面公众的意见。这里应注意两点:一是调查对象必须能够代表公众。如果调查对象没有代表性,即使他们对政府组织的形象评价是客观的,也不能代表公众的整体态度。所以,必须用严格的科学方法收集所有有代表性的调查对象的客观态度。二是调查所得的资料必须全面。既要有调查对象的正面意见,也要有调查对象的反面意见;既注意一方面公众的意见,也注意另一方面公众的意见;同时,应注意各种意见之间的联系,不能一叶蔽目,不见泰山。以偏概全的调查对政府是十分有害的。

3. 计划性原则

公共关系调查是政府形象管理中的重要一环,政府不可期望通过一次调查获得所有的情报。公共关系调查工作应列入政府的整体运作计划中,使之制度化、规范化。政府公共关系调查的制度化、规范化不仅可以使政府适时得到有价值的信息,同时也可以不断地总结调查的经验,提高调查工作的质量。另外,对一项具体的调查工作来说,事前必须制订一个完整的、严密的调查计划,对调查任务及完成任务的人力、物力做出合理的安排,对调查中可能遇到的各种问题及其对策都要考虑充分。这样才能保证调查的顺利进行,提高调查工作的效率。

(二) 调查研究的内容

1. 确认问题

政府公共关系人员只有将调查的有关政府自身形象和公众对政府形象的评价两方面的资料、数据进行整理、分析、加工,从而把握确认存在的问题,才能指导政府公共关系的开展。具体来讲,确认问题时应注意以下几点。

(1) 要厘清头绪。政府公关人员调查得来的资料、数据往往是零乱的、纷杂的。为了厘清头绪,把握症结,政府公关人员首先要利用分组法,把情况、性质相同的资料按不同的标准分门别类,以划清影响政府公共关系的原因和因素,找出解决问题的对策。分组时要注意囊括所有的资料,类别内的对象是同质的,类别间的性质是相斥的。

(2) 要抓住要害。政府公共关系在进行调查研究时,往往会发现很多问题。这就需要通过去粗取精、由表及里的分析,从影响政府公共关系活动效果的众多因素中找出那些本质的、主要的、为公众感兴趣的问题。这样才能取得明显的公关效果。

(3) 要找出症结。找出症结,就是要对存在的问题进行因果分析,找出产生某些政府公关问题的原因。应注意把一般情况同整个复杂的系统联系起来,从总体上、本质上深入理解和把握问题的症结,对政府公共关系问题进行归因。

(4) 要排列成序。政府往往有很多公关问题需要解决,这就需要根据轻重缓急排列次序。排列问题的方法有两种:一种是按问题的紧迫程度,把那些需要立即处理的问题排在前边,而把那些可以在今后一段时间内解决的问题排在后边。另一种是按问题的重要程度来排列。有时,这两种方法排出的次序大体相同,因为许多最重要的问题往往也是亟待解决的问题。但是,有时最重要的问题并不是马上需要处理的。这时,公共关系人员在着手解决那些亟待处理的问题时,要时刻想到还有最重要的问题等待解决。

2. 确定公众

社会公众是政府公共关系工作的对象。但是,公共关系工作中的"公众"是具有特定含义的。它表现为和本政府机构有重要利益关系或影响力的那一部分个人、群体或组织。一个政府机构到底哪些才是主要的公众,要由这个政府机构的性质和任务来确定;到底哪些才是一个政府机构具体公关活动的对象公众,要由这个政府机构在公共关系中存在的问题来确定。由此可见,所谓确定公众,就是一个政府机构的公关部门寻找和确定自己所要从事的活动的对象,以使公共关系有的放矢。

在确定公众时,必须调查清楚对象公众对某一种形势、某一项方针政策、某一项计划的知晓程度;调查清楚对象公众对各种问题所持的基本态度和价值取向;调查清楚对象公众对政府的政策、行为或某个有关问题准备或已经采取的行为以及将会或已经产生的影响程度和范围。准确掌握这些资料,就能确定对象公众的构成、类型和所处的行为阶段,为正确确定公共关系工作的重点与最佳措施创造前提条件。

(三) 调查研究的基本步骤

1. 确定调查任务

确定调查任务是公共关系调查的第一步。政府公共关系调查研究的任务是由调查的内容确定的,根据不同的调查内容,确定不同的调查任务。调查任务不同,调查中所使用的方法、技术手段和测量指标也有所不同。

2. 制订调查方案

首先,根据调查任务的需要,设计一个详细的调查提纲,将所要调查的问题详尽地列出来,使调查任务具体化、指标化。其次,在调查方案中应确定具体的调查范围、调查对象以及调查对象的选取方法。例如,调查是在全国范围内进行还是在全省范围内进行,是在一种公众中进行还是在几种公众中进行,是采用普查的方法还是采用抽样的方法。最后,还应给出具体的调查方法,说明用哪种方法或哪几种方法进行调查。

3. 收集调查资料

收集调查资料的过程,实际上就是调查方法的实施过程。在收集调查资料的过程中,必须注意技术手段的恰当合理运用。技术手段运用得合理与否,不仅影响所要收集的资料的数量,更重要的是影响资料的质量。没有足够的保证质量的调查资料作依据是不可能得出准确结论的。

4. 处理调查结果

处理调查结果是政府公关调查的最后一步。它包括两项内容:一是整理调查资料,二是形成调查结果。整理调查资料就是对调查中所取得的全部资料进行检验、归类、统计等。对调查资料进行检验是必须要做的工作。通过检验工作,排除虚假的资料,补充缺漏的资料。形成调查结果是将经过统计的数据列成图表,用形象地位差距图显现出来,并对此进行文字分析,最后形成一份完整的调查报告;调查报告形成以后,应对调查结果和整个调查过程进行一次总体评价,就调查的科学性、准确性给予必要的说明。调查结果和调查报告应及时提供给政府中的有关人员。

二、制订计划

(一)制订计划的原则

制订计划是政府公共关系工作中的中心环节,政府形象的塑造在很大程度上取决于计划的成败。因此,政府公关人员在制订计划时,不可随心所欲,应坚持以下原则。

1. 尊重客观事实的原则

政府公共关系人员在制订计划的过程中,要始终坚持以客观事实为依据,并尊重客观事实。没有事实,便无所谓公共关系计划的制订。也就是说,在现实生活中不存在的事物,就没有政府公共关系传播的内容。出现了什么事情,就说什么事情。言出无据,只会失信于公众。另外,要据实公开,做到客观、真实、全面和公正。尊重客观事实的原则,对处于不利情况下的政府组织来说尤为重要。敢于承认不利的事实,才可能理智地制订计划。如果企图掩盖事实真相,只能使政府组织走向自己愿望的反面。

2. 独创性与连续性相统一的原则

不同的政府组织的主客观条件不一样。即使是同一个政府组织,其自身条件和环境也是不断变化的。所以,制订计划必须要有一定的独创性。政府公共关系人员要根据社会条件的变化、公众心理状况的变化、组织内部的变化制订新的计划,使政府公关活动能先声夺人、标新立异,取得更好的效果。值得注意的是,政府形象并非靠一两次成功的活动就能得到迅速改善并保持不变的,政府形象效果具有一定的累积性。因此,政府公关人员在制订公关计划时,不仅要考虑本次活动的独创性,还要考虑本次活动与前后活动的连续性,使独创性和连续性统一起来。

3. 计划性与灵活性相统一的原则

政府公关人员制订的计划,将列入政府组织的整体计划中,构成政府整体运行计划中的一部分。因其涉及政府各方面工作的协调,涉及人、财、物的配备,具有较强的计划性。所以,计划方案一旦确定,在通常情况下是不能轻易改变的。只有这样,才能保证整个计划的贯彻执行。但是,由于政府的主观条件和外部环境随时都在发生变化,政府公共关系人员在制订计划时,应使所选定的行动方案有充分的回旋余地,针对可能发生的情况,考虑灵活的补救措施,使公关计划方案具有一定的灵活性。只有坚持计划性与灵活性相统一的原则,才能保证计划目标的实现。

（二）政府公共关系计划的内容

政府公共关系活动计划一般包括确定目标、选择媒介、编制预算、审定方案等内容。

1. 确定目标

确定政府公共关系工作的具体目标是制订公共关系计划的前提。没有目标,公关计划无从谈起。公共关系工作的具体目标是同调查分析中所确认的问题密切相关的。一般来说,所要解决的问题也就成了公共关系工作的具体目标。政府公共关系工作的具体目标与公共关系的总目标乃至政府的总目标是不同的。具体目标应是总目标的一部分并受到总目标的制约。政府的公共关系目标是指导和协调政府公共关系工作的依据,是评价行动方案、实施效果的标准,是政府公共关系的出发点和归宿。从政府公共关系活动的作用来看,政府公共关系的目标就是向社会公众传播信息,联络政府与社会公众之间的感情;改变社会公众态度,引起社会公众行动。其中,传播信息是最基本的目标,联络感情是通过日积月累才能实现的目标,改变态度是主要目标,引起行为是最高目标。例如,政府要实行经济体制改革,就要通过公共关系向社会公众大力宣传改革的原因和改革的步骤、方法、目标等,由此引起社会公众拥护改革,并积极投身于改革。这样,宣传经济体制改革的公关活动就实现了最高目标。

确定目标必须注意以下几点:一要明确、具体。明确是指目标的含义必须十分清楚、单一,不能使人产生多种理解。具体是指所提出的目标是可直接操作的,要规定出定性指标和定量指标,要有明确的内容和任务要求,而不是泛泛的、抽象的口号。二要建立一个目标体系,即应有长期目标、中期目标、年度目标和具体工作目标四类。长期目标是建立完美的政府形象的理想目标;中期目标是5~10年中公共关系工作所要实现的目标;年度目标是一年中公共关系工作所要完成的任务;具体目标是为专门的公共关系活动制订的目标。三要具有可行性和可控性。所谓目标的可行性,是指确定的目标要现实,既不能太高,也不能太低,需通过一定的努力可以达到。所谓目标的可控性,是指所确定的目标要有一定的弹性、要留有充分的余地,以备条件变化时能灵活应变。

2. 选择媒介

各种传播媒介是公众与政府机构联结起来的纽带和中介。公共关系目标一旦确定，就必须选择传播媒介，通过传播媒介使公共关系目标在政府机构与公众之间确立某种联系。选择传播媒介的基本原则如下：

(1) 根据公共关系工作的目标、要求选择传播媒介。各种媒介都有其特定的功能，适合为公共关系的某一目标服务。选择媒介首先应着眼于政府公共关系的目标和要求，如果政府机构的目标是扩大影响，让广大公众了解政府的信息，可选择大众传播媒介；如果政府机构的目标是缓和内部紧张关系，则可以通过人际传播与群众传播，通过会谈、对话等方式加以解决。

(2) 根据不同对象选择传播媒介。政府公共关系面对的公众数量大、结构复杂，要想使信息有效地传达到目标公众，就必须考虑到目标公众的经济状况、教育程度、职业习惯、生活方式及他们通常接受信息的习惯等，根据这些情况再分析选用什么样的媒介。例如，对文化较落后又没有电视的山区农民采用有线广播与人际传播；对喜欢阅读思考的知识分子，应多采用报纸、杂志等传播媒介。

(3) 根据传播内容选择传播媒介。不论是个体传播、群体传播还是大众传播，每种形式都有鲜明的特点和一定的适用范围。选择媒介时，应将信息内容的特点和各种传播媒介的优缺点结合起来考虑。例如，对内容较简单的快讯可以选择广播，它覆盖面广、传播速度快，对文化水平要求不高；对较复杂、需要反复思索才能明白的内容，最好选择印刷媒介，那样可使人从容研读、慢慢品味。

(4) 根据经济条件选择传播媒介。俗话说"看菜吃饭，量体裁衣。"政府的公共关系活动经费一般都很有限，而越是现代化的传播媒介费用就越高，所以制订计划时，要选择恰当的媒介和方式，以较少的开支争取最好的传播效果。

3. 编制预算

编制预算是指按照确定的目标，将完成这一项任务所需要的费用一一开列出来，编制一个详细的预算表，既能保证经费用得合适而有效，又有利于在落实计划过程中的资金控制。政府公共关系活动的经费大体由以下项目构成：①重大公关项目的专项费用，用于大型会议、纪念活动、影片制作、视听节目、展览会等；②一般公关项目的费用，用于制作宣传小册子和刊物、开展调查活动和民意测验、召开小型会议等；③器材购置费用；④日常办公费用；⑤特殊事件的费用。编制预算通常以一年为期。在所有公关预算项目中，除了一些经常性的费用之外，其余都有较大的伸缩性。因此，在编制预算时要以保证公共关系活动的正常开展和目标的实现为前提，既注意节约，又留有余地，力争符合高效、经济的原则。

4. 审定方案

(1) 要进行计划方案论证，提高计划方案的合理值。这一般从增强方案的目的性、增强方案的可行性、降低耗费三个方面去考虑。计划方案的论证一般由有关领导、专家和实际工作者对计划的可行性提出问题,再由计划制订人员答辩论证,分析目标是否明确、公关计划的可行性如何、公关计划实施时可能发生哪些问题、如何防止和补救等。

（2）要形成书面报告。公共关系计划经过论证后,必须形成书面报告,每一项具体的公共关系计划都必须见诸文字。报告内容为综合分析的介绍、公共关系活动的计划书和方案的论证报告。这样做不仅便于工作的回顾和体验,也可以此向政府组织的决策层报告。

（3）方案要经过政府领导的审定。公共关系计划必须经过政府组织领导的审核和批准。其目的是使公共关系计划目标与政府组织的总体目标保持一致,使公共关系活动与政府组织其他部门的工作相协调、相配合。如果计划未经领导审核和批准,那么政府在决策时就很难通盘考虑公共关系工作。这种计划就有可能与机构管理方针脱节,在实施中得不到政府组织决策层和全体工作人员的配合与支持,因此也就无法顺利实现公共关系活动的预期目标。因此,方案的审定是十分必要的。

以下是美国科罗拉多州卫生部的政府公共关系计划与方案,现录于此,仅供参考。

1. 目标

在 8 月 15 日至 11 月 20 日使 3 岁以上的 230 万科罗拉多人免疫,以防止1976年新泽西州流感引起的甲型水痘的潜在流行病威胁。为搞好这项工作,需要运用公共关系手段赢得医疗界、地方卫生部门和护士的合作,并鼓励市民的参与;反对医学界中因接种疫苗的必要性的不同看法而形成的消极态度和冷漠;消除公众对于接种反应的恐惧。

2. 计划

（1）会见科罗拉多医学会、科罗拉多大学医疗中心和科罗拉多卫生与环境理事会的有关代表,向他们说明本方案和计划。

（2）组成一个由各个特定公众的代表构成的顾问小组,参加者有医药部门、护理机构、小型疗养院、医院、教育部门、州长办公室的工作人员,老年人和新闻媒介的有关人士。

（3）举行一次全面的新闻吹风会,邀请科罗拉多报纸协会和科罗拉多广播协会会长、电视公共服务部主任组织的代表以及来自丹佛和外州的报纸及电视编辑的代表参加。撰写一份立即供医生和卫生工作者使用的事实材料,以便回答公众的询问以及供新闻媒介使用。

3. 传播方案

（1）通过《传播性疾病通告》向医生通报。

（2）5、6 月在《科罗拉多卫生》杂志上发表一篇详尽的报道,由公共卫生工作者和社区领导通报。为本州的医学部门、小型的疗养院、护理医院、教育界和州的雇员出版物撰写专文。

（3）拜访美国公共关系学会科罗拉多分会及科罗拉多商业传播者协会并争取他们的支持与报道。准备全套新闻材料,于 7 月 1 日前散发给所有的科罗科拉多报纸。准备广播、电视材料,于 7 月 1 日前散发给所有的科罗拉多电子媒介。

（4）制作广告牌放置于学校、地方卫生部门、县医院以及医药团体附近的交通要道区域。

（5）在广播与电视的对话节目中安排州卫生官员、医疗中心医生和医学会代表出头露面。

（6）请科罗拉多大学为这次免疫活动制作一个"医疗热线"的电视节目。7月中旬以丹佛布朗足球队集体接种为起点开始媒介攻势。

（7）在地方区域开始免疫以前的三周，向地方新闻媒介大量提供地方化的报道和节目，其中包括会诊的时间和地点。同编辑们私下交谈，争取有利的社论。给报纸提供免疫登记表，以便读者剪下、填写并带去就诊。

（8）连续报道每个社区免于水痘流感的人数。

（9）在大都市的日报和电视上不断公布全州免疫的人数，数字是滚动的。

三、实施计划

（一）实施计划的特点

1. 实施过程中的动态性

政府公共关系计划的实施是由一系列连续活动构成的过程，是一个思想和行为需要不断变化、不断调整的过程。这是由于一方面，一项公共关系计划无论制订得多么周密、具体和细致，它总免不了与实际情况存在着一定的差距；另一方面，随着时间的推移、实施的进展、环境的变化，实施过程中仍会遇到一些新情况和新问题。因此，不断地改变、修正、调整原定的实施方案、程序、方法、策略等则是实施活动中不可避免的正常现象。

2. 实施过程中的创造性

由于计划的实施是一个不断变化和需要调整的动态过程，实施者需要依据整个实施方案中的原则和自己所处的环境、面临的条件确定自己的实施策略。比如，准确地选择传播渠道、媒介与方法，合理地选择时机，正确地分配任务，灵活地调整步骤等。政府公共关系计划实施的过程绝不是一个简单的照章办事的过程，而是一个由一系列不同层次的实施者发挥主观能动性的过程。实施人员应该充分发挥自己的积极性、主动性和创造性。

3. 影响的广泛性

一项政府公关计划涉及众多的因素和变量，会对各类公众产生广泛的影响。然而，公共关系计划所产生的影响在方案策划阶段还只是纸上谈兵，只有在计划实施后这种影响才能真正地体现出来。一方面，会对众多的目标公众产生影响；另一方面，有时还会对社会的文化、习俗产生深刻影响。也就是说，一项政府公共关系计划的实施所产生的影响和作用往往不局限于计划本身所制订的目标,而对整个社会的进步产生推动作用。

(二) 实施计划的内容

1. 确定传播媒介

公共关系活动实质上是针对目标公众而进行的信息传播活动。要想使这种传播活动取得最大的效果,必须使发出的信息全部或大部分为目标公众所接受,这就需要通过公众所使用的传播媒介或渠道来传递信息。根据目标公众的国别、居住地区、职业、教育程度、社会经济地位等特征,可以大体上判断出他们喜欢或习惯阅读的报刊、收听的广播和收看的电视节目等,并查明上述报刊、广播、电台、电视台的情况及有关编辑、记者的情况,以便根据这些情况开展广告、宣传活动,使政府的信息能够通过适当的媒介而为目标公众所接受。

2. 设计制作信息

设计制作能为对象公众接受的政府公共关系信息,是提高传播效果的关键。根据调查研究和制订计划过程中所了解到的对象公众的文化、社会、心理等方面的特点,公共关系人员在设计制作信息时就可以参照这些特点,通盘筹划信息的宗旨、内容、结构和语言、信息的传播时间和场合等因素。

3. 选择最佳时机

在实施政府公共关系计划时,应正确地选择传播信息的时机。首先,要注意避开或利用重大节日。凡是同重大节日没有任何联系的活动都应该避开节日,以免被节日活动冲淡。凡是同重大节日有直接或是间接联系的公共关系计划则可以考虑利用节日烘托气氛,扩大公共关系活动的影响。其次,要注意避开或利用国内外重大事件。凡是需要广为宣传的政府公共关系活动,都应避开国内外的重大事件,以免被重大事件所冲淡。凡是需要为大众所知,又希望减少震动的活动则可以选择在重大事件发生之时。例如公布物价上涨的消息,可考虑在重大事件发生之时人们的注意力被吸引这一时机而进行,这样可借助于重大事件的影响减少舆论的压力。最后,还应注意不宜在同一天或一段时间里同时开展两项重大的公共关系活动,以免其效果相互抵消。总之,选择时机不能按照一种固定的模式去进行,而应根据当时当地的具体情况及整个公共关系目标而把握好时机,这样才能收到预期的效果。

4. 排除沟通障碍

政府公关计划实施过程中的传播沟通并非是一帆风顺的,它常常会因传播沟通工具运用不当、方式方法不妥、渠道不畅等而使实施工作不能如愿以偿。在计划实施过程中,常见的沟通障碍有语言障碍(语言不通、语意不明造成的障碍)、习俗障碍(不同的风俗习惯、礼节审美传统造成的障碍）、观念障碍（由一定的经验和知识积淀而成的诸如封闭的观念、极端的观念等）、心理障碍（人的认知、情感、态度等心理因素对沟通造成的障碍）、组织障碍（不合理的组织结构造成的沟通障碍）等。在政府公关实施计划过程中，一旦遇到了障碍，要分析产生障碍的原因，然后对症下药，采取相应措施，消除或克服障碍，保证计划顺利实施。

5. 处理突发事件

对政府公关计划的实施干扰最大的莫过于重大的突发事件。这包括两大类：一类是人为的纠纷危机，诸如公众投诉、新闻媒介的批评、不利舆论的冲击等事件；另一类是不以人的意志为转移的灾变危机，诸如地震、水灾、火灾、空难等。这些突发事件来势迅猛，发生突然，常常令人始料不及，且影响范围广、后果严重，易给社会带来恐慌和混乱。妥善处理好重大突发事件对于树立政府形象至关重要。当突发事件发生以后，政府公关人员应该做到以下两点：第一，迅速掌握事件全貌，即事件的基本情况、后果、影响以及发展趋势等；第二，选择传播渠道，同与突发事件相关的对象公众进行沟通，即向外界公布事件的真相，根据政府机关领导关于处理突发事件的意见或决定，向对象公众进行宣传、解释、说明，争取得到对象公众的理解和支持。

这里我们介绍一下尼日利亚政府改换车位的实施计划，供参考。

目前，世界上大多数国家实行车辆靠右行驶的交通规则，但也有少数国家仍然是车辆靠左行驶。专家们认为，这种与众多国家交通行驶位置的差别，是造成交通事故多发的一个原因。因此，一些国家逐渐将车辆行驶的位置从左改换到右，如瑞典、尼日利亚。改换车位说来容易，实施起来则难度极大。试想这种新法则不可能先在某一城市和地区试行。因为这将意味着在同一个国家有的地区车辆靠左行驶，有的地区靠右行驶。在一个幅员广阔、车辆众多的国度里，一天之内奇迹般地将车位从左改换至右，谈何容易！政府部门的决策者非常清醒地知道：一旦这种交通法规改革运转失败，那么危险的混乱将直接给国家带来一场灾难。正是基于这样一种考虑，目前一些国家不敢轻易地做出改换车位的决定。然而，尼日利亚政府不仅果敢地采取了改换车位的行动，而且做得非常成功。其具体组织实施这一计划的方法步骤如下：

1）政府确定这一计划的组织实施机构

尼日利亚联邦政府情报机构和地方政府情报机构为实施主体。这种官方的情报机构是尼日利亚政府有力的行政机构，并有其组织严密的情报网。

2）明确计划实施目标

决定在同一天内全国统一实施新的交通法规。车辆行驶位置从靠左行驶改换为靠右行驶。

3）划定目标公众

（1）城市公众与农村公众。

（2）机动车司机、非机动车驾驶员及行人。

（3）普通公众（接受能力较强）与特殊公众（文盲等，接受能力较差）。

4）实施计划

（1）第一阶段

① 提前两年时间对机动车和非机动车驾驶员进行训练。

② 利用一切传播手段，在新交通法规实施一年前告知全国人民。

A. 利用广播、电视、报纸、杂志等大众传播媒介广泛宣传新交通法规。

B. 在海报、广播、电视节目宣传的基础上，拍摄新交通法规的纪录片，把所有宣传内容与形式融为一体。在电影院及派出流动放映队深入农村放映该纪录片，并开展教育农民的活动。

C. 交通警示范，指挥改换车位后的车辆行驶。

D. 印刷发行通俗的宣传品。在城市，国家情报机构辅助电视、广播、电影等媒介向市场妇女摊贩宣传新的人行横道线。驾驶学校印了小册子，介绍新、老交通法规之间的不同。

E. 为此次交通改革，国家印发特种邮票。

（2）第二阶段

① 发动一场海报运动，如为农村特制海报，画上当地司机和行人，便于人们接受。

② 在靠近学校、市场以及高速公路旁的大招贴板上张贴有关海报。

③ 在报纸上登载小型海报和口号，反复申明改换车位的日期。

④ 举行讨论会、辩论会及讲座，讨论新驾车制度的利弊。

⑤ 大众传播媒介用打油诗劝告司机和行人在该运动中应起的作用。

⑥ 地方广播站广播用当地语言编写的打油诗或以当地最有效的形式进行宣传。

⑦ 对文盲采用视听方法和直观教具。

在上述方法步骤实施之后，尼日利亚终于迎来了改换车位的那一天。情况出乎意料得理想，全国并没有一片混乱，也没有造成严重的伤亡事故，而是一切正常。人们称赞这次改换车位的运动是一次计划周密、收效良好的政府公关活动。它的成功完全是由于政府开展了扎扎实实的公共关系工作——事先做好充分准备，在一段较长的时间内发起强大的宣传攻势，做好深入细致的工作。

四、评估结果

评估结果是政府公共关系工作程序的最后一个步骤，当任何一项公关计划方案实施以后，总要了解该项方案在政府内外造成了什么影响、产生了什么效果，有哪些问题和不足，都需要评估结果。评估得越充分，成绩与不足也就越明显；评估得越客观，今后开展公共关系工作的方向就越明确，对现存的差距和不足改进就越彻底。因此，每一项公关工作结束时，都要进行总结和评估。

（一）评估结果的作用

评估结果的作用主要表现在以下几个方面：向决策部门报告政府公共关系所做的工作；以数量、质量标准来衡量政府公共关系活动成果；总结经验，揭示问题，为下阶段的活动提供指导;积累活动成果,一步一步实现政府公共关系的长远目标。

(二)评估结果的内容

1. 报告活动情况

报告是对一段时间内所进行的政府公共关系活动及其成果的总结。报告内容包括:陈述工作及成果、比较实际活动与预期目标、预测今后工作。报告的主要形式有以下两种:一是非正式报告,即政府公关人员通过会见、电话或简短书面报告形式向政府机构负责人汇报活动的进展,这种形式占用时间不多,通常事先不做准备,可以较真实地反映工作情况;二是正式报告,即政府公关人员用详细的书面形式具体全面地向机关领导汇报政府公关活动的基本情况,对计划进行的公关项目,在完成以后,都应形成书面报告。

2. 评估活动成果

评估政府公共关系活动的成果,必须有一个科学的标准和依据。这个标准就是计划中的目标。所以,要正确评估成效,就必须将实施政府公共关系活动后的结果与目标进行比较。也就是说,应当以计划目标为标准,对成果的质和量、效率和效益、达到既定目标的程度等方面进行评估。在评估政府公共关系活动成果时,应注意多侧面、多角度地评价。其中,主要应进行以下三个方面的评估:一是政府公关人员的自我评估。每做完一项公共关系工作,总结一下做得怎么样,是否达到预期效果,自己扮演的"公关"角色在实践中是否得体,有哪些欠缺,这些欠缺造成了哪些损失。作为一个优秀的公关工作者,必须经常处于一种清醒的反思状态,经常对自己的举止言谈进行反省,以提高自身的素质。二是政府机构的领导和其他工作人员的评估。由于他们自身素质较高,对政府情况又了解,往往善于发现问题,并且能提出改进的意见和建议。三是社会公众的评价。我们在日常生活中经常可以遇到这样一种情况,某项工作经过重重审核和鉴定,获得了专家和有关方面的一致好评,但公众不以为然,不仅不对这一评定表示认可,反而还会酝酿出一股反感情绪,致使当事者及有关方面感到难堪。所以,政府公关人员对社会公众的评价要给予足够的重视。

3. 提出工作建议

综合分析了公共关系活动成果之后,就能够比较公共关系计划实施前后政府机构形象的变化情况,看到政府机构的形象是否得到了改善、公众不利态度是否得到转变,是否为政府机关的工作和行政目标的实现创造了一个良好的发展条件,进而找出问题之所在,并据此提出改进意见和工作建议。评估政府公共关系活动成果,得到的答案有三种可能,即效果好、没有效果、效果不大。对第一种情况,主要找出成功的原因,然后按照长远计划安排下一项公共关系活动。对第二种情况,主要分析没有取得成效的原因,并根据找到的原因,提出修正、补充和调整公共关系活动计划的意见。出现第三种情况,也要通过原因分析,进而提出调整计划的意见。

第五节 建设有中国特色的政府公共关系

一、中国特色政府公共关系的含义

（一）中国特色政府公共关系的基本含义

任何事物都存在共性和个性，政府公共关系也有共性和个性。研究中国特色政府公共关系，就是研究政府公共关系同中国社会制度、国家、民族特点相联系的个性，即特殊性。中国特色社会主义政府公共关系包括以下三个方面的基本含义。

1. 中国特色政府公共关系是中国的政府公共关系

中国特色政府公共关系是中国公共关系实践经验的总结和提炼，体现了中国的国情特点和中华民族的优秀文化传统，是有别于其他国家的政府公共关系。

2. 中国特色政府公共关系是社会主义的政府公共关系

中国特色政府公共关系体现了我国社会主义生产关系和上层建筑的本质特征。邓小平同志明确指出：社会主义的本质是解放生产力，发展生产力，消灭剥削，消除两极分化，最终达到共同富裕。这就把非本质的种种"特征"排除在社会主义之外。发展中国特色的政府公共关系应符合社会主义市场经济和"一个中心、两个基本点"的客观要求。

3. 中国特色政府公共关系是现代化的政府公共关系

中国特色政府公共关系所反映的公共关系思想、公共关系职能、公共关系组织、公共关系方法和公共关系手段等，都是具有先进水平的，在政府公共关系现代化进程中起着促进作用。

（二）中国特色政府公共关系的特征

中国特色政府公共关系概括地说，具有以下六个方面的显著特征。

1. 目的性

公共关系是组织、团体在一定社会条件下长期相互作用的结果，一旦形成就具有一种"时代烙印"。社会主义建设的目的在于大力发展社会生产力，不断满足人民日益增长的物质和文化生活的需要。中国特色政府公共关系必然要围绕这个中心进行。它的根本任务是密切政府和人民群众的联系，塑造政府良好形象，促进社会安定团结，为社会主义现代化建设事业的发展和社会的整体利益服务。

2. 服务性

中国特色政府公共关系第二个最明显的也最能反映其个性和本质的特点就是服务。中国特色政府公共关系的服务是多方面的,只要是利国利民的事,政府公共关系都直接或间接地为之服务。服务的内涵十分丰富,服务的形式也多种多样,但目标只有一个,就是一切为了国家强盛、人民幸福富裕。今天,国内的改革开放在全面推进,对外开放逐步向高层次、宽领域、纵深化发展。清楚地认识新的发展形势,进一步开拓新路,中国特色政府公共关系服务的领域必定更为广泛。

3. 实践性

所谓实践性,是指中国特色政府公共关系工作要从我国的实际出发,在加强理论建设的同时,向“务实”的方向发展。务实即强调实事求是地进行公共关系操作,讲求政治效益、感情效益和社会效益。实事求是就是必须坚持科学的理论指导,坚持严肃的求实态度,立足于使我国政府公共关系的理论研究和实践发展符合中国国情。

4. 继承性

中国特色政府公共关系必须继承我国优秀的民族文化传统,继承我国各个历史时期,包括改革开放时期的公共关系经验,并借鉴国外公共关系,包括政府公共关系的理论和经验。当然,继承和借鉴绝不是全盘照搬,而是取其精华,弃其糟粕,然后消化、吸收与创新。真正做到“古为今用,洋为中用”,特别是继续增强政府公共关系所体现的中华民族的文化色彩,将会使中国特色政府公共关系更加光芒四射、独树一帜。

5. 和谐性

中国社会主义制度的性质,决定了个人、集体和国家根本利益的一致性。在我国,人民是国家的主人,政府组织都要为人民服务,党和政府的一切方针、政策、法规都是以为人民服务为根本出发点,党、政府和各部门的工作人员都是人民的“公仆”,“为人民服务”已成为一种传统精神。开展各种政府公共关系活动,自然也要贯彻为人民服务的精神。不论作为主体,还是作为客体,都必须尊重人民群众的意愿,按照社会公众的要求开展政府公共关系活动。在进行决策时,要重视公众意向调查,倾听公众呼声,吸收公众合理的意见,而且应尽量吸收社会公众参与某些活动,并接受公众的监督。主体、客体发生矛盾时,要以大局为重,坚持利益一致性原则,使政府公共关系的开展处于一种良好的和谐气氛中。

6. 发展性

中国特色的公共关系不仅要有继承性,更要有发展与创新。从中国历史看,中华民族从黄河流域发祥,不断发展壮大,不断地同周围的民族和国家交流、融合、嬗变,才成为今天这样;从世界发达国家看,越是能融合其他民族特色文化,就越能促进生产力发展。创建中国特色的政府公共关系也是如此,既要从多年形成的旧观念中解放出来,也要对外国的公共关系理论进行鉴别,从不适合中国国情的那些理论中解放出来,这样才能在实践中闯出新路。同时,当今世界正处在一个竞争非常激烈、科学技术飞速发展的时代。在这个重要时期,创建中国特色政府公共关系必须应用新技术革命的手段,将政府公共关系与新技术这两种高智慧资源成功地结合起来,开创一个政府公共关系的新时代。

二、中国特色政府公共关系的基本内容

(一) 理论特色

社会主义的政府公共关系的理论和实践,必须有正确的指导思想。为了走有中国特色政府公共关系之路,发展中国政府公共关系,必须坚持以马克思列宁主义、毛泽东思想为指导,以继承、丰富和发展了毛泽东思想的邓小平同志建设有中国特色社会主义理论为指导,运用辩证唯物主义和历史唯物主义的世界观、方法论,也就是运用马克思列宁主义、毛泽东思想的立场、观点、方法,解放思想,实事求是,从中国国情出发,分析中国特殊环境下发展起来的公共关系实践,深刻揭示公共关系实践活动中出现的各种矛盾现象,探索其特点和发展规律,形成理论并用以指导实践。

(二) 目标特色

1. 为经济建设服务

我国经济体制改革的目标是建立社会主义市场经济体制。正确处理政府与企业及其他经济组织的关系,是促进经济建设和市场经济发展的重要保证。政府要通过以平等的身份与企业建立新的密切关系,对企业进行信息疏导和决策服务,帮助企业走向市场,为企业解难,创造宽松的经营环境,使企业成为相对独立的经济实体,从而使政府公共关系为经济建设服务。

2. 为对外开放服务

通过开展政府公共关系,树立政府良好的国际形象,让中国了解世界,让世界了解中国,消除国际公众对我国政府的误解和偏见,加强相互间的信息交流,从而为对外开放奠定坚实的基础,这是中国政府公共关系的又一重要目标。

3. 为精神文明建设服务

我国的精神文明建设就是要创造一个有利于改革开放的现代化建设的思想文化大环境,并把这个大环境的主体培养成符合现代化需要的"四有"人才,显示各自的才能。中国政府公共关系的发展,不能脱离精神文明建设,必须根据精神文明建设的要求积极开展工作。为社会主义精神文明建设服务是中国政府公共关系的重要目标特色。

（三）职能特色

中国政府公共关系具有参谋、咨询、策划、协调、教育等多方面的职能，其中协调职能独具一格。政府工作的一个重要职能就是组织协调，公共关系对政府实施组织协调有着重要作用。在协调中塑造政府形象，促进整个社会的经济发展和安定团结，是中国政府公共关系职能特色的突出表现。

1. 政府内部关系的协调

政府内部关系的协调包括政府工作人员之间、上下级之间和职能部门之间的关系协调。只有做到"内求团结"，才能达到"外求发展"之目的。成功的政府内部公共关系，能培养工作人员的归属感、认同感，增强政府的凝聚力，形成和谐融洽的人际关系、齐心协力的工作气氛，使工作人员处于轻松愉快的工作环境之中，从而积极主动地做好本职工作。

2. 政府与企业关系的协调

政府与企业关系的协调是加强政府宏观调控、转变政府职能的需要。政府和企业过去是"婆媳关系"，而今在市场经济条件下，要求政企分开，政府和企业的关系变为市场海洋中"灯塔与航船"的关系。企业只有依靠政府这座"灯塔"的指引，才能保证正确的航线；政府也只有制定出正确的方针政策，依靠公共关系，妥善处理并协调好与企业的关系，才能引导企业这艘"航船"沿着正确的方向行驶。这在未来相当长的时间里将成为中国政府公共关系的一项重要工作。

3. 政府与外部环境关系的协调

政府要冲破多年形成的"区域封锁"，组建大市场，就要加强县内外、市内外、省内外的广泛经济合作。要发展外向型经济，政府还要加强与国外的经济合作。合作就需要协调和协商，而公共关系恰恰是沟通上下左右关系的"催化剂"和"润滑剂"。

（四）文化特色

政府公共关系从较大的空间范围来看，首先要受到民族传统文化的影响，打上民族文化的烙印。政府公关本身就是本民族历史文化的产物，传统的风俗习惯、道德规范必然会作为每个人初级社会化的痕迹被带入政府组织，并作为影响或形成政府公共关系的要素而发挥作用。文明的历史越是古老、悠久的民族，其民族的意识、精神、风格对公共关系的影响也就越深刻。因此，中国政府公共关系在这一点上显得尤其突出。事实上，中国传统文化中早就具有许多关于"公关"的思想，例如"民为本"的人文思想、"和为贵"的人际关系原则、"重义轻利"的道德水准、"讲恕道"的待人美德……这些都是我国民族思想文化的优良传统，体现了现代公关的基本思想，是值得我们好好研究和继承的。

（五）素质特色

从全员公共关系的角度看,每个政府工作人员都是政府公共关系人员,是代表政府组织以整个社会为舞台开展活动的,其个性、情感、品格等在很大程度上决定着其行为风格。社会公众往往通过公关人员的言行举止来了解其所代表的政府组织。因此,公共关系发展到相当程度后,几乎所有的公关理论家都把公关人员的素质看作公关活动成功与否的基础。

从我国政府公关人员的素质看,由于受到几千年传统文化的熏陶和教育,具有真诚宽厚、实事求是以及讲求信誉、礼貌待人的优秀品质,是我国政府公关人员所具备的得天独厚的条件。同时,我国政府公关人员和工作人员绝大多数是中国共产党党员,受党的多年教育和培养,党性强、党性修养好,这是中国政府公共关系人员素质上的最明显特色,是任何其他国家的政府公共关系人员都无法匹敌的。

（六）传播特色

我国大众传播媒介和外国有很大不同。在我国,新闻、出版、电视、广播、报纸、杂志多具有官方和半官方的性质,传播、宣传等舆论导向是在党和政府方针、政策指导下的组织活动,具有真实性和相对权威性。与资本主义社会传播媒介比较,我国的大众传播在社会公众中有较大的信任感。在我国政府运用大众传播媒介进行公关宣传,不需要中转层次,也不必消耗大量"自我"资金。

受东方文化的熏陶,人们往往凭借人际交流在个体融洽的基础上谋求总体和谐,又以整体意识感化个体意识。因此,我国政府公共关系要实现其目标,必须在发挥大众传播媒介优势的同时重视利用人际传播媒介,使二者在互相推动、互相补充中以大众传播为辐射波扩展政府公关动作的时空领域,以人际传播为催化剂协调组织与公众的相互关系,这种传播模式较好地体现了中国政府公共关系的传播特色,能卓有成效地推进处于东方文化氛围中的中国政府公共关系。

三、建设有中国特色政府公共关系的途径

（一）总结工作经验

回顾我国政府自觉开展公共关系工作的历史,结合现代"公共关系精神"总结其公共关系工作的经验,为建设有中国特色的政府公共关系提供理论指导。我国政府公共关系的经验主要包括以下几个方面[①]。

---

① 刘文光.试论建设有中国特色的政府公共关系.理论导刊,2001(11):50

1. 为人民服务是我国政府公共关系工作的宗旨

我国政府之所以能够领导人民群众取得新民主主义革命的彻底胜利和社会主义建设的重大成就，其主要原因就在于得到了全国人民的拥护、爱戴、支持；而我国政府之所以能够赢得人民群众的信赖和支持，其根本原因就在于它始终坚持了"一切为了人民"的公共关系宗旨，牢固地树立了"全心全意地为人民服务"的思想，并把这一思想和意识体现在具体的行动上。这是我们取得一切成就的最终力量源泉。

2. 塑造良好形象是我国政府公共关系工作的出发点

无论在新民主主义革命时期，还是在社会主义革命和建设时期，党和政府都非常重视塑造自身的良好形象，并把它作为关系到政府生死存亡的大事来抓。我们为各级政府及其工作人员制订了严格的行为规范，并用它来约束每一个人的行动，使社会公众通过政府成员的良好言行来认识人民政府的形象和本色。以此为基础，我国各级政府为塑造自身形象所做出的种种努力，就具有了高度的自觉性和牢固的思想基础。

3. 搞好勤政廉政建设是我国政府开展公共关系工作、塑造良好形象的主要内容

树立政府良好形象的主要途径一是宣传，二是做。所谓宣传，是指政府向人民主动传递自己工作的信息，增进人民的了解；所谓做，是指政府真正为人民办实事、办好事。公共关系所倡导的"百分之九十的做得好，百分之十的说得好"，就生动而又形象地说明了塑造形象的基本法则和主要途径。

4. 完善沟通机制是我国政府开展公共关系工作的基本方法

沟通，是政府公共关系的前提。完善沟通机制、疏通沟通渠道，是促进政府与公众信息交流的基本保证。加强双向交流，增进信息传递，是协调政民关系、塑造政府形象的根本方法。在这方面，我国政府主要有如下两条经验：一是加强政府机构的对外信息发布工作，及时向社会大众传播有关信息。二是密切联系群众，建立和健全社会协商对话制度。这些制度包括信访、举报、民意测验、舆论分析、领导人访问考察、会见公众代表、批阅群众来信等。

5. 求同存异、广交朋友是我国政府对外公共关系的基本原则

在对外关系方面，应团结一切可以团结的人，结成多层次、多方面、最广泛的统一战线，化消极因素为积极因素，争取一切可能的同盟者，从而创造最良好的外部环境。在对外公共关系活动中，要非常重视与特定公众在利益、思想和行为诸方面的求同存异，善于处理好各种关系，坚持在真诚合作、互惠互利的基础上结成广泛的统一战线。

（二）体现中国国情

建设有中国特色政府公共关系必须从中国实际出发，体现中国的国情。公共关系活动不能照搬西方的理论,各级政府部门的公共关系工作更应从我国的政治制度、管理体制和社会发展状况等实际出发。就政府公共关系而言,我国国情中以下几个方面特别值得注意。

1. 我国政府是真正的人民政府

在资本主义社会中,长期存在资本和雇佣劳动之间的对立关系。虽然资本主义政府及其他组织也采用一些现代管理手段调解劳资关系,缓解对立的矛盾,但是其根本利益是对立的。社会主义的社会关系与之有本质不同,我国已基本消灭了剥削制度,建立了以公有制为主体的新型经济制度,全体劳动人民成为生产资料的共同主人。在这种前提下,人们有着共同的经济利益,也有着共同的奋斗目标。这种共同的奋斗目标就是不断完善社会经济制度,不断发展社会主义经济。与此相联系,产生了新型的社会关系,或者说决定了新型的社会关系。社会成员之间、社会组织之间,以及社会成员、社会组织与整个社会之间,根本利益是一致的,而不是对立的。这决定了我国政府是真正的人民政府,任何一点为私人或小团体利益服务的行为都是违背人民政府的性质的。政府公共关系工作一定要把全心全意为人民服务作为根本原则,既从维护公众利益出发传播政府工作的信息,又尽可能地为群众解决实际问题,这样才能较好地体现中国政府公共关系的特色。

2. 我国经济社会长足发展,但基本矛盾没有改变

三十余年的改革开放使我国经济社会得到长足发展,但是仍处于社会主义初级阶段,其生产力的发展落后于人民群众日益增长的物质文化生活的需要仍是我国的基本矛盾。认识这一基本矛盾,对进一步明确社会主义政府公共关系的目标有重要意义。我们必须不断发展生产力,促进现代化建设的发展,以满足人民群众不断增长的物质生活和文化生活需要。任何政府组织都必须以上述社会整体利益为重,以实现社会整体利益为宗旨。

3. 政治体制改革对建设有中国特色政府公共关系有重大影响

在长期革命和建设过程中,我国逐步形成了具有自己特色的政治制度。为了适应现代化建设,我国的政治体制又进行了改革。这些都对政府公共关系工作的开展形成了独具特色的影响。其中特别值得注意的问题有三个方面:一是要慎重处理政府与执政党的关系。一方面,政府要按照执政党也就是中国共产党的纲领、路线和基本政策施政;另一方面,政府又有相对独立的职能和职权。党政职能如何分开,对政府如何处理与党的公共关系具有决定性影响。二是不要把政府与国家权力机关人民代表大会及与审判、检察机关的关系混同于资本主义国家的三权分立关系。三是我国的行政管理工作的规范化和程序化刚刚起步,政府公共关系的开展应结合行政立法工作一起进行。

4. 我国公民中的大部分政治素质还不高

我国政府公共关系的基本公众是全体公民。由于各种原因,我国的大部分公民特别是农村居民的文化水平还比较低,因而影响了他们民主意识的发展和参政、议政、当政能力的发挥。政府除了要通过各方面的工作,培养、提高公民的政治、文化素质之外,还要在公共关系中注意用恰当的传播手段有针对性地开展工作,否则不仅收不到预想的效果,反而可能会在政府和公众之间造成新的隔阂。

(三) 强化公关意识

努力发展政府公共关系是社会主义现代化建设的需要,各级政府及其各部门都应予以充分重视。从当前来看,发展政府公共关系最重要的是总结多年来政府公关的得与失,避免大轰大嗡、遍地开花、急于求成的浮躁现象,使政府各部门领导和工作人员明确公关是一种管理思想、管理艺术、管理策略、管理手段。它是一种行为沟通、心理沟通、思想感情沟通、人际关系沟通。它既能促进市场经济的发展,又能解决各种社会矛盾纠纷,促进政治的民主化、劳动人事的和谐性,摈弃各种歪风邪气,促进廉政建设和社会主义精神文明建设。

1. 各级政府领导人和政府各部门的负责人要增强公共关系意识

新中国成立以来,各级人民政府实际上做了大量的公共关系工作,但受具体的历史条件限制,过去缺乏自觉的系统的认识。在改革进一步深化的今天,发展政府公共关系已成为实现社会主义民主不可或缺的手段。各级政府领导人只有自觉地开展政府公共关系,才有可能更好地坚持政府工作的群众路线,避免工作中的失误,提高机关工作效率。领导干部应当把政府公共关系工作纳入工作日程,明确公共关系工作的目标,制订公共关系工作计划,组织实施公共关系活动,并积极筹建政府公共关系工作部门,争取把政府公共关系推进到一个新的阶段。

2. 政府各具体职能部门的普通工作人员也要增强公共关系意识

公共关系工作不仅仅是政府专职部门的任务,它既然渗透到各具体职能中,就要求全体工作人员都来做公共关系工作。人民政府是为人民服务的,它的每项工作归根结底都与人民有关,而且许多具体事务直接与公众发生联系。每个工作人员都应该时刻记住自己的一言一行都是在向公众传播某种信息,既有可能对完善政府形象有利,也有可能损害政府为人民服务的形象。我们应当选择前者,不仅自觉地向公众宣传政府为公众谋福利的政策,而且切实地以自己的行为来证明人民政府为人民的本质。

此外,政府公关可以通过讲演、咨询、培训、知识竞赛与普及多种专题活动,大造舆论,使公关深入人心,从不自觉到自觉,从分散零星的活动逐步演化为科学的系统的工程建设,力求尽早实现人人懂公关、人人用公关。

(四) 继承传统文化

每个国家的公共关系都有其自己的特色,这种特色无疑与它的民族文化传统有着内在的联系。汲取中国传统文化的精华,对于形成有我国民族特色的政府公共关系具有重要的意义。以下思想都是古代传统文化中的精华,是建设有中国特色政府公共关系所必须汲取和借鉴的。

1. 仁爱思想

仁爱是孔子学说和儒家思想的核心,讲的是在社会与人际关系中的沟通、谅解、忠言、一致的伦理原则。孔子说:"仁者爱人。"要求待人接物要讲庄重、宽厚、实信、节俭、谦逊、和谐,由此去实现符合伦理道德的社会规范。以孔子为代表的仁爱思想与现代政府公共关系的思想原则有着相通之处。

2. 民本思想

孔子提倡"节用而爱人,使民以时",孟子提出"民为贵,君为轻"。在他们看来,政权的巩固、统治的稳定取决于民,统治者要听取民众的意见、体察民众的心态、满足民众的心愿。这种重视民与官关系的开明的政治主张,对后世有重大影响,对今天政府公共关系的发展也有一定意义。

3. "人和"思想

"人和"是儒家思想的延伸。孔子认为"礼之用,和为贵"、"己所不欲,勿施于人",意思是凡事要讲究礼制,不要强加于人。孟子对"人和"思想作了发挥,提出著名的"天时不如地利,地利不如人和"的思想,"人和"成为时、地、人中最重要的关系原则。"人和"思想宣传的是人与人、组织与组织之间和睦相处的"修睦"关系,追求的是一种和谐一致的境界,这也是各组织公共关系工作所刻意追求的。

4. 中庸思想

孔子提倡"中庸",把它视为至高的美德。"中庸"的本质含义是"执其两端,用其中于民"。这种为人处世的原则讲究无过不报,掌握适度,不走极端,居安中和,做到恰如其分。这种深奥的哲学思想,可以调节社会矛盾,加强政权建设,兼顾人际和睦,求同存异,实现谅解合作。当然,过分强调中庸思想,容易掩盖矛盾,求稳守旧,不利于开拓创造,但用在现代公共关系中,其利大于弊。

5. 信义思想

信义是中国的传统美德。孔子提出"君子喻于义,小人喻于利",把讲究社会道德与公众利益放在首位,提倡重义轻利。他还提出"言忠信,行笃敬",即办事要言行一致,讲信用。守信用、讲诚实,是社会与人际关系的准则。这种思想是中华民族的传统美德,其思想的真谛仍适用于现代,符合公共关系的基本信条。

（五）借鉴我党经验

中国共产党积累了丰富的正确处理各种关系的理论、政策和经验,是我们学不完、用不尽的一个宝库。在建设有中国特色政府公共关系的理论和实践中,要高度重视这些理论、政策和经验在当代中国所产生的影响；认真学习这方面的理论、政策和经验，尽量发挥其在政府公共关系学科建设及实践活动中的指导作用。

1. 借鉴党正确处理各种关系的理论

借鉴党正确处理各种关系的理论包括对立统一的思想、正确处理人民内部矛盾的思想和走群众路线的思想。

对立统一的思想正确揭示了事物发展关系的科学规律，为党和国家健全政治民主、发展经济政策、处理各种社会关系等提供了哲学依据。政府公共关系研究和解决的是政府组织与公众的关系，也就是居于矛盾的主导方面的政府组织如何通过传播沟通，最终影响和启动矛盾的另一方社会公众的思想意识与行为，从而达到矛盾双方的和谐统一。矛盾学说研究了矛盾的特殊性，使人们在认识事物和处理关系时，能从实际出发，抓事物本身的特点，去确定解决问题的措施、方法与手段。这在中国政府公共关系的研究和实践中，具有普遍的指导意义。

正确处理人民内部矛盾的思想是毛泽东同志把矛盾学说运用到了社会主义时期以解决人民内部矛盾，提出了正确处理两类不同性质矛盾的方法。解决人民内部矛盾的方法是"团结—批评—团结"，即从团结的愿望出发，经过批评或者斗争，从而达到新的团结；解决思想问题只能用民主的方法、讨论的方法、批评的方法、说服教育的方法，不能实行强制压服的办法。这种思想方法，对开展政府公共关系研究和实务工作，同样具有普遍指导意义。

走群众路线的思想，一方面强调人民是国家的主人，人民应通过各种途径管理国家与社会，树立人民是管理国家主体的思想；另一方面强调党和国家干部都是人民的公仆，要当好人民的勤务员，全心全意为人民谋福利，关心群众的生活，密切与群众的鱼水关系；再一方面强调发动和引导群众积极参与管理国家、建设国家的事业、维护国家的安定秩序。毫无疑问，政府公共关系也是一项群众性的工作，学习和实践党的走群众路线的思想，当然也是值得我们高度重视的一项重要内容。

2. 借鉴党处理各种关系的方针和政策

借鉴党处理各种关系的方针和政策包括多党合作与政治协商制度，平等、互助、团结、合作的民族政策及独立自主的和平外交政策。

（1）多党合作与政治协商制度。完善中国共产党领导的多党合作与政治协商制度，巩固和发展新时期的爱国统一战线，充分发挥人民政协在政治协商和民主监督中的作用十分重要。中国政府公共关系是在中国共产党领导的社会主义国家中的公共关系，因而党的这一方针也应贯彻到我们的公共关系活动之中。

（2）平等、互助、团结、合作的民族政策。党的民族政策是"坚持和完善区域自治制度，坚持平等、互助、团结、合作，以促进各民族的共同繁荣"。共产党的民族团结政策，成功地处理了各民族间的相互关系，加强了各民族的友谊和合作，保证了国家的完整、社会的稳定、边疆的繁荣。这是许多多民族国家无法比拟的，也是我们建设中国政府公共关系应当认真借鉴的。

（3）独立自主的和平外交政策。在发展国际关系方面,中国共产党一贯主张和平共处五项原则,并以此为基础发展不同国家、不同地区间的政治往来与经济合作。在政府公共关系领域中,它同样也是开展政府国际公共关系应当遵循的基本准则。同时,在国内的政府公共关系工作中,它也有普遍的指导意义。

（六）完善制度体系

政府公共关系工作非常重要,要真正做好政府公关工作还必须有政府公关工作的制度作为保障。邓小平同志说,"还是制度比较可靠"。因此要建立政府公共关系的制度,完善其制度体系。有了制度保障,政府公关水平就能够得到有效的提升。完善公共关系制度体系需从以下方面着手[①]。

1. 制订相关的政府公共关系制度及配套措施

我国已经出台了《中华人民共和国政府信息公开条例》等制度,但综合的、完善的关于政府公共关系活动的程序、基本标准规定的制度尚欠缺。一方面,相关制度的制定,能够给政府公共关系活动的开展提供一种参考标准,便于考核政府的公共关系成绩,明确成绩与不足,有利于政府公共关系的进一步改进,而政府公共的主体也会无意中形成一种自律。另一方面,配套措施方面,主要是监督制度的完善,这是政府公共关系水平提高的有力的外部力量。任何事物的发展都是内外因素共同作用的结果。虽然说内因起决定作用,但外因也同样发挥着重要作用。随着政府公共关系制度的建立,相关的政府内部监督、法律监督、群众监督制度也必须随之完善。

2. 建立、健全危机管理机制

转型期社会各种自然和社会的矛盾激化是不争的事实,传统的危机后治理的管理机制已经不能满足现代社会发展的需要。时代呼唤健全的危机管理机制。我国各政府职能部门,包括公安、武警、卫生防疫等,在现实工作中,都具有较强的相应的事故应对能力。然而突发性社会危机,波及面广、影响范围较大,靠单一的政府职能机构应对显然难度很大。这就需要各政府公共关系部门和社会公关组织之间进行有效的协调配合,形成政府主导、社会组织配合的有力的网络结构,对突发危机事件进行统一指挥,综合管理,做到"政府到位,受害者满意,媒体互动,社会参与"。另一重要方面,就是建立危机预警机制以及配套应对措施。相对于事后的补救,事前的预警、预防更能减少人民的生命损害,减少人力、物力、财力的浪费,提高行政效率和效益。

3. 健全政府公共关系机构

我国政府公共关系管理部门比较分散,为克服效率低下、责任不清的问题,建设一个专门的政府公共关系部门是很有必要的。这一个部门主要负责政府公共关系的传播,各

---

① 吴玉宗. 提升政府公共关系水平研究. 社会科学研究,2012(2):42-43

种公众问题以及建议的收集,将这些问题提交给各自的主管部门,并将各主管部门的答复反馈给公众。如此,政府公共关系的工作就主要集中到了一个部门,政府公共关系的效率提高了,而且精简了政府部门的机构,符合节约型社会、服务型政府建设的要求。同时,各级政府都应该建设对口的部门,以便于渠道的畅通。特别重视基层政府公共关系部门的建设,基层政府是直接接触公众的,最能得到第一手可靠的资料,同时,也能影响政府在公众心中的形象。

(七)加强传播管理

1. 发挥传播优势

我国的大众传播媒介,不论报纸、广播,还是电视,都是党、政府和人民的喉舌,既要宣传党和政府的声音,引导舆论;也要反映人民群众的意见和要求,并实事求是地报道社会、政治、经济事件,讲求真实,对社会负责、对人民负责。建设有中国特色政府公共关系,一定要加强传播管理和制度规范,充分发挥传播优势,充分利用政府公共关系一体化的传播条件,促进政府公共关系的开展和政府公关目标的实现。

开展政府公共关系离不开强有力的宣传、舆论传播条件。中国的大众传播媒介是党和国家工作的一个组织部分,它为实现党和国家的方针、政策而工作。政府部门可以借助对传播的控制与组织,根据公关工作的需要,及时地调动各种宣传机器,大造社会舆论,进行宣传教育和诱导。

2. 完善传播管理

(1)完善新闻发言人制度

政府的新闻发言人制度在我国已得到确立,如何完善该制度是当前必须面对的重要问题。这里须从以下两个方面着手。

一是加强新闻发言人监督机制建设。新闻发言人作为政府的代言人,公众对其有相应的监督权利。对新闻发言人活动进行监督的主体不仅有专门的监督机构,还包括社会组织、新闻传媒、广大公众;监督的客体包括对其背后的支撑机构,如信息的提供者、收集者、参与发布工作的讨论者以及最终拍板者。其中,对新闻发言人制度最广泛、最有力的监督来自新闻传媒。"媒体舆论监督能发挥的程度与好坏,可以说是中国政治的晴雨表,也是中国媒体危机报道不断发展的见证。"新闻媒体作为新闻发言人的直接对话者,有对其发言的真实与否进行判断、质疑的客观优势。所以应该充分调动新闻传媒通过亲身的采访实践,来对新闻发言人所发言的真实性进行比较监督。

二是做好"发言"信息反馈机制建设。新闻发言人是政府与社会公众进行沟通的桥梁,要真正发挥其桥梁作用,就不仅要重视上情下达,而且必须注重"发言"的反馈,建立起上情下达和下情上传的互动机制,做好公众信息的反馈工作。新闻发言人要建立起与新闻媒体的互动,因为媒体所提出的问题在一定程度上代表着公众所关心的问题,从媒体方面可以了解公众对发布问题的关心程度以及公众对政府政策的态度如何。在发布结束后，应继续追踪新闻发布结束后公众的评论，把掌握的材料及时反馈，从而调整和丰富要发布的信息内容，提高公众对政府的信任度和满意度。

（2）强化网络舆论的引导和管理

首先要注重网络舆论的引导。2005年3月日本右翼势力修改历史教科书，美化对外侵略行径，这一事件激起了广大群众的反日情绪，在上海等地发生了涉日游行。互联网上甚至有些别有用心的不法之徒，策划、鼓动非法游行示威活动。人民网刊登了网友丁某发表的《我们怎样表达爱国热情》一文，文章本身没有高深的理论，只是表达出这样一层意思：爱国是可以肯定的，但是要智慧地表达，不要给国家和人民带来负面影响。面对具体公共事件，普通公众对真相并不十分清楚，容易有盲目从众的心理，不管传统媒体还是新闻媒体都有责任"使之明"。对网络舆论的引导是以"疏"为主的舆论调控理念的具体体现，属于"软"控制。舆论引导的目的就是要改变不正确或者非理性的舆论，把它们引导到正确的方向上来，其实质就是使网民"态度改变"的过程。这样才可以引导网民正确认识社会公共事件，正确参与社会热点问题的交流与讨论，并以此来沟通政府与公众之间的关系，传播政府的声音、表达公众的需求。

其次要加强网络的法制管理。新型媒介的传播特质使得一些含有不良或非法内容的舆论大肆传播。对于这种损害公众利益的舆论信息，只靠以"疏"为主的"软"控制方式恐怕难以奏效，而应采取以法律、法规为主要形式的"硬"控制。我国自1996年以来，颁布和实施了一系列有关互联网的法规和条例，但是由于网络应用的纵深发展，在已经颁布实施的法律、法规中，有的条文已经明显滞后，有的对于网络言论的管理存在职能交叉、多头管理的问题，部门之间缺乏协调。因此，我国在完善网络言论法规方面仍有许多工作要做。一是尽快建立统一高效的协调机制，做到纵向管理和横向管理相结合，加强各个部门之间的协调、合作；二是提高立法等级，对现有的法律、法规进行清理，认真研究目前现存的问题，制定出适应环境，能够实际操作的专门法律、法规[①]。

（八）学习国际经验

公共关系工作发端于美国，成长于西方发达国家。在长期的实践过程中，西方政府公共关系已经有100来年的发展历程，其理论和实践都走在我国的前列。我国的公共关系随着我国改革开放和市场经济体制的建立才逐步发展起来，政府公共关系工作的路程还要短些。所以要提升我国政府的公关水平，必须学习和借鉴先进国家政府公关的经验。

我们应该学习外来公共关系的典籍，借鉴它们成功的经验，总结它们失败的教训，使自己的政府公关工作起点高些。既不机械应用别人的东西，也不故步自封。同时要鼓励各种公共关系团体之间的国际交流，为这种交流创造条件。

总之，建设有中国特色社会主义政府公共关系是一项宏大的系统工程，上述各项措施

---

① 王妍．信息化背景下我国政府公共关系研究．山东行政学院、山东省经济管理干部学院学报，2009(10)：27-29

应纳入政府管理和改革布局中,由政府的领导和有关组织同公关理论界和实践部门的专家、学者共同努力,抓住时机,借助有利因素,积极有效地将这一系统工程推向前进。

案例研究:各级政府借开放日活动实现官民互动

当前,我国不同利益群体的诉求及表达方式多元化趋势日益明显,多样、多变;官民矛盾和博弈层出不穷,凝聚人心、达成共识、赢得民心的难度与日俱增。因此,政府部门敞开心扉,走出“象牙塔”,营造“玻璃屋”,倾听民意就显得非常重要。各级政府凸显其公共关系主体意识,运用官方网站、官网微博、会议论坛、新闻发布会、听证会、政府广告、短信平台举办政府开放日活动等多种传播手段和传播方式,与人民群众紧密联系,加强沟通交流,营造了良好的政府形象。作为各级政府公共关系传播的有效形式之一的政府开放日活动,近年来更是受到普遍重视,这里集中展示一下各级政府借开放日活动实现公共关系目标的案例。

1. 北京市消防中队的开放日活动

2011年9月9日,北京市所有消防中队向市民开放,并且在以后每个月的9日都会向公众开放。为了充分发挥消防中队为辖区群众进行消防宣传服务的作用,首都消防部门决定把每月9日定为消防中队开放日。开放日当天,所有消防中队向社会开放,组织群众参加烟雾逃生体验、消防知识讲座、火灾扑救演示、消防装备展示等活动。

此外,北京消防部门还建立消防中队“走出去”制度,每个消防中队成立两个流动宣传队,定期或不定期地在辖区商业网点、交通枢纽、社区街道设立“流动消防宣传站”,开展宣传材料发放、宣传展板展示、火灾扑救演示等教育活动。北京消防部门表示,在加大消防中队宣传教育硬件设施建设的同时,还将增加一些趣味性、互动性和针对性比较强的消防安全教育体验项目。

2. 北京市政法系统开放日活动

北京市政法机关2011年4月15日集中向市民开放,各类政法机关向市民开放,让他们了解政法机关执法办案程序,近距离接触警务装备,观看民警展示特色科目。市政法各单位、各区县政法委共设立了21个主开放点,除工作性质特殊不宜对外公开的单位,全部面向社会开放,广泛邀请社会各界及广大人民群众走进政法机关,集中与人民群众开展互动交流,广泛征求意见建议,积极改进政法工作。

西直门的市司法局迎来一批特殊的参观者,他们是来参加主题为“阳光司法、司法惠民”的开放日活动的。

市民来到警营,参观分局警务工作勤务指挥大厅,了解110接处警的全过程,并听取民意,答复群众咨询。通过开放日活动,加深了市民对司法行政工作的了解、树立了司法行政亲民的社会形象。

北京市第一中级人民法院也有30名外来务工人员子女旁听一起校园的伤害案。学生们在整个庭审过程中都非常认真,庭审过后,以此次校园伤害案件宣判为契机,法官与孩子们就如何提高未成年人的法律意识、避免合法权益遭到侵害等问题进行了交流,结合案例,提醒孩子们要增强自我保护意识,防止校园伤害事件的发生。

3. 北京市民参观北京市公安局公安交通管理局

北京市公安局公安交通管理局交通指挥调度中心对市民开放,大屏幕上,信号灯控制、交通事故监测、122指挥调度、流量监测、路况监控、室外诱导屏发布等先进科技系统一并呈现,解说人员依次向市民解释这些系统的功能。

4. 北京市疾病预防控制中心的开放日活动

北京市"公共卫生工作一日体验"活动在2011年8月8日拉开帷幕,北京市疾控中心向北京市民首批发送了病媒生物防治、传染病与地方病控制、营养与食品卫生等三个专业的宣传材料,现场市民可通过体验活动了解疾病预防控制工作是如何开展的。本次活动不仅吸引了北京市民参与体验,香港明星周海媚也出现在活动现场。

体验者可以在疾控中心专业人员的指导下直接参与蚊虫监测和标本鉴定与制作。在监测过程中,能够及时了解北京市不同环境中老鼠、蟑螂、蚊子等病媒生物的密度,密度过大就表明对附近地区的危害程度较大,这样能够为采取有效防治措施提供指导。另外,如何选择杀虫效果好的杀虫剂同样是老百姓最关心的。而北京市疾控中心承担的一项重要工作就是对杀虫剂的质量进行严格把关,所以,开放日当天,工作人员还为北京市民杀虫灭蚊活动提供指导并给出了参考意见。

5. 国家统计局的统计开放日活动

2011年9月20日,国家统计局又一次敞开大门,邀请网民等公众代表前来参观、交流。早在开放日活动之前,国家统计局就已在其网站上发布了通告,告知本次活动的主题及详细展示统计数据生产过程。并声明凡在9月1～7日参加人民网"中国统计开放日"活动问卷调查的网友,就有机会参加开放日活动。

通过网络报名、随机抽取的网友代表,以及来自基层的优秀采价员、记账员、辅助调查员共计近百人在参观了中国统计资料馆后,又来到统计局大楼三层会议室,与国家统计局有关负责人共聚一堂,围绕热点统计问题展开坦诚的交流。

当"CPI是怎么统计出来的"视频播放完后,国家统计局局长马建堂向大家解读了CPI指标。有人问:"美国物价比中国高,但为什么中国CPI比美国高?"还有人问:"老百姓感受猪肉价格高,怎么CPI涨幅落了?""为什么CPI数据那么低,而日常生活中接触到的价格涨幅都很高?"有网民在这场活动的微博直播中发问。国家统计局相关负责人做出了耐心通俗的解答。"老百姓更关心的是日常生活中经常接触到的商品价格。统计局有没有考虑过,把大家关心的商品的价格变动都公布出来?"来自河北的网友常磊在现场提问。国家统计局局长马建堂回答说:"这是个好意见。CPI具体到规格品是600～1000个,应当把具体的分类价格指数也都公布了。现在统计局网站上每10日公布一次全国29种食品价格。统计局今后要努力把更具体的价格信息告诉大家,大家也要会从统计局网站上查询信息。"在居民收入和支出数据如何获取的短片播出后,高收入阶层的收支情况如何获得,以及是否会拉高平均收入的问题又引起新一轮的热议。两个半小时之后,这场发言踊跃、回答坦率的交流才结束。

在上述一组案例中,我们足以看出各级政府在开放政府形象这一软资源中所做出的努力。也许,开放制度的不成熟还使得这个过程存在着一定的欠缺,但是从无到有、从少到多的进步是政府心态的转变。双向对等地沟通、完善的传播渠道和机制是获取最广大公众的理解与好感的前提条件。

（资料来源:齐小华,殷娟娟.政府公共关系案例精析.北京:中国人事出版社,2012;新华网,2011-09-09;凤凰网,2011-04-16;中国广播网,2011-08-08;中央政府门户网,2011-09-20）

思考与讨论:

1. 本案例中的政府开放日活动,体现了各级政府怎样的公共关系意识?
2. 各级政府的开放日活动有何共同特点?
3. 各级政府的开放日活动收到了怎样的公关效果?

实训项目:进行某政府部门公共关系工作总结

1. 实训目的

通过总结某政府部门近三年来政府公共关系工作的开展情况,进一步把握政府公共关系的内涵、特征、构成要素、功能及作用。

2. 实训要求

(1) 通过互联网、报纸、杂志等形式收集目标政府部门的资料。

(2) 拟定调查提纲,用网络调查与走访相结合的方式了解此政府部门对政府公共关系的认识及政府公共关系工作的开展情况和资料,发现其政府公共关系的成功做法和案例。

(3) 撰写《××政府部门公共关系工作总结》。

3. 实训组织

(1) 将全班同学分成若干个小组,每组5~6人,并选出小组长,与组员一起做好分工写作工作。

(2) 以小组为单位收集资料,讨论后完成调查提纲。

(3) 以小组为单位撰写出《××政府部门公共关系工作总结》,并在全班交流。

(4) 老师对各组进行指导。

4. 实训考核

(1) 学生自我总结占30%。

(2) 同学互相评价占30%。

(3) 教师总结指导占40%。

5. 实训手记

通过训练,我的收获是: _____。

课后练习题

1. 什么是政府公共关系？请谈谈你的看法。
2. 政府公共关系在国家现代化进程中有哪些意义？
3. 收集关于政府公共关系的案例,并择其一进行分析。
4. 开展政府公共关系应坚持怎样的工作程序？
5. 试论建设有中国特色的政府公共关系。
6. 案例评析

香港回归祖国倒计时活动

《中国名牌》杂志社组织策划了高扬爱国主义旗帜的中国政府对中国香港恢复行使主权倒计时活动,产生了深刻的政治意义与深远的历史意义,其创意如下。

项目调查

(1) 历史:香港问题是英帝国主义入侵中国后强迫清政府签订的不平等条约。

(2) 立场:香港是中国领土,不属于"殖民地"范畴。邓小平同志明确地表示1997年要收回香港。

(3) 结论:1997年7月1日这一天回归,使一个世纪的悲欢离合、一个民族的沧桑荣辱将在这一时刻凝聚升华。

项目策划

(1) 目的:高扬爱国主义旗帜。

(2) 切入点:倒计时(让它分分秒秒叩动每一位炎黄子孙的心弦)。

(3) 规模:每字高度不小于1米,总面积150平方米,可视距离1000米以上。

(4) 焦点:倒计时牌建在祖国心脏——首都北京。具体建在市中心——天安门广场的中国革命历史博物馆正中。

(5) 层次:报呈新华社领导、北京市政府、国务院港澳办、中央领导。

(6) 时间:启动在1994年12月19日(中英联合声明10周年)至1997年7月1日,运行925天。

项目实施

(1) 高层公关:中央支持。

(2) 政府各职能部门公关:热情赞许。

(3) 横向公关:全国人民振奋。

项目评估

(1) 中央领导高度评价。

(2) 925天中,参观率最高,也成为爱国主义教育基地。

（3）创造了世界之最：面积、时间、目睹、参与人数、新闻报道。

（资料来源：http://blog. renren. com/share/227208626/12850489062）

案例思考：试运用政府公共关系的相关知识分析评点这一案例。

《香港十年》展香港新容颜

通过媒体塑造政府形象并不单指利用电视、广播、报纸、网络这些媒体的新闻报道向公众传递有关政府部门的信息，一些精心制作的电视、电影作品同样可以蕴含政府的执政理念，帮助宣传塑造良好的政府形象。2007年中央电视台推出的庆祝香港回归十周年的纪录片《香港十年》就是其中的代表。

这部精心摄制的全面呈现回归十年后香港最新形象的纪录片是作为国务院港澳办、国家广电总局重点宣传节目立项的，由中央电视台海外中心承制，展现了十年间"一国两制"从构想到成功实践的过程。对绝大多数没有亲身到过香港的内地民众而言，通过精彩的电视画面了解香港的最新变化，对他们来说是非常具有诱惑力的。而对于海外受众而言，国际都会香港回归十年的变化，对他们来说同样也具有很强的吸引力。《香港十年》的高收视率很好地证明了这两点。

如果由中央政府或者是香港官员向世人讲述香港的变化，难免显得太过于"官方"，在西方民众的眼里看来这就是赤裸裸的宣传了，必将受到他们的排斥，所以必须得采用一种容易被人接受的方式向这些海外观众说明香港10年所发生的巨大变化和"一国两制"在香港的成功实践，而这就是《香港十年》所承载的历史使命。

通过记录香港普通人的真实生活来反映香港回归后，"一国两制"下香港人命运的变化，使所有人都能直观地感受到十年来香港的"变与不变"；"不变"即"一国两制"下的香港，十年来仍保持着自己原有的社会、经济制度和生活方式不变，其作为自由港和国际金融、贸易、航运中心的地位也没有改变。"变"则包括两方面的含义，一是回归之前，香港是漂泊的"游子"，回归之后，香港能真切感受到来自内地这个强有力的靠山的力量；二是港人的"人心回归"。

（资料来源：洪建设. 政府公关. 北京：北京大学出版社，2010）

案例思考：试运用政府公共关系的相关知识分析评点这一案例。

安顺枪击事件，政府如此维稳

2010年1月12日，贵州省安顺市关岭自治县坡贡镇发生了"安顺枪击案"，事件发生以后，当地政府一方面一口咬定死者是"因打架袭警抢枪"被"警方击毙"，同时又迅速与死者家属达成和解，支付高达70万元的赔偿，这相当于坡贡镇3年的财政收入。

《检察日报》时评说："如果死者无辜，政府财政即便倾家荡产，也难以使他们瞑目。如果死者'有'辜，70万元赔偿岂非让政府蒙羞？"

（资料来源：http://www. mmrtvu. gd. cn/grzy/zfgx/show. asp? id＝235）

案例思考：结合本案例，谈谈我国政府公共关系发展的现状。

南京申办2014年青奥会的政府公关

2014年8月28日第二届夏季青年奥林匹克运动会在南京落下帷幕，"南京青奥会"

取得圆满成功。这是一次政府公共关系活动,而南京当初能够成功申办更是离不开政府公共关系。

2010 年 2 月 11 日凌晨五点,国际奥委会决定,将第二届夏季青年奥林匹克运动会举办权授予中国南京市。一年的努力,终于梦想成真。

由于首届青奥会将于 2010 年 8 月在新加坡举办,按照连续两届奥运会一般不在同一个洲举办的不成文惯例,南京并无十足的把握。南京的竞争对手——波兰波兹南市、墨西哥的瓜达拉哈拉市都各有优势,因此唯有精心准备方能取得成功。在申办过程中,南京市政府国际国内公关发挥了积极作用。

(1) 媒体宣传。2009 年 9 月 24 日南京青奥办开通了南京青奥会申办网站,网站具有申办工作介绍、城市形象展示、新闻动态发布、网络互动参与四大功能,开设了"关于青奥会"、"南京申办计划"、"南京申办优势"、"文化教育体育"、"新闻活动"、"支持我们"和"问答"共七个栏目。

该网站具有以下四个方面的显著特点,一是多语种,用中、英、法三种语言面向全球发布;二是多媒体,突出网站的视频功能,发布申办宣传片、视频新闻和现场直播等主题内容;三是全互动,充分运用最新的网络技术,鼓励建立以青年主导的独立虚拟空间,吸引青年人参与,并与中国奥委会和各类知名网站链接,扩大宣传效果;四是南京元素,在网站设计页面上点缀城墙、梅花等南京元素,突出简约、明快的特点,更加贴近青年人喜好。

南京申办成功后,申办网站转为 2014 年青奥会的官方网站,在文化教育活动、赛事报道和青奥会推广等各方面发挥主导作用,并在青奥会后继续在世界青年交流中发挥建设性作用。

青奥会网站的建设,同时以网站为中心积极发挥各类媒体的宣传报道功能,扩大了南京的国内外影响,为南京申办青奥会营造了良好的氛围。

(2) 公关活动。为了吸引更多的青少年和普通市民关注、支持青奥会,青奥办组织了多次大型公关活动。

① 征集活动。青奥办从 2009 年 9 月 24 日到 11 月 30 日用两个多月的时间面向全国公开征集青奥会申办理念和口号。应征的理念和口号要充分体现"四个性",即国际性、青年性、本土性和互动性,语言简洁明快,要有强烈的感染力和号召力,做到吸引人、打动人,真正为申办工作加分。两个多月时间内,共有近两千名群众参加了口号的创作,最后确定为"与青奥共成长,Grow with you!"

在征集申办理念和口号的同时,做好网络征集签名、郑和宝船网络行和网络征文等活动,为青奥会申办工作营造良好的氛围。

② 奥林匹克教育活动。青奥办组织开展了青少年奥林匹克教育示范学校创建活动,在全市选择了 10 所中学和 10 所小学作为青少年奥林匹克教育示范学校,并组织开展奥林匹克教育课堂、体育与健康论坛、冠军成长讲座等文化教育活动,进一步宣传普及奥林匹克价值理念。

③ 志愿者宣传活动。在 2009 年国庆节期间,在全市设立 20 个志愿者服务站点,发放青奥会申办宣传单,征集申办签名,普及奥林匹克价值理念,积极争取广大市民对申办

工作的支持。

④全民健身活动。以"与青奥同行,为申奥加油"为主题,利用全民健身平台将奥林匹克理念和青奥会知识宣传普及到社区群众和广大青年中,通过展板宣传、健身会演、趣味问答等多种形式宣传普及奥林匹克知识。2010年南京元旦长跑活动里增加了"盼青奥"的主题。

一系列公关活动取得了良好的效果,民意调查显示,有97%的南京市民支持申办青奥会,93.38%的人愿意当志愿者。年龄在35岁以下的群体中,有96.52%的人想当青奥会志愿者。

(3)寻求国外名人支持。由于对市民的广泛宣传,一些市民主动加入到申办活动中,他们以个人身份与国际名人联系,寻求他们对南京申办青奥会的支持。

2009年10月,69岁的刘奎龙给萨马兰奇和罗格写信:"虽然是青奥会,但每个市民都会支持。"说这番话的刘奎龙在1998—2008年的十年间,和萨马兰奇通信20多封,北京奥运会上约萨马兰奇"来古城南京走一走"的话眼看就要实现了。

2009年11月,南京市汉江路小学四(1)班的孩子们掀起了一场"签名支持南京"的活动,活动地点却远在德国。曾经到过南京的哥廷根市市长欣然成为首个签名者,德国的北京奥运会银牌得主、足球先生、莱比锡市市长等也纷纷签名支持。德国当地的《哥廷根日报》、《建议专刊》、《隙望》等媒体,也以《Mayer支持中国城市》、《哥廷根市民支持来自中国的申请》等标题,对哥廷根市市长Mayer签名支持南京申办青奥会进行了报道。

(4)早餐推介会。申办活动的最后冲刺是在温哥华面对奥委会委员的陈述并接受委员的投票。

对于两座候选城市南京和波兹南,南京在亚洲很有名,波兹南在欧洲很有名。然而因为文化的差异,南京在国际上的知名度并没有波兹南大。如何在短暂的时间里把南京推荐给奥委会的委员们成为当务之急。

每天早上6:30,申办代表团团长朱善璐就带人去委员们下榻的酒店餐厅,趁委员们来吃早饭的时间上前打招呼,进行交流沟通,介绍南京,一直到9:30。通过这种方式,每天和20多位委员见面,通过这种方式,给对方留下南京人"谦和有礼"、积极主动的感性印象,同时对南京这样一个古老而充满生机的城市产生一定的好感。

(5)人性化传播。陈述中播放的3分钟短片,需要向世界呈现南京最美的一面,可谓"精雕细琢",总共改了100多次。从2009年12月到2010年1月,创作团队打磨了两个多月才完成初稿。为了保证作品的国际视野、国际品位,有关方面又邀请了北京奥运会的专业团队,以及屠铭德、蒋效愚等老申奥专家联合审片,加以调整和充实。

南京市副市长、申办代表团副团长王受文是3位陈述人之一,他对自己的陈述词要求不仅英文要准确,还要有韵律,要朗朗上口,读起来有诗意。按照这个要求,为了真正做到至善至美,到了温哥华,陈述词还在反复修改中。直到陈述的最后时刻,陈述组还在不断找不足,按照"世界第一"这一标准不断"打磨"。

"我有一个14岁的儿子,我觉得,举办青奥会不仅是一个巨大荣誉,更是一项重大责任。在我小的时候,我和我的伙伴们走路或骑车上学,运动是乐趣,是我们生活的一部分……"最终,敲定陈述稿以这种人性化的、符合国际传播规律的方式切入。

（资料来源:http://njrb.njnews.cn/html/2010-02/26/content_449622.htm,2010-02-26；费爱华,李程骅.政府媒体公关.南京:江苏人民出版社,2011）

案例思考:

（1）南京市政府申办青奥会的成功得益于什么?

（2）申办最后冲刺阶段其在政府公共关系方面所做的工作对你有何启示?

第二章

政府公共关系的职能

政府中的公共关系职能是政府有效运转的基本成分,这一点正为越来越多的人所承认。

——[美]马克·考克斯

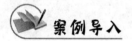 **案例导入**

西湖风景区综合保护工程

"欲把西湖比西子,淡妆浓抹总相宜。"这是北宋大诗人苏轼对西湖的形象赞誉,而一湖(西湖)、二塔(保俶塔、雷峰塔)、三岛(三潭印月、湖心亭、阮公墩)、三堤(苏堤、白堤、杨公堤)的西湖全景,一湖映双塔、湖中镶三岛、三堤凌碧波的奇观胜景,使西湖成为游览观光的胜地,也成为杭州市的城市名片。但随着社会的飞速发展,出现了对西湖保护略有疏忽的现象,西湖及周边地区大量宝贵的公共资源,一度被一些单位、个人占有,沿湖的单位和居民的生产生活用水,直接排入西湖,污染现象严重。由于含氮量超标,西湖的水质被国家环保总局判为劣五类水体,"天堂明珠"蒙受尘垢。

杭州市政府针对西湖所面临的景观遭破坏的危机,立足于以民为本、还湖于民的理念,提出了实施西湖综合保护工程,西湖风景名胜区内的建设项目不断增加,西湖综合治理工程赢得了社会各界的积极支持和响应。

2002年年底,杭州市委、市政府又将西湖综合保护工程的目光指向西湖西线,实施"西湖西进"综合保护工程,西湖西进和历次对西湖的保护整治不一样,要以重文化为主题,认真进行研究和探讨。2004年杭州开始了北山街历史文化街区保护工程。工程开始后,一些热心市民向市委、市政府提出了要求重新修建苏小小墓、武松墓的建议,市领导把这一建议交给了市政协进行论证和研究。市政协为此搜集了众多资料,并于2004年6月1日召开专题论证会,邀请省市历史、旅游、文化、文物等方面的专家和热心市民就此问题进行座谈。与会人员从历史利弊、人文精神、文化旅游等角度综合考虑,就两墓重建的利弊、方式开展了讨论,提出了一些方案供市委、市政府决策。这些建议引起市委、市政府高度重视并被吸收采纳。参照国内外成功经验,将保存历史与追求现代感完美地结合在一起,建立韩美林艺术馆、印刷博物馆等。杭州市主要领导在调研西湖综合保护工程时强调,要认真贯彻市党代会精神,按照打造"生态西湖、人文西湖、和谐西湖"的要求,坚持还湖于民方针,继续实施西湖综合保护八项工程,如期向市民推出西湖新景,要以山林为基础,以湿地为特征,以文化为依托,以美食为"亮点",深化完善设计方案,搞好观景平台、观景长廊、"生境岛"、水景等景观设计,把江洋畈生态公园打造成21世纪杭州西湖公园的新典范,争取在2010年成功通过世界文化遗产的申请。

从西湖综合治理工程理念的提出,到治理工程的实施,杭州市政府的行为坚持了"以人为本,还湖于民"的理念,传播了杭州市政府始终将人民的利益放在首位的执政理念,充分调动了市民参与的积极性,与公众进行了良性的沟通,在公众心里树立了良好的政府形象,从而进一步增强了政府的凝聚力及号召力,实现了政府公共关系的最终目的。

从本案例中可以看出,"以人为本,取信于民"对一个政府的重要性,而是否能够有效地传播政府良好形象,则可视为政府公共关系成败的基础条件。

(资料来源:洪建设.政府公关.北京:北京大学出版社,2010)

问题:

1. 杭州市政府的西湖风景区综合保护工程是政府公共关系的举措吗? 为什么?
2. 杭州市政府的西湖风景区综合保护工程反映了政府公共关系的哪些职能?

第一节　信息的采集与处理

在当今时代,信息作为社会普遍联系的形式,广泛地渗透于人类生活的各个领域,成为每个组织行动和发展的前提。企业如此,政府更是如此。由于政府所承担的工作是全局性的,所以它对信息的依赖更为明显。离开必要的信息,政府工作无异于盲人骑瞎马,寸步难行。

公共关系活动的本质就是通过双向沟通,有效地达成组织与公众之间的信息交流。因此,采集和处理信息便成了政府公共关系活动的首要职能。

一、政府公共关系信息的内容

所谓信息,是指包含新知识、新内容并可以进行传递的消息。信息原是一个自然科学概念,后被引进到社会科学之中,成为与物质和意识具有同等重要性的普遍范畴。政府公共关系信息是指政府为了更有效地履行其职能所采集和传播的各种消息。它包括两方面的内容:一方面是需要通过公共关系工作加以收集的信息;另一方面则是需要通过不同途径和渠道、以不同形式、在不同的范围内进行传播的信息。政府公共关系需要采集的信息有以下几点。

（一）政府形象的信息

政府形象是指公众对政府在运行中所显示的行为特征、精神面貌和管理水平的总体评价和全面反应。良好的政府形象是政府开展各项工作的必要条件，也是履行其所承担的各项职能的基本保证。政府不同于一般的社会组织，它的形象如何，具有全局性的意义。树立良好的形象不仅是政府开展各项工作的条件，也是增强政府号召力和整个社会凝聚力的要求。

政府形象方面的信息主要有以下内容。

1. 社会公众对政府机构的评价

政府内部或外部公众通过与政府某一机构的接触、交往，自然会形成对政府机构一定的看法，如机构是否健全、设置是否合理、运转是否灵活、办事是否有效等。公众对上述内容的肯定程度越高，意味着政府形象越好。

2. 社会公众对政府人员素质的评价

政府的各项工作是由各级各部门政府工作人员去推动和完成的。公众正是通过与政府工作人员的接触和交往来认识政府的。政府人员在日常工作中所体现出来的工作能力、文化水准、办事作风、廉洁情况、精神风范都会给公众留下印象。他们是代表政府履行公职，故公众对他们不是作为某个人而是作为政府的一员来认识的。他们的一举一动都在造就着政府形象。特别是一些具有"窗口"性质的政府管理部门，如交通、海关、邮电等，其工作人员的素质和风貌更是直接影响到政府形象。

3. 社会公众对政府管理水平的评价

政府的所有工作最终都要落实为"政绩"。公众通过对政府的决策水平、管理效率、价值取向来认识和评价政府。例如，一个地区或部门出现重大决策失误，那么它所带来的就不仅是财力、物力上的损失，也会使政府形象受损。如果政府能急公众所急，想公众所想，解决公众最关心的问题，为公众"办实事"，则十分有利于提高政府形象。这些年来一些地区和城市的政府一直坚持为当地群众办若干件实事，年初提出目标，年底完成，赢得了群众的赞许，改善和提高了政府形象。

（二）政府工作环境及其变化的信息

社会是一个大系统，政府则是其中的一个子系统，二者是相互联系、不可分割的整体。不同的社会背景，构成了政府工作的不同环境。社会是一个动态系统，这意味着政府工作环境经常处于变化之中。所以，政府要想有效地履行其职能，就不能以不变应万变，而应当尽可能地了解环境、适应环境,甚至引导环境朝着自身希望的方向发展变化。为此,了解环境及其变化的有关信息,就成了政府公关工作的一项重要内容。这方面的信息包括以下两个方面。

1. 公众态度变化的信息

政府与公众是相互影响和相互依赖的。政府工作不能不考虑和顾及公众的意愿、要求和呼声。这些意愿、要求和呼声也就是我们通常所说的"民意"。对于政府来讲,"民意"是关系到它能否成功地履行其职能的重要因素。了解并顺应"民意",是对政府工作的基本要求。要做到这一点,就必须随时注意了解、分析、掌握公众态度的变化,以改进政府工作。

2. 社会条件变化的信息

政府工作总是在既定的社会条件下展开的。社会条件是政府一切行为的基础,它包括社会的经济发展状况、政治生活状况、文化心理状况及国际环境情况在时空上的变化。政府在制定政策、开展各项工作时,必须考虑这些方面的变化,并针对不同情况及时采取或调整政策,以适应变化了的条件。同一种政策在不同的时间和地点可能会产生不同的甚至截然相反的效果。如果缺乏对这方面信息的了解,政策缺乏灵活性,则会大大降低政府工作的效率。

（三）政务信息

政务信息是指反映国家政务活动实际和特征的信息。它以国家机关在政务活动中公布的文件、报表、簿册等为载体,通过固定的渠道和程序加以发布、传播。政务信息将政府工作与公众联系起来,使公众了解政府及其工作情况,做到上情下达。这也是政府与公众双向信息交流中不可缺少的一个方面。

二、政府公共关系信息的特征和分类

（一）政府公共关系信息的特征

由于政府公共关系具有特殊的性质,政府公共关系信息也有自己的特征。

1. 政府公关信息有其特定的名称和形式

信息本身的性质、作用,沟通主体的组织地位,沟通线路等因素,决定着每条信息所应采取的名称和形式。随意采用政府公关信息的名称和形式,会导致信息沟通的混乱。

2. 政府公关信息都有明确的沟通规则

政府公关信息都有明确的沟通规则，必须按规定的沟通线路、范围和期限来沟通。这是政府工作严肃性和科学性的必然要求。

3. 政府公关信息的沟通有特定要求

政府公关信息的沟通有特定要求，它以严肃的法律或行政责任为保证，以求信息沟通的准确性、及时性和保密性。信息沟通中的失误必须由沟通主体承担与失误相应的责任。政府机构及其工作人员的欺上瞒下、虚报假报行为，将导致信息沟通发生故障，从而给政府工作带来严重损害，其责任必须受到追究。

4. 政府公关信息的沟通必须有国家及其代表机关参加

国家及其代表机关是政府公共关系的主体，政府公共关系信息的沟通必须有国家及其代表机关参加。

（二）政府公共关系信息的分类

为了便于对政府公关信息的研究，需根据一定的标准对其进行分类。由于分类标准不同，同一条信息可以列入不同的门类。通常情况下，有以下几种分类方法。

1. 按信息的来源划分

按信息的来源可分为内源信息和外源信息。内源信息是指反映政府系统内部状况的信息；外源信息是指反映政府系统外部环境变化的信息。

2. 按信息的性质划分

按信息的性质可分为正面信息、中性信息和反面信息。正面信息是指反映事物发展状况和进步程度的信息，如政策的执行成效、经济建设成就、文化教育事业的发展等；中性信息主要是对客观情况的描述，使人借以了解变化了的形势和事物的进展情况等；反面信息主要是指揭露现存的问题和社会阴暗面的有关信息，它暴露的是前进中的困难和社会弊端，这同样是政府更好地开展工作所必需的信息。

3. 按信息所发生的领域划分

按信息所发生的领域可分为经济信息、政治信息、文化信息、政策信息、舆论信息、市场信息和环境信息等。

4. 按信息的处理程度划分

按信息的处理程度可分为原始信息和处理后信息。原始信息是指人们对某一事物或活动所做的最初的反映和描述。这种信息往往是零碎的、直观的，但它具有感性强、信息量充分等特点。处理后信息是指经过处理程序和沟通环节后向其他沟通主体散发的信息。这种信息已掺杂了沟通主体一定量的主观因素,即信息增值。

对政府公关信息的分类,除了以上划分方法以外,还有其他一些分类方法。例如:按时态划分,可分为过去信息、现实信息和未来信息;按传递渠道和场合划分,可分为正式信息和非正式信息等。

三、政府公共关系信息的采集与处理

(一)政府公关信息的采集

1. 政府公关信息采集的重要性

采集信息是政府公共关系工作的重要职能之一,其目的是为政府决策提供科学的依据。从某种意义上讲,政府管理工作的科学性和效率性,主要取决于它对信息的掌握和利用程度。原因如下:

(1)政府只有广泛收集有关信息,才能发现问题,找到问题的症结所在,了解问题的成因,从而正确地确立决策目标,制订可供选择的决策方案。

(2)政府只有充分、全面、准确地收集和掌握有关信息,才能对决策进行科学的分析、论证、评价,从而尽可能地减少决策失误,降低决策带来的负效应。

(3)为了完善政府决策,就必须将决策执行情况的反馈信息以报告、报表、资料汇编等形式反馈回决策中心,以便决策者及时了解决策执行的效果和执行中出现的新情况、新问题,及时对原决策进行补充、修正和完善。

由此可见,政府决策只有在全面、准确、及时地掌握有关信息的基础上,才能不断提高质量。

2. 政府公关信息的采集方式

大体上说,政府公关信息的收集有直接收集和间接收集两种方式。

(1)直接收集。直接收集是指政府机关和公务人员为有效地开展政务管理,通过调查研究、听取汇报、接待来访、协商对话或者专线电话等途径直接收集所需信息,以求了解事情发展的最新情况,掌握有关的第一手材料,及时有效地解决存在的问题。调查研究是政府管理工作者直接收集信息的重要渠道。勤于调查研究的行政领导,可以有效地防止和克服工作中出现的"情况不明决心大,信息不全主意多"、"瞎指挥"等盲目蛮干的官僚主义倾向,使决策与管理更具针对性、现实性、科学性和可行性。信息的直接收集方式具有很多优点:①信息交流迅速;②信息内容丰富、形象生动;③信息失真率小;④有利于加强党和政府同人民群众的血肉联系,改善党和政府的形象,增强党和政府的凝聚力和号召力。当然,信息的直接收集方式也有一些不足之处,如采集面不广,典型性和代表性不足,时间、精力、费用限制较大等。

(2)间接收集。间接收集是指政府及公务人员通过诸如大众传媒、简报、情况综述等途径收集经过处理的第二手信息资料,以达到更广泛、更深刻、更准确地了解面临的形势及特点,认清事物的本质和发展趋势,更有针对性地采取有效措施,解决存在的问题的目的。大众传播媒介是信息间接收集的主要途径。这是因为大众传播媒介是现代化的信息散发机构,具有传递速度快、信息采撷面广、影响大等特点。此外,政府系统内部编辑发行的简报、情况综述、内参刊物等也是信息间接收集的重要渠道,其特点是信息价值大、接收率高、保密性强、易保存。但是,间接收集方式由于受沟通主体自身经验、阅历、理解表达能力的限制,信息内容容易掺杂沟通主体的主观成分,失真的可能性较之直接收集要高。所以,直接收集与间接收集两种方式应配合使用,取长补短。

3. 政府公关信息采集的注意事项

对于政府机关来讲,信息收集必须注意以下几点。

(1) 应注意信息采集的全面性。"偏听则暗,兼听则明。"信息收集切忌片面性,既应注意收集正面信息,也不应忽视中性信息和反面信息,这样才能形成对事物的完整、正确的认识。在决策过程中,只有全面掌握有关信息,既看到有利方面,也重视不利方面,才能使决策更符合实际,更具有可行性。

(2) 应注意信息采集的准确性。所谓准确性,是指信息要真实地反映事物的本来面目。真实是信息的价值所在。虚假信息或伪信息不仅丝毫无助于科学地决策,反而会误导决策,招致重大失误。这不仅会给政府管理工作带来损失,而且也会损害政府形象。所以,政府机关及公务人员在采集信息的过程中,必须对信息进行核实、辨析,以确保信息的真实、可靠。

(3) 应注意信息采集的及时性。所谓及时性,是指要力争在最短的时间内采集、汇总相关信息,从而使决策者能及时了解问题、解决问题。如果由于某种原因,信息不能及时上达,往往会错失解决问题的最佳时机。在信息不能及时到位的情况下匆忙形成的决策,必然会缺乏针对性和可行性。

(二) 政府公关信息的处理

1. 政府公关信息的处理手段

信息处理是一个相当复杂的过程。由于信息对于政务活动具有至关重要的意义,信息处理也就必须以服务于政府工作为主要目的。信息处理的主要手段如下:

(1) 分类。分类就是按一定的标准,如时间、空间、事件、问题、目的或要求,对纷涌而来的信息进行梳理,使之各归其类,以便分析。

(2) 比较。比较是一种分析研究工作。通过比较,分析出信息的真伪、主次、信息价值的大小及信息之间的内在联系,使信息选择更为准确。

(3) 选择。信息纷纭繁杂、真伪并存。这就要求政府公务人员必须针对所要解决的问题,依据一定的标准对众多的信息进行选择、取舍,以免信息过量而对决策产生干扰。

(4) 综合。信息的各个方面和层次并不是主次分明、清晰可辨的,同时未经加工处理的信息往往是粗糙、零碎和散乱的,因此必须围绕着要解决的问题对众多信息进行综合处理。

(5) 研究。信息加工者投入智力劳动,以便从纷繁的信息资料中形成新的概念、结论,也就是更富决策指导意义的信息。

(6) 新编。把各方面的信息资料进行汇总、编目和编制索引,为利用者提供手续上的便利。

2. 政府公关信息的处理原则

要使信息处理工作更富于成效,除了科学、熟练地运用信息处理的基本手段外,还必须掌握处理信息的一些基本原则。

(1) 创新性原则。这一原则要求处理信息必须具有开拓创新的精神,善于从平淡无奇的信息中发现其价值,善于透过纷乱杂陈的信息表象抓住信息内含的本质。因循、固执、直观、刻板是信息处理的大忌。

(2) 针对性原则。这一原则要求信息的处理必须针对所要解决的问题,收集处理与问题有关的一切信息。缺乏针对性的处理,信息就不会有很高的使用价值。

(3) 析义性原则。这一原则要求分析信息的真实意义,把握信息的精髓,切不可望文生义。析义性原则要求在处理信息时把信息作为事实的表征,进行由表及里的辩证分析,从中获取有价值的东西。

(4) 综合性原则。这一原则要求信息处理必须注意信息内容的综合,以求形成一个全面、完整、系统的认识。综合的方式大体分为兼容综合、扬弃综合和全息综合三种。每一种综合方式各有长短,结合起来运用才能完备。

(5) 时效性原则。这一原则要求信息处理必须适时。过早处理恐难以形成一个准确而全面的认识和判断;反之,信息处理迟滞,则有时过境迁、信息贬值之虑。因此,要确保信息的使用价值,必须善于把握时机,适时处理信息。

(6) 适用性原则。适用性是信息价值的一个综合性评价指标。信息处理的各项工作都是为了提高信息的适用性,使信息对决策部门更具有参考价值。

上述原则是信息处理规律的概括和总结。只有遵循这些原则,才能有效地提高信息处理的效率。

第二节　政府形象的塑造与调整

政府形象对政府的生存和发展有着至关重要的意义。良好的形象是政府赢得公众的信任和支持、充分发挥其效能的重要条件,在一定程度上决定着政府的前途和命运。所以,政府在开展各项工作的过程中,必须有自觉的形象意识和相应的行为,以保证管理机器正常、有效地运转。

从根本上说,良好的政府形象来源于政府的具体实践,也即政府在管理过程中的具体作为和表现。如果一个地区或部门的政府机构不注重扎实的工作,缺乏让人称道的"政绩",而是靠虚伪来支撑门面,靠粉饰来打扮自己,非但无助于树立良好形象,反而会进一步损害自己的形象。

实践表明,政府形象的塑造与维护必须借助于公共关系活动的开展。公共关系被人们称作"塑造形象艺术"。如果没有公共关系理论的指导及相应的科学手段的运用,所谓形象只能停留在表层,很难获得提高和完善。因此,塑造和维护政府形象便成了政府公共关系工作的一项重要职能。

一、政府形象的含义、构成和特性

(一) 政府形象的含义

"形象"一词的本意是指人与物的形体、相貌、外观。公共关系学所讲的组织形象是社会公众对组织的内在精神和外显事物的整体印象和评价。政府是一种特殊的组织,政府形象也不同于一般的组织形象。它指的是公众对于政府综合认识所形成的整体印象的评价。它是政府机构的静态实体(如政府设施、组织机构、政令政策及法规文件档案等)和政府人员的动态言行等因素综合作用于政府内外公众主观意识的产物。

公共关系理论认为,衡量一个组织形象的基本指标有两个——知名度和美誉度。对于政府来说,知名度并不是塑造形象时所追求的目标,它的特殊地位已经赋予了其他任何组织所无法相比的"知名度"。这样,美誉度,即公众对政府的信任、支持、赞美的程度便成了塑造政府形象的首要甚至是唯一的追求。

(二) 政府形象的构成

政府形象是一个整体概念,它由以下一些具体要素构成。

1. 组织

在政府公共关系中,组织是由各级领导者和广大公务人员组成的。其中,领导者往往是社会公众关注的焦点。因此,领导者必须严于律己,成为自觉塑造和维护政府形象的楷模。政府普通公务人员由于经常广泛、大量地接触社会公众,所以同样是政府形象的塑造者和承受者,也必须以全员公关意识来规范自己的行为举止。

2. 目标

目标是政府宗旨的直接体现,也是政府形象的具体化。政府形象可分解为许多具体目标来加以实施。目标的实施过程也就是形象的确立过程。

3. 政策

政策是政府为实现自己的路线和任务而规定的行动准则,具体包括各种法令、法规、纪律、制度等。它是政府实现既定目标的有效保证,能起到引导公众和规范自己的双重作用,所以是构成政府形象的一个要素。

4. 效率

效率是政府活动的综合体现,反映着政府的工作作风、人员素质、体制机构等各方面的状况,因而也是公众评价政府形象的一个重要标准。此外,政府的地理位置、环境状况、物质设施等客观因素也是构成政府形象的重要方面,在具体的公共关系工作中同样不可忽视。

(三)政府形象的特性

政府形象的社会特性有以下内容。

1. 政府形象具有阶级性

政府是阶级统治的机关,不同的阶级对政府形象自然有不同的标准和要求,而政府形象又必然会反映并服务于它所代表的那个阶级的利益。一般来说,一个政府究竟要树立何种形象,是受统治阶级的利益支配的。阶级性是政府形象区别于一般的组织形象的根本所在。

2. 政府形象具有时代性

政府形象并非一成不变。即使是同一个阶级的同一政府,其形象也会随着社会环境和历史条件的变化而变化。当然,这种变化不会改变其本质特征。

3. 政府形象具有社会性

尽管不同政府的本质和目的各不相同,但客观上它们都必须承担整个社会的管理责任。这样,它们就必须面向全社会的公众树立形象。政府的某些公益性活动,如发展义务教育、进行抗险救灾、举办福利性公共工程等,会得到社会各阶级、阶层的普遍认同和肯定。

二、政府形象的形成与评估

(一)政府形象的形成

政府形象的形成实际上是一个完整的公共关系活动过程。由于树立形象是政府公关的一个重要内容和直接目的,因此它在整个公共关系活动中所占的位置也更重要、更突出。

政府形象的形成一般要经历以下几个阶段。

1. 目标确立

政府首先要将自己所要塑造的形象分解为具体的目标体系。例如,按实施阶段可分为长期、中期和近期目标;按内容可分为总体目标和各种具体目标;按形象承受体可分为各级政府不同的形象目标和工作人员个人的行为规范目标。

2. 价值评估

目标在一定程度上只是行政首长和有关部门的主观愿望,因此还有必要结合政府部门的实际状况、环境条件及公众对政府的期望等多种因素,对目标价值进行分析论证,以免实施过程中出现失误。

3. 形象塑造

借助于各种传播渠道和方式及全体公务人员的工作实际表现,把形象目标直接呈现给公众。

4. 形象反馈

一个具有实际评价意义的形象并不取决于政府单方面的行为,最终还应由公众来下结论。这一环节必须通过采用组织形象评估工具图等方式对公众评价进行反馈才能实现。当形象在反馈基础上重又表现为具体现实的数据指标后,完整的政府形象才得以真正形成。

(二) 政府形象的评估

1. 政府形象的评估内容

政府形象的评估主要是为调整和完善政府形象提供依据。其内容是指通过调查分析,对政府形象做出科学的、实事求是的评价。

政府形象的评估包括两个方面的内容。

(1) 对政府自我期望形象的评估。自我期望形象为政府树立自身形象提出了努力的方向和目标。它虽然不等于实际形象,但却可以转化为实际形象。政府的领导者和普通公务人员是政府形象的直接实践者和承受者,他们的主观期望、设想必然会转化为具体的行动和工作表现,从而影响和造就政府的实际形象。因此,有必要在塑造形象之前便对它进行一番可行性预测和价值评估,以求尽早发现问题并加以修正。

(2) 对政府社会实际形象的评估。实际形象是经政府努力且获得公众认可的形象,是政府塑造或调整形象的最终追求和落实,所以对政府实际形象的评估更为重要。这种评估是对政府塑造自身形象结果的检验,也是纠正过失、总结经验、进一步调整完善自身形象的前提和依据。

2. 政府形象的评估步骤

评估政府实际形象的具体步骤如下：

（1）明确把握相关公众。公众对政府来说有主次之分，且自身结构又十分复杂，因此只有通过科学分类和调查手段先找准相关公众，才有可能通过他们来准确地评估政府形象；反之，就有可能导致形象评估的失真。

（2）对形象评估定位。具体可通过组织形象的四象限图对形象的美誉度作质的分析总结。

（3）测量形象的实际分值。通过分解、剖析具体指标，把形象从定性阶段引入定量阶段。通常可采用组织形象要素调查表和内容间隔图等图表进行分析评价。这样，政府形象的总体估价和各项指标优劣程度的结论也就产生了。

三、政府形象的塑造与调整的实现

（一）政府形象的塑造

政府究竟以何种形象呈现给社会公众，公众对政府形象做出怎样的评价，归根结底是由政府在政务活动中的具体作为决定的。一个无所作为的政府，不管施以多么强大的公关宣传，都不可能给公众留下良好的印象。

然而，这只是问题的一个方面。政府在努力创造政绩的同时，还必须借助于一定的渠道、途径、方式将其显示给公众，将自身追求的形象转化为公众对政府的实际认识，这样就离不开公共关系这门"塑造形象的艺术"。

公共关系对于塑造政府形象的作用，主要表现在以下几个方面。

1. 公共关系是政府确立形象意识，构筑形象基础的前提

由于政府所处的特殊地位，它的一举一动都会成为公众注目的焦点。公众正是通过政府的各种活动、政策及政府公务人员在公众场合的表现来认识和评价政府的。所以，强化形象意识是提高政府形象的重要条件。它要求政府部门及公务人员，尤其是高级领导人必须有正确而强烈的形象意识，注意给公众留下良好印象，以维护政府形象。要做到这一点，就离不开公共关系理论的科学指导。

2. 公共关系是政府策划形象传播，优化形象显示的有效途径

良好的形象需经公众认可才能实现。这是一个从客观到主观、从具体到抽象、从现象到本质的复杂的多层次的心理反应过程。公众自身的复杂性又为这一过程增加了难度。这就需要通过公共关系的双向传播手段来优化政府的形象显示。

3. 公共关系是政府寻找形象差距，调整形象目标的手段

政府与公众间的"形象差"用一般方法很难检测，但如果运用公共关系中的组织形象评估工具图及民意测验、新闻调查等方法，这些问题便可迎刃而解。

4. 公共关系是政府克服形象失真，不断完善形象的有效保证

在塑造形象的过程中，由于受各种主客观因素的影响，有时难免出现形象失真状况。这就需要通过卓有成效的公共关系活动，借助于公共关系手段加以消除。例如，采用矫正型模式，通过对公众的反馈调查，找出失真原因并切实加以改进，使政府形象更趋完善。

由上可见，良好的政府形象的塑造离不开公共关系这一手段的保证。正是这一手段将政府与公众联结起来，把来自政府方面的有关信息真实、有效、及时地传达给公众，使公众从中获得对政府的认识；同时，它还将来自公众方面的信息反馈给政府，使政府能及时发现不足，弥补缺陷，防患于未然。

由于各种因素的变化，无论是政府自我期望形象还是经公众认可的政府实际形象，都不是一成不变的。这就涉及政府形象的调整问题。所谓政府形象的调整，是指对形象目标的改进和完善。

（二）政府形象的调整

政府形象调整的具体过程包括如下几个方面。

1. 找出"形象差距"

就是找出政府事先的自我期望形象与公众认可的实际形象之间的差距。只有找到、找准差距，才能发现问题之所在，才能进一步的有的放矢地开展工作。

2. 调整实施计划和过程

造成"形象差"的原因是多方面的。例如，有的是目标不合适，有的是传播途径和方式选择不当，还有的则可能来自客观环境的干扰和公众自身的素质差异。这些显然都会给政府形象的塑造带来不利影响，因而需要加以调整。例如，可通过放慢进程、转换渠道、优化环境等多项措施予以调整，使之更符合实际。

3. 将调整后的计划重新付诸实施

计划的目的是实施。通过对公众反馈意见的处理而形成的调整计划，要转化落实为具体的实践。这样，整个过程才能算结束。同时，又由于调整后的计划要重新经受实践和公众的检验，因此它又是下一个过程的开始。政府形象由此而不断得到提高和完善。

第三节 政府与公众的沟通协调

一、政府与公众的沟通

（一）政府与公众沟通的意义

政府与公众的沟通是指政府作为公共关系主体与公众之间通过多种途径和方式所进行的思想与信息的交流过程。沟通的目的是促进政府与公众之间的相互了解和信任，从而为政府工作创造更有利的环境与条件。因此，沟通是政府公共关系的重要职能之一。具体来说，政府与公众沟通的意义如下。

1. 沟通是发扬民主，实现科学决策的需要

人民群众参加国家和社会事务的管理是社会主义制度的本质要求。公民参政、议政和监督政府工作的基本权利的实现，是以"知政"为前提的。这就要求通过沟通来及时、全面地将有关信息传达给公众，使公众能够了解事实真相。这样，公众才能对国家发展的大政方针和一些具体政策形成自己的意见和看法，才能有效地行使监督政府工作的权利。同时，强化沟通一方面可以将政务活动的情况更多、更及时地告知公众；另一方面也可以使公众的意见、建议、要求、呼声更及时地为政府所了解，并将其中的高计良策纳入政府的决策中，使之有更广泛的民意基础。

2. 沟通是增加透明度，提高政府形象的需要

政府要得到公众的信任和支持，就必须密切与公众的联系。公开政务活动、增加透明度正是政府贴近公众、争取公众支持的有效途径。在现代社会里，随着人们参与意识的逐步提高、公民意识的日益增强，与公开化相违背的办事方式和程序往往受到指责和怀疑，自然也就会影响到政府的声誉和形象。同时，沟通渠道的阻塞或不畅，也不利于创造一种政府与公众之间以诚相见的合作气氛。

3. 沟通是提高办公效率，增强政府职能的需要

沟通所强调的是双向的信息交流。对于政府工作而言，信息沟通的顺利、畅达、及时、准确是提高效率的重要保证。来自政府方面的决策、设想、计划、安排等如果不能及时到达公众那里，则会影响其落实、实施的过程。同样，来自公众的反馈信息不能及时为政府所掌握，也会影响政府的进一步行动。所以，政府必须利用现代化的传播手段和媒介，同公众加强联系。如利用热线电话、现场办公、新闻发布会、座谈会、接待来信来访等形式来加快双向信息交流的速度，提高工作效率。

（二）政府与公众沟通涉及的问题

政府与公众的沟通主要涉及以下几个方面的问题。

1. 沟通类型

沟通类型包括政府内部沟通和外部沟通两种。前者是指政府内部上下级之间、同级部门之间及领导人与普通公务人员之间的沟通，其目的是增强政府内部的凝聚力和运转效率，这是政府公共关系的基础。后者是指政府与外界各类公众之间的沟通，其目的是增进政府与外界公众之间的相互了解和信任，以协调一致地实现政府和全社会的总体目标。这也是政府公共关系的重点。

2. 沟通形式

沟通形式有下行沟通、平行沟通、上行沟通三种。下行沟通是指政府自上而下与公众进行的沟通，如新闻传播、文件报告等。平行沟通是指政府与同级组织或其他社会团体间进行的平等沟通，如座谈、对话、协商等。上行沟通是指公众自下而上与政府进行的沟通，如专线电话、信访等。

3. 沟通效能

沟通效能是指沟通所达成的结果。它是评价沟通的主要标准，也是选择沟通方式和媒介的依据。它要求在沟通过程中尽可能地避免或有效地防止三种损耗，即迟缓损耗（由于传播拖延时间过长而失去了吸引力所造成的损耗）、阻塞损耗（传送的信息量超过了公众接受需求能力和媒介容载程度所造成的损耗）、干扰损耗（两种或更多的信息在同一时空发生矛盾所造成的损耗）。

二、政府与公众的协调

政府与公众的协调是指政府作为公共关系活动的主体，通过协商、调节、沟通等方式来调适、理顺政府与其内外公众之间的关系，为政府开展各项工作创造适宜的环境和条件。

在社会主义社会里，政府同公众（主要是广大人民群众）之间的根本利益是完全一致的，两者之间并无根本的利害冲突。但是，这并不意味着在社会主义社会里政府与公众之间的关系始终是和谐融洽的。正相反，由于种种原因，如认识上的差异、局部利益上的冲突、沟通上的障碍、体制上的缺陷等，政府与其内外部公众之间难免会产生一些矛盾和纠葛。这就要运用公共关系手段和方法加以调整，以求协调一致。因此，协调与公众的各种关系便成了政府公共关系的重要职能。

政府与公众关系的协调主要包括以下方面。

（一）政府内部领导与一般公务人员关系的协调

实践表明：领导与工作人员的关系协调与否，会直接影响到政府效能的发挥。政府同其他组织一样，只有做到"内求团结"，才能达到"外求发展"之目的。成功的内部公共关系能培养工作人员的归属感、认同感，增强政府的凝聚力，形成和谐、融洽的人际关系和齐心协力的工作气氛，使工作人员处于轻松愉快的工作环境中，从而积极主动地搞好本职工作。要做到这一点，就需要发挥公共关系的沟通职能，使领导者能及时了解和把握下属人员的思想动向、精神状况和意见呼声，从而合理地通过调整政策和自身行为来求得下属的理解、信任和支持；使工作人员能及时准确地把握领导本人的意图、动向，从而自觉地加以配合。

（二）政府内部职能部门之间关系的协调

政府如同一部庞大的机器，它的有效运转有赖于组织这部机器的各个"零部件"的通力协作。所以，各职能部门协调一致的默契配合，是政府发挥其整体效应的前提条件。但是，由于各部门的管理职责不同，立足点有异，加之可能发生的信息交流上的不畅，便可能导致步调不一致的状况。有时由于局部和全局利益的冲突，也会发生部门或地区之间的矛盾、误解等现象。在管理工作中，也会由于种种原因，发生部门间的互相推诿、扯皮等靠等现象。这就要求通过发挥公共关系的职能加以协调、疏通，以消除误解，解决矛盾，克服或防止推诿、扯皮现象的发生，从而形成一种互相配合、精诚合作的良好内部工作环境，提高工作效率，树立政府的良好形象。

（三）政府与外部公众关系的协调

政府在进行行政管理的过程中，必然会同外界环境和社会公众发生关系。由于各种原因，彼此之间的关系并不一定始终处于一种和谐状态，协调的必要性也就由此产生了。政府是一种特殊的组织，它所面对的公众不同于一般组织，其成分是相当复杂的。政府与外部公众关系的协调也因此变得格外困难和复杂。一般来说，对外部公众关系的协调，最根本的方式是进行反馈调节，也即广泛收集各类公众对组织的期望和评价意见，有针对性地采取对策，通过调整或改进自身政策行为来满足公众的需求，这样才能树立良好的政府形象，使政府与外部公众关系保持和谐。当然，协调与公众的关系并不等于一味地迎合公众的需求。由于政府外部公众的复杂性，他们的某些需求可能是不合理的、不切实际的或是政府暂时难以满足的。对此，政府作为公共关系的主体，应理所当然地做好解释疏导工作，以消除误会、减少摩擦、化解矛盾。

三、政府与公众纠纷的预防和处理

（一）政府与公众纠纷的预防

在现代社会中，政府所面临的和需要处理的各种关系极其复杂多变。由于种种因素的影响，社会生活中必然会充满矛盾，隐伏着各种危机。如果对此缺乏足够的认识和准备，举措失当，就会引发政府与公众之间的纠纷。因此，如何有效地预防和正确处理与公众可能发生的纠纷，就成了政府公共关系的重要内容。

其实，政府公共关系纠纷并非不可避免。它作为一种事态、现象，总有一定的前兆和苗头。政府如果能从加强信息沟通、交流工作入手，及时掌握公众对政府决策的情绪、意见、要求和行动意向，并采取有效的调整、改进措施，就有可能把纠纷消除在萌芽状态，防患未然。因此，在现代社会里，政府必须建立健全一套完善、高效的预警机制。就我国的情况来看，政府对公共关系纠纷的预防应当从以下几个环节入手。

1. 建立全方位的信息网络

政府除了充分运用官方的信息渠道之外，还必须注意保持与公众的直接接触与交流，认真接待来信来访，设立举报中心，开通热线电话等。政府借此接收的直接来自公众的信息，往往是公关纠纷的重要信息来源。只有建立全方位的信息网络，密切保持与公众的接触，政府才能从中获取、筛选、综合出有关信息，以尽早采取适当的预防措施。

2. 建立政府自查制度

政府应通过建立健全自我监督约束机制，定期检查自身在运行过程中是否存在侵害公众利益的行为，从而做到防微杜渐。自查制度的建立应同相应的责任制结合起来。部门首长必须对本部门的政府行为负责。如果由于自身原因而引发公共关系纠纷，责任主体必须为此承担责任。只有这样，才能增强政府自查的自觉性、主动性，避免自查制度流于形式。

3. 加强公共关系调查研究

调查研究是政府运用人际传播方式与公众进行的直接沟通。它可以减少许多中间环节而直接与公众发生联系，具有较强的真实性和可调节性。相对于"下情上传"的信访等形式，它与公众的联系也更为直接。因此，加强调查研究也是预防政府公共关系纠纷的一项重要而有效的措施。

（二）政府与公众纠纷的处理

政府公共关系纠纷一旦发生，就会对政府与公众的关系造成损害，任其发展势必会造成侵犯公众利益和损害政府形象的严重后果，甚至危及社会安定，动摇政权的基础。因此,对公共关系纠纷切不可等闲视之,必须及时予以处理。

一般来说,处理政府公共关系纠纷需经过以下四个步骤。

1. 听取意见

纠纷产生后,公众或投书,或来访,或通过新闻媒介向政府提出一些批评和意见。不管这些意见采取何种方式,如何尖锐甚至存有偏见,只要是善意并有利于政府工作的,都应认真听取。只有广泛听取各方面的意见,政府才能了解纠纷产生的原因及所造成的后果,从而为正确采取应对措施打下坚实的基础。

2. 查清事实

查清事实是解决纠纷的关键。政府需对纠纷事态的发生、经过和结果进行查证分析,了解事实的真相,寻找问题的症结,制订解决纠纷的方案。需要查清的有关纠纷的事实有以下几个方面。

(1)纠纷产生的客观背景,即纠纷是在何种条件下发生的、产生了何种影响。

(2)纠纷发生的主要经过,即纠纷发生的时间、地点、当事人、标的物和过程。

(3)纠纷的性质,即根据纠纷发生的具体情况、严重程度及内容来判明其性质。纠纷的性质不同,处理的对策当然也会不同。

(4)纠纷的责任,即纠纷的过错者及其应承担的责任。

3. 交流意见

在听取意见、查清事实的基础上,政府应当与公众充分交流意见,求同存异,以求达成谅解。这是解决纠纷的重点。交流可通过新闻传播、座谈会等形式进行。

4. 总结协调

纠纷双方达成谅解后,政府还需要通过民意测验、追踪调查等手段,来了解公众对引起纠纷的原因及解决纠纷过程的看法,同时还要总结经验教训,追究有关责任者的责任并给予相应的处理,对工作中的失误采取切实有效的补救和改进措施,力求工作不断达到新的水平。

第四节　　政府决策的咨询建议

现代社会的管理是一项极其复杂、庞大的系统工程。社会生活的日趋繁杂及社会情势的瞬息万变,使得任何仅凭政府领导本人的知识、经验、智慧进行的所谓"经验决策"都无法适应社会发展的需要。因此,充分重视和发挥公共关系的咨询建议职能,就成了提高政府决策水平的一个重要条件。没有成功的公共关系活动,就很难有成功的政府管理和科学的政府决策。

一、咨询建议在政府决策中的作用

政府决策是指政府为实现管理目标,在若干种预选方案中选择最优化方案的过程。决策是政府政务管理中一项主要的和基本的活动。事实上,政府机构的全部管理工作都是围绕着政府决策展开的,所有的政府人员也都在不同程度上、以不同的形式直接或间接地卷入了决策过程。所以,政府决策是政务管理的首要环节,是实施政府管理职能的基础,它贯穿政务管理的各个方面和全过程。

正因为如此,政府决策成了实现政府管理目标的关键。决策质量的高低将直接影响政府工作的成效,进而影响到社会的治乱盛衰。所以,如何保证决策质量、提高决策水平,是任何一个政府都必须予以高度关注的问题。

影响决策质量的因素是很多的,如决策者素质如何、决策机制是否完善、决策程序是否合理等。从公共关系的角度而言,充分发挥咨询建议的参谋作用,同样是保证决策质量不可或缺的条件。

所谓咨询建议,是指公共关系人员向决策层和管理部门提供公共关系方面的情况和意见、建议的活动。

公共关系的咨询建议与沟通信息密切相关。获取信息是咨询建议的前提。没有足够的信息沟通,一切咨询建议都只能是空谈。信息沟通只有通过向有关决策层提供咨询建议,才能发挥其参谋功能,实现其价值。

咨询建议对于政府决策的作用主要表现在以下两个方面。

(一) 促进政府决策的民主化

社会大众的广泛参与是现代政治区别于传统政治的一个显著特点。人民群众参与国家大事的讨论,是他们的基本权利和作为国家及社会主人地位的体现。这就要求政府必须将决策意图、打算和面临的困难如实地告知公众,以征求他们的意见和建议。公共关系的咨询建议功能就在于将来自公众的各种信息分门别类地加工整理,向决策者提供有关咨询建议,从而保证在最终形成的决策中能广泛地吸收来自公众的合理化意见、建议,汲取群众的智慧,使决策尽可能建立在广泛的民主基础之上。

(二) 促进政府决策的科学化

决策科学化是现代管理的客观要求。现代社会节奏快,信息量大,不确定因素多,任何高明的决策者都不可能做到"全知全能"。因此,要实现科学决策以避免决策失误所带来的损失,就必须重视和发挥公共关系的咨询建议功能。通过公共关系活动所收集的数据、资料、情况一般都是来自社会各方面的真实信息。公关人员可依靠这些信息资料,广泛征询公众及有关专家集团的意见,同时监测环境变化,预测社会变化趋势,以供政府决策,使决策更具科学性。

总之,民主化与科学化是保证政府决策质量的基本条件。它从一个方面反映着政府机构的管理水平和运转效能。在现代社会里,决策的民主与科学不仅是管理成败的关键,也是政府赢得社会大众信任与支持、建立其合法性的基础。决策频频失误的政府是无能的政府,无能的政府显然不能指望得到群众的拥护。

二、咨询建议的内容

咨询建议既然是保证政府决策民主化与科学化的重要条件,那么在政府决策过程中,哪些方面的咨询建议最为关键和重要呢? 这就涉及咨询建议的内容。一般来说,为提高决策质量,减少失误,政府至少有必要了解和掌握以下几个方面的情况和意见。

(一)关于政府形象的咨询建议

良好的形象是政府赢得公众信任和支持、充分发挥其管理效能的重要条件,甚至在一定程度上决定着政府的前途和命运。因此,政府在决策过程中,必须参与对自身形象问题的考虑。对于政府决策者来说,不能仅仅把注意力放在决策问题本身,同时也应对方案付诸实施后可能对政府形象产生的影响有足够的、清醒的认识。否则,一旦由于决策不当而使政府形象受到损害,就会对政府的长远利益产生不良影响。要有效地避免这一点,就需充分发挥公共关系的咨询建议功能。

政府在决策时应通过成功的公共关系活动来全面收集公众方面有关政府形象的信息,然后进行慎重分析、加工整理,并及时、准确地提供给决策中心参考,使决策者在决策过程中对政府在公众中的具体形象做到准确把握、心中有数。当政府形象由于某种原因受到损害时,有关部门更应及时地收集、汇总、反映情况,以便决策部门能及时采取正确的应对措施,挽回形象。

有关政府形象的咨询建议,需要注意以下两点:一是要坚持实事求是的原则,客观公正地反映情况。既不能依据少数人的意见以偏概全,也不要凭主观意志想当然,要防止片面性。对收集来的有关信息要系统分析、科学鉴别,做出综合性的评判。二是要注意了解掌握公众变化着的评价标准,及时提出更新政府形象的新建议。随着社会经济、文化和民主政治的发展,公众的素质、观念和需要也必然会随之而变化,对政府的评价和期望值也会发生改变。要维护和提高政府形象,就必须不断地适应公众变化着的评价标准。

(二)关于公众意向的咨询建议

政府在决策过程中必须纳入对公众意向的考虑,即通过各种途径向有关机构或组织了解公众意向,借此制订、修正和调整政策,使之更符合公众的意愿和要求,充分实现公众的利益。在社会主义国家,政府决策尤其需要加强对公众意向的咨询。这是因为:第一,人民群众是国家的主人,而政府及其工作人员是人民的公仆。政府决策必须秉承人民群众的意志,最大限度地实现人民群众的利益。第二,公众是政府决策的最终承受者,也是最权威的评价者。公众对政府决策的态度,会直接影响决策执行的效果。因此,为了提高决策执行的有效性,就必须努力使决策更符合公众的意愿和要求,以争取公众对决策的理解、认同和支持。

公众意向咨询建议的主要目的是使政府在决策时能了解公众的疾苦,倾听公众的呼声,掌握公众的心理、态度,把握公众的情绪,从而在决策中体现公众的意愿。此外,政府还要善于听取公众对政府有关决策的意见和建议。当然,政府决策也并非唯公众意志是从,而是在了解、掌握公众意向的基础上,进行科学分析,辨明合理与不合理、主流与支流,择其善者而从之。

(三)关于政府方针、政策执行情况的咨询建议

政府的方针、政策是决策的产物。方针、政策在出台之后,在执行过程中由于情况的千变万化及制订过程中对某些问题的考虑不周,极有可能出现一些预料不到的新情况、新问题,不利于预期目标的实现。因此,政府必须对付诸实施的各项方针、政策进行跟踪调查,监测执行情况,以便及时发现问题,采取必要的措施防止问题的恶化。这样,政府决策者就必须通过有关机构和途径获得以下几个方面的咨询建议。一是方针、政策的执行后果,即给社会带来的积极效果或不良影响,给公众带来的利益或损害。二是给政府形象带来的影响,即提高还是损害了政府形象,原因何在。三是各类公众有些什么反映,即拥护的主要是哪些公众,反对的主要是哪些公众,他们为什么反对或拥护。

政府除了需要得到以上三个方面的咨询建议外,还应注意了解和掌握方针、政策的实施过程中哪些东西走了样以及为什么会走样,哪些东西应当坚持,哪些方面应进一步补充完善,哪些内容需要调整、舍弃,从而使方针政策的执行更有益于社会的根本利益。

三、咨询建议的途径

政府决策离不开成功的公共关系活动。公共关系的咨询建议功能对于保证决策的科学化与民主化发挥着重要作用。所以,公共关系方面的机构和人员要以提供咨询建议的形式参与政府决策的全过程。其参与决策主要是通过以下途径实现的。

(一)确定决策目标时的咨询建议

确定目标是决策的第一步。政府的决策最终能否收到理想效果,同预设目标是否科学、合理、可行及能否照顾和协调公众利益直接关联。公共关系方面的咨询建议,通过为决策层提供有关的数据、材料、事实情况等信息服务,对政府决策目标的科学确定发挥着作用。

同时,由于政府工作面向全局,所涉事务庞杂、领域众多,整体决策目标往往需要分解为各职能部门和下级机构的专门、具体的决策目标。各职能部门和地区政府机构往往将

决策的焦点凝结于部门或地区利益,使整体决策目标在执行中发生偏离。因此,就需要通过公共关系活动,从公众的角度来观察决策目标的不足和偏差。决策者应当根据公关机构和人员这方面的咨询建议,及时修正可能导致不良社会后果的决策目标。

(二) 获取决策信息时的咨询建议

信息是决策的基础和依据。在决策目标确定之后,就要尽可能全方位地收集和整理影响决策目标实现的各种限定因素和数据资料,并在此基础上运用各种有效的科学分析方法,对其进行综合分析,制订出达到决策目标的各种备选方案,以供选择。显然,只有在充分掌握信息的基础上,才能制订出达到目标的可靠方案。在这一过程中,公共关系以咨询建议的形式,为政府决策中心提供着决策所需的各种信息。

(三) 拟定决策方案时的咨询建议

拟订方案是决策过程的重要环节,其任务是为实现决策目标确定具体的原则、方法和步骤。拟订的方案要经得起严格论证和仔细推敲:一是要预估影响决策目标的全部因素,其中必须包括长远因素、无形因素、间接因素、社会因素等公共关系方面的因素。二是对所拟方案的执行后果进行正反两方面的确切评估,实事求是地充分估计有利方面和不利方面。三是在预计方案执行结果时,既要考虑技术和物质因素,更要充分估计人的因素。只有符合公众利益的决策方案,才能充分调动人,即社会公众的积极性。以上这些内容和信息,都必须通过公共关系方面的咨询建议来获取。也就是说,只是在充分重视和认真听取公共关系咨询建议的基础上,政府决策方案才会更切实可行、顺乎民意。

(四) 实施决策方案时的咨询建议

实施方案是决策过程的最后一个环节。在这个阶段,政府公共关系工作的任务:一方面是协助决策者向各执行部门传达和解释政府决策方案的目标、意义和内容及实施步骤和要求,并沟通政府与公众的联系,将决策信息及时、准确、充分地传递给公众。另一方面就是要注意收集执行部门和公众对实施中的决策的意见和态度,并对实施效果进行观察、分析和评估,发现新情况、新问题,及时以咨询建议的形式将有关信息反馈回决策层,以便决策者能根据实际情况对方案做进一步的修正、完善,从而有效地促进目标的实现。

案例研究:九江市政府的"民声直通车"

2009 年年初,九江市政府负责人明确指出,市政府将进一步使百姓诉求建议渠道畅通,建立市民直通政府的"民声直通车"工作体系,整合各类群众的建议、诉求、建议信息,将其统一纳入市政府"民声直通车"体系受理办理,实行阳光政务、快速反应、统一接入、分点受理、限时办结,更好地关注民生、体察民情、反映民意、服务民众。此后,九江市政府以完善"民声直通车"为起点,形成了一整套高效的公众诉求回应体系。"民声直通车"在现有行政体制的框架内,最大限度地整合了各种诉求渠道,形成了统一的民声服务平台、高效权威的问题解决机制与公民导向的回应机制。

第一,形成了统一的民声服务平台。加快整合现有的各类民生诉求平台,是民声直通车高效运行的基础工作。建设这一平台,经过了两个发展阶段:第一阶段整合了市政府值班热线、市长热线、市长手机和市长信箱等受理群众诉求方式。市政府办公厅经过深入调查、认真研究,与中国移动九江分公司共同投资 70 余万元,合作研发建立了集信访投诉、查询、转办、督办、分析、统计等功能于一体的"民声直通车"网上信息自动化处理平台,实现了对全市 15 个县区级政府和市直 70 多个部门单位全覆盖。第二阶段整合了政府公共部门的各种热线,包括市长热线、市长手机、110 报警服务台、120 急救中心、114 号码百事通、12318 文化稽查热线、12319 市民服务中心、12369 环境投诉中心、95598 电力服务热线、12365 质监举报热线、12315 消费者举报中心、12358 价格举报中心、运管投诉热线、企业之声、安全生产热线、药品质量举报中心、版权扫黄打非热线、旅游监督热线、劳动保障咨询台、城乡困难群众救助热线、广电网络故障受理热线、客商投资代理服务热线等 22 个政府热线电话。各种政府热线是政府与公民(顾客)联系的重要渠道,是接受人民群众各方面民生需求的主要渠道,对这些热线的整合与规范使政府拥有了一个统一的公民服务平台。

第二,建立了高效权威的问题解决机制。一是完善了"民声直通车"的责任主体。"民声直通车"按照"属地管理,归口办理"的原则划分办理责任,责任主体主要包括市县政府、政府职能部门、受理中心及受理分支机构。市政府主要领导作为"民声直通车"的总负责人,全面负责全市"民声直通车"工作。二是打造了"统一接受、分类处理、快速反应、限时办结"的民声信息处理体系。涉及县区级的民生诉求信息,通过"民声直通车"信息化自动网络平台转至县区级政府办公室办理,各县区级政府主要领导为第一责任人,办公室主任为直接责任人;涉及市本级的诉求信息,由相关部门办公室负责具体办理落实,各责任部门单位的主要领导为第一责任人,办公室主任为直接责任人,其对口的市政府分管副秘书长为协调责任人,分管副市长为最终责任人。三是建立了自动化、刚性的办理机制。受理中心将通过各种渠道收集到的诉求信息,在 1 小时内完成统一登记、编号、受理,并根据诉求的不同情况,分别实行自办、转办交办和报送市领导批阅后重点交办。受理中心通过信息化自动网络平台,按照 AB 角对接和层级负责制,将整理好的诉求信息移交至相关责任部门办理,并全过程跟踪督办,实现了办理的无缝衔接和责任的自动升级,改变了过去办理的脱钩、监督的缺位和反馈的随意性,强化了办理责任和督办的刚性,提高了办理质量。

第三,形成了办理民声诉求的环环相扣的"程序链"。通常情况下,"民声直通车"信息化自动网络平台主要包括六段严密相连、有序运行的"程序链":一是公开诉求渠道。通过公文、电视、广播、网络、报纸、期刊、短信等群众容易接触的方式公布受理中心和分支机构的 20 多个专门热线号码,便于群众知晓,做到有诉能投,投诉有门。二是收集诉求信息。热线电话、市长手机、市长热线、市长信箱、短信平台、网上信访由受理中心专职工作人员全天候受理;其他渠道民生诉求由市政府办公厅各专业处室兼职人员收集,一般诉求在当日上午 11 时,动态或紧急信息在 1 小时内集中提交至受理中心。三是受理诉求事项。受理中心将通过各种渠道收集到的诉求信息,在 1 小时内完成统一登记、编号、受理,并根据诉求的不同情况,分别实行自办、转办交办和报送市领导批阅后重点交办。在此基础上再按诉求的轻重缓急及处理的难易程度,将办结时限分为六类,分别为当日、三日、一周、15 日、30 日、60 日。四是落实办理任务。受理中心通过信息化自动网络平台,按照 AB 角对接和层级负责制,将整理好的诉求信息移交至相关责任部门办理,并全过程跟踪督办。五是反馈办理结果。反馈办理结果的方式与诉求群众提出诉求的方式相对应,电话反映诉求的电话回复,短信反映的短信回复,网络反映的网络回复。诉求的处理结果还会同步在"民声直通车"网站和市级报纸上刊登,最大限度地方便市民查询。六是兑现考核奖惩。"民声直通车"工作体系建立了完善的考评机制,对各县区、各部门办理群众诉求情况实行每月一通报,并将其列为市政府年度考核内容,实行年终总考评。

第四,形成了公民导向的回应机制。本着对基层对人民群众"有请必示、有求必应、有问必答、有难必帮、有险必救"的原则,完善了政府各部门、各县办理"民声直通车"的快速机制,形成了迅速回应公民需求的政府工作新格局。一是诉求更加便捷。过去老百姓咨询、建议、诉求的途径不够多,渠道不够畅通,有时候找到了部门却找不到人,咨询得不到及时解答,建议得不到及时采纳,难事得不到及时办理,积累了民怨民愤,影响了政府形象。现在,群众不仅可以通过受理中心和分支机构的 20 多个专门热线号码、手机短信、实体信件、来人来访等多种渠道准确直接诉求,还可以通过网络留言、论坛发帖、报纸投诉等途径表达诉求,市政府办公厅相关处室会派人员主动收集网络、报纸等媒体上的相关信息进行办理。如一网友"生活太难"发帖反映市属医院欲将工作满八年的护士辞退重聘的做法有失公平,是对合同制护士的歧视,相关处室人员主动收集后,将此信息提交到"民声直通车"受理中心办理,很快引起市卫生局领导的重视,并协调人事、医政部门负责人到医院调查,同时卫生局将在岗合同制护士的同工同酬列为对市直各医院年终考核的重要指标,收到非常好的效果。二是网络更加畅通。通过服务热线资源整合,各专业服务热线作为市政府"民声直通车"的分支和延伸,与受理中心网络互联互通,政府公开服务实现了全覆盖,市民通过任何一条热线渠道提出建议和诉求,都能得到受理。有的虽然不属本热线受理范围,或涉及多个部门,受理人员便将情况直接转到其他热线,或是报至"民声直通车"受理中心。如市公安 110 来电"民声直通车"受理中心,报告市区某路段有一电缆线落下造成安全隐患,虽找多家相关部门反映均未处理到位。受理中心受理后很快发出指令,在没有找到归属单位的情况下,请市政公司立即派员前往处理,问题得到妥善解决。三是办理更加高效。诉求渠道整合前,各责任部门单位存在各自为政、多点受理、多头办理、重复反馈的情况。现在通过多条渠道受理,一个平台打理,既减少了多头办理、重复办理和回复不一的问题,杜绝了推诿、扯皮等现象的发生,同时也节省了人力、物力和财力,减少了中间环节,提高了工作效率。如市民邹女士反映住房情况,既写信给市长,又打电话到市长热线,汇集到一个平台,与当事人进行沟通交流,并督促相关部门落实,取得较好效果。

九江市政府"民声直通车"通过两年多的成功运营,对改进政府管理、加快服务型政府建设起到了重要的促进作用。

一是市政府主要领导作为总负责人,使"民声直通车"的职能明确、权威性强、执行效果好,大大提高了处理民生诉求的效率。"民声直通车"运行一年多来,取得了很大的成功。自 2009 年 3 月 16 日开通至 2010 年 6 月 30 日,共受理市民的建议、咨询和诉求 8266 件,办结率达 99.93%。

二是整合了老百姓的诉求渠道,集中受理,多部门联动,整合了各层级政府和各政府职能部门的力量,最大限度地克服了现行体制中存在的多头行政的积弊。

三是增加了办事的刚性,通过自动化平台处理,确保了交办的民生诉求有回音、有着落、有反馈。"民声直通车"受理中心通过网络自动化平台将民声建议诉求交办到责任部门,手机短信同步跟踪到经办人手机上,提醒经办人员上网查看并办理,如经办人员未能在规定时间内办结并反馈到中心平台,则手机短信会自动跟踪发至该部门办公室主任,要求办公室主任进行跟踪、督办,办公室主任未能在限期办结,系统将自动升级催办信息发送至该部门分管领导,如还不能及时办结将升至该单位的主要领导直至市政府的分管副市长。

四是以民生问题作为政府工作的导向,使"民声直通车"成为关爱民生的连心桥,有助于解决老百姓关心的公共服务问题。"民声直通车"工作人员依法、依理、用心、用情处理好每一件民生诉求,力争使每一个诉求人都能得到满意的答复,这种服务至上的理念改善了政府形象,畅通了人民群众的诉求渠道,降低了诉求成本;公众与市长直接对话,拓宽了公众反映渠道,使老百姓心理平衡,同时也创新了政府社会管理机制。

五是"民声直通车"促进了政府部门自觉执法,改善了部门工作,促进了部门对公众诉求的回应速度,提高了政府办事效率。"民声直通车"改善了与老百姓直接打交道的各部门工作,如北京市人力资源和社会保障局建立了网上信箱,处理民生诉求。"民声直通车"平台不仅能提升政府服务效益,更重要的是促使政府部门切实履行职责,在社会管理、经济管理等各方面发挥自身应有的作用。

"民声直通车"开通一年多来,办理并解决了一系列群众诉求,取得了突出成绩。但是,在"民声直通车"办理的过程中,还存在一些困难和问题。主要表现在以下几个方面。对有关单位和部门承办"民声直通车"诉求的督促力度不够,部门诉求处理缓慢,特别是一些条条垂直管理部门回复不及时;一些涉及部门之间和部门内部职能交叉的事项,主动沟通、互相配合、共同解决问题的自觉性不够,责任意识不强,工作协调配合有待进一步加强;受政策和条件制约难以办理,使一些群众反复诉求的办理件难以回复等。对于这些存在的问题,需要在进一步完善"民声直通车"运行机制的过程中加以克服。

(资料来源:李军鹏.完善政府公众诉求回应体系,打造回应型政府——以九江市政府"民声直通车"为例.行政论坛,2011(3):86-91)

思考与讨论:

1. 九江市政府的"民声直通车"体现了政府公共关系的哪些职能?

2. 九江市政府的"民声直通车"为什么能够取得良好的成效?

3. 如何解决九江市政府"民声直通车"开通以来的困难和问题?请谈谈你对此问题的看法。

实训项目：策划某市政府的形象宣传活动方案

1. 实训目的

目前，城市政府形象问题越来越成为摆在各国城市政府面前的一个庞大的系统工程和义不容辞、任重道远的课题，已引起城市政府的高度重视。良好的城市政府形象不仅是城市对外联系的窗口，还是促进城市发展的重要手段，同时也是政府公共关系目标的重要组成部分。请为你所在城市的政府策划一次旨在加强城市形象宣传的政府公共关系活动。

2. 实训时间

2 学时。

3. 实训地点

多媒体教室。

4. 实训步骤

（1）全班分成以 5～7 人为单位的若干小组。

（2）查阅资料：某城市的政府公共关系状况，近年来已开展的相关政府形象宣传活动及其实施效果，发现城市政府公共关系存在的问题等。

（3）结合所选城市的特点策划城市政府形象宣传活动方案。

（4）小组成员介绍、展示城市政府形象宣传活动方案。

5. 实训手记

通过训练，我的收获是 _____。

课后练习题

1. 政府公关信息的内容与特征是什么？通常有哪几种分类？

2. 政府公关信息的采集方式有哪几种？在政府公关信息的采集过程中应注意哪些问题？

3. 政府公关信息的处理手段和原则是什么？

4. 什么是政府形象？政府形象的构成要素和社会特征是什么？

5. 政府形象形成过程各阶段应该做好哪些工作？

6. 政府与公众沟通的意义是什么？沟通主要涉及哪几个方面的问题？

7. 政府与公众关系的协调主要包括哪些方面？

8. 政府与公众纠纷的预防应从哪几个环节入手？有哪些处理步骤？

9. 咨询建议在政府决策中的作用是什么？咨询建议的内容和途径是什么？

10. 案例评析

天津市政府的公关举措

　　20世纪80年代，天津市政建设跟不上，人民群众生活存在许多实际困难，"坐车没有走路快、自来水腌咸菜、临建拆得没有搭得快"，群众意见很大。市政府决心为群众办实事，一件一件地解决落实，说到做到，样样兑现。1983年，首先为市民办了10件实事，从1984年开始每年坚持为城乡人民办20件实事，到1989年已办了130件。如新建、改建了3000万平方米的住宅，等于新中国成立以来前30年建房总数的3倍，使一半以上的家庭改善了居住条件和居住环境；花两年时间完成了的民用气化工程，使民用炊事煤气化的普及率高居全国之冠；花一年零四个月，完成了震惊中外的引滦入津工程，一扫天津人喝咸水的历史；新铺城市道路2137公里，建起由10来座立交桥和中环线、外环线构成的"三环十四射"的城交道路网络，等等。广大人民群众对市政府、市领导的满意度达92%～99.4%，形成了心齐气顺、政通人和的社会政治局面。

　　（资料来源：http://10.eduwest.com/web/content/kejian/3/content/anli/anli01.htm）

　　案例思考：试运用公共关系学中的相关知识分析评点这一案例。

第三章

政府公共关系的原则

如果在原则上发生错误，那就不只是会发生个别的错误，而是会发生系统的、一贯的、一系列实际问题上的错误。

——刘少奇

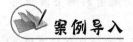 案例导入

水门事件与尼克松下台

20世纪70年代，美国爆出了令人瞠目的政治丑闻——水门事件。在强大的舆论压力之下，尼克松总统被迫于1974年8月8日宣布辞职。在总结水门事件的教训时，下台后的尼克松意味深长地说："这是公共关系的失策！"水门事件与公共关系有何瓜葛？一个政府在发生危机时不能进行有效的公关，为何最终导致总统的下台？

1. 危机事件发生

1972年6月17日，5名尼克松政府白宫监视组成员潜入华盛顿水门公寓民主党主席奥布莱恩的办公室，以取得1972年的总统大选中民主党内部竞选策略的情报。在安装窃听器并偷拍有关文件时，他们被警察当场逮捕。事件见诸报端，美国国内舆论哗然，社会上关于尼克松政府采取了不道德做法的传闻广为传播。

事件发生后，尼克松曾一度竭力掩盖开脱，一系列的活动特别是总统的表演暂时欺骗了公众。大选结果是，尼克松以少有的压倒性优势击败了民主党候选人乔治·麦戈文，获得连任。在第一次竞选连任的记者招待会上，尼克松信誓旦旦地向美国公众表示："白宫班子和本届政府中，没有一个现在受雇佣的人卷入这一荒唐事件。"他还故作镇定地表示："令人痛心的不在于发生了这类事，因为在竞选中一些过于热心的人总会做些错事。如果你企图把这类事掩盖起来，那才是令人痛心的。"

正当尼克松和助手们为了大选得胜而弹冠相庆、得意忘形的时候，一封又一封匿名信寄到法院，密告水门事件还有隐情。在随后对这一案件的继续调查中，尼克松政府里的许

多人陆续被揭发出来，并直接涉及尼克松本人。

2. 危机应对过程

（1）尼克松政府的反映。尼克松非但没有向公众对此事做出合理的解释，相反，他奉行"鸵鸟政策"，对此保持了沉默。他对他的两位高级助手说："我们对此少说为妙，传闻自会过去，不必为此顾虑。"

尼克松还试图以控制政府方面的新闻发布来控制新闻界的消息来源，他对一位助手说："我们得留神这件事，只能给他们提供其中的一些情况，而不能提供全面情况……"尼克松政府为采访调查设置的障碍以及"闭口不言、充耳不闻"的做法，并未能熄灭水门之火，反而使得人们对水门事件的关注更为强烈了。

当事件的真相被媒体逐渐剥离出来后，尼克松命令他的助手开列一份记者和反政府人士中的"敌对分子名单"。他说："我想要一份有关所有那些力图把我们牵扯进去的人的最广泛记录。"据尼克松的助手说，采取这一步骤，是为了使用"可应用的联邦机器去勒紧我们的政敌。"事态向着激化的方向进一步发展，甚至导致了严重的宪法危机。

1973年年初，参议院水门事件调查委员会请总统和他的助手出面接受调查，但他们却以"行政特权"拒绝接受。这一做法更加愚蠢，因为这个调查委员会起着影响全国新闻报道的关键作用，总统与媒介的关系越来越恶化。

1973年7月，尼克松的一位助理证实，自1970年以来，尼克松把所有在他办公室里的谈话都秘密录了音，这些录音可能有关于水门事件的证据。为了挽回局面，尼克松再次发表声明，表示事先不知道水门事件，事后也没有任何阻挠调查的行为，并为窃听活动辩护，说这些都是为了国家安全，是合法的、必要的，从罗斯福总统时开始，每一个总统都这么干。

1973年10月，司法部门介入调查此事时，尼克松不仅命令司法部部长罢免特别检察官的职务，更是动员FBI封锁特别检察官及司法长官、次长的办公室，宣布废除特别联邦检查局，把此案的调查权移回司法部。尼克松滥用行政权力来维护自己的做法，招来了国民的严重指责。

（2）国会及司法部门的调查。民主党占优势的国会，决定成立一个特别调查委员会，对总统竞选活动进行彻底调查。

1973年10月，特别检察官考克斯对总统尼克松的调查进入关键时刻。他要求尼克松交出与水门事件有关的证据。

10月20日，尼克松下令，要求司法部部长理查德森罢免考克斯的职务。但理查德森拒绝了总统的要求，随即辞职。司法部副部长拉克尔·肖斯接任司法部部长后，也因拒绝罢免特别检察官而辞职。最后，司法部的三号人物博克成为司法部代理部长，他答应罢免特别检察官。

10月31日，美国众议院决定由该院司法委员会负责调查，搜集尼克松的罪证，为弹劾尼克松做准备。

（3）媒体的反应。从1972年6月17日詹姆斯·麦科德等5人闯入位于水门大厦的民主党全国总部开始，一直到1974年8月9日尼克松总统辞职，《华盛顿邮报》的两位记者鲍勃·伍德沃德和卡尔·伯恩斯坦对整个事件进行了一系列的跟踪报道。正是由于他们报道内部消息,揭露了白宫与水门事件之间的联系,从而最终促使了尼克松的辞职。

在水门事件的大部分案情被揭露之后,鲍勃·伍德沃德和卡尔·伯恩斯坦于 1974 年和 1976 年先后出版了两本关于水门事件内幕的书《总统班底》和《最后的日子》,两位记者在书中详细记录了采访、报道以及挖掘整个事件的全部过程。

当尼克松政府以控制政府方面的新闻发布来控制新闻界的消息来源时,新闻媒介拒绝停止调查。《华盛顿邮报》的两位青年记者充分运用了"让事实说话"的策略,把有关水门事件的信息由外向内一层层报道给读者,一般没有评述,没有议论,没有超脱,报道客观,水门事件的端倪渐渐显露出来。

3. 危机解决

1973 年 11 月,尼克松当着几百名报纸编辑的面说:"在我从事公务活动的所有年代里,我从未妨碍过正义。我想,我可以这么说,在我从事公务活动的所有年代里,我欢迎这一类的检查,因为人民必须知道,他们的总统是否是一个不正直的人。然而,我不是一个不正直的人。"

过后,尼克松指使他的新闻秘书,在回答新闻媒介的实质性提问时说:"你要避而不谈,但要做得像平常那么自信,要自我掩饰。"然而,所有这些努力都是徒劳。1974 年 6 月 25 日,司法委员会决定公布与弹劾尼克松有关的全部证据。7 月底,司法委员会陆续通过了三项弹劾尼克松的条款。1974 年 7 月末,尼克松以"妨碍司法程序、滥用职权,以及不肯交出录音带犯了蔑视国会罪"而受到弹劾。8 月 8 日,尼克松宣布辞职,第二天生效。

(资料来源:夏琼,周榕.大众媒介与政府公关.北京:人民出版社,2014)

问题:

1. 在总结水门事件的教训时,下台后的尼克松意味深长地说:"这是公共关系的失策!"请分析一下尼克松为什么这样说?

2. 假设你是总统的公共关系顾问,你如何避免水门事件的发生?

政府公共关系要取得成效必须遵循一定的法则和标准,这就是政府公共关系的原则。具体包括利益一致原则、讲求真实原则、政务公开原则、整体出发原则、持续努力原则和科学指导原则。

第一节　利益一致原则

一、利益一致原则的含义

(一)政府与公众利益的一致性

政府公共关系的对象即公众,主要包括各种社会组织、人民群众等,而最主要的公众就是人民群众。政府开展公共关系的根本目的是使政府更好地为公众服务,主要是为人民群众服务。因此,政府公共关系的一切活动应处处体现公众的利益。反过来,通过政府的公共关系活动,公众为了自身的利益,向政府提出各种意见、建议,传递各种正确的信息,使政府了解真实情况,进行正确决策,提高办事效率,树立良好形象,也符合政府的利益。

(二) 政府机构内部利益的一致性

政府机构由各个职能部门组成,各个政府机关在开展公共关系活动时,其利益是一致的,不存在根本利益的冲突。这是由政府的共同属性和共同的服务客体所决定的。

二、利益一致原则的依据

(一) 我国政府的性质和为人民服务的宗旨决定了必须坚持利益一致原则

任何一个国家的一级政府,总是经过一定的形式,代表了部分或大部分公众的利益。我国政府是社会主义的政府,是根据宪法、经人民推选产生的。它的宗旨是全心全意为人民服务,是全体人民的代表,不是少数人的代表。政府不可能有离开人民利益而为自己谋取的特殊利益,它的一切政策、法令都是人民利益的具体体现,它的所有公共关系活动也正是由其性质决定的,必须时时、处处、事事为人民群众服务,和公众利益保持一致,更好地带领人民群众进行更有效的物质文明和精神文明建设。

(二) 塑造政府形象、赢得公众的支持和拥护需要坚持利益一致原则

公共关系理论认为,公众是组织公关工作的对象,没有公众就无公关工作可言。公众的态度和行为与组织的命运直接相关,对公众负责实际上就是对自己的组织负责,维护公众的利益实际上就是维护自己组织的利益。同样,政府的法令、政策及各项决策的实现,取决于政府机构在各个公众心目中的地位和形象,取决于社会公众对政府是否拥护和支持。政府利益和公众利益实现一致,就能使公众感到自身价值的实现和政府的工作密切相关,就愿意和政府同舟共济。这样,政府就能更好地行使对社会各方面事务的管理、服务、协调、保卫等职能。如果政府的公共关系违背了社会公众的利益,就得不到公众的支持和拥护。

三、利益一致原则的贯彻实施

(一) 强化公众意识

所谓公众意识,就是政府对所面临的公众的重视态度、反应和认识等。政府要尊重公

众、重视公众、了解公众、服务公众、争取公众,政府的一切公共关系活动都必须体现社会公众的利益。因为政府公共关系工作的根本,就在于协调和处理好与公众的关系。只有不断强化公众意识,才能更好地坚持利益一致原则。为此,政府制订每一项公共关系计划,采取每一项公共关系步骤时,都要考虑政府利益和公众利益的一致性;否则,公众意识淡薄,公共关系工作就会出差错,或收不到预期的公共关系效果。

(二)把握利益"热点"

政府公共关系的利益一致原则,不是通过抽象的说教,而是通过具体的政府公共关系工作来保证的。政府的形象不是通过产品,而是通过对公众的服务和公共关系工作来体现的。所以,在政府公关工作中要尽力寻找和把握政府与公众利益相一致的"热点",为生产服务,为基层和企业服务,努力解决社会公众突出关心的问题,倾听公众的呼声,运用一切公共关系手段,多做一些受公众欢迎的事;同时,在公共关系活动中处处注重社会的经济效益、生态效益、心理效益和综合效益,最大限度地体现出政府与公众的亲密联系。例如,天津市政府很善于把群众意见最大、最需要解决的问题作为办实事的重点,20世纪80年代,它们针对天津市当时的"三大怪"现象——"自来水腌咸菜、汽车没有骑车快、临建棚到处盖"努力着手解决,不到1年的时间拆除了地震后遍布全市的十几万间临建棚,8年建起了相当于两个旧天津的住房,16个月完成了震惊中外的引滦入津工程,10个月在繁华的市区建成了中环线,1年建成了71公里长的外环线,17个月完成了天津站铁道枢纽改造工程……由于把握住了公众的利益"热点",天津市政府赢得了广大公众的支持,政府威信大大提高了。

(三)兼顾各方利益

政府开展公共关系活动从根本上说是为了公众的利益,但在微观层次上有时也会出现一些局部的、暂时的利益冲突。政府要通过各种公共关系手段和技巧来协调好这些矛盾,尽可能地减少摩擦系数,消除隔阂,以求政府与公众间的和谐一致。在处理矛盾时,要做到兼顾国家利益与部分公众利益、长期利益与眼前利益、全局利益与局部利益,协调好国家、集体、个人三者之间的关系。

为实现双方或多方利益的最大化,它们之间的利益博弈就不可避免,政府由于拥有公共权利和公共资源而处于强势地位,这就需要政府在平等的基础上树立互利互惠的公关意识,积极构建与其公众间的战略合作关系,实现共赢的局面。否则,就容易损害合作方的利益,就难以通过建立长久的合作关系来实现共同发展,甚至造成政府和公众双方利益的损失。如在2010年江西宜黄县强制拆迁事件中,宜黄县政府为兴建河东新区客运站对涉及该项目的居民住宅进行拆迁,其中钟如田家的三层楼是最后拆迁的对象,在经多次协商仍未就安置和拆迁条件达成一致的情形下,2010年9月10日上午在准备强拆过程中钟家与宜黄县副县长李敏军带队的工作人员发生激烈对峙进而引发自焚事件,钟家三人烧成重伤,伤者之一叶忠诚因抢救无效死亡。宜黄县县委书记、县长、副县长等几名官员因此被免职①。该事件发生的根本原因在于县委书记和县长在处理类似强制拆迁事件的时候，未能做到未雨绸缪，未能寻求地方政府和公众利益的共同点和平衡点以达成利益共识，而只是袖手旁观任由事态发展，导致了两败俱伤的结果——党政官员受到处分，而被拆迁人则付出了生命的代价。

（四）建立信息网络

一个政府是否维护了公众利益、效果如何，往往不能由政府自身做出回答。有时政府认为符合公众利益的事，公众却不这样看。所以，在坚持利益一致原则的问题上，组织固然应当扎扎实实地去做，但也不能不说。宣传交流、沟通信息应成为政府公共关系的主要手段。前些年，一些农业生产资料如化肥、农药、柴油、农具等提价幅度大了些，而粮食等的收购价还没有提升，有的农民有意见。浙南山区有位叫卢阿寿的农民就曾写过这样一副对联，上联是"高价化肥我不买"，下联是"平价粮食我不卖"，横批是"政府莫怨"。这副对联贴在了大门上，这实际是在发牢骚，这牢骚是发给政府听的。当时一些农民发这种牢骚是可以理解的，因为农业生产资料提价了，粮食等却没有提价，农民有点吃亏。关键在于我们要通过工作，向农民讲清楚农村价格改革的必要性和步骤，使农民了解改革、支持改革，促使农民和政府的相互沟通。政府应建立实用高效的信息交流网络，这不仅能及时收集到公众的信息，了解他们的愿望要求、批评建议，还能让公众了解政府的情况，真正实现政府与公众的双向沟通。这对维护双方的利益一致，消除误会和怀疑，增进相互间的谅解与合作是十分有益的。

（五）加强联系合作

政府要与各方面公众加强联系，在交往中努力寻求共同利益，彼此间多给对方创造条件，以促进相互合作，达到"投桃报李"的效果。这也是实现政府与公众利益一致的重要保证。

在国际公共关系工作中也是如此，我国各级政府应将"共赢"作为处理国际公众关系的理念和准则，应加强联系合作，促进政府间在招商引资、产业转移和优化升级、教育科技文化等方面的合作。2005年7月，中俄两国元首确定互办"国家年"，2006年的"俄罗斯年"涵盖政治、经贸、文化、教育、军事等领域，包括八个国家级项目在内的约300项活动，在中国掀起"俄罗斯热"，加深了两国人民的传统友谊；2007年的"中国年"活动有十多个国家级项目，具体包括向俄罗斯人民展示中国几千年历史文化和当代艺术精品，开展中俄经济工商界高峰论坛、中俄投资促进会等推动经贸、投资、能源等领域的合作②。这对增进两国相互理解和友谊、促进双边务实合作及推动中俄战略合作伙伴关系持续深入发展，具有重要意义，符合国际公共关系的互惠互利原则，既为两国带来社会经济效益，也有利

① 刘刚. 江西宜黄强迁自焚事件满月,书记和县长终落马. 新京报,2010-10-11
② 万成才. 中俄互办国家年:战略协作伙伴关系将持续发展. 中国新闻网,2007-03-27

于在国际竞争中塑造良好的国家形象。

第二节 讲求真实原则

一、讲求真实原则的含义

政府公共关系的讲求真实原则,是指政府在开展公共关系活动中实事求是地传递信息,通过同内外公众之间的双向信息交流来建立并维护相互信任的关系,树立政府在内外公众中的良好形象和信誉。具体地说,包括以下两个方面。

(一)实事求是地进行信息传播

政府在开展公共关系活动中,以事实为基础,客观、真实、全面、公正地进行信息的传播与双向交流。这就是要尊重事实,据实反映,说真话,讲实事。政府通过新闻媒介把信息真实地、不走样地传播给公众,不主观捏造,也不故意隐瞒,更不歪曲。

(二)力求反映事物的客观规律

政府在传播沟通中,除了把真实情况告诉公众之外,还应努力告诉公众造成这个事实的原因及发展趋势,以帮助公众更好地通过政府传递的信息认清事物的本质。

二、讲求真实原则的依据

政府公共关系坚持讲求真实原则,不仅直接决定着公共关系活动的效果,而且是政府有力量的表现,能更好地树立政府在公众中的良好形象。

(一)讲求真实原则是确定政府良好形象的客观基础

要使公众信赖政府,必须对公众说实话,这就要在双向传递中,实事求是地向公众传递信息。有些人害怕说真话,怕失去公众信任,怕有损政府形象,以致在一些常见的简报、宣传小册子中也出现一些虚假现象。实际上,如果不敢面对事实,怕揭露矛盾,违背真实性,反而会失去政府威信。因为问题是客观存在的,只有采取积极的态度,努力加以克服,并将真实情况及时告诉公众,才能使公众信任政府。政府说了真话,反过来,公众也会向政府说真话,此所谓将心比心。双方有了互相信任的共同基础,政府的良好形象自然会树立起来。

（二）讲求真实原则是维系政府与新闻媒介良好关系的前提条件

　　社会主义国家的新闻事业虽然是在党和政府领导下的人民的事业,是党和政府的"喉舌",但新闻媒介有自己的职业特点,就是讲求真实。目前,新闻部门的消息来源、新闻线索的获取主要来自政府的方针政策、领导同志的讲话与活动、各种会议及简报等。政府提供了真实材料,就为新闻媒介创造了条件,政府和新闻媒介之间就能得到很好的配合,使新闻媒介更好地为政府服务,也有利于双方形象的塑造;反之,如果政府提供的材料是虚假的、片面的,通过新闻媒介向公众传播,其结果新闻媒介和政府的信誉都会受到损害。同时,政府坚持真实原则,不仅反映在提供材料上,而且体现在正确处理新闻媒介如实传播政府自身方面存在的问题上。当新闻媒介的真实报道涉及政府的问题时,政府要有勇气正确对待报道事实,鼓励新闻界坚持原则,并给予如实报道的自由,而万万不可掩盖事实,混淆视听,阻碍新闻媒介的如实报道。

（三）讲求真实原则是公共关系学本身的要求

　　早在 20 世纪初,"公共关系之父"艾维·李就以其公共关系实践雄辩地证明了开展公共关系活动必须"说真话",他的这一思想早已融入公共关系学的理论构成之中,并成为公共关系人员的座右铭。艾维·李运用这一原则在企业开展公共关系活动和处理劳资纠纷、社会摩擦方面收到了十分明显的效果。今天我们的政府公共关系也要借鉴公共关系实践者的宝贵经验和理论,在政府公共关系工作中努力坚持讲求真实原则。

三、讲求真实原则的贯彻实施

　　在政府公共关系中,坚持讲求真实原则不是一件容易的事,必须在思想方法上、在实际工作中努力做到以下几点。

（一）强化求实观念

　　讲求真实实际上是一个思想方法问题,就是要树立坚持辩证唯物主义、承认客观存在是第一性的思想,就是要不忘记毛泽东、邓小平思想的精髓——实事求是。要认识到能不能坚持真实性原则是一个坚持什么世界观、方法论的原则问题,必须坚决摈弃虚假作风,真正确立以马克思主义认识论和方法论指导政府公共关系行动的正确观念。

（二）加强道德教育

　　英国公共关系协会顾问、英国公共关系学院教授弗兰克·杰弗金斯认为:"公共关系工作者的信誉取决于他们提供信息的真伪;提供真实信息是公共关系工作者的职责,也是……判断其人品的依据。"①世界各国公共关系协会和国际公共关系协会都把诚实可信、实事求是作为公关人员职业道德的重要内容,并提出具体细致的要求,制订严格的纪律予以保证。因此,对社会主义的公共关系来说,培养教育政府公共关系人员自觉遵守这项职业道德准则,是更应重视和做得更好的问题。坚持真实原则,光靠领导不行,还必须靠广大政府公关人员自觉遵守。一般来说,政府公关人员如实向组织报告信息比较容易做到,因为他们的切身利益与组织的利益密切相关。因此,对于政府来说,主要是要求公关人员及其他人员提高信息准确、全面程度的问题。公关人员虽然有向政府组织提供信息,但他提供的信息不确实、不全面,组织决策的根据不充分,也势必会给组织造成严重损失。如实向公众报告组织的信息不易做到,这同样牵扯到一个利益问题。因为公关人员会很自然地想到:政府的过失或问题一旦披露出去,就会损害组织声誉,影响组织利益,也影响自己的个人利益,于是采取秘而不报或真情假报的手段,为组织"隐丑"。这就要求政府组织要注意培养教育公关人员加强公关理论的学习,提高自身素质,自觉地遵守诚实可信、实事求是的职业道德准则,自觉遵守真实性原则。

(三)注重调查研究

坚持讲求真实原则,以事实为基础,实事求是,最好的体现就是搞好调查研究。因为只凭感觉很难准确把握事实,有时还会被假象和错觉所迷惑;社会交往、社会公众的来函、新闻媒介的评论,虽然可使领导了解一些情况,但缺乏普遍性和代表性,所以必须有计划地开展公共关系调查研究,全方位地调查公众情况。在调查中要努力排除主观因素的干扰,在严谨地对客观实际测定的基础上发挥主观能动作用,做出符合实际的判断。还要以统计分析为手段,以量化形式揭示公众的态度、兴趣、爱好等各种意愿和倾向,避免模棱两可、含混不清的分析。只有这样,才能真实、全面、准确地掌握关于公众态度和志愿的信息,了解社情民意,从而采取适当的公关措施和行动来维持、加强或改善社会环境。天津市委、市政府就很善于运用科学的调查手段,了解和把握公众的真实情况,每年进行一次千户居民抽样调查。每张问卷有上百个问题,广泛征求群众意见。诸如:"今年最满意的10件事是什么?最不满意的10件事是什么?当前最需解决的10件事是什么?明年要求干的10件事是什么?你对哪个干部有意见?你认为哪个干部工作最好……"市委、市政府将调查结果作为决策的重要依据,大大提高了决策的科学化、民主化程度,有力地避免了决策的盲目性和随意性。除此之外,还进行实地调查、统计调查、信访调查等,这样就保证了来自公众信息的真实性和可靠性。

(四)坚持据实报告

讲求真实必须有勇气和决心,因为真实和虚假本身就是一对矛盾,坚持真实必定会遭到各种虚假因素的干扰,所以政府在与公众的沟通中要努力排除干扰因素,坚持据实报告,不

---

① 弗兰克·杰弗金斯.公共关系学.成都:西南财经大学出版社,1987

浮夸,不掺假,这样才能树立起政府的良好形象。政府坚持据实报告还表现在,政府要既讲成绩更讲问题,既讲长处更讲短处,既报喜更报忧,这样才能受到公众的欢迎,赢得公众的信任和拥护。例如,近年来各级政府已经形成这样的一种制度,那就是每年年终都要公布年初确定的为群众办的数十件实事的完成情况,对未能完成的事情,各级政府能够做到据实报告,特别向群众交代清楚,做出解释,同时总结经验教训,使以后的工作更扎实、稳妥。

(五) 注重真抓实干

讲求真实除了体现在政府与公众的双向信息沟通过程中之外,最根本的是体现在政府全心全意为人民服务之中,政府实实在在的行动是政府形象最好的证明。政府要从抓实事做起,将为人民服务的思想落到实处,并且一抓到底,抓出成绩来,从而打开政府公共关系工作的新局面。政府公共关系坚持真抓实干,为群众办实事,要避免几种偏向:一是做表面文章,应付式地办实事。不从群众普遍关心的热点问题入手,而是避大就小,避重就轻,结果捡了芝麻,丢了西瓜,这样"真抓实干"的结果是干得越多,群众意见越大。二是不顾实际,超越能力地办实事。为了炫耀政绩,不顾自身承受能力,故意小事大做、廉事专做,拆了东墙补西墙,这种实事还是不办为好。三是抽象空洞,好说难做。办实事无衡量标准,无具体措施,内容空泛,纸上谈兵,说起来好听,做起来困难。四是东拼西凑,办假实事。明明是已做过的事,却说成马上要做的实事;明明是长远规划中的大目标,却说成眼下要办的实事;明明是下属部门所做的事,却说成自己的实事——这是将办实事的标签到处乱贴,根本没有真抓实干的诚意。

第三节　政务公开原则

一、政务公开原则的含义

政府公共关系的政务公开性原则,就是增加政府公共关系工作的透明度,让内外公众在可能的条件下尽量多地了解政府各方面的情况,并采取措施让人民群众有更多的机会参政、议政。通过政府内外公众了解政府情况,包括让公众了解政府组织的有关情况和内外部环境态势,从而做到重大事情及时让公众知道,重大问题随时征询公众意见,将对话协商制度化,这是衡量政府是否尊重公众的知晓权利和参政、议政权利的一把尺子。这一原则主要包含两方面的内容。

(一) 公开信息传播过程

政务公开首先是向公众公开政府公共关系的过程,即公开政府公共关系传播信息的过程。例如,何时开展调查工作,怎样接待群众来访、处理群众来信,何时何地开新闻发布会等,都应公开透明。这不仅可以更好地提高公共关系活动的效果,而且更有利于公众参政、议政。

(二)把政府的有关情况公开

把政府的有关情况公开包括政府的性质、工作方式、机构设置、人员构成、工作范围以及政府的各项活动。例如,领导人的选举,工作人员的任免,法律程序的确定,法院的审判,预算和发展规划的制订及实施,重大建设工程项目及有关经济财政、贸易方面的重大决策,各地发生的重大事件及政府采取的措施,国际外交方面的重大行动等,都应通过各种适当的信息传播媒介和渠道让公众了解,并听取各界公众的意见,同时把有关问题及公众意见、建议的处理情况反馈给公众。

二、政务公开原则的依据

(一)政务公开原则是实现政府行政管理目标的需要

美国前司法部部长克拉克曾在《情报自由法》序言中写道:"如果一个政府真正的是民有、民治、民享的,人民必须能够详细地知道政府活动,没有任何东西比秘密更能损害民主,公民没有了解情况,所谓自治,所谓公民最大限度地参与国家事务只是一句空话。"只有建立在了解客观实情的基础上进行政务公开,才能消除公民的疑虑和担忧,增加公民对政府的信任度,才能通过树立良好的民主透明政府形象来促进政府行政管理目标的实现。反之,如果政府官员采取"信息垄断"的方式,就可能导致部分人出于对政府公共利益的觊觎,不通过正式渠道而通过关系在幕后搞"暗箱操作"和"以权谋私"的自利性活动;仅仅将公众作为政府信息被动的接受者,将媒介作为传声筒,就会加剧政府和公众信息不对称的"马太效应",导致公众无法全面理解和接受政府政策及相关行动,甚至产生对政府的猜疑和抗拒心理,严重影响公民对政府民主透明形象的评价。尤其是政府办事的神秘现象容易滋生以权谋私、贪赃枉法的行为,会让公众感到与政府及其官员有着很大的隔阂。因此,要实现政府行政管理目标,政府就必须坚持政务公开原则。

(二)政务公开原则是促进政府同内外部公众双向沟通的需要

坚持政务公开是搞好传播中介、实行双向沟通的首要条件和前提。首先,实行公开性是尊重内外公众的需要。搞封闭性的官衙门作风,是丝毫谈不上尊重公众的。公共关系中主客体的彼此尊重是建立和维持良好的公共关系状态的前提条件,这里不仅指对公众一视同仁,诚恳地以"公仆"身份对待公众这个"主人",而且还指互相敞开,让公众充分了解政府。这样才能实行真正的双向沟通。不公开就谈不上互相尊重(当然,特殊情况例外),不互相尊重就谈不上平等交流,这是很简单的道理。其次,公开性是取得公众信任、理解和支持的需要。公众对政府的喜爱和反对都可能建立在误解的基础上,而公开性正是克服误解的唯一办法。如果我们政府有了公开性,就可以使人民更深刻地了解我们过去如何、现在发生了什么事、我们在努力干什么、我们的计划是什么,因而能够更加自觉地参加改革。再次,公开性是政府更好地履行信息收集功能的需要。政府实行公开性原则,公众了解了情况,就会向政府提供政府所未能掌握的情况,政府也能有机会听到公众反映的意见。假如不实行敞开式,搞封闭式,政府如何接近群众,群众又如何向政府提供情况呢? 政府收集不到情况,又怎么去制订政策和措施呢?

(三) 政务公开原则是推进政治民主化进程的需要

公开性既是政府集思广益的需要,又是提高全民参政议政能力的重要条件。政治民主化的进程是和政府行为的透明度密不可分的。政府只有把政策和行为公开,公众才能知道计划是什么、是怎样实施的,其结果如何,才能提出自己的看法,并通过各种途径、方式反馈给政府,使政治民主化不断巩固、完善。这种集中各种各样意见和观点的方法,在很大程度上正是由于发展了公开性。同时,公开性也是公众监督政府的有效形式,是帮助政府纠正缺点的强有力杠杆,是加强政府自身建设的一条重要途径。1988 年,瑞典政府实行开放政府记录的政策,这年,前 10 个月摆上首相卡尔松办公桌的文件有 5577 份,除了其中 109 份被列入保密范围以外,每个人都可进入首相府查阅。我国的民主监督制度建设近几年有了很大的发展,如各级政府机关、司法部门设立的举报制度,将举报和查处沟通起来,收到了一定的效果。

(四) 政务公开原则是促进政府廉政建设的需要

随着我国社会主义市场经济体制的建立与发展,政府作为国家权力机关中的执行机关,如何为发展生产力和社会主义市场经济更好地发挥宏观控制管理作用,已成为当务之急。这就要求把政府工作纳入依法治政的轨道上来,有效地防止和杜绝各种腐败现象的发生,不断提高行政质量和水平。

三、政务公开原则的贯彻实施

贯彻实施政府公共关系的政务公开原则必须从以下几个方面体现。

(一) 消除思想误解

政务公开原则是科学进步、民主政治代替专制政治的必然要求。贯彻政务公开原则,首先要从思想上拨开阻挡公众视线的雾障。例如,政府机关人员本身旧的衙门观念没有彻底肃清,旧的工作习惯改变后难以适应,怕增加工作量,怕权威减少,怕被坏人利用等;公众的误解,担心政府搞假公开,愚弄公众。这些看法必须纠正,要适应观念的转变,要对公开性原则有一个正确的理解,有一个自觉、积极的态度,以保证沟通的公开性。

(二)打通沟通渠道

坚持政务公开的原则,必须在硬件上下功夫。政府要增加沟通的工具、渠道和手段,减少沟通层次,克服沟通中的障碍,保持沟通渠道的畅通。不要总是通过一两个渠道进行沟通,更不要使用已经失效的方法,而应尽可能地使用较多、较新的渠道。例如,广州市率先在全国开展了"假如我是市长"、"评聘市长参谋"、"市长专线电话"、"市长专邮"等一系列政府公共关系活动,让民众与各级政府机关以及政府官员们进行多种渠道、多种形式的双向交流、平等对话,直接参政议政。政府和政府官员在公众中的"公仆形象"变得比过去具体了:电话里可以听到声音,屏幕上可以看见形象,高楼深院、森严肃穆的政府机关的神秘色彩有所淡化。越来越多的公众开始逐步了解政府在做什么、想些什么和为什么要这样做。不完全是官办的民意调查机关和宣传媒介举办了"十大公仆评选"以及"政府首长定期接待"制度和"政府机关现场办公"等活动,使过去老百姓心目中高不可攀、难以接近的政府官员,尤其是高级官员的形象开始变得有血有肉、平易近人。

(三)完善监督体制

监督体制的完善是政务公开的根本保证。建立、完善和强化监督体制的内容十分丰富,任务也十分艰巨。它要求纪检、监察、检察等部门加强自身建设,不断提高人员素质,完善法规。要充分发挥民主党派、无党派爱国人士和群众团体在国家政治生活中的民主监督作用。要按照干部管理规定和法律程序,吸收符合条件的民主党派和无党派人士担任各级监督部门的领导职务。要为群众团体在所在地区和单位发挥监督作用提供条件和方便。同时,要求加强舆论监督,利用报刊、电视、广播来宣传法制,弘扬社会正气,揭露党和国家机关工作人员的违法违纪行为,借助舆论形成强大的威慑力量。

(四)处理好公开与保密的关系

实行政务公开,既要有原则的坚定性,又要有策略的灵活性。首先,要区别不同的公众,即内部公众和外部公众、组织公众和非组织公众、临时性公众和稳定性公众、国内公众和国外公众等。由于公众不同,造成沟通的方法方式不同,公开的内容不同,公开的程度也有所区别。对国外公众更要看具体国家、对象而定。其次,要区分不同的时间、条件和场合。同样一项可以公开的内容,会有严格的时间要求。如调价方案的出台,为了保障国家经济利益,防止人民群众的经济损失,防止市场混乱、坏人钻空子,在未出台前就要严格保密。政府的一些重大决策行动也要看条件是否成熟,决定要不要公开,有的政府往往把几年甚至几十年前的事情放到几年或几十年以后才公开。公开的场合也要讲究策略性,如同样一个内容,有的可通过举办中外记者招待会公开,有的在单独会见政府领导的场合公开。最后,要区分党纪国法、制度规定界限的不同。有些内容似乎可以公开,但法律、纪律规定暂时不能公开,就必须严格按法办事。例如,国家武装力量、党和国家的核心机密,就必须严格保密。在国际交往中同样要服从形势发展需要。所谓"兵不厌诈",就是讲究策略,该讲则讲,不该讲则不讲。没有这个准绳,会引起不必要的麻烦和混乱,造成政府形象的损害和工作的不利。

(五)开展政务公开建设的专题活动

开展关于政务公开的专题活动,提高政府工作人员尤其是领导人员对政府信息公开积极性和必要性的认识,坚持政务公开的规范化、制度化,公布的信息力求细致具体,而非笼统的粗线条信息以减少信息的不透明性。2010 年 3 月 30 日,国土资源部在官方网站上发布了"2010 年部门预算",成为我国第一个公开部门预算的中央部委。中央机关"晒账本"彰显了建设透明政府的决心,但仍有不少网友提出质疑,如这些账本线条粗、过于专业深奥,只有简单账目而没有公务招待、购车款项等详单。只有预算账本详细易懂,才能让公众判定钱是否该花,是否公开合理和有效,真正对政府财政活动进行监督①。

第四节　整体出发原则

一、整体出发原则的含义

所谓整体出发原则,是指政府公共关系机构和公共关系人员在从事政府公共关系时,要从政府公共关系的整体出发,即为了政府的整体效应而彼此配合协调,也就是从整体角度来审度政府的公共关系。整体性原则的具体内容包括以下两个方面。

(一)政府全体成员自觉维护政府的整体形象

政府机关是一个整体。在公共关系活动中,政府的公关部门和其他职能部门都是为了同一个政府机关的公共关系政策,为了本政府机关的同一个公共关系目标服务的。这个政府机关的所有职员都要自觉维护本政府机关的整体形象。一旦相互之间发生矛盾,也能以整体的公共关系利益统一行动,并能互相促进,努力形成一个整体系统的水平。

(二)各级政府机关及职能部门要维护我国政府的整体形象

各级政府机关及职能部门都对整个国家的中央人民政府负责,维护全国政府的整体

---

① 李丽辉 . 政府预算账本"看得到",还要"看得懂". 人民网,2010-05-27

形象。各级政府机关的公共关系目标是一致的,在相互之间的公共关系活动中可以取长补短,密切配合,发挥各自优势。要通过横向联系,形成一个有机的政府公共关系的系统。要尽量避免各个政府部门在公共关系活动中单枪匹马、互不通气,甚至互相拆台的现象,要使政府形象在公众中有整体性、统一性。

二、整体出发原则的重要性

整体出发原则是决定政府公共关系能否取得更大成效的一条原则,在社会主义国家更是本身制度优越性的体现。

(一)整体出发原则是由政府工作的整体性所决定的

塑造政府形象的根本目的是使政府能更好地履行自己的职责,而政府工作不像一般企业那样有独立性、个体性。政府的政策都是整个国家利益的体现,各级、各类政府机关没有离开国家整体利益的自己的特殊利益。同时,全国所有的政府机关必须是全国一盘棋,统一步调,统一指挥,统一行动,而绝不允许自行其是,不服从全局的整体需要。这一政府工作的整体特点决定了政府公共关系必须坚持整体性原则,不可能是互不相干、各搞一套。即使在方法上、局部目标上有不同的特点和内容,在总体目标上仍必须体现整体性。中央人民政府制订了经济政策后,地方各级政府就必须同时围绕中央制订的政策统一宣传口径,贯彻这一精神。

(二)整体出发原则是塑造政府整体形象的需要

各级、各类政府机构在塑造自身形象时,都是互相影响的,都受整体形象的制约。每个政府的具体形象都是政府整体形象的组成部分和缩影。各地各级政府的良好形象是政府整体形象的基础,中央政府的良好形象又是地方各级政府良好形象的保证。另外,同一个政府机关内部,不管是哪个部门、哪个公务员,都要维护政府的总体形象。个人、部门的形象同样和政府总体形象不可分离。因此,坚持整体出发的原则是十分必要的。

三、整体出发原则的贯彻实施

整体出发原则的贯彻实施需注意以下几方面内容。

(一)强化整体意识

各级政府机构开展政府公共关系不应孤立地看待和处理自身与各种公众的关系,应把本组织机构置于整个社会大系统中,分析自身与社会的关系,从与社会共同利益的基点上处理并协调政府机构与整个社会的关系。这就要求政府公关人员必须具备整体性的公关意识，要认识到政府公关工作是政府的整个管理系统中的有机组成部分，是统一的政府管理工作中的有机组成部分；政府公关工作本身也是一个整体，它要求政府的所有成员都养成公关意识，在各自的岗位上完成规定的工作任务，把本职工作作为政府公共关系的一个部分，做好本职工作，提高本组织的公关水平。如果在思想上整体性观念淡薄，行动上就会做出有害整体性形象的行为。例如，部分政府工作人员认为政府形象靠领导去塑造，同自己关系不大，或者认为只是公共关系部门或公共关系人员的事，就会出现行动上的不自觉。只有树立整体思想，才能有统一行动，塑造好政府的整体形象。

（二）开展全员公关

公共关系工作取得成功，不仅需要依靠专职的政府公关机构及其工作人员的不懈努力，而且有赖于政府机构中全体成员的整体配合。要求一个政府机构中上至最高领导、下至每一个成员都成为公关人员，通过开展全员公关，使政府机构进入一个理想的公共关系环境，这是从行动上坚持政府公关的整体出发原则。1993年上海市政府借举办"东亚运动会"之际，在国际上极好地展示了上海的形象，其成功就是实施全员公关策略的结果。"为东亚运动会献一份爱心，送一份热情，出一份力量。"全市人民在市政府号召下，积极参与，以上海精神、上海速度、上海效率、上海形象投入到这场公关大行动中。首先，市委、市政府带头参与，真抓实干。市政府发挥组织、领导、协调作用，多次召开会议，解决"东亚运"的具体问题。虹口体育场（"东亚运"的开幕式在此举行）工程改造难度大、要求高，市委、市政府主要领导时刻关心工程进展状况，虹口区领导亲临挂帅、坐镇指挥，七位副市长还到虹口体育场参加劳动、现场解决问题。其次，市民踊跃募捐。上海市民异常慷慨，出现争购奖券、踊跃捐助的动人景象。一位84岁的孤老黄爱伦，拿出靠退休金一点一滴积攒下来的500元献给了"东亚运"；身患骨癌的小朋友龚羽，坐着轮椅把他的59元积蓄也献给了"东亚运"……再次，各单位齐心协力，使"东亚运""软件"不软。"东亚运"的"软件"包括接待、服务、交通、保卫等，点多、面广、人多，但上海人民人人奉献，一切为了"东亚运"使"软件"硬了起来。在"东亚运动会"期间，上海的房屋披上了新装，阳台布满了鲜花，围墙吐出芬芳，交通畅通无阻，橱窗大放光芒，人们的精神高昂振奋，昔日的"东方明珠"发出璀璨耀眼的光彩，给中外宾客留下了良好的印象。上海市人民在上海市政府的领导下，通过开展全员公关，向世界展示了改革开放新上海的形象。

（三）进行整体协调

公共关系是一项全局的工作，它要求一定的有序性。为更好地坚持整体出发的原则，政府公共关系人员必须使公关工作具有整体协调性。

1. 政府要与公众相协调

政府在开展公共关系活动时必须排除盲目性，开展政府公关活动要有一定的目标，这个目标必须是组织与公众所共同关注的。随着目标的实现，政府与公众便能相互适应，政府与公众之间的关系才能处于最佳状态。根据这一要求,政府必须与公众相协调,任何公共关系项目都要满足这一协调的要求。

2. 要使投入政府公共关系工作中的人、财、物诸要素相协调

公共关系活动离不开人、财、物三个方面,要使政府公共关系活动得以顺利开展和取得成功,就需要使三者比例得当,使其结构呈最佳状态。

3. 要使政府公共关系机构与组织的其他职能部门相协调

政府公共关系机构的一项基本任务就是促进其他各部门之间相互协调,使其最大限度地发挥作用。因此,从某种意义上说,政府公共关系部门不仅仅是一般的职能部门,而且有横向连接的作用,与其他职能部门一起构成政府行政管理的一个系统。在这个系统中,政府公共关系部门起着协调和维系各职能部门的作用。

4. 要使政府公共关系部门内部的各方面相协调

公共关系活动需要有各种专业技术特长的人,而政府公共关系机构中也要配备有各种专长的人员。所以,在实施政府公共关系工作时,要注意发挥每个人的特长,彼此配合,以保证政府公共关系工作的出色完成。

第五节　持续努力原则

一、持续努力原则的含义和依据

政府公共关系的持续努力原则是指政府公共关系是一项长期的工作,必须经过坚持不懈的努力才能真正达到目标。原因如下。

(一) 从目标本身看

政府公共关系的根本目标与其行政管理的根本目标是基本一致的,都在于促进社会发展进步。显然,这个目标不可能一步到位,必须经过长期努力才能实现。

(二) 从公共关系所处的环境和条件看

作为一种社会关系,公共关系必然会受到所处环境中各种复杂的社会因素不同程度的影响与制约,因而其目标的实现需要较长时间的努力,有的还会随着时间和条件的变化而变化,需要在实践中不断地巩固或调整,使之更加完善。

（三）从公共关系的对象看

社会公众的素质客观上存在着很大差异。这种差异使得同一个公共关系目标在不同的公众中会产生不同的理解和效果，从而使目标的实现呈现出不平衡性。因此，只有通过持之以恒的工作才能实现目标的总体平衡，而这也是政府公共关系所要达到的最终目的。

（四）从公共关系工作的成果看

公共关系工作的开展，是为了争取公众的理解和支持。为了达到这一长远目标，每日每时进行的公共关系工作就必须都能产生连续性效果。就是说，每一项公共关系计划的实施都应是以往计划的延续，并且在实施过程中还要考虑与下一个计划的衔接，为以后公共关系活动的开展创造有利条件。如果政府机构认识不到公共关系效果的积累性，今天推出这种形象，明天又推出另一种形象，只能给社会公众留下一种零敲碎打的杂乱印象。这种心血来潮，"三天打鱼，两天晒网"的做法是公共关系的大忌。另外，政府公共关系中每一次具体的工作或活动，也不可能马上看到直接明显的效果。对已经取得的潜在效果如果不加以维护和加强，一段时间后，它也会消失。因此，公共关系工作需要前后一致地进行，工作成果需要不断积累，才能产生明显的效果，这就决定了政府公共关系工作的持续性和连贯性，需要持续努力才行。

二、持续努力原则的贯彻实施

在政府公共关系中，坚持持续努力原则必须在实际工作中努力做到如下三点。

（一）加强平时联络

在充分认识政府公共关系工作的长期性、防止急于求成或消极等待等各种错误意识出现的同时，注意加强与公众的平时联络，"宜未雨而绸缪，毋临渴而掘井"。要与公众普遍建立关系，不要有选择、分薄厚，不能只注重同眼前与自己有利害关系的方面进行"热线"联系，而对"在野者"不予重视，这会对政府公关工作产生障碍。

（二）长计划与短安排相结合

政府公共关系工作是一项与组织机构同在的永不间歇的事业。良好的组织形象的建立和保持，靠的是既符合组织机构的整体发展目标又与公众利益相一致的公共关系工作的不断开展。因此，在实施公共关系方案时，应该做到长计划和短安排相结合，这是持续努力原则的重要表现形式之一。长计划是与政府组织机构的整体发展目标相一致的，它对政府公共关系工作提出了客观要求，是战略性的计划；短安排是针对某一具体问题而制订的,例如召开某次会议、进行一次沟通活动等。政府公共关系所考虑的是政府组织机构的长远目标,即赢得广大政府公众的理解和支持,塑造政府的美好形象。为了实现这一目标,公共关系的短期任务都必须遵守争取长期社会效益的原则,这样做才能使长期目标与短期任务有机地结合在一起。

　　例如,北京市政府针对城市建设中存在的旧城拥挤有增无减、市区规模不断膨胀、新城发展远不成熟、水资源紧缺等问题,积极组织和推动"2009 国际大都市地区发展前景北京研讨会"的召开,征集专家意见为北京市的未来发展规划提供建议,用更高的标准来深化战略,着眼更大的空间来布局城市功能,在更长的时间段内筹划城市发展。北京市政府立足长远规划"首善之区",坚持循序渐进和科学生态的可持续发展观,设置城市规划建设的总体目标并分阶段持续推进,这必将有效推动北京市的全面建设和良好城市形象的塑造[①]。

(三) 一般情况和特殊情况相结合

　　政府公共关系的日常工作主要是大量例行的事务性工作。由于这些工作经常进行,其规律性比较容易把握。对于政府公共关系人员来说,难以掌握的是突发事件和特殊情况,例如,天灾人祸的出现、社会上的流言、组织形象受到损害等。这些情况发生突然,往往使政府机构处于被动的局面。这就需要政府公共关系人员立即采取应急措施,防止不利影响的扩大,维护政府的形象。突发事件虽不经常出现,但在日常工作中应考虑其产生的可能性。在制订政府公共关系计划时,应包括防御性内容,以对万一发生的问题事先有准备,有备无患。在具体处理突发事件和特殊情况时,政府公共关系人员应遵循这样的工作法则,即临时做出的一切反应和行动,都必须同一贯的公共关系工作保持一致,在危机中不能损害平时树立起来的形象。处理的结果,应该有助于维护和促进政府公共关系工作目标的实现,这也是持续努力原则的根本要求,做到了这一点,就会由被动变为主动,化不利因素为有利因素,使危机变为塑造政府形象的契机。苏联亚美尼亚地震后争取国际援助的例子充分证明了这一点。1988 年 12 月 7 日,苏联的亚美尼亚地区发生了 7.1 级强烈地震,给当地居民的生命财产带来严重损失。地震发生后,苏联政府吸取了切尔诺贝利核电站爆炸事故的教训,积极开展公共关系工作,利用宣传媒介及时、充分、持续地向国内外介绍地震灾情和救灾工作。从地震后的第二天起,国内各大报纸和电台、电视台都以最重要的位置大量报道了地震消息;外交部几乎天天举行记者招待会,向国内外记者介绍灾区情况;塔斯社每天向外国驻莫斯科的新闻机构提供有关地震的文字和图片资料。从地震后的第四天起,莫斯科的外国记者可以自由进入灾区采访,无须提前 24 小时通知外交部。从国外专程去灾区采访的外国记者,一到莫斯科就发给 1 个月的签证,而以前从提出申请到被批准往往需要数周甚至数月的时间。外国记者的采访不受限制,他们从灾区发出的第一手报道,在国际上引起很大反响。据粗略估计,震后 1 个月内,仅西方四大通讯社从灾区发出的报道就有好几十万字。结果震后 1 个多月的时间里,就有 77 个国家共

---

① 李兆汝,吴良镛."梁陈方案"遵循历史名称规划普遍原则. 北京青年报,2010-04-14

提供了 1 亿多美元的援助,数十个国家向灾区派出了各类救灾人员 2000 余人,世界各国政府、红十字会和其他民间组织向灾区提供了大量急需的救灾物资。这一切对抢救灾民、消除地震后果发挥了重要作用。

(四)强化绩效管理

　　我国的行政体制和行政文化决定了坚持持续努力的政府公共关系原则并非易事,克服政府急功近利的行为需要在政府绩效管理方面下功夫。首先,要改革政府绩效评价标准,坚持把公众而不是把上级对政府部门公共服务的评价作为绩效评估的主要根据。在以往的政府绩效评估工作中,缺乏有效明晰的政府绩效评估制度,仅把上级是否满意作为行政绩效评价的标准,导致政府对上负责和对下不负责;眼光局限于官员自身短期利益的满足,忽视政府和公众之间和谐关系的培育和长期发展目标的实现。为解决这些问题就迫切需要政府组织树立"权为民所用、利为民所谋、情为民所系"的行政理念,选择以民生为重、社会协调发展的综合指标为参照系,建构完善的行政绩效评估体系。其次,在政府绩效评估方式选择上,应把对上负责和对下负责有机结合起来。即在对政府部门及其官员的政绩考核过程中,不仅要依据上级的意见,更要将政府服务对象,即广大公众的意见作为主要依据。公众参与政府绩效评估不仅有效真实,而且有利于形成对政府工作全方位的监督约束机制,能够有效地治理并调动公务员的工作积极性[①]。

第六节　科学指导原则

一、科学指导原则的含义

(一)用科学的理论指导政府公共关系工作

　　在瞬息万变的现代社会,无论哪个政府部门的周围都聚集着浩瀚无际的信息,每天都会遇到成堆的问题,并要求对这些问题立即做出反应和决策。我们只有运用理论联系实际、理论来源于实践又指导实践的原理,从我国现阶段的实际出发进行探索,运用现象和本质的原理来研究各种信息之间的本质联系,研究协调关系的数量与质量的辩证关系,运用一切事物都是互相联系、互相制约的原理来观察组织机构的变化规律,才能把握问题的实质,进行科学的决策和行动。

---

①　刘梦琴,刘智勇. 论政府公共关系的基本原则. 软科学,2012(1):61

（二）用科学的方法分析政府公共关系现象

公共关系工作要与人打交道。人的主体意识和选择意向使公共关系在表面过程的背后隐藏着异常复杂和丰富的内容。它需要运用科学的方法去考察政府组织与公众相互作用、相互影响的过程，考察公众构成及其变化，从而获得各种具体的材料和数据，进而在获得关于客观世界的素材基础上进行科学的判断和分析。

（三）用科学的手段开展政府公共关系活动

在政府公共关系大量活动中应尽可能采取先进的科学设施和方法。它包括选用现代化的传播通信设备、电影电视广告以及提供咨询服务等。

古代公共关系活动处于原始的、不自觉的状态，缺少科学理论的指导，基本上是凭经验、凭直觉行事，从科学角度来考察，充其量也只是处理人际关系的一些方法而已。现代早期公共关系艺术成分多于科学成分。至今仍有人认为，公共关系有"术"无"学"，只要掌握它的实务技巧，会周旋、善应变，擅长待人处事，开展公共关系活动也就绰绰有余了。我们说，公共关系确实是一门实践性很强的应用学科，实务技巧也确实是其中的重要组成部分，但是公共关系并非无规律可循，也绝不仅仅是经验的积累和拼凑。科学指导原则的确立，不仅从根本上划清了现代公共关系同古代公共关系的区别，而且澄清了人们对公共关系有"术"无"学"的误解，使公共关系向艺术与科学结合的道路发展。所以，现代政府组织的公共关系活动再也不能像古代和公共关系产生初期那样只有艺术而没有科学，不能只凭直觉、凭经验进行，而是要借助于现代科学的理论和方法来指导政府公共关系的活动。

二、科学指导原则的依据

（一）科学指导原则是现代政府公共关系复杂化的需要

现代政府公共关系活动不仅与早期公共关系活动不同，也与一般的人际交往不同。它面临的是复杂多变的社会环境和类型、数量众多的公众。因此，要及时了解社会环境的变化，全面掌握公众的各方面情况，对政府组织自身也要有透彻的认识，要运用大众传播媒介进行沟通和传播等。这一切如果没有科学理论的指导，政府公共关系是很难有起色的。

（二）科学指导原则是提高政府公共关系效率的需要

如果说企业组织的公共关系以"内求团结，外求发展"为宗旨，那么政府公共关系的宗旨该如何表述呢？从政府公共关系的职能看，用"内求协调，外求沟通"是十分恰当的，而无论是协调还是沟通都离不开信息。当今社会被称为信息社会，各种信息以每年 40% 的增长率增长,每 20 个月信息总量就增加 1 倍。大量信息以惊人的速度传向社会的每一个角落,影响着社会上的每一个人。传统的"公关"方式满足不了信息社会的要求,无法适应政府机构的需要。现代的科学技术、现代的科学理论和方法可以减少政府公共关系活动的盲目性,增强自觉性和预见性,避免人力、物力和财力的浪费,提高政府公共关系活动的效率,取得事半功倍的效果,适应社会的需要。

(三)科学指导原则是我国公关实际状况的需要

长期以来,我国公共关系人员缺乏理论思维的能力,对科学理论和方法没有给予应有的重视,决策者在实践中习惯于以直觉经验和主观想法作为公共关系活动的出发点,忽视对实际情况的深入调查和对数据资料的精确分析,往往造成实践活动事与愿违,达不到预期的目的。因此,强调科学理论和方法的指导对我国开展政府公共关系活动有着特别重要的意义。

三、科学指导原则的贯彻实施

(一)加快学科建设

要尽快建立起符合中国国情的社会主义公共关系学。公共关系学产生于西方工业发达国家,美国的公共关系实践和理论研究成果为世界各国之冠。我国自觉地开展公共关系活动,进行公共关系理论研究还只是近年来的事,如果照搬西方或美国的公共关系理论,而不顾中国的国情和社会主义制度,那显然是不科学的。因此,尽快建立起符合中国国情的社会主义公共关系学是坚持政府公共关系的科学指导原则的根本途径和保证。怎样建立符合中国国情的社会主义公共关系学呢?要在马克思主义基本理论的指导下,划清社会主义公共关系学同资本主义公共关系学的界限,划清社会主义公共关系学同"庸俗关系学"的界限,客观地介绍外国的公共关系学并批判地汲取其有益的理论和经验;要从中国国情出发,充分考虑中国的经济体制、政治制度、思想文化传统,使其既有科学性,又具有中国特色,能够全面、系统地指导中国社会主义公共关系的实践,指导我国政府公共关系的实践。

(二)提高理论素养

要坚持政府公共关系的科学指导原则,必须提高政府公共关系人员及广大公务员的理论素养。政府与公众进行双向信息交流是政府公共关系的一项重要工作。如何最大限度地扩大传播范围和提高传播质量,是衡量一个政府公共关系人员是否合格的主要标准,也是一个政府公共关系人员经常考虑的问题。因此,与此相关的许多现代科学理论如新闻学、传播学、舆论学、信息论等,应当成为政府公共关系人员必须具备的理论知识。政府公共关系人员还应当能够熟练运用现代科学知识和手段分析处理公众的信息,并能迅速地提供有关公众意向的预测材料。因此,政府公共关系人员还必须具备社会学、心理学、管理学、预测学等学科知识。只有提高了理论素养,通晓多方面的知识,才能在政府公共关系工作中以科学为指导,使政府公共关系工作取得成功。

（三）实行定量分析与定性分析

坚持科学指导原则,必须在政府公共关系工作中运用定量分析与定性分析相结合的方法解决公共关系问题。定量分析方法注重描述、记录事实,以求得对事实的精确把握,如组织抽样调查、群体控制实验、公共关系民意测验等都是其常用的分析方法。在政府公共关系实践中,运用这种理论和方法,可以从量的层次上把握政府与其公众的关系,准确判断这种关系的状态和发展趋势,分析公众的构成与变化,考察政府组织与环境相互影响、相互作用的过程,从而获得切合实际的数据和资料,为正确制订公共关系计划、从事公共关系活动提供科学的依据。定性分析方法是强调研究人的主体意识的方法,是人文主义的研究方法,注意对社会历史问题的阐述或描述。定量分析的方法是科学主义的研究方法,虽然可以正确描述公共关系现象,但它不能充分说明这种现象,不能洞见造成这种现象的内在原因和机制。公共关系归根结底还是一种人与人之间的关系。人是有丰富思想和复杂情感的,人的思想和情感使公共关系表层现象的背后蕴藏了异常复杂的内容。要深入了解这些内容,必须运用人本主义的理论和方法进行定性分析,侧重从文化角度观察分析政府公共关系问题。公共关系在一定意义上说是一种文化关系,因为任何组织和公众都是一定文化发展过程的产物,都要受到一定文化环境的影响和制约。因此运用定性分析方法从文化角度透视政府公共关系,可以揭示公众的社会心理、价值观念、思维定式、道德观念、风俗习惯等文化作用机制,洞察政府公共关系的深层结构,从而准确把握公共关系的脉搏。总之,在辩证唯物主义和历史唯物主义指导下的定性分析和定量分析相结合,不仅体现了科学指导的政府公共关系原则,而且会使政府公共关系活动更加富有成效。

（四）遵循国际惯例

国际惯例是指在长期的国际交往实践中形成的一些成文和不成文的规则,虽然没有法律强制约束,却是国际上的通用规范。遵循国际惯例也是政府公共关系科学指导原则的具体体现。

政府在开展国际公共关系时既应根据自身的国情和特殊性,坚持突出本国民族文化特色,也必须遵守各国共同的行为规范。只有这样才能增进与各国在政治、经济、文化、军事等各领域的交流合作,才能塑造有礼有节、友好负责的大国形象,掌握国际社会的话语权和扩大影响力。迄今,国际公共关系协会制订了不少行为准则。如早在1961年,国际公共关系协会就制订《国际公共关系协会行为准则》。1965年,又在雅典通过了《国际公共关系协会行为准则》。这两份文件对国际公共关系从业人员的行为规范提出了一些原则性的要求,如注重信息的真实性和充分的交流、尊重和维护人类的尊严、对社会和公众利益负责等。

国际公共关系作为公共关系的一个重要类型,越来越多地承担起对外交流与沟通、塑造与传播国家形象的责任和使命,其重要性正日益受到广泛重视,且已成各国有意识、有目的、有计划地塑造和传播国家形象,维护和发展国家利益的新手段、新途径、新举措。[1]国际惯例根植于各国政府间的交往实践,要求政府处理国际公共关系和开展相关活动时必须熟悉和遵守各种国际惯例,在世界范围内树立负责任的国家形象,争取更多的国家间交流合作和机会,赢得更多国际社会认同和利益机会。[2] 如 2007 年 8 月 5 日,北京"奥组委"交通部部长于春全在谈到"奥运"赛事的交通服务规划时,指出国际"奥委会"有一套成熟的组织管理经验和成熟的规则,有一本可规范不同客户服务标准的交通技术手册,交通部将按照国际奥委会交通技术手册的要求,结合北京"奥运会"的实际情况来提供相应的交通服务。[3] "奥运会"经过 100 多年的发展,已成为世界上规模最大、水平最高、影响最广的国际体育盛会,北京市政府交通部门自觉遵守国际"奥委会"关于交通服务的规则和惯例,对形成和维持北京"奥运会"期间良好的交通秩序,为前来观看比赛的国外旅客提供全面、便捷的交通服务,并为宣传和展示主办城市和国家形象起到了积极作用。

案例研究:精心打造警民和谐关系的公安分局

在传播快、影响大、作用大、难控制的信息化时代背景下,公安工作传统的群众工作方法已明显滞后于形势的发展,执法环境敏感、充满挑战,警察的公信力受到质疑,针对这一执法环境和社会背景,常州市公安局戚墅堰分局党委进行了认真思考,全警上下转变警务思想,树立公共关系理念,打造戚墅堰区警察公共关系品牌,构建和谐警民关系。

1. 项目调研

云南晋宁"躲猫猫事件"、杭州飙车事件等,折射出因长期脱离群众形成政府相关部门公信力缺失,公安机关在事件处置中承受了巨大的舆论压力。目前仍有为数不少的基层民警,在对自身的定位和对"人民"的认识上存在偏差,较少考虑服务对象的需要。

经过实地走访、座谈讨论和调查研究,分局发现造成群众投诉的主要原因有如下几方面。一是群众不知道我们的法律政策和工作规范;二是民警耐心解释不够;三是无法满足个别群众的利益诉求。归结起来,其根本原因就在于警民之间缺乏必要的交流沟通。

2. 项目策划

2009 年以来,分局着力以公安信息化、执法规范化、和谐警民关系"三项建设"为载体,根据"公共关系＝和谐警民关系"的理论,推出新举措,提升警察亲和力。

首先,响亮地喊出"我们来自百姓"的口号,教育民警不断树立执法为民的理念。

---

① 吴有富. 政府国际公关在塑造中国国家形象中的作用. 探索与争鸣,2009(2):73
② 刘梦琴,刘智勇. 论政府公共关系的基本原则. 软科学,2012(1):61
③ 王翔. 奥运将给北京留下丰富交通一颤. 东方网,2007-08-06

其次,不断搭建警民沟通的桥梁,媒介时代既给公安工作带来挑战,同时也给发展警民关系提供了更多载体,占领媒体阵地,化被动为主动,才能把握警民沟通主动权。

再次,创新适应和谐警民关系建设的警务机制,加强警民之间的联系互动。

最后,畅通监督渠道,建立有效的沟通及监督通道,确保可能出现的警民不和谐因素发现在早,处置在小,化解在萌芽状态。

3. 项目执行

(1) 刊发《平安戚区报》。我们聘请专业人员进行采访、编稿,在内容上改变传统警方刊物侧重于自我宣传推销的做法,紧紧扣住与社会公众息息相关的问题开展警民互动。该报电子版同时与戚墅堰区政府网站及分局内网、外网实现链接。《平安戚区报》每月出版1期,每期印发1.5万份,通过民警或辅警上门走访,免费发放给全区企事业单位、居民群众、流动人口群体。

(2) 发放防范扑克牌。对多发性、侵财性等涉及群众切身利益的案件进行分析,从中找出人民群众法律知识盲区和安全防范薄弱点,按照"防盗抢、防诈骗、防事故、防毒害"等内容编排56个安全防范知识,逐一配上动画、卡通图片,印制成"平安戚区、和谐戚区"防范宣传扑克牌,面向全区各界群众发放,现已发放了2万余副。

(3) 建立平安短信沟通平台。广泛收集全区人大代表、政协委员、企事业单位、行业场所、外来民工、近几年内的信访投诉群众及居民群众代表手机信息分类纳入分局短信平台,编写制作"预警提示"、"温馨祝福"、"警务监督"、"短信课堂"、"平安指数"等8大短信,不定期分类发送给平台用户,以及时的"治安气象播报"提醒公众做好安全防范,用温馨的话语拉近彼此的距离。平安短信沟通平台通过接报警情、实有人口登记、电动车注册登记,每日采集辖区群众手机号码,现已拥有平台用户1200余户,发送各类短信50 000余条。

(4) 开展防范短信和摄影作品征集大赛。分局与《常州日报》社联合举办以"祝您平安,重在防范"为主题的"平安戚区"杯防范短信大赛,举办"祖明风警民情"摄影作品征集大赛,向辖区群众广泛征集反映戚墅堰区公安民警在维护社会治安、服务人民群众方面展现的精神风貌,特别是反映警民鱼水情深的摄影作品,受到全国各地读者和网民热烈响应。

(5) 开展"祖明有约"警民恳谈活动。刘祖明系戚墅堰公安分局潞城派出所副所长兼社区民警,是在常州乃至全国都是群众知晓率很高的先进典型。分局依托刘祖明这一典型,蓄势推出"祖明有约"系列之"所长与您谈防范"警民恳谈活动,并通过播放宣传片、PPT解说等现代传播手段宣传防范知识,"零距离"接受群众质询,为群众答疑解惑。"祖明有约"自开展以来,有22 000余名居民群众热情参与,提出各类热点问题320余个。现场发放防范宣传扑克牌12 400余副,《平安戚区报》及各类宣传资料13 000余份,发放提问纪念品320余份。

(6) 搭建网上警民互动平台。分局及各派出所均建立互联网门户网站,并将"网上分局"、"网上派出所"建成网上警民互动的平台。突出服务与互动,设置了"法律咨询"、"预警提示"、"警务监督"、"网上报警"、"在线交流"、"为您服务"等栏目,安排网络评论员实时在线,接受群众报警、咨询,实时更新警务新闻,加强正面宣传引导。"网上分局"、"网上派出所"等网上沟通平台自 2009 年上半年开通以来,已接受注册网民 400 余名,点击量突破 20 万人次。

(7) 建立民意调查制度。接处警和勘查现场时发放"防范宣传卡",案件办理中发放"案件告知卡",接处警后进行回访,填写"满意度测评卡",群众对警情处置是否满意进行反映;每月对各派出所 100 起警情进行家访,对不满意警情逐一倒查,倒查结果 5 个工作日内反馈;每月对各社区开展民警熟悉率、群众满意度和安全感测评,打破派出所界限,分局内直观排名,掌握最真实情况。

(8) 每日发布平安指数。通过"短信平台"、"网上互动平台"等载体向辖区群众发布"每日、每周治安播报",发布每日平安指数。同时,由情报指挥室 24 小时实时监控警情变化,即时下达巡防、布控指令,配以"扁平化指挥"、"网格化巡防"机制实现精细化、点对点打防。

(9) 推出电动车注册登记制度。针对电动车被盗案件高发、群众防范无力的状况,分局创新推出电动车注册登记制度,并在全区推广,通过"外贴车帖、内烙数码",为电动车筑牢双重防线。同步自主开发"电动自行车管理软件",在服务器上建立"电动车数据库",实时检索查询,并不定期发放防范手机短信,提醒车主提高防范意识。电动车注册登记制度在全区推广以来,共注册电动车 1.2 万余辆,注册电动车无一被盗。2009 年,辖区电动车被盗案件同比下降 48%,环比下降 73%。

(10) 确立考核评价体系。分局把群众和服务对象测评的满意度、安全感作为决定社区民警、派出所考核评价的第一标准,制订出台了"1+X"绩效考核机制,引入常量及系数概念,在第一标准考核的基础上,配套社区民警、接处警、执法质量等单项考核,突出抓执法源头、执法细节、执法言行,从根本上树立起民警和谐执法的理念、公共关系的理念。

4. 项目评估

2009 年,戚区警察公共关系品牌系列项目不断推出并深入经营,各项举措以经常性、常态性工作成为戚墅堰公安基层基础工作的重要内容,成为爱民、亲民、为民的自觉行为,成为戚墅堰公安的亮点与特色。2009 年 7 月,国家统计局常州调查队对全市公安机关服务企业工作及成果做了抽样调查,分局"创新工作、服务方式"满意度名列 7 个辖市、区首位;11 月,在全市公安工作群众满意度调查中,我区群众对公安工作和社会治安满意度分别提升了 2.8% 和 2.5%,在全市名列前茅。通过有效的沟通与交流,既提升了民警治安管理工作的积极主动性和团队凝聚力、战斗力,也提高了广大人民群众参与社会治安综合治理的积极性、主动性。2009 年,全区刑事发案同比去年下降 14.5%,下降幅度位列全市第一位。

分局的各项举措不仅提高了民警的群众工作能力,在调解纠纷、排解矛盾中占据了主动,更拉近了警民之间的距离,也赢得了群众的理解和信任。同时,通过民警的走访、宣传,群众的自我防范意识也得到明显增强,安全防范知识和技能普遍得到提高。这些举措不仅获得了各级领导的支持、肯定以及兄弟单位的考察学习,更获得了良好的社会反响。

(资料来源:中国国际公共关系协会. 最佳公共关系案例. 北京:企业管理出版社,2010)

思考与讨论：

1. 常州市公安局戚墅堰分局精心打造警民关系的活动对塑造警察形象发挥了怎样的作用？

2. 本案例对你有哪些启示？

实训项目：组织"华南虎事件"案例讨论会

1. 实训目的

通过举行"华南虎"事件案例讨论会，加强对政府公共关系原则的理解和掌握。

2. 案例简介

2007年10月3日，陕西省安康市镇坪县城文采村村民周正龙，自称在该县神州湾一处山崖旁，用胶片和数码相机同时拍摄到两组清晰的野生华南虎照片。同年10月13日，经过陕西省林业厅组织专家鉴定，证实照片是真实的，从而宣告失踪20多年的珍稀物种——野生华南虎重新被发现。

10月15日，网上出现了一篇名为《陕西华南虎又是假新闻？》的帖子，质疑照片的真实性，引来了众多网友参与"打假"。随后，最早认可这批照片并视之为珍宝的陕西省林业厅对照片"造假说"予以反驳。"打虎派"与"挺虎派"针对照片真假问题，各执己见，争执不下。中国科学院植物研究所首席研究员傅德志"敢以脑袋担保"，坚称照片有假；而周正龙也诅天咒地地保证照片是真的，如果照片作假，他可以去坐牢，儿子也可以坐牢。

媒体记者总结发现，最让虎照质疑者推崇的照片疑点有4个。疑点一，3张不同时间、不同机位拍摄的老虎，斑纹高度重合，明显是摆放的"纸老虎"或者"假老虎"；疑点二，没有老虎粪便、脚印等旁证，迄今为止也仅公布了一张原图；疑点三，从图片的色温看，老虎身上的色调与四周环境并不协调，怀疑是用软件PS得出；疑点四，拍摄照片的相机本来可用更长焦距的镜头将老虎拉到更近，但拍摄者却没有这样做，而且把焦点放在了树叶而非老虎身上。11月16日，一网友称周正龙所拍的华南虎照片的原型实际上是自家墙上的年画。同时，义务年画厂证实确曾生产过老虎年画。一度僵持不下的真假论战急转直下，看似倒向"打虎派"，中心主任的关克等人，齐齐拿头上的乌纱帽作赌注，为周正龙撑腰打气，事件发展陷入虚虚实实、反反复复的拉锯战中。

虎照风波骤起时，正处于朱巨龙代出外的正厅长主持工作期间。2007年11月21日下午，陕西林业厅党组召开闭门会议，持续4个小时，会议确定对虎照和年画争议"不予置评"。而11月25日，朱巨龙在接受记者参访时表示："如果这个照片是假的，我第一个引咎辞职。如果镇坪县政府、林业厅参与造假，并且现在还信誓旦旦地说这是真的，给党和国家造成这么大的负面影响，那就要追究责任了。渎职，严重渎职，严重失察，相关人员要承担相关责任，该撤职的撤职，该法办的法办。"随后朱巨龙还解释自己出面说话的动机，一方面,是还"拍虎英雄"一个正义;另一个方面,在林业厅上下无所适从的当口,其准备自觉地为林业厅做危机公关。"林业厅的公信力受到损伤,陷入泥潭之中,我要把它带出来。"但此番言论一出,结果并不如朱巨龙所预料的那样,而是很快成为众矢之的。

（资料来源：夏琼，周榕．大众媒介与政府公关．北京：人民出版社，2014）

3. 实训步骤

（1）全班分成以 5～7 人为单位的若干小组。

（2）结合本章"政府公共关系原则"的内容,分组讨论此案例并形成发言提纲。

（3）各组选一名代表重点发言。

（4）教师总结。

4. 实训手记

通过训练,我的收获是 _____。

课后练习题

1. 政府公共关系的利益一致原则的含义和实施依据是什么？
2. 如何贯彻实施政府公共关系的利益一致原则？
3. 政府公共关系的讲求真实原则的含义和实施依据是什么？
4. 如何贯彻实施政府公共关系的讲求真实原则？
5. 政府公共关系的政务公开原则的含义和实施依据是什么？
6. 如何贯彻实施政府公共关系的政务公开原则？
7. 政府公共关系的整体出发原则的含义和重要性是什么？
8. 如何贯彻实施政府公共关系的利益一致原则？
9. 政府公共关系的持续努力原则的含义和依据是什么？
10. 如何贯彻实施政府公共关系的持续努力原则？
11. 政府公共关系的科学指导原则的含义和依据是什么？
12. 如何贯彻实施政府公共关系的科学指导原则？
13. 案例分析

从封锁到透明——"非典"前后

我国 2003 年"非典"初期,有关部门对疫情控制很严,甚至避而不谈,由于疫情不公开、不透明,导致谣言满天飞,引起人们的极大恐慌。

最初是手机短信传出广东发生流感,导致多人死亡,接着传言板蓝根、食醋对"非典"有疗效,于是该产品一度脱销。后来又有很多"预防非典"的"偏方":说精盐是加碘的,所以吃了加碘盐可以防治"非典",所以广东和北京等地的老百姓开始抢购碘盐。

同时,我国的对外表态也陷入被动,严重影响我国政府对外表态的公信度,对中国国际形象造成了不良影响。

后来,中央采取果断措施抗击"非典",并在舆论上先发制人,以公开、透明方式每天主动发布疫情情况,提供全面、客观、翔实、迅捷的信息,使谣言再无藏身之地,最后终于改变了被动挨打的局面,取得了舆论的主导地位。

（资料来源:http://wenku. baidu. com/view/23240989195f312b3169a59d. html）

案例思考:面对"非典"疫情从封锁到透明体现了政府公共关系的什么原则?

第四章

政府公共关系主体

政府接触到社会的方方面面,实际上政府的每一个层面都能与公共关系紧密相连并有赖于公共关系。

——[美]斯科特·卡特里普

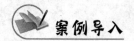 **案例导入**

江苏响水万人出逃事件

2011年2月10日凌晨2时,有人传言,江苏省盐城市响水县的陈家港化工园区有化工厂发生毒气外逸,面临爆炸,导致一些镇区部分不明真相的群众产生恐慌情绪,纷纷逃离县城。凌晨5点,江苏省盐城市响水县虽然雨雪交加,但街上已经有大量的车在拼命地向南奔跑。据街上匆忙行走的百姓透露:江苏盐城响水陈家港的化工厂即将爆炸!众人纷纷打电话给亲朋好友,一传十,十传百,于是出现了街头全县大逃跑的画面。位于江苏省盐城市响水县的陈家港和双港镇地区,一盏盏灯陆续亮起。不少居民穿戴整齐,拎着大包小包,携妻带子走上大街。清晨5～6点,该地区交通大堵塞。在逃离过程中由于拥堵,发生交通事故并导致4人死亡。

10日下午响水县人民政府召开新闻发布会正式"辟谣",发布官方通稿。新闻发言人表示,当日加入出逃大军的人涉及陈家港等4个乡镇的30多个行政村,超过1万人。当地政府已于10日6时左右澄清,爆炸传言为谣言。并通过手机短信、政府网站、电台电视台等方式告知群众。这一场大逃亡是一次"纯属由于谣言传播而引起的群众恐慌事件"。响水县公安机关已经锁定传言第一发布者。

响水当地官方网发布消息,"对于居民反映当天凌晨闻到刺鼻气味的事件,安监、环保等部门正在全力调查,目前并没有发现任何问题"。

江苏省响水县政府13日通报,响水爆炸谣言引发恐慌一案侦查有了突破性进展。2名涉嫌编造、故意传播虚假恐怖信息的犯罪嫌疑人已被刑事拘留,另有2名违法行为人被行政拘留。

事件起因于 2011 年 2 月 9 日,江苏省响水县陈家港镇大湾村村民刘某和往常一样,给响水生态化工园区的一个化工厂拉了几车土。大约在晚上十点半,他突然发现,厂区内的一个车间冒起了白烟,随即传来一阵比平时更加刺鼻的气味。刘某感到了恐惧,他马上给自己的一个好朋友打了电话,说化工厂的氯气可能又泄漏了,赶快跑吧。

就这样一个电话,结果酿成了一场规模巨大的逃亡潮。一传十,十传百,最终酿成了一场万人的深夜大逃亡。大逃亡发生时,响水县政府组织了警车上路封堵逃亡人群,向群众辟谣。但糟糕的是,他们的辟谣根本没人相信,群众还是如潮水一般向外乱跑,根本挡不住。

万人的大逃亡发生之后,有记者采访当地村民,以后会不会再听信谣言盲目乱跑了。结果村民们说:"如果听说要爆炸还是会跑的"。2007 年,该园区内的某化工有限公司曾发生一起爆炸事故,造成 8 人死亡,多人受伤。

2010 年 11 月 23 日上午,该园区内的又一化工有限公司发生氯气泄漏,导致下风向的另一家化工有限公司 30 多名员工中毒,另有不少农民在家中中毒。

(资料来源:江苏响水爆炸耀眼引万人出逃.北京时报,2011-02-12)

问题:

1. 为什么群众不相信响水县政府的辟谣?
2. 为什么群众会出现"如果有传言,他们还是会选择逃跑"的言论?
3. 谁是本事件真正的罪魁祸首?
4. 响水县政府应该如何树立在群众中的威信?

第一节　政府公共关系机构

一、政府内部公共关系机构

政府内部公共关系机构是政府开展公共关系活动的主要的、基本的力量。同外部公共关系机构相比,政府大量的、经常性的公共关系业务是由其内部公共关系机构承担的。正因为如此,内部公共关系机构的建立健全,对于政府公共关系活动的有效开展产生着直接的影响。由于政府的行政管理涉及社会事务的各个方面,其管理的覆盖面之宽、所面对的公众之复杂、信息流量之大,都是任何其他组织所无法相比的。这就要求政府内部必须有专门的机构去承担和完成传播沟通、信息咨询、协调引导等公共关系工作,以保证政府机器的正常、有效运作。当然,政府内部的公共关系机构未必要冠以"公共关系"的字样或名称,有些承担着公共关系职能的机构也承担着其他方面的一些业务。但是,政府内部必须有专职或兼职的机构去处理公共关系,这已成为不争的事实。

（一）政府内部公共关系机构设置的必要性

政府工作是面向全社会的，它的任何一次活动、一项工作、一种政策都会在部分公众或全体公众中产生这样或那样的反响，因而具有或能体现出公共关系的效能。但是，这毕竟只属于一种"边际效应"，实际上难以保证公共关系整体作用的发挥和主体目标的实现。所以，要求得政府公共关系工作的满意效果，还必须依赖相应的职能部门或职能机构。

从理论上讲，现代系统论的原理告诉我们：一个系统的功能效应是"整体大于部分之和"。也就是说，一项有系统的整体工作，如果是由一个相应系统的组织机构来完成，而不是由个体或松散的小团体去兼做，那么其整体功效将超过这些个体总和的效应。公共关系工作本身作为一个整体，也须有相应的整体机构来完成，这样才能获得最佳的功效。

从实践上看，随着公共关系在政府管理工作中重要性的日益突显，大量的公共关系方面的事务需要处理。如果没有相应的机构去承担和履行这方面的职能，政府的整体运作效能势必会受到影响。

具体来讲，政府内部公共关系机构设置的必要性来自以下四个方面。

1. 社会发展的客观要求

在现代社会，公共关系工作作为一种日益复杂的社会现象和日益重要的社会活动，已引起包括政府在内的各种社会组织的重视。由于政府承担着维护社会秩序、推动社会全面进步的重要职责，又身处异常复杂多变的环境中，面对的是成分异常复杂、数量异常之多的公众，还有每时每刻必须进行的大量的信息输入和输出，必须大力强化和有效协调与环境的关系。从一定意义上讲，政府与环境的协调能力是公众借以判断一个政府管理水平与能力的重要标尺。显然，要适应现代社会发展对政府公共关系工作提出的新的要求，就必须设立专门机构来承担和履行这方面的职能。

2. 提高政府公共关系工作水平的需要

高度的专业化分工是当今人类社会的一个显著特点。政府管理组织的科层制正是适应这一形势而生的。科层制强调的重点就是组织内部各职能部门的专业分工与协作，并将其视为提高组织整体效能的重要保证。在传统上，政府公共关系方面的工作，是由其他一些职能部门兼做的。这种情况很难适应现代社会公共关系职能日益复杂化、专业化的发展趋势。只有建立专业化的公共关系职能机构，政府的公共关系工作才有可能持续发展并不断提高水平，才有可能制定出长远的战略、科学的策略。

3. 提高政府领导层工作效能的需要

政府领导层的主要职能是宏观决策，所以没必要事必躬亲，一些微观决策和活动应由具体的事务部门去组织完成。由于政府每天甚至每时每刻都面临着大量的经常性的公共关系事务，若没有专门的机构负责处理，则领导层势必陷入文山会海，难以从接待应酬的事务中脱身，这对其成功地履行自己所肩负的主要职能显然是不利的。

4. 公共关系技术发展的要求

公共关系工作是高度专业化的。它与特定的技术手段相联系,而非任何机构、任何人都能胜任的。在公共关系活动中,技术的运用情况往往会直接决定活动本身的成败。无论是策划形象、处理信息、专业制作,还是各种具体活动的组织、策略的运用,都需要专门的理论、知识和技术。对于政府人员尤其是政府重要领导人来讲,其在公众场合的待人接物、言谈举止也有必要得到公共关系部门的策划咨询。如果举措失当,不仅其本人形象会受到损害,也会使公众对政府本身产生不良印象。凡此种种,都说明公共关系工作的高度专业性是任何其他职能部门都不能完全代替的。

正是由于上述原因,自第二次世界大战以后,随着各国政府公关意识的普遍加强,一些国家政府内部包括政府各部门内部相继设立了规模不等、名称各异的专门负责处理公共关系事务的机构。这些机构的设置对于提高政府公共关系工作的成效并进而对政府各方面的工作都起到了重要作用。例如:美国联邦政府中,几乎各政府部门都设立有专门的公共关系机构。联邦调查局设立有"涉外事务处",洲际商务委员会建立了"传播与消费者事务办公室",甚至连神秘莫测的中央情报局也设立了一个由 20 人组成的"公众事务部"。受雇于联邦政府各部门与公共关系业务有关的人员更是类型众多、数目庞大。公关事务方面的经费支出更是数目可观,高达数十亿美元。

由于国情不同,我国各级政府内部大多尚未建立专门的公共关系机构。政府公共关系工作分别是由其他一些职能部门如新闻、宣传、信访、调研等机构来完成的。随着改革开放的深入和社会主义市场经济体制的确立,这种局面同形势的发展日益显得不相适应。所以,从长远来看,政府内部设置专职的公共关系机构,配备门类齐全的公共关系专业人员,成为一种必然。

(二)政府内部公共关系机构的特征和职责

1. 政府内部公共关系机构的特征

政府内部公共关系机构是整个政府机构的有机组成部分。它同政府内的其他职能机构一样,是政府运作流程中的重要环节。政府内部公共关系机构的地位和作用,是由它区别于政府其他职能部门的特征决定的。

(1)政府内部公共关系机构是政府内部处理公共关系的专门机构,是政府公共关系任务的主要承担者。它依据政府确定的公共关系目标全权、自主地开展工作,而不受政府其他职能部门的指挥和干扰。当然,这并不意味着公共关系部门不需要政府其他职能部门的合作。恰恰相反,公共关系部门要有效地开展工作,必须同其他职能部门的工作相协调,取得它们的配合与协作。

(2)政府内部公共关系机构是政府内部的一个协调部门,其职责之一就是协调政府内部的各种关系,增强内部向心力、凝聚力和协同性,从而创造出政府协同运作的最佳功效。

（3）政府内部公共关系机构相对于其他政府职能部门或机构而言，往往最靠近核心领导层，或受最高领导层领导，或同其保持"热线联系"；但是，它并非凌驾于其他职能部门之上，而是介于领导层与其他职能部门或机构之间的"中间环节"。它的主要任务是沟通协调，而非指挥领导。

（4）它既是执行政府决策的职能机构，又具有咨询、反馈、协调功能，在决策参谋、情报信息收集和对外联络方面发挥着重要作用。

政府内部公共关系机构的以上特征，决定了它在政府系统中无法替代的地位和作用。这是它成功地履行政府公共关系职能的前提。

2. 政府内部公共关系机构的职责

政府内部公共关系机构是政府开展公共关系的主体力量，是政府各种公共关系活动的主要策划、组织、实施者。它肩负着采集和传播信息，树立和维护政府形象，沟通、协调政府与内外部公众的关系及为政府决策提供咨询建议等重要职责。这些职责渗透在政府公共关系机构大量日常的事务性工作和各种专题活动之中。也就是说，它所承担的任何一项职责，都需要通过各种具体的，甚至是琐碎的工作才能得以完成。

具体来讲，政府内部公共关系机构的主要工作内容如下：

（1）促使政府的政策法规得到公众的接受和承认。一项新的政策法规出台后能否顺利地得到贯彻实施，关键取决于公众的态度，即是否能得到他们的理解和支持。这就要求政府的公共关系部门借助于各种途径和方式加强政府与公众的沟通，代表政府就有关政策法规的内容、实施的必要性与步骤及政府推行该政策法规的意图打算等，向公众做出必要的宣传和解释，以消除疑虑，减少阻力，从而为政策法规的贯彻创造良好的环境和条件。

（2）激发公众对政府推行的某项活动或规定的兴趣，减轻公众的不安。例如：1986年夏，美国东南部地区发生旱灾，政府决定采取各种节水措施。为配合这一行动，政府公共关系人员展开了大量的宣传活动，以激发公众保护水资源的兴趣和节水的自觉性，缓和公众对新的用水规定的不安情绪。

（3）帮助公众了解政府管理活动的有关内容、程序、方式、范围、对象等，以便使人们能够更充分有效地享用政府为公众提供的各种服务，通晓与政府有关部门发生联系和接触的具体途径和方式。例如：我国所推出的消费者权益保护法和一些地方制定的反暴利法规，都是消费者维护自身权益的有力武器。政府利用各种传播媒介对这些法律、法规做了充分的宣传，使公众了解了当自身权益受到侵害时如何寻求政府执法部门的保护。

（4）沟通政府与公众之间的信息交流，促进信息的输入和输出。一方面，公共关系机构和人员应及时准确地向公众传达政务活动的有关信息，宣传解释政府的政策法规，消除公众中存在的对政府及其政策的某种误解，以协调政府与公众的关系。另一方面，应广泛收集来自公众和环境方面的有关信息，并跟踪监测社会环境的变化，然后将有关公众态度、社会舆论、民众意向等信息以咨询建议的形式提供给决策层，促进决策的科学化与民主化，使政府决策尽可能地符合公众的利益和要求。

（5）为政府机构及其行动安排做争取公众支持的工作，以便化解可能产生的冲突和不满情绪，在需要时能得到公众的理解和支持。例如：美国宇航局（NASA）在法律授权下,向美国公众充分提供有关其宇航计划的各种信息。这样做的目的就在于争取公众支持,并将这种支持"储蓄"起来,以便在需要时加以"使用"。所以,当"挑战者"号航天飞机发射失败,造成巨大的生命财产损失以后,美国公众并没有主张撤销宇航机构或取消宇航计划,平时的公共关系工作在这个非常时刻显示出了作用。

(6)在政府部门与外界的交往中发挥联络作用。例如,新闻发布、交涉处理政府与外界可能发生的摩擦和纠纷、接待来信来访等。由此,一方面沟通政府与社会公众之间的理解和信任,减少政府与外部环境之间的摩擦系数,为政府工作创造一种"人和"的气氛;另一方面也使政府领导人从纷杂的日常事务中解脱出来,将精力集中于战略任务和战略决策上。

(三)政府内部公共关系机构的设置

提高管理水平是社会发展对政府工作提出的客观要求。管理水平的提高取决于多种因素,如改进决策机制、优化人事管理、理顺政府内外部各种关系、运用先进的物质技术手段等。加强政府组织制度的建设也是提高政府管理水平的重要途径。这就要求政府依据社会发展的具体实际和形势发展的要求来适时地从组织体制、机构设置上加以应对。也就是说,政府管理组织和机构应具有"弹性",在形势已经发生变化的情况下,能够灵活地加以调整,从而适应社会发展对政府管理提出的新要求。在政府内部设置专门的公共关系职能机构,正体现了这一要求。

我国各级政府内部也设置了一些类似于公共关系的机构或部分地履行公共关系职能的机构,如办公厅(室)、调研室、参事室、信访局(办)以及一些部门的举报中心等。这些机构具有独特的与公众沟通的职能,并与政府领导层保持经常而密切的联系。从我国的现状看,政府内部公共关系机构的设置尚无固定模式。根据一切从实际出发的原则,可以考虑近期内先设立一些临时性的公共关系机构,如对外宣传领导小组、新闻发言人制度等,也可在一些与公众直接接触比较多的部门设立临时或长期的公共关系机构。从长远看,随着公共关系意识的增强和活动的日益频繁,结合政府机构改革和职能转换,各级政府及多数政府职能部门均有必要设置专门的机构,配备专职人员,以处理不断增多的公共关系业务,强化政府的管理职能,提高管理水平。

根据国外政府公共关系机构的设置情况,结合我国的具体实际,政府内部公共关系机构的设置应遵循以下一些基本原则。

1. 规模适宜原则

政府分为不同的层次和级别,它们分别在不同的区域、范围内承担着轻重不同的行政管理任务。我国的行政组织设置分为中央、省(直辖市、自治区)、地(市)、县、乡(镇)五个级别。不同级别政府的行政业务分量和涉及的公众数量有很大区别。因此,公共关系任务也就有了不同。规模适宜原则要求各级政府内部公关机构的设置应同自身所承担的管理任务及工作需要的程度相适应。

2. 针对性原则

政府内部由于分管内容和行业的不同,分为不同的职能部门。每一个职能部门都有自己特定的管理对象和具体的管理内容。例如,作为我国最高行政机关的国务院,就是由经济、教育、文化、卫生、科技、民政、司法、外交、国防、公安等职能部门组成的。其中,经济管理部门由于分管对象和行业的不同,又分为工业、农业、财贸、金融、交通(铁路、民航)、环保等部门。由于政府各部门管理内容、任务、性质及面对的公众都有很大区别,公共关系机构的设置模式亦应依据具体情况而定。

3. 专业化原则

公共关系对于政府工作的重要性已经在理论和实践两方面得到了充分证明,而政府公共关系的成效在一定条件下又取决于公共关系机构的组织建设情况。由于公共关系本身是一门艺术和科学,因而不是任何其他机构和任何人员都能做好的。专业化原则要求必须确保公共关系机构的专业性质,使之成为由受过专门训练,具有专门知识和技能的人员组成的专业化的职能机构。

4. 协调性原则

公共关系机构本身是个系统,同时又是整个政府系统的一个有机组成部分,是其中的一个子系统。要想有效地开展工作,充分地发挥其职能作用,公共关系机构必须同政府其他职能机构的工作相配合,保持某种协调。

以上只是政府内部设置公共关系机构的一般性原则,至于每个政府部门内部公共关系机构的设置还应同本部门的工作实际结合起来,以促进本部门的管理工作为出发点,切不可不顾实际盲目照搬。

二、政府外部公共关系机构

政府外部公共关系机构是指与政府无组织上的联系,不存在隶属关系,但可为政府提供公共关系服务的各种商业性、专门化的公关组织。在国外,公共关系已构成社会分工的一部分,成为一种职业和专业。公共关系的产业化,导致社会上产生了各种规模不等、特征各异、服务内容有别的职业化公共关系组织。这些公关组织面向全社会,甚至全世界,为包括政府在内的各种组织提供各种形式的公关业务服务,并以此作为自己存在的条件。对于政府来讲,在努力建设内部公共关系机构的同时,也不应忽视外部公共关系机构的作用,在某些情况下,外部机构对于提高政府公关效能的作用,是内部机构无法替代的。

(一)政府外部公共关系机构的优势

在公共关系比较发达的国家,政府在努力完善内部公关机构的同时,也十分重视利用外部公共关系机构的特殊优势来为自己服务。一般情况下,政府内部的公共关系机构主要是负责处理日常的公共关系业务,而一些大型的,技术要求高、难度大的公共关系活动则非内部机构所能胜任,往往需要委托给专业的公共关系公司来承包组织。这说明在公关意识普遍增强、各种组织内部公关机构纷纷设立的今天,社会上的商业性、专职化的公共关系公司仍有其存在的意义和必然性。其中的原因就在于它具有组织内部公共关系机构无法之与相比的有利条件。它的优势体现以下方面。

1. 职业水准比较高

公共关系公司拥有大量有丰富的知识和经验及各种专长和技能的职业专家,故职业水准比较高。它可以根据委托者的要求和项目内容,选择配备不同专长的人才去完成不同的任务。公共关系公司在人才结构和人员素质上的优势是组织内部公共关系机构所无法相比的。

2. 独立性和主动性强

公共关系公司与委托单位在组织上不存在隶属关系,它们之间的联系仅仅是一种商业性的合同行为。因此,公共关系公司具有较强的独立性和主动性。它不受委托单位内部错综复杂的人事关系的牵累,也不必看委托单位某位领导的眼色行事,因而更有可能客观、公正、全面地分析处理问题。

3. 与社会公众联系广泛

公共关系公司服务于全社会,受理来自社会各界的公共关系业务,因而与社会各界保持着广泛而持久的联系,形成了跨行业、跨区域,甚至跨国界的社会关系网络。这种广泛的社会关系使公共关系公司拥有迅速、有效、多层次、多渠道的信息系统,开展高效率的公共关系服务。

4. 具有较高的社会声誉

由经营服务能力、水平和社会联系等因素决定,公共关系公司一般具有较高的社会声誉。受竞争机制的影响,注重服务质量是公共关系公司的经营之本。服务质量主要表现为它所提出的建议和方案必须具有权威性和可行性。美国的盖洛普公司正是由于其高水平的服务质量,而在民意测验中独领风骚。它的测验数据赢得了人们的信赖,具有无可争议的权威性。

5. 节约费用

由于公共关系公司开展公共关系活动往往有较高的效率,因而更能节约费用。某些组织受人、财、物条件的限制,难以设置固定专职的公共关系机构,但它们也存在方方面面的公共关系工作。这样,利用外部公共关系机构的服务就显得经济而实惠了。

当然,公共关系公司也有自己的弱点和不足,它的优势是相对而言的。对于政府及其他组织来说,应注意扬长避短,立足于内部机构开展公共关系工作,同时在适当的情况下注意利用外部机构之所长,实现两者的功能互补,使公共关系活动更富有成效。

(二)政府外部公共关系机构的类型

社会上所存在的独立的、专门化的公共关系组织,依不同的标准,分为不同的类型。从服务性质上看,有综合性的公关咨询服务公司和专项公关咨询服务公司;从经营方式上看,有独立经营的公关公司,也有兼职经营的公关公司;从服务范围上看,有地区性的公关组织,也有全国性乃至全球性的公关组织。

从为政府提供公关服务这一点来看,外部公共关系机构一般包括以下三种类型。

1. 公共关系顾问

公共关系顾问是受聘于政府,为政府提供公共关系咨询服务的具有丰富专业知识的技术专家。顾问既可以是一人,也可以是由若干人组成的一个小组;既可以是国内公众,也可以是国外组织;既可以长期服务,也可以短期为某个项目服务。政府部门外聘公关顾问的主要目的是提高自身的公共关系水平,取得更好的公共关系效果。尤其是政府要开展某项影响大而复杂的专项公共关系活动时,其内部公共关系人员由于各方面条件的限制而难以胜任,这时就有必要聘请有经验、有专长的公共关系顾问来为活动的成功提供咨询、策划服务。

2. 公共关系公司

公关公司拥有人、财、物方面的明显优势。它的公关业务范围显然要比政府内设的公共关系机构丰富、广阔得多。其社会联系广泛,技术水平也高。当政府要组织开展某项大型的、技术水平要求高的公共关系活动时,公关公司的优势便显示出来了。这时政府可将该项目委托公关公司承担,以收取更好的效果。

3. 各类新闻机构

各类新闻机构包括报社、杂志社、电视台、广播电台等,这类机构有现成的、优越的信息传播渠道,在塑造政府形象、传播政府活动新闻、宣传政府政策、消除公众误会等方面具有独特的作用,从而也能以特有的形式为政府的公共关系服务。当然,政府与新闻媒介的关系不同于它同公关顾问或公关公司的关系,不具有委托承办的性质。在许多情况下,政府也不能靠行政权威、运用行政手段强行插手新闻机构的运作,但政府可以发挥它的强大影响力,有意识地引导新闻媒介为自己的公共关系目标服务。

(三)政府外部公共关系机构的选择原则

政府在开展公共关系活动时,既可以依赖内设的公关机构和有关职能部门,也可求助于外部的公共关系机构。在外部公关机构中,既可以求助于甲,也可以求助于乙。这样,就产生了公共关系机构的选择问题。所谓公共关系机构的选择原则,就是指政府选择公共关系机构应遵循的一些基本要求。

1. 效率性原则

效率是一切现代组织的生命力之所在。政府工作亦不例外。效率原则要求政府在开展公共关系活动时,应考虑成本核算,即根据各种机构的投入—产出关系,选择投入最少而效益最大的机构来开展工作。如果不讲求效益,一方面会造成人力、物力、财力的浪费,降低公共关系活动的效果;另一方面也会损害政府在公众中的形象。

2. 客观性原则

政府系统分为不同的层次和部门,分别在不同的范围内承担着不同内容的管理任务。由于它们的管理对象不同,面对公众亦不同,因此公共关系的内容、性质也有区别。客观性原则要求各政府机构从本身情况出发,决定公共关系机构的选择问题。一般来说,管理任务复杂而重要的政府机构及与公众联系密切、接触频繁的政府部门应自设专门的公共关系机构,同时也应加强同外部公关机构的合作,必要时借助它们的力量来完成某些内部机构所无法胜任的大型、复杂的公共关系活动项目。其他一些政府机构,受其任务和工作性质所限,则无必要设置专门的公关机构,在需要时可借助外部公共关系机构的服务。

3. 统一性原则

无论是政府内设的公共关系机构还是外部的公共关系组织,都承担着相同的职能。它们各有所长,也各有所短。统一性原则要求政府通过对不同机构利弊的比较,来确定在什么情况下利用什么机构开展活动,将不同的选择统一起来。

4. 协调性原则

政府本身是一个系统,其内部各部门既有分工,又必须合作,保持协调。同时,政府又是整个社会大系统的一部分,它同外界环境不间断地进行着物质、能量、信息的交换。因此,政府与外界环境亦须保持协调。协调性原则所强调的是:政府在选择公共关系机构时,以不破坏这些协调关系为前提。也就是说,如果内部公关机构的设置和运行同其他职能部门是协调的,不存在矛盾,则可以利用内部公关机构开展活动;反之,则应利用和发挥外部公共关系组织的作用。

第二节 政府公共关系人员

政府公共关系人员是指在政府公共关系职能机构中专门从事公共关系工作的各类人员。他们是政府开展公关工作的主体力量,是公关活动的设计者和实际操作者。因此,选择和配备好公关人员是搞好政府公共关系的首要前提,公关队伍本身的状况及素质直接决定和影响政府公共关系的效能。

一、政府公共关系人员的类型结构

公共关系人员由于在公共关系机构中的地位、职责、作用及所从事工作的性质不同,可分为不同的类型。这种类型上的划分,仅仅着眼于公关人员角色和分工方面的区别。其实,任何组织机构都是一个系统,其内部各要素以一种有机的形式结合起来,这样才能保证系统作为一个整体来有效运行。如果内部要素配置不全,系统的整体功效势必会受影响。政府公关机构是由各类人员组成的一个整体。每一类工作人员无论负责什么具体工作,都是其中不可缺少的组织部分。所以,要保证公共关系的效能,政府公关机构的人员配置必须齐全、合理、得当。按照结构—功能主义理论的观点,结构是影响功能输出的基本因素。这就要求政府内部公共关系机构的组织建设必须注重人员结构的科学配置。

政府公共关系工作人员主要包括以下几类。

(一) 领导人员

领导人员是指政府公共关系部门或机构的决策者、组织者和管理者,是公共关系机构的核心。领导人员的任务是由其工作地位所规定的,同时又与所在的政府机构的性质、规模、任务相联系。一般来说,作为公共关系职能机构的负责人,领导人员承担着促进政府机构公共关系工作的重要职责,其任务主要如下:

(1) 组织制定和实施所在政府机构公共关系发展战略和工作计划。

(2) 领导制定并监督执行本机构的工作制度和各种规则。

(3) 组织和领导某些公共关系工作,处理解决某些重要问题和矛盾。

(4) 协调本机构内外的各种关系,领导全体工作人员有序而有效地开展工作。

(5) 代表本机构接受上级组织布置的任务,并向上级组织汇报任务的进展情况和本机构下一步的打算、设想,听取新的指示。

(6) 作为决策参谋,为所在政府机构的决策层提供各种信息、咨询、建议和方案。

(7) 对外代表本机构,负责处理内部和外部的各种公共关系。

(8) 作为本机构的发言人,负责与外界的沟通工作。

(二) 专业技术人员

专业技术人员是指公共关系工作的专业设计者、策划者和指导者,是公共关系机构的骨干。专业技术人员由于具有较为丰富的专业知识和良好的专业技能,在政府公关机构中发挥着特殊的作用。一般而言,他们的任务在于策划、指导或直接从事以下一些工作。

(1) 撰写和编辑,即撰写和编辑有关公共关系方面的文件和宣传材料等。

（2）新闻与宣传，即组织新闻发布与传播活动并与媒体保持接触联系。通过各种媒体和宣传工具向公众传达政府活动有关信息，解释政府政策，塑造政府形象。

（3）调研和预测，即通过各种方式和手段，监测社会环境，预测未来发展趋势，提出科学的公共关系决策方案和建议。

（4）顾问和咨询，即对政府的有关公共关系政策和行为提出建设性意见和建议。根据政府领导和有关部门的要求，提供相关信息和决策方案。

（5）规划与设计，即规划和设计某些公共关系活动的方案，并具体指导其实施。

（6）培训与指导，即培训公共关系活动人员，指导其工作。

当然，政府部门公共关系专业技术人员的任务并非是一成不变的。由于时空条件的变化，专业技术人员的任务也会有所不同。

（三）事务人员

所谓事务人员，是指公共关系工作的具体承担者。他们是政府公共关系机构的基础。事务人员的任务实际上是领导人员和专业技术人员任务的延伸和具体化。也就是说，他们在领导人员和专业技术人员的组织、指导下，承担某些具体的事务性工作，从而最终完成领导者和专业技术人员的某些工作任务。这样，他们的工作及其成效往往最终通过整个公共关系工作及其各项专业技术工作的状况反映出来。具体来说，他们的任务主要在以下方面。

（1）收集和处理公共关系方面的有关信息，并对其进行初步的加工整理。

（2）从事各种文书工作。

（3）编辑、印刷和发送各种内外部文件、刊物、资料汇编等材料。

（4）保持同公众的联系，如接待来访、处理来信、记录来电等。

（5）具体组织、操办各种公共关系活动。

（6）接受公共关系教育、培训。

事务人员虽然只负责一些具体的日常性工作，但其重要性是不言而喻的。任何好的公共关系设想、计划、方案，只有经过他们的努力，才会转化为实际效果。就政府公共关系来看，他们位于同公众接触联系的"前沿阵地"，因而也是公众观察、认识政府的一个窗口。他们的素质修养、精神风貌、言谈举止代表和反映着政府形象。

二、政府公共关系人员的职业素质

所谓公共关系人员的职业素质，是指专门从事公共关系工作的人员所应具备的知识、能力、性格、兴趣、气质、品德、作风、素养等各方面条件的总和。公共关系工作人员的素质是决定其工作状况及成效的根本性内在因素。政府工作就其复杂性、严肃性和重要性而言，是社会任何其他组织无法与之相比的。这就对公共关系工作提出了更高的要求。因此，政府公共关系人员必须具备良好的职业素质，方能胜任这一工作。

政府公关人员的职业素质主要体现在以下几个方面。

（一）政治方面

1. 坚定的政治立场

政府公共关系工作人员必须坚持四项基本原则，坚定不移地贯彻执行党和国家的方针、政策和路线，与党和政府在政治上保持一致。政治立场坚定与否，是关系到政府公共关系方向的根本性问题。

2. 较高的理论、政策水平

政府公共关系人员必须具备一定的马列主义理论基础，谙熟党和国家的各项方针、政策和路线。政府公共关系工作的任务之一，就是推动国家政策的顺利实施。这就要求公共关系人员必须完全领会政策的意义，掌握政策的内容，并能准确地加以解释。

3. 强烈的法制意识

行政机器的运作是以法律为依据并以执行法律为归宿的。高度的严肃性和规范性是政府活动区别于其他一些社会活动的重要标志。因此，政府公共关系工作必须严格遵守各项法律，在法制的轨道上运行。公共关系人员在开展工作、组织活动时，必须符合有关的法律规定，成为自觉守法的模范。

4. 敏锐的政治眼光

政府公共关系人员面对的是复杂的社会生活，要接触和处理大量的、纷繁复杂的信息。因此，政府公关人员必须善于观察、善于分析，敏锐地发现和捕捉与社会政治系统有关的信息，准确地判断事物的性质和发展趋势，能够从平静的表象中看出潜伏的危机。只有这样，才能为政府决策中心提供高水平、高质量的咨询建议。

（二）思想方面

1. 为人民服务的思想

在社会主义国家里，政府的根本宗旨就是为人民服务，包括公关人员在内的所有政府工作人员都是人民的勤务员。为人民服务的思想要求政府公共关系人员在工作中必须替公众着想，为公众服务，对公众负责，全心全意地维护公众利益。能否做到这一点，是衡量政府公共关系人员是否称职的重要标准。

2. 实事求是的作风

实事求是，维护真理，是对政府公共关系人员的基本要求。只有实事求是，公关人员才能在收集、分析、处理、传播信息时保持客观公正的态度，不讲假话，不隐瞒真相，不粉饰现实，将真实可靠的信息如实地传达给政府和公众。只有实事求是并敢于维护真理，公关人员才能在关键时刻不畏缩,才能对政府工作的现状及政府形象做出符合实际的真实判断,才能为决策中心提供准确可靠的、有价值的相关信息。

3. 强烈的社会责任感

政府公共关系人员肩负着维护政府形象、为政府决策和为社会各界公众提供信息服务的重要使命。在外交场合,政府公关人员的工作更是同国家形象、民族利益直接相关。因此,政府公关人员应有强烈的社会责任感,充分认识政府公共关系的重要性和严肃性,本着对政府和公众高度负责的态度,认真细致、一丝不苟地履行自己的工作职责。

4. 高度的组织纪律性

政府公共关系是一项十分严肃的工作,因而必须建立起严格的内部约束机制。这就要求政府公关人员在开展工作时必须自觉地严格遵守有关规章制度和行为规范。对违反规定和纪律者,要给予严肃处理,直至将其清除出政府公关队伍。

(三) 道德品质方面

1. 公正廉洁,作风正派

政府公共关系人员首先应公道正派、光明磊落。待人处事应毫无偏见、客观公正。在代表政府进行社会交往和协调关系时,应坚持原则、公正无私。同时,公关人员工作面广,社会关系复杂,利害得失较多,故应克己奉公、洁身自好,绝不能利用自己有利的地位和条件为个人谋取私利,或徇私枉法、玩忽职守。

2. 真诚待人,信守诺言

真诚与守信是公共关系人员基本的职业道德准则。所谓真诚,就是政府公共关系人员必须以诚实无欺的态度来对待公众、处理问题,绝不能靠弄虚作假来愚弄公众,也不可以虚饰谎言来欺骗公众。所谓守信,就是政府公关人员必须忠实履行承诺,言必信,行必果。公关人员倘若违背了真诚与守信的道德准则,势必会失去公众的信任,造成严重的公关危机。

3. 正直谦和,气量宽宏

政府公关人员应具有为人正直、不徇私情的优良品质。在是非面前敢于坚持原则,在权势面前敢于坚持真理。对上不奴颜卑骨,对下不盛气凌人。执行任务的公关人员无论身处何种场合,都应做到不卑不亢、态度谦和。同时,公关人员也应具有宽容精神,能够容忍别人的意见、批评甚至误解,能够同不同性格、不同习惯、不同爱好、不同观念的人和平共处。

4. 尊重他人,平等处事

政府公关人员的工作特点之一,是经常要同内部和外部的各类公众打交道。在同公众的接触交往中,公关人员应有平等意识,尊重他人的尊严和权利。平等待人是赢得他人信赖和尊重的前提,也是获得别人友情和合作的条件。

(四)知识方面

1. 基础知识

政府公共关系涉及的范围和领域十分广阔。公关人员要同各方面的事务和公众打交道,因而应当具有广泛的知识素养,掌握一些与公共关系较为密切的相关学科的知识,如传播学、社会学、心理学、经济学、新闻学、管理学、民俗学等。有涉外关系的公共关系人员,还应有一定的外语水平。宽广的知识面是政府公关人员提高思维能力、拓展视野、开阔思路、驾驭各种复杂环境的需要,也是不断完善自我的需要。

2. 公共关系专业知识

公共关系是政府公关人员的本职工作。因此,掌握公共关系方面的专业知识,是对公关人员的起码要求,也是他们有效地开展工作的必要条件。首先,公关人员应掌握公共关系的基本理论知识,包括公共关系的概念、职能、原则、要素、程序等。其次,还应掌握必要的公共关系实务方面的知识,如调研、宣传、策划、组织等。

3. 开展政府公共关系所需要的特殊专业知识

政府公关人员的任务是履行政府的公共关系职能,为政府的公共关系目标服务。因此,除了需要掌握必要的公共关系专业知识以外,还需要了解政府本身的特点、目标、运行方式与程序、内部结构以及由此而造成的政府公共关系的特殊性。这是政府公共关系人员必须掌握的具体的业务知识。

(五)能力方面

1. 组织协调能力

公关工作是一项有步骤、有计划的活动。公关人员在开展各项具体活动时,需做大量的事务性工作,包括收集处理信息、确定目标和计划、进行人员协调、安排实施细节、调控工作过程、处理应急事件等,头绪众多,内容繁杂。这就要求公关人员必须具备较强的组织协调能力,尤其是一些重大的专题活动,更需要做到计划周全、安排合理,以保证活动有条不紊地进行。

2. 表达传播能力

政府公关人员的重要任务之一，就是将政府信息及时、准确地传达给公众，所以必须掌握基本的传播技巧。表达传播能力体现在口头表达和书面表达两个方面。口头语言表达能力要求公关人员必须掌握说话的艺术，注意语词、语气、节奏的运用，把握好说话的时机和分寸。书面表达能力要求公关人员具有一定的笔墨功夫，掌握一定的写作技巧，使自己编写的文字材料既准确、严谨，又富有可读性。

3. 创造策划能力

公共关系是一项极富挑战性的工作。它要求公关人员必须头脑清晰、反应敏捷、洞察力强。公关人员应善于发现、捕捉、洞悉有关环境变化的任何情况和信息，在充分发挥想象力和创造力的基础上，运用多种知识、经验和智慧，推出有影响的、可行的公共关系方案和构思，以保证公共关系活动取得最佳效果。

4. 社会交往能力

广泛的社会交往，是公共关系的职业特点。因此，公共关系人员必须具备一定的人际交往能力。社交能力的核心在于正确处理好人际关系。以心换心，坦诚相待，是人际交往的感情基础。公关人员要善于理解、宽容他人，细心体察不同公众的行为及心理特征，在各种社交场合中能应付自如、举止得当。在这方面，良好的修养、丰富的知识和机智幽默的谈吐是提高交往水平、增强交往效果的关键。

（六）心理气质方面

1. 顽强的意志品质

政府公共关系工作是一个长期的复杂的过程。一项公关目标的实现往往需要公关人员付出巨大而艰苦的努力，难免出现困难和挫折。这就要求公关人员必须保持顽强的斗志，在逆境中百折不挠、坚韧不拔地追求目标的实现。

2. 广泛的兴趣爱好

公共关系人员要同各行各业、各类公众接触交往。公众的性格各异、爱好不同，而广泛的兴趣爱好能使公关人员在同公众联系交往中找到共同感兴趣的事物和话题，使双方产生亲近感和认同感，这对提高公共关系工作的效果是有好处的。

3. 开朗和善的性格

广泛的社会交往是公关人员的工作内容之一。开朗和善的性格无疑有助于人际间的沟通与接触。性格外向随和的人一般易于被人接受，也易于接受别人，因而也就易于获得更好的交际环境和条件。

4. 较强的自控能力

公关人员应善于支配和控制自己的情感。无论身处何种情况，都应保持情绪和情感的稳定，不能感情冲动。甚至面对某种具有敌意和侮辱性的言辞和场合，亦应保持冷静，控制自己，以免事态恶化，增加解决问题的难度。

（七）仪表、举止方面

公共关系是一项塑造形象的事业。公关人员因而首先应注意保持自身的良好形象。在一些重要的社交场合中，公关人员的仪表形态、衣着打扮、举止谈吐本身就具有一种公共关系效应。尤其是具有涉外职能的政府公共关系人员，其形象更代表和反映着一个国家和民族的精神风貌，任何疏忽都有可能导致对国家形象的损害。所以，公关人员在公共场合必须注意自己的仪表和举止，衣着得体，谈吐不俗，举止大方，以便给人留下良好的印象。

三、政府公共关系人员的教育培训

公共关系工作的成败，主要取决于公关人员的素质。一支高水平、高质量的公关队伍，是政府有效开展公共关系工作的基本保证，此正所谓"治国之道，首在得人"。高素质的公关人员的获得，离不开教育和培训。只有经过系统的教育和严格的训练，才能造就具有实际才能、符合时代发展需要的合格人才，政府公共关系事业才能不断走向兴旺发达。

（一）政府公关人员教育培训的途径

根据我们国家的实际情况，政府公共关系人员的教育培训主要应通过以下途径进行。

1. 院校的系统培训

目前，我国已有许多大专院校开设了公共关系专业和公共关系系，一些省市还开办了公共关系专业的自学考试。学员通过在院校的系统学习，可以全面地掌握公共关系的基本理论和实务知识，熟悉精通各种公关技术手段，打下坚实的业务功底。这为其以后有效地开展政府公共关系工作奠定了坚实的基础。

2. 短期培训

短期培训是指在较短的时间内集中讲授公关的基本知识，传播公关的有关信息，探讨公关实践中的具体问题。短期培训的主要特点是具有较大的灵活性：时间上可长可短，内容上可以视学员自身情况和具体要求灵活确定；既可做普及性的公关理论讲座，也可做专门性的公关实务技巧的探讨。

3. 业余学习

主管部门应采取措施,鼓励公关人员在业余时间钻研学习公共关系方面的理论和技巧,使每一位在岗人员有学习的冲动和欲望,产生提高自身业务素质的不懈追求。只有这样,才能适应形势发展的需要。

4. 实践锻炼

公共关系是一项实践性很强的工作。政府公共关系人员要成为政府公共关系方面的专家,必须加强实践锻炼,在丰富的政府公共关系实践中锻炼自己,多面向企业、面向基层、面向社会公众,这也是一条培训政府公共关系人员,完善其能力素质的重要途径。

(二) 政府公关人员教育培训的内容

就政府公共关系来讲,结合我国实际情况,对公关人员的教育培训应着重强调以下几个方面的内容。

1. 思想作风的培养

政府公共关系的特殊性,要求公关工作者必须具有优良的政治、思想素质和良好的道德修养。思想作风方面的教育培养,目的在于提高他们的政治觉悟和政策水平,培养他们实事求是的作风和高度的敬业精神,提高他们的道德水准,使他们在政治、思想、道德等方面都能胜任政府公共关系工作。

2. 知识的教育

知识教育的主要任务是培养、提高公关人员的专业知识水平,使他们既能掌握与公共关系有关的广博的知识,又熟悉公共关系本身的专业知识和公关实务方面的知识。知识素养的高低,是检验公关人员是否合格的一项重要标准,进行系统的知识教育因而就成了公关人员教育培训的重要内容之一。

3. 能力的训练

能力训练的目的是使受训学员能掌握开展公共关系工作所必需的各种技能,如写作、演讲、策划、编辑、计算机操作、摄影等。能力训练是公关人员教育培训的重要环节。从一定意义上讲,公关人员素质的高低,最终要反映和体现在能力上。

四、政府全员公关管理

政府公共关系能否取得良好效果,首先取决于政府专职公关机构和人员的努力工作。但是,离开其他政府部门和全体政府工作人员的协调配合,公关职能部门和专职人员无论如何都难以从根本上推进政府公共关系。因此,不能把公共关系工作仅仅看作政府专职公关部门和人员的事情。正如美国学者吉尔伯特所说:"只要你是政府的一员,你就处在公共关系中。政府所做的一切事情都包含着公共关系的因素。"政府全员公关管理正是适应了这一点。

政府全员公关管理的意思是指政府内部的全体工作人员,不论其具体工作的内容和性质如何,都应当具有公共关系意识,都必须关注政府的公共关系工作,并按照公共关系的要求去履行公务。

(一) 政府全员公关管理的特殊意义

与一般公共关系工作相比,政府全员公关管理具有特殊的重要意义。

1. 人民政府的根本宗旨是为人民服务

政府的每一位工作人员,上至高层领导,下至普通公务员,都是人民的公仆。为人民服务,为基层组织服务,是对政府工作人员的基本要求。

2. 政府组织要面对不同的公众,要处理各方面的关系

公共关系工作要取得成效,首先必须建立在全体工作人员具有公关意识的基础之上。只有全体工作人员都能予以积极配合,想公众所想,急公众所急,才能真正协调好各方面的关系。

3. 政府形象是靠全体工作人员的集体表现来体现的

如果每一位政府工作人员在同公众的接触中都能保持强烈的形象意识,自觉地树立政府形象,增加公众对政府的好感,那么政府整体的良好形象也就塑造起来了。

(二) 实现政府全员公关管理的途径

1. 普及公共关系知识,培养公共关系意识

要想从整体上推进政府公关水平,就必须教育每一位政府工作人员认识和理解公共关系的重要性,并将这种认识自觉地贯彻到自己的本职工作中去。当政府的各个部门和全体人员都能从各自的具体工作出发,自觉地服务于公共关系目标时,政府公关事业也就具有强大的基础和可靠的保证。要做到这一点,就必须强化对政府工作人员的公共关系教育,增强他们的公关意识。

2. 宣传政府的理想形象

维护和塑造政府形象,是政府公共关系工作的重要内容。政府理想形象是政府性质和活动方向的体现。要树立政府的理想形象,固然离不开公共关系人员的工作,但更需要政府全体工作人员的努力配合。这就要求政府所有工作人员都能明白政府追求的是何种

形象,并通过自己的工作来维护和塑造这种形象。由于政府工作人员都是政府形象的承载者,公众正是通过他们来认识政府的。所以,必须教育每一位工作人员理解自身工作的公关效果,以自己的实际工作表现去实现政府的理想形象。

3. 强化全体工作人员的整体意识、全局意识

政府是一部统一的机器,协同配合是其正常运作的条件。从公共关系的角度讲,情况亦如此。政府公关机构和人员的工作,离不开其他政府部门和工作人员的配合,这样才能保证政府公共关系活动的成效。整体意识和全局意识就是要求政府全体工作人员都必须积极配合公共关系部门的工作,给予必要的支持和帮助。同时,在自己的工作中也应及时主动地寻求公共关系部门的协作,获取有关信息和咨询建议。

4. 加强政府公共关系工作的文化建设

要在政府领导与普通工作人员之间、工作人员与所在政府组织之间达成一种文化认同,使之在价值观念、行为准则上协同一致,在情感方面亲密无间,从而增强政府内部的凝聚力和向心力,形成一种强大的精神力量。政府公共关系工作的文化建设,其意义就在于改善政府组织的精神面貌,提高政府的形象和活动效能。

第三节 政法类部门公共关系

在我国,政法类部门主要是指公安机关、国家安全机关、检察机关、审判机关和司法行政机关等政法组织。政法类部门公共关系也称政法公共关系,是指政法组织运用传播手段,与社会公众相互了解和相互适应的活动,是政法组织运用现代公共关系理论和方法,与社会公众进行双向交流,增进社会公众的了解,赢得社会公众信任、支持和合作,树立政法组织良好形象和威望,促进政法工作目标的顺利实现,为政法事业发展创造最佳环境,所制定并采取的一系列科学策略和行为。

一、政法公共关系的特点

政法组织属于上层建筑领域,担负着对敌人实行专政,维护人民民主权利,正确处理人民内部纠纷,保障社会经济发展,建设社会主义精神文明以及促进社会主义民主和法制建设的重要任务。政法公共关系具有以下特点。

(一)主体的双重性

政法公共关系主体的双重性是由政法组织开展公共关系工作的现状决定的。目前我

国各政法职能组织尚无从事公共关系活动的专门机构和人员,故其公共关系活动只能通过政法组织内部的业务部门、行政部门及这些部门的工作人员进行。这就使政法组织公共关系主体具有双重性质:一方面,他们是国家法律的执行者和实施者,从事着各种具体政法业务工作和事务工作;另一方面,他们又是本部门公共关系工作的组织者和传播者,扮演公共关系机构和人员的角色。

(二) 客体的特殊性

客体的特殊性是指政法公共关系客体中,那些由于一定的法律联系而与政法组织发生关系的外部公众在法律上所处的特殊地位。不同社会组织公共关系的外部公众具有不同特点。政法公共关系的外部公众除了国家机关、企事业单位、社会团体等一般公众外,还有本组织的特殊公众。以案件性质划分:刑事案件中的外部公众包括各种诉讼参与人——当事人(包括刑事案件的自诉人、被害人、附带民事诉讼的原告人和被告人)、被害人、法定代理人、辩护人、证人、鉴定人和翻译人员;民事案件中的外部公众包括各种诉讼参与人——原告和被告、共同诉讼人、第三人、诉讼代理人、证人、鉴定人、翻译人员;经济、行政案件中的外部公众相当于民事案件的诉讼参与人,但当事人多是有关国家行政机关、企事业单位和社会团体,通常以法人身份出现;其他人员,如劳改劳教人员、公证申请人、各种法律事务委托人、咨询人、控告人、申诉人。由于这些对象在各种法律关系中处于不同的地位,他们对政法工作的态度和要求也千差万别。政法组织要根据这些对象的特点,有的放矢地开展公关工作,促进政法组织公关目标的实现。

(三) 法律的规定性

法律的规定性是指政法组织在开展公共关系活动中必须严格遵守法律的有关规定。它是政法公共关系区别于其他公共关系的特点之一,是政法公共关系的双重特征的延伸。政法组织由于特殊的地位和性质,决定了其公共关系活动受法律的严格限定和约束。政法公共关系的大量传播手段,同时也是政法组织的业务手段。这些业务手段又属于国家法律规定的司法制度,或者表现为某一法定程序,或者是由于政法工作的特殊需要而表现为某一工作制度和原则。离开了司法制度、法定程序以及工作制度和原则,政法公共关系活动就失去了前提和依据,就背离了社会主义的法制原则和轨道。

(四) 手段的被动性

政法公共关系手段,有的是政法组织主动运用的,有的是政法组织被动接受的。因为许多政法工作制度与程序属于国家司法制度与法定程序,它们在具体施行中同时也可作为公共关系手段,产生公共关系效果。但是,这些手段受法律制约,政法组织不能随意取舍和改变,只能根据法律要求在具体工作中运用,因而处于被动接受的状况。例如,运用复议、上诉、抗诉、申诉等法定程序开展公共关系活动时,作为受理的执法司法组织,只能依法被动地接受,不能主动要求当事人复议、上诉、抗诉、申诉。这就是政法公共关系手段上的被动性。

二、政法公共关系的作用

政法公共关系的作用总体表现为内部协调和外部沟通两方面。前者的主要目的是增强内部凝聚力、向心力,从而增强政法组织的战斗力,提高政法组织的工作效率。后者的主要目的是增进外部公众对政法组织的了解、理解和信任,争取外部公众对政法组织工作的配合、支持和帮助。通过内部协调和外部沟通,为政法组织在社会公众中树立一个社会主义民主和社会主义法制保护者、服务者的形象,为政法工作提供一个和谐的环境,这也是政法公共关系的总目标、总任务。围绕这个总目标、总任务,政法公共关系的作用具体表现为以下方面。

(一)推进社会主义民主建设

社会主义民主是建立在社会主义公有制经济基础上的,是为广大人民利益和社会主义建设服务的手段,是实现人民民主专政历史使命的工具,也是社会主义法制的前提和基础。首先,政法公共关系工作可以促进政法组织与社会公众的双向沟通,把政法工作置于社会公众监督之下,通过增强政法工作的公开性和透明度等民主化措施,克服政法组织中的官僚主义、不正之风和腐败现象,提高政法组织决策的民主化和科学化水平。其次,政法公共关系可以通过宣传政法工作的成就,传播社会主义法制信息,增强社会公众对政法工作在建设社会主义民主政治中重要作用的认识,争取社会公众配合和支持政法工作,自觉维护社会主义法制的尊严,达到建设高度社会主义民主的目标。再次,政法公共关系可以塑造政法组织维护人民民主权利、捍卫社会主义民主的形象,既可以提高政法组织的知名度、美誉度,又可以推进社会主义民主建设。

(二)推进社会主义法制建设

社会主义法制是社会主义国家法律和制度的总称,是包括立法、执法和守法三个方面的统一体,中心环节是依法办事。加强社会主义法制建设是政法公共关系工作的重要目标。首先,政法公共关系可以直接推动社会主义法制建设。它通过改善政法工作的内部环境,加强政法各职能组织的相互配合、相互支持和信息沟通,增强政法工作人员的向心力和凝聚力,激发政法工作人员的责任感、事业心,提高工作效率,确保社会主义法制实施中有法必依、执法必严、违法必究。其次,政法公共关系可以为社会主义法制建设创造良好的环境。社会主义法制建设是一项宏大的工程,不仅需要政法组织的努力,更要依靠全社会的共同努力。政法公共关系工作把业务手段同公共关系手段有机结合起来,在社会上广泛开展法制宣传教育,普及法律知识,提高全民族的法律意识水平,使法律的社会功能得到充分发挥。同时,政法公共关系是政法组织与社会公众的双向活动。它可以扩大政法组织在社会上的影响,增加社会公众对政法工作的了解、信任和支持,从而为社会主义法制建设创造一个协调、和睦的环境。

(三) 促进国家机关廉政建设

国家机关的廉政建设同社会主义民主和法制建设有密切的内在联系,它表明了社会主义民主与法制的具体要求和内容。国家机关廉政建设直接影响着社会主义民主与法制建设的程度和国家的长治久安。政法组织作为国家机关的一个重要部门,其公共关系活动对促进国家机关廉政建设有特殊的意义和作用。首先,政法组织通过依法严惩国家机关中的违法犯罪分子,特别是通过打击那些利用职权贪污受贿、渎职犯罪的人员,清除国家机关中的"蛀虫",促进廉政建设。其次,政法组织通过查办其内部贪赃枉法、徇私舞弊案件和违法乱纪行为,保证政法组织内部队伍的纯洁,促进廉政建设。最后,政法组织通过开展各种形式的法制宣传教育,如举办惩治贪污贿赂展览会、专题法制报告会、座谈会、大案要案新闻发布会、以案释法等,为国家机关的廉政建设提供内容生动丰富、说理充分、观点鲜明的法制教材,使从政人员有所借鉴,达到强化国家机关工作人员廉政意识的目的,推动国家机关的廉政建设。

(四) 促进社会治安综合治理

社会治安综合治理是一项宏大的社会系统工程,也是一项长期艰巨的任务。在这项工作中,政法组织起着主力军和组织者的作用。首先,政法公共关系可以加强政法部门之间的支持与配合,以便协调一致地完成打击各种刑事犯罪分子的共同任务。其次,政法公共关系可以正确处理各类民事、经济纠纷,缓解可能激化的矛盾,有效地预防和减少恶性案件的发生,消除不安定的因素,增进人民内部团结,促进社会安定。再次,政法公共关系可以利用各种方式宣传社会主义法制,加强广大人民群众的法制观念和遵纪守法的自觉性,提高他们同各种违法犯罪行为做斗争的意识和勇气,维护社会治安。最后,政法公共关系可以掌握大量的社会治安信息,经过综合分析研究,从中发现苗头性、倾向性、典型性的突出问题,及时向党委和政府反映,为党委和政府制定各种综合治理方针和政策提供依据,起到参谋助手的作用,从而促进社会治安的综合治理。

三、政法类部门的内外部公共关系

政法类部门要发挥内部协调与外部沟通的职能,必须处理好政法类部门的内外部公共关系,这是政法公共关系成功的关键。

(一) 政法类部门的内部公共关系

政法类部门内部开展公共关系的目的在于:协调组织内部的一切积极因素,增强组织内部各部门和人员的凝聚力;创造和谐的内部工作环境;增强组织内部各部门之间、工作人员之间的互相支持,提高工作效率和质量;强化组织内部各部门和人员的公共关系意识,积极开展各种有效的公共关系活动,树立组织的良好形象。其具体工作如下:

(1)加强思想政治教育,增强组织内部工作人员的责任感、事业心和职业道德。

(2)发扬民主,建立健全适合组织实际情况的各种民主制度,给予工作人员更多参政议政的机会。

(3)加强业务建设,组织各种业务培训,不断提高工作人员的业务素质和工作能力。

(4)加强组织内部的双向交流,做好上情下达、下情上传的工作。

(5)及时协调解决组织内部各部门之间、部门与工作人员之间、工作人员之间的各种矛盾纠纷。

(6)加强组织内部的管理工作,建立政绩评价、奖惩等各种规章制度,鼓励先进,督促后进。

(7)关心工作人员的生活和各种福利待遇,帮助解决实际困难,为其创造良好的工作、生活环境。

(二)政法类部门的外部公共关系

政法类部门开展外部公共关系的目的是在外部组织和公众中树立政法类部门的良好形象,争取外部公众对政法工作的理解、信任和支持,为政法工作发展创造一个良好的外部环境。政法类部门外部公共关系工作如下。

1. 通过业务活动与外部公众进行沟通

政法类部门的公共关系活动大量地体现在政法组织的业务活动中。这些业务活动中的具体法律手段同时又是公共关系手段。例如,人民法院对刑事案件的公开审理,在有关诉讼参与人的参加下,在查明被告人犯罪事实的基础上,既依法惩罚犯罪分子,又使有关人员受到法制教育,增加他们对人民法院工作和诉讼过程的了解。

2. 进行法制宣传教育

进行法制宣传教育,为外部组织和公众提供各种形式的法律服务,提高其法制观念、法律意识和遵守社会主义法律、社会公德的自觉性,自觉抵制违法犯罪行为,主动配合、帮助政法组织开展工作。

3. 加强传播

通过利用大众传播、人际传播手段和社会舆论广泛宣传政法组织的性质、任务、职责,宣传政法组织在工作中取得的成就,增进外部公众对组织的认识和好感,扩大组织的社会影响。

4. 接受监督和批评

严格依法办案,并提供各种条件,主动接受外部组织和公众对政法工作的监督、批评,不断改进工作作风,提高办案质量。

第四节　经管类部门公共关系

我国以经济建设为中心,进行现代化建设。重视并发挥财政、工商、税务等经济类政府部门的公共关系职能,对促进经济建设,完善政府职能,塑造经管类政府部门的形象具有重要意义。

一、财政公共关系

财政公共关系是指财政组织(包括国家的财政部、各省的财政厅及地、市、县等财政局)为建立和维持组织与公众之间的相互了解,创造最佳的内外工作环境,以树立其权威性、公正性、服务性的良好形象,所采取的积极的、有计划的和持久的策略与行为。

(一) 财政公共关系的特点

财政工作是一件事关国计民生的工作。它不仅涉及国家、集体、个人利益关系,涉及中央与地方、地方与地方的利益关系,而且与生产和人民生活息息相关。财政部门作为相对独立的社会组织有其独特的结构和活动形式,这也就决定了财政公共关系的特点。

1. 主体的特殊性

财政公共关系主体即各级财政组织具有多层次和以权力为基础的等级结构。一方面,国家、省、地、县每一层次的财政部门都有开展公共关系的需要和能力。每一个相对独立的财政部门都可以成为财政公共关系的主体。另一方面,国家、省、地、县的财政部门又具有行政隶属关系,它们之间是以法律和行政管理为基础的上下级关系,任何下级都是上一级组织的一个有机部门。这就要求每一个相对独立的财政组织既要根据自己的特殊情况开展特定的公共关系,又要使自己的公共关系与上级组织的公共关系活动保持一致。

2. 客体的特殊性

财政公共关系公众具有区别于其他组织公共关系公众的整体特性。一方面,财政公共关系公众具有广泛性。因为财政管理可分为预算管理、税收管理、基本建设投资管理、企业财务管理、事业财务管理等,管理对象几乎涉及社会的各个方面。其管理对象的广泛性,决定了财政组织公共关系对象的广泛性。另一方面,财政公共关系公众具有复杂性。这是由财政组织机构的复杂性和社会组织的复杂性决定的。从财政组织的机构看,它从上到下由多级组织构成,各级组织的工作范围、业务对象都有较大区别;从社会组织看,财政公共关系公众中既有企业,又有政府、机关、科教、卫生等事业单位。

3. 受时间和资金的限制

财政公共关系受时间和资金的限制,因此,一项具体的公关活动不可能以全体公众为公关对象,而需要根据具体的公关范围选择公众。每一项公关活动都应针对某一特定范围的公众进行。

(二) 财政内部公共关系

财政内部公共关系是指财政部门为协调内部关系,创造良好的工作环境和融洽的人际关系而进行的信息交流活动。其内容如下。

1. 协调好上下级组织的关系

地方财政组织一方面隶属于地方政府;另一方面又受上级财政组织的领导,是上级财政组织的有机组成部分和内部公众。下级财政组织应主动接受上级财政组织的领导、监督;上级财政组织应关心、支持下级财政组织的工作,调动和保护下级组织的工作积极性,使其在自身的职权范围内独立地、创造性地做好本职工作。

2. 协调好本级财政组织内部的协作关系

协调好本级财政组织内部的协作关系既包括地方财政组织间的合作关系,如两个县的财政组织的关系,又包括各级财政组织内部不同处、室的协作关系。一级财政组织的工作是由内部各个处、室协同完成的,离开它们的分工合作,工作就无法开展。因此,协调好财政组织内部不同机构的关系,是财政内部公共关系的重要内容之一。

3. 协调好领导者与员工的关系

员工是财政工作的主体,他们的看法、态度对财政工作的好坏有重大影响。能否调动员工的积极性、主动性是搞好财政工作,从而树立财政组织良好形象的关键。这就需要领导者与员工进行感情与信息的沟通,消除相互之间的冷漠、误解,求得相互之间的理解、和谐和配合。

4. 协调好员工与员工的关系

员工与员工是分工合作的关系,工作目标是一致的。但是,作为个体,每一员工又有自己特殊的利益,员工之间必然会产生这样或那样的利益冲突。这就需要通过公关活动,增进相互了解,建立融洽、和谐的人际关系。

（三）财政外部公共关系

财政外部公共关系是指财政组织协调与外部公众的关系，以树立其权威性、服务性的良好形象，改善外部环境的意识和策略。其内容如下。

1. 要与政府搞好关系

财政组织是政府机构的组成部分，与相应的地方政府有行政隶属关系，受当地政府的领导。这就需要协调好与政府的关系，赢得必要的支持。同时，财政组织又同政府其他机构（如发展和改革委员会、商务部、税务总局等部门）有着密切的工作关系，处理好这些关系也是财政外部公共关系的重要内容。

2. 要与企事业单位搞好关系

财政是凭借国家政权对剩余产品的再分配，并以此调节社会的再生产。因此，财政工作几乎与所有的企事业单位发生关系，处理好这些关系是财政外部公共关系的又一重要内容。

3. 要与新闻媒介搞好关系

包括与报纸、杂志、电视、广播的关系。财政组织应同它们建立和发展关系，争取其对财政组织的支持和合作，进一步争取社会公众对财政组织的理解和支持。

总之，财政外部公共关系十分广泛和复杂，每个财政组织应根据所处的环境和所碰到的问题，积极开展各种形式的公共关系活动。

二、工商公共关系

工商行政管理公共关系简称工商公共关系，是指工商行政管理组织（包括国家工商行政管理总局及地方各级工商行政管理局）为发挥其管理职能而运用公共关系学原理和方法所开展的一系列活动。作为政府的经济监督管理和行政执法部门，工商行政管理公共关系的开展，对工商行政管理组织发挥职能、完成任务、实现工作目标具有重要意义。

（一）工商公共关系的特点

工商行政管理工作本身的特点决定了工商公共关系不同于其他部门公共关系。它具有以下特点。

1. 广泛性

工商行政管理范围的广泛性决定了工商行政管理公共关系的广泛性。凡有商品经济活动的地方都需要工商行政管理部门的监督、管理。凡有市场的地方都需要工商行政管理部门实施管理和维护秩序。广义地讲,每个人、每个企业和单位,包括世界各国、各地区中每个与中国发生经济联系的企业、个人都是工商公共关系的对象。

2. 连续性

工商行政管理是一个连续的过程,从对商品生产和销售的登记管理到商品进入市场的监督管理,到维护正常的经济秩序,是连续进行的,在每个环节中都有公共关系活动的存在。

3. 权威性

工商行政管理部门对管辖内的组织和个人有权发出应该怎么做和不准怎么做的规范性信息。即使某些公众不理解或不完全理解,也得遵照执行。工商行政管理公共关系机构必须紧紧围绕树立组织的权威性而积极开展公关工作。

4. 复杂性

工商行政管理的任务有市场管理、企业登记管理、经济合同管理、商标管理、广告管理。它既要维护经济秩序,又要搞活市场;既要打击非法经营活动,又要保护、促进合法的经营活动;既要监督检查,又要搞好服务协调;另外,还要处理错综复杂的经济纠纷,促进市场繁荣发展。完成工商行政管理的上述任务,必须由工商行政管理公共关系机构协助处理这些错综复杂的关系。

(二)工商内部公共关系

工商行政管理内部公共关系既是工商行政管理组织公共关系的重要组成部分,又是组织开展外部公共关系活动的基础。它直接关系到组织形象的塑造,是塑造组织形象的重要基础和起点。工商行政管理内部公共关系的主要内容包括以下方面。

1. 协调内部组织关系

工商行政管理内部组织公众在总的工作目标之下,有各自的职责、业务范围,存在着不同的局部利益。其工作又要求内部组织之间密切配合与协作。因此,工作中难免产生误会、矛盾和摩擦。这就需要开展积极的内部公共关系进行沟通、协调。要利用各种形式沟通内部组织之间的交流渠道,如编印内部刊物、简报,组织座谈会,总结表彰会等,使内部组织之间及时交流信息,增进了解,相互支持,在工作中密切配合和协作,共同完成工商行政管理的总任务。

2. 理顺内部人际关系

工商行政管理组织内部人际关系是组织内部最普遍、最常见的关系。在工商行政管理组织内部,良好的人际关系促使员工相互了解、沟通、交流,进而达到内部和谐、团结、合作的目的。工商行政管理组织内部存在着领导者与被领导者、脑力劳动者与体力劳动者、业务人员与行政人员、不同年龄层次和不同文化程度的员工之间各种错综复杂的关系。组织要加强沟通交流，创造一个积极向上、公平竞争的良好内部环境，理顺内部人际关系。

3. 广辟内部沟通渠道

工商行政管理组织要运用会议沟通、交谈沟通、书面沟通、文体活动沟通等形式加强内部沟通交流。

（三）工商外部公共关系

工商行政管理的外部公共关系是指工商行政管理组织与外部公众之间建立的相互了解、信赖，进而相互支持、合作的关系。工商行政管理外部公共关系的主要内容包括以下方面。

1. 要协调好与政府的关系

工商行政管理组织要掌握政府颁布的政策、法规，及时向政府部门反映自身工作情况及工作中发现的问题、遇到的困难，以寻求政府的理解和支持。还要发挥自身渠道广、信息灵的优势，与政府公众加强信息交流，使之上情下达、下情上传，为本组织制定具体法规和政府宏观决策提供依据。

2. 要协调好与企业的关系

企业是工商行政管理机关最重要的管理对象。工商行政管理机关要主动协调与企业的关系，为企业发展创造良好环境。要为企业排忧解难，多办实事，及时向企业通报信息，以利其调整经济活动。同时还要经常听取企业意见，不断改善自身的服务态度，提高办事效率。

3. 要协调好与市场交易人的关系

工商行政管理组织对市场的管理，主要表现为对市场交易人活动的组织、监督和协调。工商行政管理组织要协调与市场交易人的关系，要培育各类市场，制定市场交易规则，将市场交易人的活动纳入法制轨道。同时，要打击违法活动，保护合法经营，维护正常的市场秩序，确立工商行政管理组织在市场管理中的信誉和权威。

此外，工商行政管理组织还要处理好与合同签订人、个体工商户、商标注册人、广告经营者以及新闻媒介等外部公众的关系，加强这些公众对工商行政管理工作的理解和支持，塑造自身的良好形象。

三、税务公共关系

税务公共关系是指税务组织（包括国家税务总局、县以上各级人民政府设立的税务局及乡镇一级人民政府设立的税务所)为协调与公众的关系,以树立其权威性、公正性、服务性的良好形象,改善社会环境的意识和策略。

(一) 税务公共关系的特点

1. 广泛性

税务部门作为国家机构之一,存在于中央和地方各级政府之中;同时,税务部门的工作对象也非常广泛,每一个普通的公民都有纳税的义务;不同行业的公民纳税的依据和方法又有不同。所以,税务公共关系的主体和客体状况决定了税务公共关系的广泛性。

2. 多层次性

税务公共关系在各个不同层次上进行,每一级税务组织都在相应的层次上开展公共关系活动。例如,国家税务总局同乡镇基层税务所相比较,其公共关系就有着十分明显的不同。同时,税务公共关系的多层次性还表现在同一税务组织或纳税人可以以不同的身份与税务部门打交道。例如,一位作家既可以作为个人收入调节税交纳者同税务部门发生关系,又可以作为普通社会的一员因交纳房产税等与税务部门发生关系。

3. 权威性

权威性是指税务组织在执行具有法律性、权威性的国家税收政策时自身所表现出的权威性。税务组织可以依照国家的法律、法规强制纳税人依法纳税,又可以根据不同民族、不同地区、不同时期的不同情况制定具体的政策和法规,强制所辖区内的纳税人依法纳税。税务公共关系的权威性要求税务人员在开展业务时必须无条件地把属于国家财政收入部分的资金收进来,不允许为个人利益而损害国家利益;同时,还要注意自身的工作方式,注意到自身的形象建设,力争用灵活而有说服力的方法完成任务。

(二) 税务内部公共关系

税务组织内部公共关系是外部公共关系的基础,税务组织要取得外部公众的理解、支持和合作,必须首先取得内部公众的理解、信任与支持,并为实现税务组织的目标而努力。

1. 要加强税务组织内部税务人员之间的沟通与协调

税务组织可组织集体活动,使平时分散的税务人员获得相聚的机会,融洽关系,增进友谊。还要注意通过工会、共青团、妇联等团体开展公共关系工作,使广大税务人员产生主人翁意识和责任感。

2. 要加强税务组织内部领导者与税务人员之间的沟通与协调

要针对税务人员的不同层次,有的放矢地加强思想教育,帮助他们树立远大理想,增强对税务工作的责任感和事业心。同时，要关心税务人员的生活，注重感情投资，随时了解税务人员的需求，为其排忧解难，加强领导者与税务人员之间的沟通与协调，为塑造税务组织的良好形象服务。

（三）税务外部公共关系

良好的外部公共关系是税务组织"外求发展"的重要特征。它促进税务组织完成任务，更好地适应外部环境的需要，从而塑造税务组织在社会公众中的美好形象。

1. 要加强税务组织与企业之间的沟通与协调

税务组织与企业的关系是其外部公共关系的核心。从公共关系角度讲，税务部门应以改革开放为中心，积极开展促产活动，在工商企业中树立起良好的权威性、服务性的形象。税务组织要对企业政策上帮助，资金上扶持，信息上传递，联合上牵线，同时做到服务观念的深化，即服务工作目标化、服务内容多样化。要加强税务组织与政府及有关部门之间的沟通与协调。税务组织与当地人民政府的有关部门有着不可分割的关系。正确处理好与政府及有关部门的关系，对于税务组织顺利开展工作有着重要的意义。税务组织要向地方政府和有关部门的领导宣传税收政策，通报税务组织的工作情况，使其对税收工作有个基本了解，以便于指导。税务组织与当地政府和有关部门在许多问题上可能存在着矛盾和分歧，税务组织应运用公共关系技巧，处理各种矛盾，以便沟通思想、调整行为、理顺关系。

2. 要加强税务组织与有关协作部门之间的沟通与协调

税收工作与个人、群体和社会组织的利益有着不可分割的关系。做好税收工作，需要得到各方面的支持与合作。这就要求税务部门通过开展有效的公共关系工作，加强与有关部门的通力协作，搞好综合治理。

（1）要沟通、协调与宣传部门特别是新闻机构的关系，强化税收法规的宣传，为税务管理工作创造良好的舆论环境，以利于国家税收政策的贯彻执行。

（2）要沟通、协调与工商行政管理部门的关系，这样可摸清各种纳税者的情况，共同搞好市场管理工作，避免偷税、漏税现象的发生。

（3）要沟通、协调与司法、公安、检察部门的关系。通过与这些部门的密切合作，利于查处偷税、漏税、抗税等情节严重的案件。

（4）要沟通、协调与金融部门的关系。一方面可以融通资金，便于税务组织扶持企业发展；另一方面可以通过银行清理欠税案件。

此外，税务组织还要与纳税者主管部门、人大和政协中的议案部门等外部公众搞好关系，加强沟通与协调。

第五节　社团类部门公共关系

社团是指一定数量的公民或法人为了共同的目的,按照一定的原则,自愿组成的各种社会组织。按照社团性质,可分为政治类社团、文教体卫类社团、学术类社团、工商行业类社团、社会公益类社团和宗教类社团。社团公共关系是指社团运用双向传播手段,遵循公共关系的一般原则,协调与公众的关系,建立良好的组织形象的一种现代管理职能。本节主要从政府公共关系角度探讨一下政治类社团的公共关系。

一、社团公共关系的特点

（一）群众性

社团组织往往以性别、年龄、文化、职业、爱好为标准而结成,包含了社会的各行各业,有广泛的群众性。

（二）利益性

社团组织作为不同的社会群体,都有各自的具体利益。在我国,全国人民的总体利益同社团的具体利益在根本上是一致的。但是,总体利益与具体利益之间,这部分群众同那部分群众的具体利益之间,也有可能产生某些矛盾。因此,社团组织尤其是政治类社团需要通过一定渠道表达和维护自己的具体利益,党和政府也需要政治类社团经常反映群众的意见和要求,帮助党和政府改进工作。

（三）包容性

社团组织具有群众性特点,而群众的经历千差万别、个性各异。社团组织结构庞大,具有分散性。因此,社团组织不能像政党、企业等组织对其成员有严格的规范要求,容许组织成员在行为上存在较大的差异性。社团组织的一个弱点是组织成员的纪律松弛。因此,社团开展内部公共关系有着特殊的重要性。

（四）交叉性

社团组织作为群众性组织,渗透于各行各业。相同部门的社团成员在组织上发生交叉。例如,一个工会会员可能同时是共青团员和妇联成员等。政治类社团成员的身份难以彻底归属,往往是一个角色丛。社团所具有的超越各种差异的联合性,决定了社团公共关系对象的广泛性及它与各类社会公众天然联系的优越性。

二、社团公共关系的原则

(一) 内部公共关系原则

1. 确定共同奋斗目标原则

公共关系人员应该经常提供团体的奋斗目标和发展前景的宣传,特别是提供这种目标、前景跟成员目标和个人前景一致性的宣传,以培养成员对团体的忠诚。一方面,要激励成员把自己融入组织之中,在为团体目标奋斗中实现自我价值。另一方面,只有靠大家的精诚团结、同心协力,团体才会进步发展,成员才能脱颖而出。

2. 尊重组织成员原则

团体组织内部公共关系要遵循尊重组织成员的知晓权与参与权原则。知晓权就是分享有关团体的一切信息,参与权就是参与团体发展的决策,让成员树立起主人翁思想,以主人翁的姿态关心、参与团体的活动,充分发挥他们各自的潜能与积极性。尊重组织成员与否是衡量一个组织是否具有透明度的尺度,是促进社团管理工作朝着民主化、科学化和现代化发展的一个前提。

3. 沟通感情原则

感情沟通是公共关系活动中的一项重要内容。这种方式尤其适用于处理团体内部成员关系,要尊重成员的个性差异,根据不同成员的心理特征,采用相适应的沟通方式,处理好成员关系。

(二) 外部公共关系原则

1. 高尚目标原则

政治类社团公共关系目标除了有一般社会组织公共关系的共性目标外,还有自己的特色。它要确立一种高于一般社会组织认识水平和道德水准的组织形象。它的目标侧重于社会的道德文明,包含组织担当建设社会主义精神文明的重要责任、组织为社会进步贡献力量的义务、不断提高组织成员文化知识水平和社会公德的职责。

2. 良好榜样原则

政治类社团在社会利益关系格局中代表着某一群体利益,所以它对各种问题的看法往往会受到社会各方面的重视,成为社会舆论的主要倾向。政治类社团在社会舆论形成中要保持和发挥自身的优势,推动健康社会风气的形成。政治类社团可在这方面显示作用:一方面通过参政议政来显示自身价值,争取社会各界的理解和承认;另一方面以身作则,在社会各界公众中带头建立一种良好的社会行为作风,并勇于对不良风气进行抨击。

3. 有益活动原则

政治类社团形象的树立是通过活动来实现的,所以其公共关系要坚持积极参与和组织各种社会活动。这类社会活动主要围绕着某个公益目标进行,参与原则是自愿、平等,而且又没有功利色彩,公众对此有普遍接受的心理基础。政治类社团在活动中主要起领导、发动、组织、联络作用。这类活动使广大社会公众受益,又扩大了组织影响,在社会各界公众的沟通中获得支持。

三、社团公共关系举例

(一) 工会公共关系

中国工会组织是中国共产党领导的我国工人阶级的群众性组织。工会公共关系是指工会组织运用双向传播手段,遵循公共关系的一般原则,协调与其内部和外部公众的关系,建立良好组织形象的一种现代管理职能。

1. 体现组织功能

工会的组织功能表现为:保持和加强与中国共产党和人民政府的密切联系,建立相应的信息渠道,了解和贯彻共产党与人民政府的有关方针政策,反映职工的利益要求和呼声,上通下达,为工会组织发挥参政议政、民主监督的职能作用创造良好的条件和环境。

2. 加强内部沟通

加强内部沟通包括加强工会组织的民主建设,维护职工利益,随时了解职工的思想状况,积极开展思想政治教育、各种技术教育以及丰富的文体活动等。其根本目的是搞好内部团结,增强组织的吸引力和凝聚力,使广大会员和职工以崭新的精神风貌和整体力量推动我国社会主义建设和改革事业的不断发展。

3. 加强社会宣传

工会组织通过向社会各界宣传自己的目标、宗旨、成就等,扩大组织的社会影响。工会组织要特别注重与其他社会团体的关系协调,联合组织和开展各种重大社会活动,为促进社会主义物质文明和精神文明建设、维护我国安定团结的政治局面做出贡献。

(二) 共青团公共关系

中国共产主义青年团简称“中国共青团”或“共青团”,是中国共产党领导的先进青年的群众组织。共青团公共关系是指共青团组织运用双向传播手段,遵循公共关系的一般原则,协调其内外部公众的关系,建立良好组织形象的一种现代管理职能。

1. 加强内部沟通

加强内部沟通包括加强共青团组织的民主建设,建立多种渠道了解广大团员的意见、建议和思想状况,使组织决策反映和维护他们的共同利益和要求,开展积极的思想政治教育和各种丰富多彩的文体活动等。通过这种内部沟通,保证组织决策为全体团员自愿接受,使共青团组织形成巨大的凝聚力,促进组织目标的实现。

2. 维护青年合法权益

共青团组织要根据青年的特点,自觉维护青年合法权益。团组织的领导人和广大团员要主动与青年群众交朋友,认真倾听他们的呼声,从学习、工作、健康、娱乐、恋爱、婚姻以及发挥青年创造才能等各个方面关心他们,赢得他们对共青团组织的信赖和支持,在此基础上发挥共青团教育青年的核心作用,带领他们积极投入社会主义现代化建设之中。

3. 树立先进典型

共青团公共关系要通过不断地向社会推出一个又一个自己组织中的青少年英雄人物、杰出人物,被社会各界公众接受、理解、喜爱,以此来塑造自身形象,提高社会地位,显示自身价值。新中国成立以来,共青团组织先后推出了向秀丽、刘文学、草原英雄小姐妹、雷锋、欧阳海、张华、张海迪、郭明义等英雄模范人物,借助新闻媒介的广泛传播,在广大青少年和全国人民中引起了巨大反响,为建设社会主义精神文明、建设良好的社会风尚做出了贡献。

(三) 妇联公共关系

中华全国妇女联合会简称"全国妇联",它是全国各族各界妇女在中国共产党领导下为争取进一步解放而联合起来的社会群众团体,是党和政府联系妇女群众的纽带和桥梁。妇联公共关系是由妇联的性质、目标和任务决定的。

1. 要密切与各界妇女的联系

通过密切与各界妇女的联系,倾听她们的呼声,关心她们的疾苦,维护她们的合法权益。注意收集招工、招生、招干、住房分配、用工制度方面妇女的意见反映,给领导机构提供咨询建议,促进这些问题上的男女平等。

2. 要提高妇女形象

向社会宣传中国妇女的伟大贡献,树立中国女性的伟大形象,唤起全社会对妇女的尊重和重视,争取社会各界公众对妇联工作的理解和支持。

3. 要加强广泛联系

要加强广泛联系，特别是与知识界、工商界、军政等各界上层妇女以及台、港、澳女同胞、女归侨、侨眷等有影响人士的交流和沟通，了解和反映她们的心声，同时向她们宣传党和政府的有关方针政策，协助党和政府搞好统战工作。

4. 积极开展涉外公共关系

发展同世界各国妇女的友好交流和往来，参加联合国及其他国际妇女组织举办的会议、活动，开展各种形式的对外介绍、宣传活动，增进各国妇女对中国及妇女状况的了解，为妇联实现维护世界和平，促进人类进步事业的目标创造和谐的国际关系环境。

案例研究："五清五帮"活动与服务型政府的基层建构

2009年2月，从化市结合学习实践科学发展观要求，创造性地开展了"五清五帮"活动。活动自开展以来，受到广大群众的热烈欢迎，得到上级领导的充分肯定，赢得社会各界的一致好评。那么，从化市为什么要开展"五清五帮"活动呢？其根本原因在哪里呢？活动怎样开展？其效果又如何？这都是需要研究的问题。

1. "五清五帮"活动的背景

(1) 实践背景：民生问题的凸显。从化市位于广东省中部，广州市东北面，是一个山区（县级）市。面积1985平方公里，其中1933平方公里是农村；人口54万，其中40多万是农民。所以，从化市的发展潜力在很大程度上取决于农村的发展。从化市的民生问题，首要是农民的生活问题。近年来，从化市大力加快农村经济社会各项事业发展，努力提高农民生活水平，从化市农村居民2008年人均纯收入6485元，同比增加14.1%，增幅超过城市居民，城乡居民收入差距逐步缩小，农村经济社会发展跃上新台阶。但是，应该看到，从化市农村发展仍然滞后，农民增收仍然困难，农民生活水平仍然较低。尤其是当前国际金融危机仍在持续的情况下，农村改革发展稳定的任务尤为艰巨。面对新形势新挑战，必须采取更加有力的措施推动农村改革发展。

(2) 理论背景：科学发展观的提出。党的十六届三中全会中提出要"坚持以人为本，树立全面、协调、可持续的发展观，促进经济社会和人的全面发展"，按照"统筹城乡发展、统筹区域发展、统筹经济社会发展、统筹人与自然和谐发展、统筹国内发展和对外开放"的要求推进各项事业的改革和发展。这种发展观也就是科学发展观。党的"十七大"政治报告提出，科学发展观第一要义是发展，核心是以人为本，基本要求是全面协调可持续性，根本方法是统筹兼顾。深入贯彻落实科学发展观，要求我们积极构建社会主义和谐社会，要求我们继续深化改革开放，要求我们切实加强和改进党的建设。在此基础上，党的十七届三中全会提出："完善党管农村工作体制机制和方式方法，保持党同农民群众的血肉联系，巩固党在农村的执政基础。"面对新形势新情况，必须坚持因地制宜、创造性地开展工作，才能更加有力推动城乡统筹发展,更加有力推动社会主义新农村建设。

正是在这样的理论和实践背景下,为了解决农村稳定和发展的重大问题,从化市作为以农村为主的(县级)市,根据农村的实际情况,按照中央"保增长、保民生、保稳定"精神,以开展深入学习实践科学发展观活动为契机,创新"五清五帮"活动载体。通过开展"五清五帮"活动,广泛听民意、解民困,有效转变干部作风,密切党群干群关系,促进农村和谐发展。

2. "五清五帮"活动的目标与构建服务型政府

服务型政府也就是为人民服务的政府。用政治学的语言表述是为社会服务,用专业的行政学语言表述就是为公众服务。服务型政府有三层本质内涵。第一,服务型政府是一个民主政府,换言之,是一个实行人民民主的政府。这是服务型政府最本质的特征,它反映了服务型政府的合法性来源是人民。事实上,人民民主也是共和国宪法所赋予人民的基本权利,特别是"民主选举、民主决策、民主管理、民主监督"的权利。宪法规定的"四个民主"权利,反映了社会主义民主政治的本质。公民通过正常程序和渠道参与国家治理,表达自己的愿望。第二,服务型政府是一个负责的政府。它由人民选举产生,对人民负责,受人民监督。这是服务型政府的应有之义。对人民负责是服务型政府必须承担的职责。"服务型政府面临的核心问题在于确保政府能够代表并响应公众利益,尽管公众利益并不完全等同于公共利益,但也要求政府不仅仅着眼于特定问题范围,政府责任应该遍及社会的各个层面。这意味着政府不仅仅只是承担传统意义上的消极责任,即违反法律规定的义务,违反行使职权时所承担的否定性法律后果,而且要履行其在社会中的义务,积极地响应、满足公民的需求。"所以,服务型政府不仅仅承担着因违法或过失而带来的消极责任,也承担着主动满足社会需求、推动社会发展的积极责任。第三,服务型政府还是一个为全社会提供公共产品和服务的政府。这是服务型政府建构的基本路径。提供公共产品和服务,核心是要真正关注普通老百姓的利益、需要和愿望,把钱真正用到惠及千百万老百姓的日常生活,使人民安居乐业、心情舒畅、生活幸福的事业上来。政府必须下决心把钱投到以改善人民群众生活质量、关乎千家万户的义务教育、公共医疗、社会福利和社会保障、劳动就业和培训、环境保护、公共基础设施、社会安全和秩序等方面。这些都是服务型政府最基本的组成部分。

从化市开展"五清五帮"活动,其根本目的就是要构建服务型政府,全心全意为人民服务。首先,通过"五清"活动,知民之所困;通过"五帮"活动,解民之所急。通过"五清五帮"活动,不仅仅了解农民的各种诉求,更重要的是采取有效措施,帮助实现农民的各种诉求。而且,不仅要通过个人和组织帮扶,为民解困,还要将农民的各种诉求作为市委市政府的决策基础,帮助市委市政府做出更加科学、更加民主的决策。这样,人民的诉求不仅有了表达的渠道,也有了实现的渠道。这是民主政府的本质体现。其次,"五清五帮"活动的开展意味着政府不再是简单地、被动地去承担消极责任,而是积极主动地去解民之困,去帮助农民富起来,帮助农村发展起来,推动城乡经济发展,尽快实现城乡一体化。这是责任政府的切实体现。最后,在"五清五帮"活动中,政府通过公共服务和公共政策的供给,帮助解决民生难题,实现广大人民群众最为迫切的愿望。这体现了服务型政府的第三层内涵。所以说,开展"五清五帮"活动,其根本目的就是要构建服务型政府,全心全意为人民服务。

3. "五清五帮"活动的内容与构建服务型政府的基本路径

从具体内容上来看,"五清五帮"活动是从化市构建服务型政府的两条基本路径。其中,"五清"是基础,"五帮"是归宿。"五清"最终目的为了实现"五帮",而"五帮"要以"五清"为依据。所以,"五清"与"五帮"是一个密切联系的整体,都是建构服务型政府必不可少的重要组成部分。那么,究竟什么是"五清五帮"呢?又为什么说它们是构建服务型政府的基本路径呢?

(1) 通过"五清",了解农民诉求,明确政府服务的目标和方向。"五清"的主要内容如下。①家庭基本情况清:包括家庭成员基本情况、劳动力状况、子女入学情况、居住状况等;②收入情况清:包括家庭收入情况、收入来源、支出情况等;③计划生育情况清:农户家庭成员的婚育情况;④就业情况清:包括农户家庭劳动力的文化程度、就业现状、就业愿望、掌握技能等情况;⑤主要诉求清:农户在致富增收、技能培训、医疗卫生、农村教育、社会保障、社会治安、人居环境等方面的困难和需求。"五清"活动的重点是计划生育情况、就业情况及主要诉求。通过"五清",对农民家庭的实际情况和主要需求就可以有一个基本的比较全面的了解,对农村的整体情况也有了清晰而深刻的认识。这就为市委市政府针对社会主义新农村建设进行科学决策提供了必要的信息基础,也为政府提供服务的目标和方向提供了根本的依据。

(2) 通过"五帮",满足农民需求,丰富政府服务的内容和措施。"五帮"的主要内容如下。①帮解困:对在生产、生活上存在困难的农户,通过帮钱、帮物、帮力以及向有关职能部门反映情况,寻求帮助等方式,为其提供力所能及的帮助;②帮技能:引导和帮助农户参加实用技术和技能培训,帮助他们掌握劳动技能和种养技术,增强就业本领,早日实现致富增收;③帮信息:为没有就业门路、缺乏求职信息的农户提供打工、就业、扶助创业等信息;④帮维权:倾听农户的诉求,使农户在物质利益、民主权利、农村义务教育、基本医疗卫生和社会保障等各项政策上的合理诉求得到重视和解决,及时排查化解矛盾,使他们的权益得到有效保障;⑤帮思想:积极宣传党在农村的各项方针政策,传达市委、市政府的重大决策和工作部署,争取他们对党委、政府工作的支持与配合;经常与农户进行交流沟通,帮助他们转变观念,鼓励他们积极创业、勤劳致富。"五帮"是针对农民的现实需求提出的,它涵盖了农民从生存到发展的各种基本需求。满足这些需求,就成为政府提供服务的具体内容,也是政府服务的基本举措。

4. "五清五帮"活动的效果:构建服务型政府的初步成效

(1) 知民情,为构建服务型政府提供前提条件。"五清五帮"活动首先是一次深入农村开展大调查、大摸底的活动,从而全面摸清农村的实际情况。通过这次活动,全市所联系农户共提出群众原始诉求合计 231 389 户次,并梳理出致富增收诉求 60 742 户次,技能培训的诉求 32 626 户次,医疗卫生的诉求 28 809 户次,农村教育的诉求 12 151 户次,社会保障的诉求 53 575 户次,社会治安的诉求 13 703 户次,人居环境的诉求 25 243 户次,其他诉求 4540 户次。其中,致富增收诉求占农户所提主要诉求总数的 26.25%;技能培训诉求占农户所提主要诉求总数的 14.10%,分列前两位。可见,致富增收仍然是群众反映最普遍、最强烈的诉求之一。因此,要把促进农民致富增收作为"五帮"工作的重要任务,千方百计抓好抓实,使"五清五帮"活动成为群众欢迎的"富民工程"。这次活动,是从化市多年来最广泛、最全面、最深入的一次干部入户调查和挂钩联系活动,通过调查了解收集到的有关资料及信息,为今后市委市政府指导"三农"工作以及进行决策提供了坚实的基础。

(2) 解民困,实现构建服务型政府的根本目的。开展"五清五帮"活动,其中一个最重要的目的,就是要解决农村的民生问题,切实为广大农民解困解忧。通过开展"五清五帮"活动,广大干部党员深入基层,深入群众,访民贫、助民难、排民忧、解民愁,帮助排解困难群众的生活生产问题。一是办实事。广大党员干部围绕群众"民生、民居、民安、民需"等方面的现实需求,力所能及地为群众办一些实事,让农民群众真切地感受到党和政府的温暖。如各单位根据实际情况,有钱的给钱,有物的给物,有项目给项目,有技术的送技术,帮助群众出思路、出主意、提供信息。二是结对子。通过这次活动,广大群众主动与干部交朋友、结对子,建立互帮互助关系,为群众解决了一些生产生活面临的难题。三是解难题。工作中,广大干部职工紧紧围绕农民的热点问题、难点问题、焦点问题,帮助制定和完善帮扶措施,分类施策,各个化解,集中突破一两个难题,让群众切实感受到"五清五帮"活动带来的实惠。据统计,2009 年 6~10 月全市干部个人帮扶农户数 37 万多户次,惠及 132 534 人次,其中帮解困 10 946 件,帮技能 12 511 人次,帮信息近 47 188 条,帮维权 2327 项,帮思想 76 556 项,帮钱 185 万多元,帮物 9138 件。

(3) 破解三大难题,为构建服务型政府提供有力保障。①化解上访难题。通过开展"五清五帮"活动,让干部下基层进农户,倾听群众诉求,主动为农户解难释疑,向群众宣传党的方针政策。活动刚开始时,不少群众以为这只不过是摆摆样子,走走形式。因此,对干部敬而远之,对活动不太关心。但通过参加活动的干部职工进村入户,倾听群众诉求,帮助解决实际问题,主动与农民拉家常、办实事,群众很快消除了误解,解决了一些群众生产生活中的冷暖急难问题。更多的群众在干部的耐心教育和帮助下,进一步了解了党的政策,理顺了情绪,消除了矛盾。据统计,2010 年 1~3 月,从化市共受理信访量 257 件次,与去年同期的 650 件次相比减少 393 件次,下降了 60%,群众来信来访呈明显下降趋势。②解决农村维稳难题。通过开展"五清五帮"活动,解决了一些群众生产生活中的冷暖急难问题,群众笑声多了,赞扬多了,怨气少了。更多的群众在帮扶干部的耐心教育和帮助下,进一步了解了党的政策,理解了政府面临的暂时困难,把一些影响社会稳定的矛盾和问题处理在基层和萌芽状态,有力地维护了社会稳定。③化解干群关系难题。通过开展"五清五帮"活动,给机关干部提供了一次向农民群众学习的机会,一次深入实际、深入群众经受身心锻炼的机会。能不能放下架子,与农民群众打成一片,真心实意给群众办实事;能不能适应农村的工作生活环境,尽快进入角色,不怕苦、不怕累、不怕烦,卓有成效地开展工作;能不能发现问题,解决问题,提出创新的思路、创新的方法,是对干部综合素质的一大考验。通过这次下基层开展"五清"活动,进一步转变了干部作风,在全市干部队伍中形成了识大体、顾大局、会干事、能吃苦,有冲劲、善创新,争先进、创一流的优良作风,进一步促进了机关工作的深入开展。在活动开展的过程中,人民群众增加了对干部的了解,增进了对干部的信任,密切了干群关系。

　　(4)推进三大建设,夯实服务型政府的组织基础。①有利于党员干部形成服务意识,转变工作作风,从而推进队伍建设。目前,一些机关干部,尤其是一些年轻的机关干部,农村工作经验缺乏,群众感情淡薄,处理农村复杂问题和开展农民群众工作的能力不强;个别干部还有"虚"、"浮"、"浅"、"软"的现象,存在工作不扎实,作风漂浮,对农村基层情况了解不深入,执行力不强等问题。在"五清五帮"活动中,干部职工深入基层一线,深入农户,亲身了解农村存在的问题,亲耳倾听群众意见,坚持问政于民、问需于民、问计于民,做好组织群众、宣传群众、教育群众工作,使干部坚持走群众路线,增强了群众感情,提高了处理农村复杂问题的能力,有效加强了干部队伍建设。②有利于发挥政府职能,推进政府形象建设,提升政府公信力。通过"五清五帮"活动,各部门结合本身职能,结合农民群众提出的诉求,结合农村实际情况,认真解决与农民群众关系密切的致富增收、基础设施建设、义务教育、医疗卫生、社会保障等方面存在的民生问题,努力使政府的公共服务覆盖到农村每一位群众。同时,通过干部职工深入基层,使市直机关单位与基层单位工作互动互促,既促进农村基层突出问题的解决,又提高政府职能部门解决实际问题的效率和质量。"五清五帮"活动,在群众中引起了强烈反响,受到群众的热烈欢迎,广大群众高兴地看到,干部职工进村入户,与群众打成一片,主动与农民拉家常、办实事,帮助解决实际问题,使党和政府的良好形象深入民心,政府的公信力也可以不断提升。③有利于推进基层党的建设,巩固党的执政基础。"五清五帮"活动也为从化市的党建工作找到了一个恰当的切入点和有力的抓手。党的十七届四中全会提出,"着眼于提高党的执政能力、保持和发展党的先进性,着眼于保持党同人民群众的血肉联系"。在"五清五帮"活动中,我们把"重民意、端民行"贯穿始终。一方面,广大干部职工走门串户,了解农民群众所需、所盼、所求,倾听农民群众意愿。另一方面,干部职工通过面对面交谈的形式把党的方针政策直接向农民群众宣传,教育农民群众要贯彻落实好党的方针政策路线,让农民群众把思想和行动统一到党的方针政策路线上来。通过"五清五帮"活动,农民群众更加理解、支持、参与党委政府的工作,基层党组织的凝聚力和战斗力进一步提高,党和群众的联系更加紧密,有力地巩固了党的执政基础。

　　(资料来源:李绶州,陈剑,陈家刚."五清五帮"活动与服务型政府的基层建构——以从化市的实践探索为例.成都行政学院学报,2011(6))

　　思考与讨论:

　　1."五清五帮"活动的目标公众是谁?

　　2.从化市开展"五清五帮"活动在政治、经济、文化、社会等方面的价值何在?

　　3.结合政府公共关系相关理论,谈谈应如何构建服务型政府?

实训项目：政府公共关系组织建设实训

1. 实训目的

（1）通过实训，了解政府公共关系组织机构的设置原则和基本职能。

（2）通过资料的准备和情景演练来认识一个合格的政府公共关系人员应具备的素质和能力。

2. 实训内容

（1）分组讨论。你所在城市的市政府内外部公共关系部门有哪些？这些部门各发挥了怎样的公共关系职能？

（2）情景模拟。你所在城市的市政府拟成立"应急管理办公室"，通过面试来选择公共关系人员。你作为一名政府其他部门的公务员打算参加此次选拔面试，请同学们分别扮演考官和应聘者。

3. 实训步骤

（1）将学生划分成 5～7 人的学习小组。

（2）进行分组讨论，完成实训内容（1）的题目；每个小组派代表发言，教师总结。

（3）完成实训内容（2）。每个小组通过图书馆和网络等渠道搜集资料，然后设计好面试的题目。教师将各个小组的题目汇总，形成正式的面试题目。各小组选出一名同学组成招聘小组，选出一名同学扮演应聘人员，其他同学观摩。

（4）教师对同学的整体表现进行评价。

4. 实训考核

教师根据学生知识的掌握程度、资料准备和实训现场参与情况等做出评价。

（资料来源：朱晓杰. 公共关系理论与训练. 北京：清华大学出版社，2009，有改动）

课后练习题

1. 政府内部公共关系机构的特征和职责是什么？
2. 政府外部公共关系机构有哪些类型？
3. 政府公共关系人员应具有哪些职业素质？
4. 政府全员公关管理的特殊意义与途径是什么？
5. 举例说明政法类部门公共关系应如何开展。
6. 举例说明经济类部门公共关系应如何开展。
7. 举例说明社团类部门公共关系应如何开展。
8. 案例评析

假如我是广州市市长

　　广州市委、市政府先后举办过直接为市长做参谋的"假如我是广州市市长"征文活动（后定名为"市长参谋活动"），为政府职能部门出谋献策的"房改方案千家谈"、"菜篮子工程千家谈"等"千家谈系列活动"，讨论广州市风和广州人精神的"羊城新风传万家"和"羊城居委新形象"等大型公众活动等，运用报纸、杂志、广播、电视等媒介，动员了成千上万的市民参政议政，各抒己见，都收到了良好的社会效果，提高了市民的凝聚力。

　　案例思考：试运用政府公共关系相关知识分析评点这一案例。

第五章

政府公共关系公众

> 一个典型的组织要面对许多异常挑剔但又极为重要的公众,组织必须与他们进行直接而频繁的沟通。组织必须对各类公众的私人利益、需要和关注点都保持相当的敏感度。
>
> ——[美]弗雷泽·西泰尔

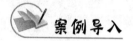 **案例导入**

济南构建"人民满意的城管品牌"

济南市城市管理局是在整合了原市容环境卫生管理局的全部职能和市建委的部分城市管理职能的基础上于 2010 年年初组建的新部门,与济南市城市管理行政执法局合署,一个党委,两个行政架构;同时,挂济南市城市管理行政执法总队牌子,为市政府工作部门,主要负责市容市貌和环境卫生管理,行使城市管理领域规划、市政公用和市容管理等方面的综合执法职能。城市管理局成立以来,提出了"构建人民满意的城管品牌"的目标,实施了"十大行动、百件实事",初步构建了"服务—管理—执法"三位一体的城市管理格局,全市城市管理工作呈现出"四大创新"。其中值得我们借鉴的主要有以下几点。

1. 创新城市管理体制,努力提高城管效能

(1) 召开全市城市管理工作会议。2010 年 3 月,市委、市政府召开了全市城市管理工作会议,市几大班子主要领导出席会议。这是近年来济南市召开的首次高规格的城管大会,体现了市委、市政府对城市管理工作的高度重视和坚强决心。这次会议的召开标志着济南城市管理工作进入了一个新的阶段。

(2) 成立济南市城市综合管理委员会。为了加强城市管理综合组织协调,成立了济南市城市综合管理委员会,市委副书记、市长张建国任主任,市委常委、副市长王良,市委常委、宣传部部长谭延伟,市公安局局长刘杰任副主任,市直有关部门、各区区委书记、区长任综合管理委员会成员。市城管综合管理委员会原则上每两个月召开一次专题会议,检查城市管理措施落实情况,研究解决城市管理中的重大问题,通报有关城市管理绩效考核结果。明确各成员单位围绕城市管理工作室各司其职,密切配合,形成合力,委员会办公室设在市城管局,负责日常组织、协调、指导工作和组织开展日常城市管理督察考核。

(3) 理顺市区两级城市管理职责分工。按照分级管理、各有侧重的原则,合理界定和划分市、区两级城市管理职责和权限。市城市管理机构主要负责研究拟订地方性法规、地方政府规章草案、政策、标准和管理规范,编制城市管理专业规划,确定年度目标和考核办法,审批市区范围内城市管理重大事项,加强指导监督、检查评比和考核奖惩。各区是城市管理的主体,履行属地管理责任,对辖区内城市管理事务负全责,负责落实城市管理各项任务和年度目标,组织辖区城市管理维护作业招标和承发包,管理监督城市管理经费使用,对辖区街道及相关部门的城市管理工作进行监督、指导、考核、奖惩。按照重心下移原则,各区负责建筑渣土日常管理、建筑物外部装修审批和牌匾核准、夜景亮化日常管理,相应调整人员编制和保障经费,保证各区有权管理,有人干事,有钱办事。

2. 创新城市管理理念,努力提高城管境界

(1) 明确城市管理指导思想。围绕城市管理指导思想、发展目标、城管理念和什么是人民满意的城管品牌,如何站在全国、全省的大局中定位济南城管工作等一系列重大问题,组织广大干部职工进行广泛讨论;围绕提升城市管理水平开展了"大交流、大谏言、大谈心、大调研、大拜访、大动员、大培训、大座谈、大延伸、大练兵"等十大活动,通过全局上下共同思考,进一步明确了为人民管理城市的指导思想,用三年时间构建人民满意城管品牌的共同目标,打造"纯、靓、谐"省会城市形象的共同愿景。

(2) 确立城管理念、作风、标准。教育广大干部职工牢固树立"民生为先、守土有责"的理念,"出了门就是上班"的理念,"主动上门、微笑服务"的理念;培养"行动快、效果好、有回音"的城管作风,"先处理、再协调、后规范"的城管作风,"单项工作争第一、整体工作创一流"的城管作风;确立了"好班子、好队伍、好思路、好氛围"的城管单位标准,"高品质、高能力,高修养"的城管职工标准,"完成、完好、完美"的城管工作标准,为做好城管工作奠定了坚实的思想基础、作风基础和理论基础。

3. 创新城市管理思路,努力提高城管水平

(1) 广泛开展城市管理"十大行动,百件实事"活动。2010 年年初,在全省推出了城市管理"十大行动,百件实事"活动。内容涵盖城市管理和城市执法所有工作。其中,"十大行动"包括依法整治违法违章建设、广告牌匾与夜景亮化、建筑渣土、户外经营、生活废弃物处置、环境卫生全覆盖、城乡环境综合治理、数字化城管体系建设、城市管理活动动员、城管队伍行风建设。"百件实事"则由 20 个惠民城管项目和 80 项为民城管措施组成。为落实"百件实事",城管局成立了督查办公室,把这百件实事落实到每一位局长,每一位处长,每一位城管工作者身上,力求做到百件实事大家挑,人人肩上有指标,并坚持每周一调度,两周一讲评,一月一通报。到目前为止,这"十大行动、百件实事"进展良好,成效明显。接近完成的有 65 项,正在进行的有 35 项,这 35 项也已完成 70% 以上。这百件实事都是百姓关注的事,比如说,开放式小区免费清疏,设置便民西瓜摊、停车点、报摊等,把这一件件小事、实事办好了,实际上就是落实了科学发展观这件大事,城市就会变得整洁、靓丽、和谐,市民就会满意。

(2) 推行城市管理千分制考核办法。2010 年以来,济南市制定出台了《济南市城市管理工作综合考核办法(试行)》,并按照千分制,以办事处为单位完成了全市违法违章建设整治、渣土整治和城市道路保洁三项月度考核,制定下发了占道经营和广告牌匾管理两项考核方案。特别是为了推进依法整治违法违章建设,8 月,召开了全市依法整治违法违章建设绩效考核新闻通报会,对全市 83 个办事处 7 月份拆违控违得分和排名统一予以公布,市委组织部、市纪委主要领导亲自与排名最后的三个办事处书记、主任谈话,在社会上引起强烈反响。绩效考核结果公布后,几天之间,全市迅速拆除违法违章建设 12 万平方米,掀起了拆违控违新高潮。

(3) 实施环境卫生全覆盖行动。2010 年以来,以居住小区,城中村和城乡接合部等区域为重点,全市撤除城市主要道路,重点区域放置的垃圾大箱 54 个,新改建公厕 10 座,垃圾转运站 15 座,保洁员公寓 49 处 8728 平方米,新增道路果皮箱 611 个,更换 283 个,维修 683 个,新增各类环卫车辆 226 辆。为全市 280 个开放式小区,免费清疏化粪池 3 万多个,受到社会各界的好评。

4. 创新城市管理方式,努力提升城管形象

为提升城管形象,提出了构建"服务—管理—执法"一体化的城市管理模式,先服务,再管理,后执法,而且要用服务手段去解决 60% 的问题,用管理手段去解决 30% 的问题,用执法手段去解决 10% 的问题。

(1) 坚持堵疏结合标本兼治,重点在疏和治标上下功夫。对于违法违章建筑,占道经营,广告牌匾整治坚持治标与治本相结合,努力实现长效管理。新推出的西瓜地图,较好兼顾了市容市貌,交通秩序,市民需求和瓜农销售四者关系。

(2) 加快城市管理数字化体系建设,重点在城管技术支撑上下功夫,按照"大城管,大服务"的思路,整合数字化城管,环卫 110,16039 城管执法热线,按照数字化城管工作流程、标准试运行,实现了"三台合一",努力把数字化城市管理中心建设成为城市管理的总抓手、组织指挥的总枢纽、为人民服务的总平台。2010 年 1~7 月,数字化城管平台受理案件 1772 万件,办结率 83%,处理率 100%,回复率 100%。

(3) 强化全民动员和社会参与,重点是在营造城管氛围上下功夫。市城市管理局设立了社会动员处,负责城市管理社会宣传和社会动员。采取邀请市民体验城管工作、向社会公开征集城管宣传口号、组织城管志愿者参与城市管理等多种形式,加大社会宣传和社会动员工作力度。在城市繁华路段、重点部位与市委文明办联合拍摄了城市管理公益广告片,在市区设置了一批城市管理公益广告。组织开展了"城管十进"活动,营造了市民参与城市管理的浓厚氛围。

(4) 创建"百姓义务城管队"。坚持开门办城管、主动办城管、依靠群众办城管的思想和思想,联合《齐鲁晚报》,共同成立泉城百姓城管队,开设了"百姓城管大讲坛",组织市民

广泛开展了道路保洁、清理垃圾、上街宣传、清理乱贴乱画、制止占道经营和劝阻各类不文明行为等活动,初步形成了群众共建、共管,共创文明城市的新格局。

(资料来源:济南市城市管理局.理顺体制强化措施 用心构建人民满意的城管品牌.山东建设信息网,2010-10-12)

问题:

1. 城管在公众心目中存在着一定的负面性,济南城管提出"构建人民满意的城管品牌"其用意何在?

2. 从政府公共关系的角度,谈谈济南城管是如何扭转城管在群众中的消极、刻板印象的?

第一节　公众的含义和特征

政府公共关系的对象称为公众(public),它是公共关系学中的一个基本概念。正确理解这个概念,对于把握公共关系的真谛至关重要。

一、公众的含义

公共关系的"公众"是指因组织行为引起而面临某种共同问题所形成的社会群体。分析这个定义可以看出:一方面,社会组织的行为,诸如该组织的政策、方针、目标,对社会群体产生了现实或潜在的利益关系或影响力,因此受社会组织行为制约和影响的群体才称为公众;另一方面,特定的社会群体因与组织行为面临着共同问题,因之产生了共同目的、共同利益、共同心理等"合群意识",对该组织的政策、目标产生具有现实的或潜在的利益关系或影响力。

公众与人们在现实生活中常用的"人民"、"群众"、"人群"这些概念并不完全一致,但人们往往容易混淆。人民(people)作为一个政治哲学及社会历史范畴,量的方面泛指居民中的大多数,质的方面指一切推动社会历史前进的人们,其中包括劳动群众及一切促进社会历史发展的其他阶级、阶层或集团。群众(mass)与人民相比,其内涵大、外延小,就是说本质含义很大程度上是一致的;从范围上看,群众包含于人民之中,但其内涵更具体、稳定。人民是个流动的概念,在不同的历史时期有不同的内容,但其主体和稳定的部分始终是从事物质资料和精神资料生产的劳动者,这部分人就是群众。人群(crowd)作为社会学用语,在量上是指居民中的某一部分;在质上,人群是个松散的结构,不一定需要合群的整体意识和相互联结的牢固纽带,凡是人聚在一起均可称为"群"。公共关系的"公众"则是一个稳定的概念,它特指与公共主体有相关利益的,面临着共同问题的个人、群众和组织。

二、公众的基本特征

"公众"作为公共关系的工作对象，从构成来看，包括各种类型，结构十分复杂，但是不论是哪种类型的公众都具有以下三个基本特征。

（一）共同性

公众不是一盘散沙，而是具有某种内在共同性的群体。当某一群人、某一社会阶层、某些社会团体因为某种共同性而发生内在联系时，便成为一类公众。这种共同性便是相互之间的某种共同点，比如共同的利益、共同的需求、共同的目的、共同的问题、共同的意向、共同的兴趣、共同的背景等。这样一些共同点，使一群人或一些团体和组织具有相同或类似的态度和行为，构成组织所面临的一类公众。因此，了解和分析自己的公众，必须了解和分析其内在的共同性、内在的联系，这样才可能化混沌为清晰，从公众整体中区分出不同的对象来。

（二）群体性

公共关系既然是一种公众关系，就不是仅仅与一个或几个人发生关系，而是一批人的量化，是面临共同问题的特定的社会群体。这些群体的共同利益，为某一个组织机构的行动和政策所影响；反之，这些群体的行为和意见也影响着这个组织机构。公众的群体性表现为三类群体关系：社会组织、初级社会群体及同质群体。

社会组织是一个社会或一个团体内各个部门相互关系的总体，是人们为合理、有效地达到自己的目标，有计划、有组织地建立起来的一种社会机构。一般来说，社会组织就是公共关系的主体。但是，社会组织都是相对而言的，某个社会组织是某些公众的主体，也可以成为其他社会组织的公共关系客体，可以当作"公众"来对待。因此，社会组织是公共关系要处理的第一类群体关系。

初级社会群体是指人们在生长过程中最初加入直接形成的人际关系密切的社会群体，如家庭、邻里等。初级社会群体由于构成人数较少（一般家庭只有几个人），不能单独构成公共关系对象。只有初级社会群体组合以后（即初级社会群体组合），才可以构成"公众"，成为公共关系要处理的第二类群体关系。

同质群体是指与社会组织面临共同问题而形成的群体。同质群体既不是一般社会组织群体，也不是初级社会群体组合的群体。从社会学角度看，按年龄、性别、肤色或居住区域来划分的人不被认为是社会群体。因为他们不因存在某些社会关系而联结在一起，而仅仅是根据人的特征来划分的。但是，从公共关系角度看，人口学、种族学范畴可以转化成公众范畴。因为只要在特定条件下，这些不同性别、年龄以及不同地域或不同肤色的人面临着需要共同解决的问题（即同质群体），就可以构成公共关系对象。如同在一列火车上的旅客，他们并不是在社会交往中结合在一起的社会群体，只是在上了火车之后，面临需要解决的相同问题而形成"公众"的。因此,同质群体是需要公共关系处理的第三群体关系。

公众群体的复杂性和多样性,决定了沟通方式和传播媒介的多样性。

(三) 变化性

公众不是封闭僵化、一成不变的对象,而是一个开放的系统,处于不断变化发展的过程之中。任何组织面临的公众,其性质、形式、数量、范围等均会随着主体条件、客观环境的变化而变化:有的关系产生了,有的关系消失了;有的关系不断扩大,有的关系又可能缩小;有的关系越来越稳固,有的关系越来越松弛;有的关系甚至发生性质上的变化——竞争关系转化成协作关系、友好关系转变成敌对关系等。公众环境的变化,必将导致公共关系工作目标、方针、策略、手段的变化。组织自身的变化也会导致公众环境的变化,如组织的政策、行为的变化,使公众的意见、评价、态度或行为发生相应的变化。这种变化的结果又可能反过来对组织产生影响、制约作用。公众是不断变化的,我们必须以发展的眼光来认识自己的公众。

三、政府公共关系公众的特征

政府公共关系区别于其他性质的公共关系的特殊之处就在于:它是一般现代民主政府的行政管理职能,它重视与广大社会公众建立长久的联系。因此,作为政府公共关系对象的公众还具有其特殊性,这表现在以下三个方面。

(一) 数量巨大

与企业公共关系相比较,政府公共关系面临的公众范围更为广泛,数量十分巨大。在政府公共关系中,最基本的公众是公民。尽管公民会由于不同的社会地位、不同的政治经济利益和不同的居住地域、面临政府不同的各项具体施政政策和行为而分别形成不同的社会群体,即政府公共关系中某些具体问题的公众。但是,就他们都面对同一个政府这个最根本的问题而言,全体公民就都成为政府公共关系最稳定、最基本的公众。从民主政治关系来看,人民政府忽视与公民的关系,将导致政府性质的改变。因此,把大量的时间和力量投入到政府与公民的相互沟通中去,应该是政府公共关系的主要任务。

政府公共关系的公众也包括各种社会组织。社会生活的每个领域都有一定数量的社会组织。政府要对社会生活的各个方面都进行管理,就必须协调与这些组织的关系。这种关系的全面性也使组织公众的数量之多成为政府公共关系的一个特点。任何其他社会组织尽管也处于各方面的社会关系之中,但由于它们的性质和作用并不与全部社会生活直接相关,实际上不可能与其他社会组织形成如此广泛的公共关系。这样,最广大的个体公众和组织公众结合在一起,便形成了政府公共关系独有的巨大公众队伍。

（二）结构复杂

政府公共关系的公众不仅数量巨大,而且由于个体公众与组织公众交错在一起与政府发生关系,因此还呈现出非常复杂的结构。从执政党到各民主党派、各人民团体,从各级人民代表大会到各级政治协商会议,从政府工作人员到全体公民,从各种经济组织到各种文化组织和军事组织(军队),从政府驻在社区到新闻媒介,从本国政府内部机构到外国政府机构以及广大的社会大众,都可以成为政府的公众。

从个体公众这方面看,这种复杂结构表现为个体公众的多重身份,因而会在多方面与政府发生关系。在我国,个体公众几乎都有除公民这一基本身份之外的社会身份,都分别因其经济、政治、文化生活需要而存在于相应的社会组织,成为某组织的一员而具有该组织的属性。一位公民,可以同时是工人、共产党员、城市居民、学生家长、公园游客、公共汽车的乘客等。当然,其他公共关系的个体公众也可能有双重以上的社会身份,如商店的顾客可能同时是向商店提供商品的生产企业的工人。但是,在其他公共关系里,这种情况不仅单纯得多,并且在很大程度上是偶然的。在政府公共关系中,公众的多重身份问题则是必然的,单一身份的公民反而是一种偶然现象。这一特点大大提高了政府公共关系的难度,要求政府公共关系部门和工作人员更加全面地研究传播计划。例如,在向城市居民传播有关城市建设的信息时,至少要考虑公众的职业,与职业密切联系的城市交通、商业网点、文化娱乐场所的配置,中小学的兴建等方面,而不能仅仅局限于住宅建设问题。

从组织公众方面看,由于每个社会组织内部的成员都是具有多重身份的公民,因此不仅组织本身直接是政府公共关系的公众,而且可能在各个方面、各个层次上成为政府与个体公众之间的中间环节。例如,一个工业企业,它本身是政府的重要组织公众之一,而且它的职工,除了作为它的成员与政府发生关系外,也作为公民而成为政府的个体公众。此外,他们还可能分别因是共产党员、共青团员、女工、知识分子的身份通过其他社会组织与政府形成新的关系。这就使政府在对企业的公共关系中,除了要传播经济活动的信息外,还应适当传播其他的有关信息,以满足企业成员从其他社会身份出发的需要。比如在经济体制改革中,政府的经济政策就不能只传播给企业负责人,还要传播给全体职工;也不能只向企业传播仅与该企业有关的一点信息,还要把整个政策全面完整地提供给企业的全体职工,使职工能够根据自己的全部社会生活来理解与企业有关的政策,从而最大限度地争取公众对政府的理解和支持。

（三）利益多维

在我国,人民之间的利益虽然从总体上说基本是一致的,但在具体利益上又会有矛盾,存在着彼此消长的对立关系,加之政府公共关系公众本身数量巨大、结构复杂,所以其利益呈现出明显的多维性。以一定的利益关系为基础,社会公众可划分成各种不同的利益群体。这些利益群体既有共同的社会利益,又有不同的特殊利益。对政府制定的有关政策和法令,不同的利益群体会持不同的态度,这就必然会出现不同意见的社会群体。特别是在一些与人们切身利益密切相关的敏感性问题上,例如物价问题、工资问题、住房问题、社会福利问题等,政府的有关政策会引起公众不同的反响。这些问题处理得不好,往往容易在公众与政府之间产生隔阂,引起矛盾。因此,政府公共关系工作应把握公众的这一特点,有效地运用公共关系的协调职能,统筹兼顾,调节各方面的利益,理顺各种社会关系。

第二节　政府公共关系公众的分类

对公众进行分类,是制订公关计划,实现公关目标的必要前提。因为任何组织所面临的公众都不是单一的,而是比较复杂的,政府公共关系的公众更是如此,只有实行分类,才便于把握公众的性质,了解他们的特点和要求,从而采取正确的公关策略,实现政府公共关系的目标。

一、按公众与政府的归属关系分类

根据公众的特点以及他们处在政府内部或是外部的不同归属关系,可以将政府面临的公众归结为两大类:一是内部公众;二是外部公众。对一个政府机构的内部、外部公众类型分析得越具体、越准确,政府公共关系工作的开展就会越有特点、越有成效。

(一)内部公众

所谓内部公众,是指政府机构内部形成的特定利益群体;具体来说,就是指那些构成政府机构的各个单位和成员,它主要是指政府工作人员及属于政府范围内的所有职能部门,诸如政府公务员,为政府机关服务的职工,各级政府的各个委、办、厅、局等部门。内部公众的状况,构成了政府所面临的"内部环境"。它对政府的生产与发展有着决定性的影响和制约力,所以内部公众是政府公共关系的重要公众之一。

(二)外部公众

所谓外部公众,是指在政府机构外部形成的与政府机构有直接或间接利益关系的个人、群体与组织。这类公众与政府之间的关系虽然并不像内部公众那样直接和密切,但对于政府总是具有这样或那样的利益关系和影响力。而且,他们从数量上来说要比内部公众多得多,关系也比内部公众复杂。例如,媒体公众、企业公众、网民、社会压力团体及广大的城乡个体公众等都属于外部公众。政府公共关系机构的重要工作就是要同这些外部公众建立密切的、经常的联系,了解他们的动态和需求,同时将组织自身的各方面情况的信息和观点进行沟通、传递、相互交流,通过长期的、坚持不懈的努力,使社会公众对政府的政策和行为保持赞同、支持的态度,为政府塑造良好的形象和声誉。[①] 下面主要就政府的外部公众加以分析。

1. 媒体公众

媒体是政府与其他社会大众沟通的桥梁,因为政府在公关传播的过程中应该恰当地运用媒体,传递信息。我国的媒体具有其独特的一面,即党和人民的喉舌。这就意味着,一方面媒体担负着社会舆论监督的责任,对政府的执政能力具有监督的职能;另一方面政府对其也拥有一定的主导权,可以更便利地运用媒体向社会发布信息。这种二元的角色使得公关人员在对待媒体公众时需要给予特别的注意与重视。

昆明市在推行"阳光政府",打造服务型政府时,就巧妙地运用媒体传达了政府的这一政务公开的思想。为了扩大人民群众的参与范围与信息覆盖面,昆明市政府充分利用广播、电视、报纸等媒体公开政务。建立了新闻发布制度,以召开新闻发布会为主要形式,定期和适时地向社会发布政务信息。3 年来,市政府先后 30 多次召开新闻发布会,通过新闻媒体,对市长办公会、市政府常委会、市政府全会等重要会议的决策情况进行公开。此外,还在昆明人民广播电台开通了"春城热线",邀请政府职能部门领导,与群众进行对话和交流,介绍职能、宣传政策、解答问题、受理投诉。"热线"开通一年多以来,市长和市属 37 个部门和行业负责人先后走进直播间,现场接听群众热线电话 577 个,其中各类投诉 477 件,政策咨询 100 件,当场解答 100 件,事后解决 477 件,办结率 100%。这一系列运用媒体开展的活动,很好地在市民中宣传了政府的阳光政务,为昆明经济社会发展营造了良好的行政环境。

2. 网民公众

根据工业和信息化部电信管理局公布的数据称,截至 2012 年 12 月底,我国网民规模达 5.64 亿。如此庞大的数量显示了网民在政府外部公众中占据了相当大的规模。除此之外,网络传播的一些特点也决定了网民在一些政府信息的传播中扮演着很重要的角色。

政府相关工作人员有必要把网民作为国内社会公众的一个重要群体。首先,网络媒体把关人的缺失,导致海量信息无法究其来源,这就为假新闻创造了滋生的温床;同时,负面新闻的发布量相比正面新闻往往更多,因为这些会得到更多的关注,不论其是真实的还是虚构的。其次,网络的匿名性使得网民们在发表言论时的随意性增强,而这种开放性与匿名性也使得评论多以负面为主,发泄性的语句为多数。政府工作人员要重视网民的重要地位,一方面注意对于网络舆情的收集整理;另一方面建立与网民的长效沟通机制,确保双向沟通的进行,从而增进双方的沟通了解。这一做法有助于推广政策,及时解决问题,从而树立良好的政府形象。

---

① 齐小华,殷娟娟. 政府公共关系案例精析. 北京:中国人事出版社,2012

3. 企业公众

企业公众对于政府来说也是个矛盾的集合体。一方面,企业的盈利状况决定当地经济的发展情况与当地政府的税收;另一方面,政府的政策颁布同时影响着企业的经营管理与盈利状况。而站在企业的角度来说,对企业而言,政府关系的处理是企业的一个基础公共关系活动项目,没有政府的支持,企业的经营管理可能遇到阻力。从这个角度而言,政府在对待企业公众时,相比于其他社会公众拥有更大的主动权和影响力。总而言之,政府与企业的关系是相互影响与制约联系的,在两者间取得一个共赢状态则是双方都希望的结果。此外,还有一点需要注意的是,政府在处理与企业公众的关系时,其决策也可能影响到其社会公众群体。2007 年发生的厦门二甲苯工厂项目迁址事件就是一个典型的例子。二甲苯工厂的建立对厦门市政府和企业来说是一个共赢的决策,本来并没有什么问题,但是工厂的污染会给厦门市民的生活环境带来很大程度的影响,因此遭到了大部分市民的反对。2007 年 3 月,全国"两会"期间,百余名全国政协委员提交"关于厦门海沧 PX项目迁址建议的提案",提案称"PX 全称为二甲苯,属危险化学品和高致癌物"。于是,2007 年 5 月 30 日,厦门市政府宣布缓建海沧,大部分民众反对 PX 落户厦门。12 月15 日,福建省政府召开专项会议,决定迁建厦门海沧 PX 项目,预选地为漳州市漳浦县古雷半岛。至此,事件以市民的胜利作为结尾,但是厦门市政府却需要承担后续的损失——厦门市政府不得不为 PX 项目搬迁承担赔偿责任,企业不仅要求政府赔偿土地和前期投资,还要求政府赔偿其损失的两年预约订单。由此可见,在政府与企业之间,还夹杂着其他政府公关的公众,如果只考虑二者之间的短期利益关系,则可能造成对其他公众利益的损害,从而最终损害政府的利益与形象。

我国政府以"为人民服务"为宗旨,因此要把人民的利益置于其他公众的利益之上。政府公关人员不仅要处理与企业间的关系管理,同时也要考虑其他相关社会公众受到的影响。公共关系人员在处理政府与企业公众关系的时候,要充分考虑这对其他社会公众的影响,通过公关活动消除社会公众对决策的疑虑,并广泛征集社会公众的意见,把人民群众的看法放在处理政府与企业关系的首要地位,从而形成一个多方的共赢局面。

4. 社会压力团体

此处提到的社会压力团体,特指那些在特定法律系统下,不以营利为目的,同时不隶属于政府部门的协会、社团、基金会、慈善信托、非营利公司或其他法人,也即我们经常提到的非政府组织,即 NGO(Non-Government Organization)。它不是政府,不靠权力驱动;也不是经济体,不靠经济利益驱动;社会压力团体的原动力是志愿精神,是公民社会兴起的一个重要标志。由此可见,社会压力团体的特点为独立于政府组织之外,关心公共事务,是政府有效的"减压阀"和"稳定器",并具有不可忽视的精神功能。我国的 NGO 主要集中在环保领域、妇女领域和扶贫领域,如北京的"自然之友"、"地球村"、"绿家园志愿者",天津的"绿色之友",江苏徐州的"绿色之家",云南昆明的"健康与发展研究会"等。

由于社会压力团体在某一公共领域集中的注意力与影响力,使得政府在涉及相关领域的决策中需要考虑到社会压力团体的利益,否则就会引发该组织的反对,从而引起民众的意见跟随。从某种程度上来说,社会压力团体起到了意见领袖的作用,即帮助民众对某一公共事件产生一种权威的视角与态度,从而采取对社会公众有利的立场与态度。虽然这类非政府组织在我国的发展尚不成熟,但是随着我国公民意识的觉醒,此类社会压力团体会日益发挥出巨大的作用。因此,政府公共关系人员要了解当地社会压力团体的发展状况,并与每一个组织取得联系,通过双方的沟通与联系,共同营造一个良好的公共空间,从而更好地为社会民众服务。

在政府公共关系中,对内部公众和外部公众的划分是相对的。这是因为:对"政府"含义可以有不同的理解。就抽象意义而言,一个国家"政府"指的是国家行政机关,它是一个整体,是由多个部分组成的集合体。例如,按政府所管辖的权力范围划分,有中央政府和地方政府等。但是,就具体意义而言,"政府"常常是指某一特定的政府机构,如一级政府或某一部分。这就决定了我们对政府公共关系公众的内部和外部公众的划分也只能是相对的。就某一个特定的政府如某省的省政府来说,兄弟省市政府、中央政府及部门就是该政府的外部公众。就一个国家的政府总体(中央政府是其最高机关)而言,各个地方政府又构成了中央政府的内部公众。

二、按公众对政府的重要程度分类

这是按照公众对政府的重要性依次递减的原则作的划分。顾名思义,这种分类方法意在确定公共关系的工作重点。按公众对政府的重要程度分类,可将公众分为首要公众和次要公众两类。

(一)首要公众

首要公众是指与政府联系最频繁、密切,对政府组织的前途、现状至为关键的公众,也即政府最重要的公众。例如,政府部门的干部、职工等,这些人与组织利益休戚相关,是构成组织的基础力量。他们推动政府机构的运转,是促进政府发展的动力。因此,政府公共关系人员必须维持和加强这部分公众与组织的联系。又如,从政府外部来看,社会公民也是一类首要公众,他们是各级政府推行政令的重要对象,政令的推行顺利与否与之关系甚大,所以这类首要公众也不能忽视。

(二)次要公众

次要公众是指对政府的生存和发展有一定影响,但与政府的联系和利益关系又不是最密切的那部分公众。应该指出,首要与次要都是相对而言的。政府公共关系人员应该投入相当的时间、人力、财力维持和不断改善与他们的关系。在某一特定时期或特定条件下,这类公众随时有变化为首要公众的可能。他们对政府的利益和发展也有举足轻重的影响与制约力。

三、按公众对政府的态度分类

以公众的态度性质所做的划分,具体可分为顺意公众、逆意公众和独立公众三类。例如,对社会分配不公的问题,对物价上涨、通货膨胀等问题,不同的公众总会提出一些不同的意见,这就会出现顺意公众、逆意公众和独立公众。

(一) 顺意公众

顺意公众是指对政府政策和行为持赞赏和支持态度的公众。他们是推动政府机构发展的基本公众。政府公共关系人员必须不断加强同他们的联系、沟通,及时收集、分析他们反馈的信息。如有隔阂、误解应及时消除,以防止这部分公众的态度由于情况变化而逆转,产生不利的影响。

(二) 逆意公众

逆意公众是与顺意公众相对而言的,是指对政府的政策和行为持否定态度或反对态度的一部分公众。在某种特殊情况下,政府部门的公共关系机构应该有针对性地采取措施,改变政府在他们心中的形象,改善政府的行为,加强信息与观点的沟通与交流,加强感情联络,力争这部分公众的态度有所变化,尽快转化为顺意公众。

(三) 独立公众

独立公众介于顺意公众与逆意公众之间,他们对政府的政策和行为态度"中立",或者"不表态"、"态度不明朗"。这部分公众是政府公共关系工作争取的对象,因为他们随时都有可能向顺意公众或逆意公众转化。做好这部分公众的工作,使他们转而采取支持、赞赏政府的政策和行为的态度,是一项比较艰巨的任务。

四、按公众的组织状态分类

(一) 组织公众

组织公众是指具有稳定的组织机构的政府公共关系公众。这部分公众的类型有社区型、集团型和权力型。社区型公众由政府公共关系主体所在地的居民组织、企业、社会团体、学校、医院等组成。集团型公众包括各种社会团体、工商企业等。权力型公众是指除了主体以外的拥有某种行政权力的公众,如政府所属各类行政管理机构。

（二）非组织公众

非组织公众是指没有固定的组织机构的政府公共关系公众。非组织公众的类型有流散型、聚散型、周期型、固定型。流散型公众是指不是按特定目标或规律聚集的公众，他们数量较多，但分散、不稳定，如临时公出的政府工作人员及一般旅客、游客等。聚散型公众是指因为事件或活动而聚集的公众，其特点是临时聚集而又很快分散，如各种展览会、博览会、报告会、运动会等的参与者。这类公众传递信息具有集中、快捷、广泛的特点。周期型公众是指按一定的规律定期形成的公众，如几年一次举行的选民、政府机关工作人员每天上下班、有计划轮训的公务员、开学放假时的学生等。政府公共关系工作可以按照周期型公众的规律，有计划、有目的地传递信息。固定型公众是指在成员上相对稳定但又未形成组织的公众，如大众传播媒介特定的读者、听众、观众等。总的来说，非组织公众人数多、分布广、流动性大，目标与需求多样化。在特定的环境和条件下，做好这部分公众的工作，对政府部门来说是十分重要的。

五、按公众的稳定程度分类

（一）临时公众

临时公众是指因某一临时因素、偶发事件或专题活动而形成的公众。例如，因飞机航班的误点而滞留机场的旅客、足球场闹事的球迷、上街游行示威的队伍等。政府机构难以事先完全预料到某些突发事件的产生，往往遭受一些临时公众构成的额外压力，这时就需要政府运用公共关系手段进行紧急应付。所以，政府公共关系部门必须具备应付临时公众的能力。当然，这种临时公众有时也可能是因为政府事先的计划不周造成的，特别是举办一些大型专题活动的时候可能会出现预料之外的事情。关于政府的临时公众，广州大亚湾核电站的例子是个很好的说明。广州大亚湾核电站最初是经中国内地、中国香港专家及国外核能专家研究后开始建设的，对外封锁消息。1986 年 4 月，苏联切尔诺贝利核电站突然爆炸，造成了许多人死亡和大面积的核污染，香港地区各界、各阶层人士纷纷反对在与香港毗邻的大亚湾建造核电站。中国香港地区反核组织——"地球之友"发动了要求停建广东大亚湾核电站的运动，组织了几万人的签名活动。当时工程已经上马，工期拖一天就损失数百万美元，不能停。针对这一突然出现的临时公众，政府及时采取了一系列公关举措，通过渠道交流，圆满地解决了问题。

（二）长期公众

长期公众是指与政府保持稳定的相互关系的社会公众，如政府要为之负责的国家权力机关、社区人士、新闻媒介等。长期公众是组织的基本公众，甚至具有"准自家人"的性质，融合为组织的一部分，因而政府往往对长期公众采取额外的优惠政策和特殊的保证措施,以示关系亲密。一般来说,临时公众只存在于政府外部,而内部公众是最重要的长期公众。

六、按政府对公众的态度分类

(一) 政府欢迎的公众

政府欢迎的公众是完全迎合政府的需要并主动对政府表示兴趣和交往意向的公众。对政府来说,这是一种两相情愿、一拍即合的关系,如自愿的投资者、慕名拜访的国内外客人、为政府采写正面文章的记者等。这种关系因双方均采取主动的姿态,不存在传播的障碍,沟通结果一般来说对双方都有利。政府公共关系的任务就是维系和加强这种合作关系。

(二) 政府追求的公众

政府追求的公众是指很符合政府的利益和需要,但对政府不感兴趣、缺乏交往意愿的公众。对政府来说,这是一种在一定程度上求之不易、难以如愿的关系,如社会名流、有实力的外商和投资者等均可能是政府追求的公众。政府或希望与他们建立关系来扩大影响,或吸引外资来发展经济。但是,与之建立密切关系并非易事,故而要想方设法建立沟通渠道,讲究交往艺术,把握传播时机。

(三) 政府不欢迎的公众

政府不欢迎的公众是相对于受欢迎的公众而言的,是指违背政府的利益和意愿、对政府构成潜在或现实威胁的公众。例如,在政府国际公共关系中对我国政府怀有敌意或粗暴干涉我国内政的组织。对这部分公众,政府要疏远或给以有力还击。

七、按公众的发展过程分类

根据公众发展过程不同阶段的特点,可以将政府公共关系公众分成四类:非公众、潜在公众、知晓公众、行动公众。

(一) 非公众

非公众是公共关系学的特殊概念,是指处在某组织的影响范围之内,但与该组织无关,其观点、态度和行为不受该组织的影响,也不对该组织产生作用的公众。这样的公众被视为该组织的非公众。划分出自己的非公众是有意义的,它可以帮助我们减少公共关系工作的盲目性,将非公众排除在公共关系活动的范围之外,避免不必要的浪费。

（二）潜在公众

潜在公众是指由于潜在的公共关系问题而形成的潜伏公众、隐患公众、隐蔽公众或未来公众。这就是：政府面临着自身行为和环境引起某个潜在问题，这个潜在问题尚未充分显露，或这些公众本身未意识到问题的存在，他们与政府的关系尚处于潜伏状态。这需要公关人员未雨绸缪，加强预测，密切监视势态的发展，分析各种可能出现的后果，制订多种应付的方案，积极引导事情向好的方向发展；当事情不可避免地要变糟时，采取必要的预警措施，防患于未然，将问题解决在萌芽状态，避免酿成更大的麻烦。

（三）知晓公众

知晓公众是潜在公众逻辑发展的结果，即公众已经知晓自己的处境，明确意识到自己面临的问题与特定的政府部门有关，迫切需要进一步了解与该问题有关的所有信息，甚至开始向政府部门提出有关的权益要求。这时，潜在的公众已发展成现实的公众，成为组织不可能回避的沟通对象。因此，对政府部门来说，采取积极主动的公共关系姿态，及时沟通，主动传播，满足公众要求被告知的心情，使公众对政府产生信赖感，这对于主动控制舆论局势非常重要。因为知晓公众如果不能从有关政府部门那里获得必要的信息，便会转向其他信息渠道，各种不准确的小道消息将会流传开来，局势的演变将难以控制，事后的解释将事倍功半。尼克松处理"水门事件"时，就是由于没有正视知晓公众的要求，失去了引导公众舆论的时机，使自己越来越被动，最后只好辞职下台。事后，尼克松在总结教训时认为，这完全是"公共关系的失策"。

（四）行动公众

行动公众自然就是知晓公众发展的结果。在这个阶段，公众已不仅仅表达意见，而且采取实际行动，对政府部门构成压力，迫使其必须采取相应的行动。无论公众的行动是积极的还是消极的，政府的反应都不能仅停留在语言、文字上，而必须有实际的行为。也就是说，行动公众必然促成政府公共关系行为的发生。面对着行动公众，政府除了采取相应的行动，别无选择。当然，高超的政府公共关系行动方案，必将使引动公众的压力转变为动力，转变为对政府有利的合力，这是政府公共关系人员神往的最佳效果。

把公众划分为非公众、潜在公众、知晓公众和行动公众是一个纵向的分类方法，其意义是把政府公共关系的公众理解为一个连续的发展过程，即"非公众→潜在公众→知晓公众→行动公众"，其中潜在公众阶段是政府部门解决问题的好机会。

八、按人口学结构分类

按人口学结构进行分类的方法应成为政府公共关系中最常用的分类，这是由政府公共关系公众的特殊性决定的。它主要是指按年龄、性别、民族、职业、经济状况、文化程度、政治或宗教信仰、种族等标准来划分。政府各级部门都应对自己的公众对象进行人口结构分析，并逐渐积累这方面的基本资料。目前，我国一些部门对这方面工作的重视程度还很不够，亟待加强。

　　政府公共关系公众分类的研究成果为实际从事政府公共关系活动的人员认识和分析自己的公众提供了理论上的指导。究竟采取哪一种分类方法来对政府公共关系公众进行分类，要从各个组织的公共关系目标出发，从具体的客观条件出发，根据不同类型公众的特点，找出准确和恰当的公众分类方法，这样才能使政府公共关系工作更有成效。

第三节　政府公共关系公众的选择

　　政府公共关系公众的选择是指作为公共关系主体的政府根据自身公共关系工作的实际需要和自己面临的公众对象的实际情况，去研究复杂的公众系统网络，挑选自己的目标公众对象。从任何一个角度进行的政府公众分类，实际上都是在进行公众选择。但是，公众选择并非仅此而已。因为对同一个具体公众对象，就可以从不同角度去进行分类。例如，对新闻媒介公众就可以根据其对政府的重要程度而视之为首要公众，也可以根据其本身的组织程度而视之为组织性公众，还可以根据政府公共关系活动的需要视之为需要集中影响的公众或需要普遍影响的公众。在一次确定的政府公共关系活动中，从众多的公众分类方法中究竟选择哪一种方法来认识该活动中的公众对象，也是一个公众选择的问题。如果公众分类的方法选择不当，就可能找不准目标公众对象。

一、公众选择的意义

　　政府公共关系政策的制定和公共关系方法的运用，都有赖于科学地区别不同的公众。这是政府公共关系理论中的重要部分。具体来说，政府公共关系公众选择的意义在以下三方面。

（一）有利于体现政府公共关系工作全面性与重点性的统一

　　进行公众选择，势必要对政府的公共关系目标和整个公众对象的情况进行认真的分析，这有利于防止政府公共关系工作的片面性。公众选择最后的落脚点又在于选出目标公众对象，这又有利于防止在政府公共关系工作中平均使用力量，保证政府公共关系工作的重点性。

（二）有利于提高政府公共关系工作的针对性和效率性

通过公众选择,找出目标公众对象,再根据目标公众对象制定政府公共关系目标的战略战术,这既能使政府公共关系工作真正做到有的放矢,又能保证政府公共关系工作少走弯路,提高效率。

（三）有利于提高政府公共关系主体的认识能力和认识水平

公众选择的过程,也就是探索公共关系客体活动规律的过程。在这个过程中,作为公共关系主体的政府必然会增强认识整个公共关系工作规律的能力,并且必然会逐步提高把握这种规律的水平。

二、公众选择的基本原则

任何一个政府机构在开展公共关系活动前,都要按照一定的方式对公众进行分类,精心地选择自己的公众。因为不同的政府机构具有各自不同的工作范围或职能;加之它的公众对象不同,选择的方法也有所不同。但是,不管哪种类型的政府部门依循哪种方法进行公众分类的工作,其选择公众的基本原则都是一样的。

（一）从实际出发原则

政府在选择公众时,不能简单地照搬某一种模式,而只能从实际出发。首先,要根据政府机构自身的条件和面临的实际问题去明察环境,把握各类公众对象的脉络。不同性质的政府机构,要善于根据自己的不同性质和情况去选择不同的公众。相同性质的政府机构也要善于根据自己的不同需求去选择不同的公众。其次,要从公众需求的实际出发。任何公众都有自身的愿望和需求,政府传播的信息只有符合公众的愿望和需求时,公众才会认知自己在公关问题中的地位并采取相应的行动。如果政府传播的信息与公众的愿望和需求大相径庭,那么它对政府目标的实现将毫无意义。因此,在选择公众时,政府不仅要注意到自身面临的公关问题,同时还应注意到主要公众的愿望和要求。政府在选择公众时所要奉行的这个原则,是从实际出发、实事求是这一唯物主义根本原则在公共关系工作中的具体体现。只有认真遵循这一原则,才能真正找准政府公共关系工作的目标公众对象,把政府公共关系工作开展得丰富多彩,充满创意,有声有色,呈现出政府机构的独特魅力。

（二）公众第一原则

公众第一原则是指政府在选择公共关系客体时要站在公众的立场上考虑问题,一切从公众的利益出发;把公众利益放在首要地位。政府公共关系活动是政府与广大公众之间的信息互动。政府在明确自己的公共关系问题或确立一项公共关系活动项目时,必须首先明确公众对此所持的态度及可能会产生的反应。如果不站在公众的立场上考虑问题,政府所进行的公共关系工作可能会产生一厢情愿、风马牛不相及甚至招惹是非的负效应。因此,收集、了解公众信息,把公众意志放在首要位置,是选择公众,进而发现问题,确立公共关系项目的基本原则。坚持这一原则选择公众,应从以下几个方面入手。第一,要分析不同公众的不同特点,包括不同公众组织的特质,同类公众的职业、国籍、民族、习俗、年龄、性别等方面的差别。第二,要分析公众对各政府机构的认识,即公众对政府形象的认识是否存在偏差、是否符合政府机构本身的实际、各类公众持何种认识等。这些因素都影响政府对公众的选择。第三,要分析公众的兴趣所在。除了对政府的兴趣之外,不同的公众对不同的社会事物有着不同的兴趣;具有相同兴趣的公众容易互相吸引,否则可能会互相排斥。公众所感兴趣的事,或许正是政府机构所要确立的公共关系项目。第四,要分析公众对公共关系问题关切的程度。由于已出现或即将出现的公共关系问题对公众的利害关系不同,公众对这些问题关切的程度也就不同。一般来说,对其关切程度高的公众,必然是政府的主要公众或首要公众。总之,只有坚持公众第一的原则,以公众的利益为先,才能准确地选择和确定政府某项公共关系活动的客体,才能有的放矢地开展公共关系工作。

(三)积极主动原则

积极主动原则是选择公共关系公众的技术性原则之一,是保证政府公共关系活动顺利开展的重要因素。选择公共关系公众是解决公共关系问题的前提。由于选择公共关系公众是个完整的过程,需要有科学的依据,需要以客观情况的研究资料为基础,因此选择政府公共关系公众的主动性原则应包括以下几方面的内容。一要主动研究公共关系问题。这里所说的问题,不仅是指物价、房改等公众关心的敏感的问题,也包括围绕政府目标而制订的公共关系计划等。只有对这些问题主动而周详地予以考虑、研究,才能准确地进行公共关系公众分类。二要主动调查公众舆论。就是对政府公共关系问题涉及的公众,用科学的方式去接触,主动了解其愿望和需求,尤其要了解其对政府公共关系问题的趋向一致的看法,从而掌握公众舆论的发展方向。政府通常是运用舆论调查和民意测验等方式调查公众舆论的。三要主动分析公众情绪。对通过调查掌握的公众舆论倾向进行整理,然后逐一分析,初步掌握与公众问题有直接关联的公众类型,并对其中的情绪激烈者加倍注意。四要主动接触典型公众。这就是要注意抓典型,与典型公众主动接触,可使政府对公众的分类更有把握。五要主动沟通与公众的联络渠道。与公众联络的渠道是否畅通,如尚不畅通是否有可能畅通,这是选择公共关系公众前必须解决的问题。尤其对典型公众的联络如发生困难,应着力考虑疏通办法。六要主动区分主要公众和次要公众,这是十分关键的一步。只有正确区分主要公众和次要公众,才能准确无误地选择公共关系公众,一系列政府公共关系工作便可有计划、有目标地展开。但是,在政府公共关系运作时,上述六个方面的工作并非必须逐条、循序地开展,而应根据公关工作实际需要,统筹考虑,灵活运用,方能取得公关工作的理想效果。

（四）双向交流原则

双向交流原则是指政府选择公共关系客体时应具备畅通的信息交流渠道。对公众的选择，表面上看是政府的行为，实质上是政府机构接受或期望接受客体对自己的选择。这里主体和客体双方所采取的任何行为，都是对对方行为（或信息）的反馈。政府公共关系工作是否完满，其标志之一就是看其与广大公众信息交流渠道是否畅通。坚持这一原则选择公众，应注意以下几点。一要看政府了解公众的渠道是否畅通。政府可以通过新闻媒介了解公众的心理倾向和需求，可以通过政府信访、接待以及有关信息机构了解公众的情况和信息，可以通过政府设立的"热线电话"、"市长信箱"等媒介了解公众。这些都是政府了解公众的重要信息渠道，必须保持畅通无阻。二要看公众了解政府的渠道是否畅通。通过新闻媒介、政府组织开展的活动和传闻等，使公众对政府的认识逐步加深。一般而言，公众从正常的信息渠道获得的信息越多，从非正常的信息渠道获得的信息量就会减弱。因此，建立和完善公众了解政府的正常的信息渠道，是政府公共关系工作的重点之一。只有这样，公众才能获得有关政府机构的准确信息并做出正确反应，政府才能对公众进行正确选择。三要认识到政府与公众的双向交流是客观存在的。政府机构的存在本身就是一种信息，必然使公众感受到各种信息；公众的存在也是信息之源，必然会通过各种渠道表现自己。因此，不承认或看不到政府与公众双向交流的这种客观存在，必然贻误政府开展公关工作的时机，使政府公共关系活动无法开展。

（五）范围精确原则

首先，这一原则要求政府必须严格按照确定的政府公共关系目标去精心选择与这个目标紧密相关的公众对象，不随意扩大公众范围，保证目标公众的精确性。从理论上讲，一个政府被尽可能多的公众所了解、认识是一件好事，有助于提高政府公关工作的效果，塑造政府的形象。实际上，就政府所开展的具体公共关系活动而言，它却只能在有限的人力、财力、物力条件支持下和有限的时间范围内去进行。如果随意扩大公众的范围，既会消耗过多的人力、财力、物力和时间，还会模糊自己的视线，分不清工作重点，造成错误判断，制订出不符合实际的公共关系计划，最后将严重影响政府公共关系工作的效率，甚至导致公共关系工作的失败。所以，只有精心选择目标公众，才能集中有限的力量对确定范围内的公众开展公共关系工作，才能保证公众是真正意义上的"组织公众"，也才能保证政府公共关系工作的高效率。其次，这一原则要求政府在开展公共关系工作时，要使选择到的目标公众对象包括所有需要被告知、需要进行协调沟通的公众都了解情况。这一点在政府面临突发性变故的情况下开展公共关系工作时，显得尤其重要。就是说，当政府与公众的关系出现冲突时，政府一定要尽量把这些已经介入危机的公众找出来，使其及时了解政府的态度和政府准备采取的措施，争取其对问题的解决给予合作，重新获得其信任。对不应该知情的公众最好使其不知情，这一举措是指当政府因行为不当而与某些公众发生了冲突，而尚未在社会上张扬时，政府在选择目标公众时就应尽量注意把没有介入危机的公众排除在外,把解决政府公共关系危机的活动限制在应知情的公众范围内进行。这样既让应知情的公众知情,又没有随意扩大公众范围,保证问题更加顺利地加以解决。

(六) 持续进行原则

持续进行原则要求政府在进行公众选择时,要注意根据公众具有的变化性特点,对确定范围内的目标公众进行多次再选择。公众的变化性的表现形式之一,是在此时此地成为公共关系工作的公众对象,可能因情况的变化而在彼时彼地不再与公共关系主体发生利益关系,从而不再是原来特定的公共关系主体的公众。公众的这一特性体现了公众选择中的辩证法:一方面,政府要在公众选择中划清目标公众的范围;另一方面,政府又要注意目标公众的范围具有一定的相对性。事实上,即使是一个确定范围中的目标公众,依然是复杂的社会集合体。他们的职业特征、文化特征和心理特征都可能存在着种种不确定性。今天在目标公众范围内的公众,明天不一定还在目标公众的范围内。因此,绝不应在公众选择中把目标公众的范围绝对化,不能把公众选择看作一次能完成的工作。当原有的目标公众发生较大变化时,就需要及时地重新进行公众选择。在一个具体的公共关系目标的实现过程中,有可能发生目标公众多次变化的情况。这就需要进行多次公众选择。

第四节　政府内部公共关系

政府内部公共关系是指政府组织系统运用各种传播手段,通过一系列有益的活动,与内部的政府组织机构和政府工作人员之间建立的相互了解和信赖的关系。政府内部公共关系的特定对象是政府的内部公众。

内部公共关系是外部公共关系的基础。内部公共关系能否得到合理、有效的协调处理,直接关系到政府机构的运转,关系到政府管理目标的实现和实现的质量。政府和其他社会组织一样,只有在"内求团结"的基础上,才能做到"外求发展"。因此,只有首先搞好内部公共关系,形成良好的内部环境,才能保证外部公共关系的成功开展和政府职能的有效发挥。

从工作内容上看,政府内部公共关系包括部门关系、上下级关系和员工关系三种。

一、部门关系

政府部门之间的公共关系是指同一政府主体内部各工作机构相互间的关系。任何一级政府都是由承担不同职能的、既相对独立又相互制约的各个部门所组成的。这种关系不仅包括同级政府中的不同职能部门之间的关系,也包括同一部门中各工作机构之间的关系。

　　部门关系是政府内部公共关系的重要内容。政府的每一个职能部门承担着一个方面的管理工作,有其特定的活动方向和管理任务。然而,这只是分工上的不同。它们的具体工作和任务又必须服务于政府管理的总目标。这就要求各部门之间在分工的基础上必须相互配合、互相促进。加强政府部门之间的公共关系,正是为了达到这一目的。

(一) 搞好部门关系的重要性和必要性

1. 促进各职能部门管理工作的需要

　　如果把政府看作一部统一的机器,其内部各部门则是这部机器的一个个构件。它的存在和功能的发挥,是以其他部门的存在和功能的发挥为前提的。这样便形成了一种互相依赖的关系。因此,一个具体的政府职能部门要想有效地开展工作,成功地履行自己的职能,就必须取得其他部门的配合与协作。其他部门对本部门工作配合的程度和水平,在一定意义上决定着本部门的管理成效。例如,公安部门是负责社会治安管理的职能机构。但是,搞好社会治安绝不只是公安部门一家的事情。如果没有其他部门的积极配合和有效协作,实行综合治理,治安管理水平是很难提高的。

2. 提高政府整体运转效能的保证

　　政府是一个有机整体,其功能的输出依赖于内部结构和各要素之间相互关系的状况。也就是说,政府管理效能的有效发挥是建立在内部各部门既有合理分工又能有效协作的基础上的。各部门相互配合、协同动作、统一运作,是实现政府总体管理目标的关键。如果政府内部结构不合理,各部门工作界限划分不清、协调不力,势必大大削弱政府管理的整体效能。

3. 塑造和维护政府形象的要求

　　政府内部的团结协作和高效运作,是确立政府良好形象的基本要求。要保持政府的高度统一和团结,各职能部门就不能各行其是,或只把眼光局限在本部门的范围内,而应该围绕政府总体管理目标,心往一处想,劲往一处使,形成一种整体力量。只有这样,政府的整体运作效能才会获得提高。如果内部关系松弛,一盘散沙,各部门互不配合,相互推诿、扯皮,甚至冲突不断,必然会影响政府统一运作的效能。一个低效无能的政府,无论如何也不会获得公众的好感,也就谈不上什么良好形象。

(二) 部门公关的基本原则与方法

　　如何才能搞好部门之间的公共关系呢?一般来说,政府领导层和领导人作为政府工作总的指挥和协调者,在这方面承担着主要责任。但是,公共关系部门和人员的积极配合也是十分重要的。从公共关系的角度讲,它的职能之一就是协调关系,其中自然也包括协调政府内部各部门之间的关系。通过公共关系工作来有效协调部门关系的基本原则和方法如下。

1. 加强信息沟通

政府各部门之间要经常互通情况,加强思想、信息、情报的交流。这是搞好部门关系的首要前提。首先,只有加强信息沟通,才能使各部门之间在工作上保持良好协调,形成密切合作关系。我们知道,任何一个政府部门都不是单独运作的,其工作成效在很大程度上依赖于其他部门的协同作战。这就要求各部门必须及时全面地向其他有关部门通报本部门的活动目标、设想、步骤及所需要得到的帮助和协作。信息沟通能够使各部门及时了解掌握其他有关部门的工作安排情况。也只有这样,才能谈得上有效协作。倘若信息沟通不畅,每一个部门都对其他部门的工作不甚了解,也就不可能形成良好的协作。其次,只有加强信息沟通,才能增进部门之间的理解和团结,克服本位主义,化解矛盾,减少冲突。部门之间的矛盾和隔阂、本位主义的形成,都可以从信息沟通上找到原因。信息沟通不畅,极易造成部门之间的隔膜、误解,严重的还会引发某种冲突,既影响工作,又影响团结。沟通情况好的部门,往往容易形成部门之间的良好关系。

部门之间的信息沟通一般通过以下方式进行。

(1)建立对话制度。部门之间应经常进行各种形式的对话。对话的任务和目的是相互通报情况,交换看法,交流信息,使对话的一方能及时全面地了解另一方的工作情况和想法。同时,通过对话,也可以及时消除误解,疏通感情,增进团结。

(2)召开联席会议。联席会议也是部门之间信息沟通的重要途径。它具有双向或多向沟通,不受干扰,沟通速度快、效率高、反馈及时等特点。定期或不定期的联席会议,有助于各部门之间的信息沟通和协调工作。

(3)交流内部刊物。政府部门一般都有自己的内部刊物,刊载本部门各方面的有关信息。部门之间通过交流各自的内部刊物,也可以达到相互沟通信息的目的。

2. 加强组织建设,理顺部门关系

政府各部门在工作上能否保持协调,做到默契配合、统一动作,同机构设置、职责划分是否合理有着直接的关系。机构重叠、职责划分不明确,极易造成部门之间互相推诿、扯皮和等靠现象,导致政出多门、行动不一,令人无所适从。这不仅降低了政府工作效率,而且使部门之间很难形成良好配合,违背了行政管理统一性的原则。要理顺政府内部部门之间的关系,维护政府的统一,就必须加强政府组织方面的建设。根据精简、统一、效能的原则,科学设置组织机构,使每一个政府部门都有自己明确具体的管理任务、范围和职责,从组织上保证部门之间的分工与合作,杜绝各种扯皮现象。只有在理顺部门关系的基础上,才能谈得上协同配合、统一运作。

3. 加强感情联络,互相支持协调

部门关系虽然是一种工作关系,但归根结底要通过人来实现,其中必然脱离不开感情的因素。所以,部门领导之间和工作人员之间应加强情感方面的交流与沟通,做好情感联络工作,增进了解,建立友谊,为双方工作上的协调配合打下良好的人际关系基础。例如,当某一部门在工作中遇到困难或阻力时,其他部门能主动前去排忧解难,在人、财、物方面给予帮助、予以支持;当某一部门工作取得成绩或出了问题时,能给予热情的鼓励或提出诚恳的批评、建议等。这些都有助于部门之间形成和谐融洽、互相关心、互相支持的良好关系。

部门之间加强情感联络的途径和方式很多,如举行各种联谊活动,加强部门领导之间的人际交往等。

二、上下级关系

(一) 什么是上下级关系

上下级关系是指一级政府或一个政府部门作为一个组织同上级和下属的政府或部门之间的公共关系。上下级关系具有相对的意义,就某一级政府机构或政府的某一部门来讲,往往既是上级的下级,又是下级的上级,需同时处理同上级和下级两种关系。政府体系本身的分层,决定了上下级关系是政府内部最常见的基本关系。

在体制改革以前,我国上下级政府或政府部门之间实际上是一种完全的行政隶属关系。改革开放以来,尤其是实行权力下放、财政分灶吃饭、外贸等承包经营以后,政府内部上下级之间的权力分配格局也发生了变化,各级政府都有一定的自身利益。利益格局的多元化、分级化使上下之间的公共关系及与此相联系的公共关系活动具有新的内容。

(二) 搞好上下级关系的意义

1. 搞好上下级关系有助于提高行政效率

搞好上下级关系可以调动和发挥各方面的积极性、主动性,因而提高行政效率。上下级之间虽然是一种领导和被领导的关系,但相互间又有明确的权力划分和职责界限。正常合理的上下级关系是:不同级别的政府机构或部门都能在各自职责权限范围内有效地运作。对上级来说,不应越俎代庖,包办或直接插手下级机构的事务。对下级来说,不能越权,或自行其是,更不容许以种种借口为理由对上级政策的贯彻采取消极抵制的态度。只有在理顺上下级关系的基础上,才能使各级政府机构或部门明确自己的权力范围和应负的责任,积极主动地开展工作。当各级政府都能最大限度地在工作中发挥出自己的积极性和主动性时,政府行政效率自然就获得了提高。

2. 搞好上下级关系有助于加强行政统一性

政府行政管理是一个内容复杂、机构交错、程序严密的大系统。要使这一系统作为一个整体来运作,不仅需要左右之间保持协调,也需要上下之间行动上的统一。这就要求下级政府机构或部门必须有"全国一盘棋"的观念,不能过分强调、注重局部利益或地区利益,在工作中应坚决、自觉地贯彻上级的政策意识,服从全局的需要。当然,作为上级,也应体谅、理解下级的困难,积极热情地给予帮助、支持和鼓励。只有这样,才能做到上下一致、行动统一,政府系统的整体功能才能得到有效发挥。

3. 搞好上下级关系有助于政府内部团结,提高政府形象

团结是胜利的保证。行政管理的成功,要求上下级之间必须齐心协力、团结奋战。所以,上下级之间应加强交流沟通,缩短距离,增进相互间的理解和信任,将团结一致的形象展示给公众。可以设想,上下级之间如果各怀意志、互不信任,甚至分崩离析、众叛亲离,这样的政府体系是谈不上什么战斗力的,更不会有什么好形象。

(三)上下级关系的处理

上下级之间良好关系的形成,需要上下级两个方面的共同努力。

1. 下级政府机构或部门的举措

从下级政府机构或部门来说,要正确协调处理同上级政府机构或部门的关系,必须做到以下几点。

(1)坚持党性原则。下级在处理同上级的关系时,必须站在党和人民的立场上,秉公办事,不徇私情,不拿原则做交易,更不能用社会上的一些庸俗做法(如溜须拍马、阿谀奉承、请客送礼等)来讨好上级。

(2)尊重和服从上级领导。下级服从上级是行政组织的构成原则。只有在保证上级领导权威的基础上,才能做到有令必行,有禁辄止,达成上下之间政策、行动上的统一。所以,作为下级,必须尊重领导,服从指挥,积极贯彻上级的政策和构想,保证领导意图的实现。即使对上级宏观决策有不同意见,也应在反映情况的同时执行照办。

(3)及时沟通下情上传的渠道。下级要积极支持、主动配合上级领导的工作。上级的管理和决策往往带有宏观性和战略性的特点,这就要求下级为保证上级领导的正确决策及时、主动地提供有关信息,当好参谋。要利用口头汇报、报送材料、请示报告等内部传播手段反映下情。

(4)不得越权行事。为保持行政上的统一,上下级之间一般都有明确的权限划分。对下级来说,不能超越自己的职权范围擅自主张,自行其是。凡遇到自身无权做出决定的事务,必须向上级汇报、请示。只有在上级授权的情况下,下级才能酌情处理,否则会严重损害上下级关系。

(5)对上级领导一视同仁。对上级领导应不分亲疏远近,一视同仁。不看客下菜,更不能把私人感情因素掺杂到工作中来。

2. 上级政府机构或部门的举措

从上级政府机构或部门来说,要正确协调处理与下级政府机构或部门的关系,必须做到以下几点。

(1)加强与下级的沟通,增进了解。上级领导必须懂得,如果没有下级的积极配合和具体工作,上级的决策意图是无法实现的。所以,作为上级,必须主动地加强与下级的沟通,经常向下级通报工作情况,解释说明上级的意图和打算,以便使下级能更好地贯彻执行上级的各项方针、政策。

(2)要充分信赖下级,尊重下级的职权。作为上级领导,首先应信赖自己的下级,放手让他们工作。上级不应超越职权范围,干预下级的工作,而应当鼓励下级充分发挥他们的主动性,独立解决问题。同时,在制定某项涉及下级政府利益的政策时,应充分考虑下级的承受能力,事先做好协商工作。

(3)要公正客观地评价下级的工作。公正无私是领导者职业道德的核心内容。它要求上级领导在处理下级关系时应公平合理、不偏不倚。对下级的工作要给予客观公正的评价,无论是表彰还是批评都能令下级心服口服。尤其是当下级之间发生某种冲突时,作为上级更应公正无私,一碗水端平。

(4)与下级平等相待。平等相待是上下级之间维护良好关系的基础。上下级在政府组织中的地位级别有高低之分,但在人格上都是平等的。作为上级,应警惕权力效应,绝不能自视高人一等、盛气凌人。只有真诚相处、平等相待,才能赢得下级的真心拥戴。

(5)具有民主精神。民主是现代领导者的基本风格。它要求上级领导者在工作中必须重视和尊重下级的权利,虚怀若谷,虚心听取和接受下级的意见,吸引下级参与到决策过程中来。对上级领导来说,家长制、一言堂的专制作风不仅不利于工作,而且必然会损害上下级关系。

三、员工关系

(一)什么是政府内部员工关系

政府内部员工关系是指政府组织和全体工作人员之间的关系。员工关系是最重要的内部公共关系,也是政府公共关系的起点和基础。对政府组织来说,最接近的公众就是内部工作人员。只有有效地处理好内部员工的关系,才能谈得上成功的外部公共关系。这也就是公共关系经常讲到的只有"内求团结",才能"外求发展"。如果连内部员工的关系都处理不好,外部公共关系的状况也好不到哪里去。

(二)政府内部员工关系的重要性

1. 员工是政府系统最基本的构成单位

员工是政府系统最基本的构成单位,是政府机构赖以存活的细胞。政府的一切方针、政策、计划、措施只有得到他们理解、支持,并靠他们身体力行才能实现。因此,政府内部员工的齐心协力,员工关系的融洽协调,是政府工作成功的基础。

2. 良好的政府内部员工关系可以提高政府效能

政府内部员工关系融洽、团结合作,就会形成强大的内部凝聚力,使每一位员工的积极性、主动性、创造性得到最大限度的释放,政府工作的效能也就从中获得了保证。反之,如果内部员工关系紧张、矛盾重重、内耗不断,呈现出一幅分裂涣散的景况,其行政效率必然会受影响。

3. 员工关系是政府公共关系的基础,决定和影响着政府的形象

政府形象在很大程度上是由员工的精神面貌、办事效率、内部凝聚力等因素决定的。如果由于关系紧张导致员工本身对工作缺乏热情、没有积极性,不仅影响工作,而且也会损害政府的形象和声誉。

(三)政府内部员工关系的处理

如何才能正确地处理好内部员工关系呢? 就政府情况而言,要搞好内部员工关系,须从以下几个方面着手。

1. 建立双向沟通,实现信息共享

通过建立双向沟通,加强政府内部的信息流动,让员工能够分享到足够的信息,是密切政府领导者与一般工作人员关系的重要途径。政府领导者应及时地向广大员工宣传、解释政府的方针、政策、目标,把政府的行政管理状况、发展前景、工资福利水平、人事变动和外部环境状况等有关情况传达给全体人员;同时,又要倾听广大员工的意见、建议、呼声,直接回答员工提出的问题,或就工作中存在的问题和失误进行解释和致歉,求得员工的谅解、支持和帮助。通过双向沟通而实现的信息共享,不仅有助于促进政府决策和管理的民主化和科学化,减少工作失误,而且也有助于激发员工的主人翁精神,保护其工作热情和积极性。建立双向沟通,实现信息共享的方式方法很多。例如,编发内部刊物、建立协商对话制度、领导者对员工做家访、举行各种形式的座谈会或讨论会等。

2. 鼓励员工参与决策

员工的工作岗位位于行政管理的最前线,与外部公众的联系最密切,也最熟悉和了解社会实际。所以,吸引广大工作人员参与到政府决策中来,鼓励他们积极地就政府工作发表自己的意见和看法,择其善者而从之,对于改进政府工作、提高管理水平无疑是大有好处的。同时,吸引员工参与决策,也可以满足他们作为主人的自豪感和成就感,最大限度地调动和激发他们的工作热情和创造才能,为他们施展才干提供一个广阔的天地。实践证明:现代社会行政管理水平的提高同政府内部管理的民主化有着必然的联系,而政府内部管理的民主化首先要求扩大决策的参与范围。广大员工参与决策,对密切干群关系具有明显的积极意义。

3. 善于运用奖惩手段

切实、可行、有效的奖惩制度,是调节和维系良好的员工关系的重要条件。奖惩是互为补充的两种管理手段。奖的目的是激励,激励的本质就是激发人的行为动机。人的行为动机又是由需要引起的。所以,要使奖励达到激励的目的,就必须了解员工的需要。人的需要是多种多样的,一般可分为两类,即物质需要和精神需要。政府领导者和公共关系部门应充分有效地运用各种激励手段,关心员工的物质利益和精神需求,激发他们的责任心、使命感和事业心。如果说奖的目的是激励,那么惩的目的则是惩戒。惩的主要形式有批评、处分、经济制裁等。在管理中运用惩的手段时,应注意对事不对人,量罚适当合理,同时也要给受罚者以申诉的机会和改正的途径。惩罚性手段虽然常会带来一些负效应,但使用得当也能起到帮助、教育员工的积极作用。

4. 讲究领导艺术

政府领导者在建立和维护良好的员工关系方面负有重大责任。领导者要处理好内部员工关系,必须注意以下几点。

(1) 以身作则,身先士卒。正如古人所说:"其身正,不令而行;其身不正,虽令不从。"所以,作为政府机构的首脑人物,领导者必须率先垂范。

(2) 关心下属,平等待人。领导者应关心员工的疾苦和身心健康,了解他们的需求,帮助他们解决工作和生活中的具体困难。这样才能缩短双方的心理距离,融洽双方的感情。

(3) 善于倾听下属的意见。能够倾听和接受下属的意见,乃是现代领导者的必备素质。这既是尊重员工的表现,也是赢得员工信赖的条件。它不仅有利于改善员工关系,也有利于改进工作。

(4) 尊重人才,知人善任。优秀的领导者必须有人才意识,唯才是举,唯才是用。领导者应当了解下属员工的个性特点和能力特点,用其所长,弃其所短,把工作需要与员工的个人能力很好地结合起来,求得人与事的最佳匹配,使员工各得其所、人尽其才。

第五节　政府外部公共关系

政府外部公共关系是指政府与全体公民和其他社会组织之间的公共关系。政府存在的目的就在于对整个社会事务进行综合管理。这个过程本身也就是与各类社会组织和公众发生关系的过程。因此,政府外部公共关系也就成了政府公共关系的主要内容。

与内部公共关系相比,政府外部公共关系所面对的公众无论是数量还是结构都要更多、更复杂,政府外部公共关系内容因而也就显得更复杂、任务更艰巨、意义更重要。

政府外部公共关系有狭义与广义之分。从狭义上讲,政府外部公共关系是指政府与国内全体公民和其他社会组织之间的公共关系;从广义上讲,则还包括与外国政府、各类国际组织和其他外国组织以及外国公民之间的公共关系。由于政府国际公共关系超越了国界的范围,具有特殊的内容和性质,我们准备另辟一节作专门讨论。狭义的政府外部公共关系大体上包括以下几类:政府与其他社会政治组织的公共关系;政府与经济、文化组织的公共关系;政府与一般社会公众的公共关系。

一、政府与其他社会政治组织的公共关系

政府是国家的行政管理机关,是国家权力体系的基本组成部分。政府在行使行政权力的过程中,必须同其他权力机构或政治组织发生关系,或受其影响制约,或需要得到它们的支持配合。这就要求政府通过卓有成效的公共关系工作来改进、协调与其他社会政治组织的关系,以便更好地履行自己的行政职能。

(一)政府与执政党的关系

在我国,政府与执政党的关系就是指政府与中国共产党之间的公共关系。党的领导是经由我国宪法确认的一项基本原则。中国共产党是社会主义各项事业的领导核心。人民政府必须在党的领导下开展工作,在自己的具体行政行为中贯彻落实党的纲领、路线、方针和政策。党的领导主要表现为政治上、思想上和组织上的领导。在过去的集权体制下,由于对党的领导的错误理解,党政关系上出现了严重的以党代政、党政不分现象。把党的领导简单等同于由党去直接包揽、插手行政事务,结果导致了党不管党、政不管政的严重弊端。随着改革的深入和市场经济体制的确立,在坚持党的领导的前提下,实行党政职能分开,是新时期党政关系方面改革的基本内容。从政府方面看,要正确处理与党的关系,必须做到以下三点。

1. 坚持党的领导

政府在行政工作中坚定不移地贯彻执行党的路线、方针、政策,加强与党组织的沟通,接受党的监督,以保证行政工作坚定正确的政治方向。

2. 政府要尽职尽责

在党委的领导下,政府要尽职尽责,独立自主地开展行政管理工作,不能事事依赖党委,失去自己的主动性和开拓性。

3. 依靠党组织和广大党员开展工作

政府应以内部公众中的党组织和党员为联系纽带,把同执政党的公共关系工作与开展内部公共关系结合起来,信任并依靠党员去开展工作。

(二)政府与人民代表大会的关系

人民代表大会制度是我国根本的政治制度。我国宪法规定,中华人民共和国的一切权力属于人民。人民代表大会作为国家权力机关,正是人民行使管理国家和社会事务权力的组织形式。它比执政党更加直接地规定了政府的施政行为和运行秩序、规则。人民

代表机关同行政机关的关系不是各自分立、平等分权的关系,而是决定与被决定、监督与被监督的关系。政府作为行政机关,是由人民代表机关产生的,其组成和活动必须服从人民代表机关的决定,并对它负责,受它监督。所以,政府机构与人民代表机关保持良好关系,是巩固社会主义政治制度的需要,也是政府成功履行自己职能的基本保证,同时还直接关系到政府能否获得人民的信任。政府要搞好与人民代表机关的公共关系,须做到以下几点。

第一,要经常研究、贯彻人民代表大会及其常务委员会的决议、决定等文件,督促各有关职能部门认真执行。

第二,要经常列席人民代表大会及其常务委员会的各种会议,与人民代表机关保持密切沟通,与人民代表保持广泛接触,积极主动地征求他们对政府工作的意见。

第三,要认真负责地向人民代表机关报告工作,自觉地接受监督,接受人民代表的质询,认真办理代表们的议案、建议、批评和意见。

第四,要主动接受、热情欢迎人民代表对政府工作的检查、视察和考察。

(三) 政府与司法机关的关系

从严格的意义上讲,我国的司法机关是指人民法院和人民检察院。公安机关、国家安全机关、司法行政机关的工作虽然与司法机关有密切联系,但它们属于政府的职能部门。法院和检察院则自成系统,分别行使国家审判权和检察权。司法机关和作为行政机关的政府都由人民代表大会产生,并对其负责。因此,二者之间是一种平行关系。

正确处理政府与司法机关的关系,是一项高度严肃的工作,它关系到整个国家机器能否正常有序地运作。从政府方面讲,要处理好与司法机关的关系,须做到以下几点。

第一,在维护社会治安的过程中,政府要主动协调好有关部门与"两院"的工作关系。尤其是公安、司法行政等职能部门,必须主动配合法院、检察院的工作。

第二,依照宪法规定,人民法院和人民检察院独立行使审判权和检察权,不受任何机关包括政府机关的干涉。所以,政府必须严格约束自身的权力运作,不得超出宪法和法律的授权范围去干预司法事务。除此之外,政府还应在日常的具体工作中支持"两院",包括在经费安排、人员调配、后勤保障等方面努力为"两院"排忧解难,改善它们的工作条件。

第三,政府应主动接受法院、检察院对政府工作的监督。来自司法机关的监督对于改进政府工作具有重要意义,政府对此应持欢迎态度,并尽可能地为"两院"监督的实施创造条件。

(四) 政府与人民政协的关系

人民政协是包括各民主党派、社会各界人士组成的爱国统一战线组织,也是共产党领导的多党合作和政治协商的一种重要组织形式。人民政协承担着对国家大事进行充分讨论、协商和民主监督的职能,因而在我国的政治体制和政治生活中占有重要地位,发挥着重要作用。政协人士和各民主党派成员一般都有较高的文化水平和广泛的社会联系,有的是教育、科技界的精英,有的是企业经营管理方面的专家,有的在国家政治建设和精神文明建设中发挥着积极作用,也有的同港、澳、台同胞和海外侨胞有较多的联系,在促进开放和祖国统一大业中能够发挥不可替代的作用。因此,发挥人民政协在参政、议政、政治协商、民主监督方面的积极作用,对于促进政府工作有着重要意义。而且,政协人士来自社会各界,他们的建议和提案虽然不具有法律效力,但能够广泛反映各阶层、各方面的意见。能否以积极的态度认真听取和采纳他们的意见,不仅会影响政府的工作,而且关系到政府的形象。所以,政府必须重视与人民政协之间的公共关系。

政府要搞好同人民政协的关系,须做到以下几点。

第一,政府在做出重大决策之前,应广泛征求政协方面的意见,此乃保证决策科学化与民主化的重要一环。政协人士文化层次高,代表性广,他们的意见和建议往往具有很高的参考价值和较为广泛的民意基础。政府可以由此集中征求社会各方面公众对自己施政行为和政策的反映。政协开会时,政府部门应派员前去参加,听取意见。对政协委员的提案,应认真负责地办理。

第二,政府部门应加强与政协的信息沟通,多向政协委员传播有关政府工作的信息。政协人士中有不少是各界的代表性人物,享有较高的社会声望。政府如果能及时地将某些信息传播给他们,取得他们的理解与支持,再由他们去说服更多的公众,所收到的效果将比直接向社会传播更好。

第三,政府应主动接受人民政协的监督,虚心听取政协人士的建议、意见。本着"有则改之,无则加勉"的态度,对来自政协方面的批评、质询都应认真对待,汲取其中的积极、合理的成分。

(五)政府与人民团体的关系

人民团体是指工会、共青团、妇联等群众组织。这些群众组织并不是国家权力机关,但是在社会和政治领域中发挥着重大作用。它们承担着维护和表达各方面群众利益,团结群众在党和政府领导下参与建设有中国特色社会主义事业的任务。它们是党和政府联系群众的桥梁和纽带。

搞好政府与人民团体的公共关系,要做到以下几点。

第一,政府及有关部门应尊重、支持人民团体的工作,支持它们在宪法、法律范围内按照自己的章程履行其社会职能。这是政府处理与群众组织关系时首先必须坚持的原则。

第二,政府部门要经常向人民团体通报政府工作情况,传播有关信息,使之能及时了解和把握政府工作的中心,更好地配合和支持政府的工作。

第三,为了进一步沟通联系,政府还应确定专人联系人民团体,使之有事能及时联系、报告,以求得更好的配合和协调。

二、政府与经济、文化组织的公共关系

政府承担着在全社会范围内对经济、文化事业从事行政管理的重要任务。政府在履行这一职能的过程中,必然要同社会的各类经济、文化组织发生关系。通过公共关系工作正确地协调政府与这些组织的关系,对于成功地履行政府的管理职能,推动社会经济、文化事业的健康、快速、有序发展,具有重要意义。尤其是在体制转换过程中,由计划经济体制决定和影响而形成的政府与经济、文化组织的关系模式,显然已不能适应市场经济的要求,因而双方的关系还有一个重新调适、重新定位、重新适应的问题。

(一)政府与经济组织的关系

政府与经济组织的关系是指政府与企业及其他一些经济实体之间的公共关系。在高度集权的旧体制下,政企关系的一个显著特点,就是政企职责不分,企业成了行政机构的附属物。人们习惯于把政府组织管理经济的职能同政府机关直接经营管理企业等同起来,习惯于用行政命令的办法直接指挥企业的生产经营活动,对企业管得太多、统得太死,结果导致企业缺乏应有的自主权,失去了内在的动力和活力,从而必然束缚生产力的发展。因此,要建立和发展社会主义市场经济,首先要调整与企业及其他经济组织的关系。从政府方面讲,要适应市场经济的要求,必须规范自身行为,实现以下三个方面的转变:一是从原来的直接管理为主转向间接宏观管理为主;二是从原来的指令型角色转向服务型角色;三是从以行政手段管理为主转向以经济、法律手段管理为主。

要实现这些转变,政府在处理与企业及其他经济组织的关系时,从公共关系的角度讲,须把握以下几点。

1. 政府要规范自身行为,严格依法办事

首先要尊重企业的自主权和正当利益,不能干预企业内部的正常经营活动,以保证企业真正成为自主经营、自负盈亏的微观经济活动主体。

2. 加强对企业的信息传播,为企业的生产经营活动提供良好的信息服务

政府应利用总揽全局和拥有强大财力的优势,大力开拓建设信息市场,积极搞好有关国家政策和市场变化等经济信息的收集、整理、预测和发布工作,及时向各经济主体提供超前性、指导性而又科学准确的信息。

3. 为企业的生存和发展创造一个良好的外部环境

政府应通过发挥自己的管理和监督职能,规范市场秩序,限制各种不正常经济行为,为各类企业创造一个公平竞争的环境;通过公共设施、公共卫生教育系统的建设,建立健全完善的社会保障体系;维护社会的秩序和安全,来为企业的生产经营创造良好的外部社会环境;通过卓有成效的外交、外贸工作,来为企业走向国际市场搭桥铺路、创造条件。

4. 倾听企业意见

政府在制定、执行经济政策和计划时,要多征求企业方面的意见,注意信息反馈,以便使经济政策更有针对性,更符合企业实际,更有助于解决企业所面临的问题和困难。

5. 从企业利益出发

政府的工商、税务、物价、审计等管理部门尤其要重视从企业利益出发来安排工作。这些部门的管理人员要经常同企业打交道,故应特别重视培养自觉的公共关系意识。政府管理人员应注意自身形象,多向企业宣传解释国家有关政策法规,以优质的管理服务来方便企业办事。

(二)政府与文化组织的关系

政府与文化组织的关系是指政府同全社会的文化、教育、科研、卫生、体育等组织机构的关系,这些组织承担着建设社会主义精神文明的重要任务,是社会主义现代化建设的重要力量。政府在管理这些组织时注意公共关系,有利于帮助它们正确理解政府的文化发展战略和政策,也有利于完善政府在文化领域公众中的形象。

与企业和其他经济组织不同,文化事业单位除少数部门外,一般无法做到自负盈亏。它们的经费来源主要依靠政府财政拨款,其发展须依赖于政府的经济和政策支持。这种情况决定了政府的文化发展政策及管理行为,对社会文化、教育、科技等方面的发展具有举足轻重的影响。所以,政府如何处理与文化组织的关系,对于推动文化事业的发展和整个社会的全面进步具有重要意义。

政府要处理好同文化组织的关系,应当从以下几个方面着手。

1. 切实推进文化事业发展

首先应从观念上转变文化事业单位只是被动的消费性行为的落后看法,充分认识、真正重视文化事业在社会主义建设中的重要性。能否做到这一点,是衡量一个国家或地区政府是否具有现代意识的重要标志。更为重要的一点是,政府必须把对文化事业的重视从口号变为具体行动,采取切实有效的措施来推动精神文明建设事业的发展。例如,通过加大财政投入力度,实行政策倾斜来扶持文化事业;通过改善知识分子的物质待遇,提高他们的社会地位来调动文化、教育、科技工作者的积极性等。

2. 加强与社会文化组织的信息沟通

通过各种形式的对话交流活动,及时向文化组织传播政府的方针、政策、法令法规及形势发展状况等有关信息,并通过文化组织与文化界广大的个体公众交流信息,以赢得他们对政府工作的理解、支持、配合。

3. 为文化组织提供优良的服务

提供服务既是各级人民政府的重要职能,又是政府应尽的责任。政府管理部门应熟悉各类文化组织的性质、工作情况、面临的问题,在信息、人员培训、物质设施、福利等方面提供服务,为社会文化事业的发展创造良好的条件和环境。

三、政府与一般社会公众的公共关系

政府公共关系的外部公众中,人数最多的就是社会上的普通民众,即社会公众,他们是政府服务的直接对象,因此在外部公众中的地位最为重要。

与其他社会组织不同的是,政府所面对的利益相关者是整个广泛的社会公众,他们具有成分复杂的特征。这种复杂性是方方面面的,包括人口统计学特征上的多样性,例如年龄、地域范围、职业、收入、文化水平等方面的差异,还包括利益相关点、社会地位、既有权利与地位等维度的个体差异。因此,面对成分复杂的国内社会公众,政府公关人员需要有针对性地开展公共关系活动。

虽然国内社会公众呈现出极大的复杂性,但是不同的事件对于不同的公众来说具有不同的意义。因此在某个特定的政府议题下,社会公众会根据其涉及的不同利益关系而自动分化为不同的利益群体。此时,这些利益群体间呈现出不同的特点,但是同一利益群体内的公众则趋向于呈现同一种特征。以我国 2011 年颁布的禁烟令为例,规定“五一”过后,全国范围内的室内公共场所都禁止吸烟。在这个政策议题下,拥有不同利益诉求的普通大众自发集结成了不同的利益群体——对政策持抵触意见的烟民群体、强烈支持禁烟的民众群体等。在这个层面上,社会民众抛弃其差异化的复杂成分而基于对禁烟令的不同态度,自发形成新的群体,以该群体统一的态度对政策做出反应。

由此可见,面对不同的事件主题,成分复杂的社会公众可能因为彼此共同的利益牵扯而自发形成同一个利益群体,表现出同样的利益诉求。而这种共同的利益关联和相同的情感诉求,会使这种群体具有一定的稳固性,甚至群体中的个体会更容易受到该群体中其他个体的情绪感染,从而表现出更典型的集体行为,甚至是不理智的行动。这一点对政府公共关系人员来说是非常重要的,这对他们处理某些突发事件具有很大的参考价值,公共关系人员需要思考如何恰当地处理公众的集体情绪,从而合理地遏制事态的进一步升级。除此之外需要注意的是,这种利益群体也并不是稳定不变的,而只是在某一议题事件发生时临时集结而成的。因此在不同的事件下,公关人员面对的是变动的利益群体。这就同时要求公关人员把握这一规律,并针对不同的利益群体采取适当的管理方式。[①]

根据其生活特点和活动范围,一般社会公众大体上可分为城市社会公众和乡村社会公众两部分。下面我们分别探讨一下政府与这两类不同社会公众的关系。

(一)政府与城市社会公众的关系

政府与城市社会公众的关系是指城市政府包括其派出机构与城市居民包括临时居住人口之间的关系。城市是经济、文化的中心。城市人口具有流动性大、结构复杂的特点,政府与城市个体公众的关系因而也就成了一个既十分重要又有相当难度的课题。根据我国的情况,搞好政府与城市社会公众的关系,应做到以下几点。

---

① 齐小华,殷娟娟.政府公共关系案例精析.北京:中国人事出版社,2012

1. 政府部门要抓好城市公用事业方面的工作,提高社区服务水平

城市公用事业与城市居民的日常生活密切相关,涉及群众的切身利益,因而是政府赢得公众信赖,树立自身形象的一个重要途径。这就要求政府在管理城市的过程中,要以公用事业为核心,为群众办实事,搞好供水、供电、供气、城市交通、环境保护等方面的建设;对群众关心的一些与他们切身利益密切相关的问题也应高度重视,在条件允许的情况下尽可能地办好。

2. 要提高政府工作的开放度和透明度,让公众了解并参与城市管理

相对来讲,城市居民更关心政府的工作,有着更强烈的参与意识。所以,对政府来说,除涉及国家机密外,应尽可能多地让公众了解政府和政府的工作,方便他们参政议政和对政府工作进行监督。特别是一些事关公众切身利益的大事和有关城市发展的重大问题,要及时向公众传播信息,争取他们的理解与支持。对工作中存在的问题和出现的失误,要诚恳地向公众道歉并及时公布具体的补救办法和善后措施,以挽回不良影响,求得公众的谅解。

3. 要妥善处理突发事件,确保社会稳定

现代城市中,居民对公用事业的依赖性越来越强,一旦发生诸如缺水断电、交通阻塞、恶性案件等突发性事件,正常的生活、生产秩序就可能会被打乱。这就要求政府必须具有相当强的处置能力,尽最大努力处理,以平定公众的情绪,恢复正常秩序。

(二) 政府与乡村社会公众的关系

政府与乡村社会公众的关系主要是指乡镇人民政府同广大农村居民之间的关系。与城市居民不同,我国农村居民数量多,分布广散,生活较为封闭,同政府的联系也不如城市居民密切和广泛。因此,乡镇政府与农村居民的公共关系要以农业生产经营活动为核心来展开。

乡镇政府要处理好与农村居民的关系,必须注意以下几点。

第一,乡镇政府要围绕农业生产各个基本环节搞好服务。一家一户的农业生产经营方式,决定了农民在生产过程中必然会遇到单个家庭无法解决的问题。这就要求乡镇政府必须提高服务意识,强化服务职能,通过兴办各种服务性实体等途径,为农民提供产前、产中、产后服务,提高农村经济的社会化、集约化水平。

第二,乡镇政府必须坚决、认真地落实党和国家关于农村工作的各项政策和措施,切实维护农民利益。这不仅关系到党和政府的威信和形象,也关系到农业这个国民经济基础及农村社会的稳定,故绝不可掉以轻心。这就要求乡镇政府的干部和工作人员提高政策水平,改进工作方法,严禁各种"乱摊派"、"乱集资"等侵害农民利益的行为;同时,在工作方法上应力戒简单粗暴,以免伤害农民感情、损害政府形象。

第三,乡镇政府在农村工作中应因地制宜、分类指导,适合农民的文化水平。由于历史原因,我国农村居民的文化知识水平低于城市居民。这就要求乡镇政府在处理与乡村公众的关系时,必须善于把上级指导同本地实际结合起来,根据本地区的特点,有针对性地开展工作,切忌"一刀切"。

第四,要加强乡镇政府的自身建设,不断提高乡镇干部和工作人员的政治思想觉悟和业务素质。

第六节　政府国际公众关系

当今世界是一个开放的世界。各个国家无论居于何方,也不论社会制度和发展程度如何,都需要与别的国家进行经济、政治、文化、教育、体育等方面的联系、交流与合作。随着人类文明的发展,开放已成为一种必然趋势。任何一个国家要把自己完全封闭起来,都不能生存和发展。所以,每一个国家实际上都已被卷入世界体系中,都不可避免地要同外部世界打交道。

政府在国际舞台上是国家主权的象征和代表,肩负着为本国的经济和社会发展创造有利的国际环境和条件的重任。要实现这一目标,离不开政府国际公共关系活动。政府国际公共关系是指政府在国际交往活动中,通过一定的传播方式向国际公众进行传播和沟通的过程。其基本目的是树立政府在国际舞台上的良好形象,争取国际公众的了解、信任与合作,寻求积极和谐的国际环境,从而促进本国的发展,加深各国人民之间的理解和友谊,维护人类和平。

一、政府国际公共关系的兴起与发展

第二次世界大战结束以来,随着世界新技术革命在各个领域的不断拓展,日趋现代化的大众传播技术和交通手段大大缩短了各国之间的距离,地球仿佛也变小了。在这种背景下,国际社会间的接触交往变得日益频繁和紧密,相互间的依赖性也大大增强。这样,有利的国际环境和良好的国际形象就成了一个国家谋求内部发展,增强国际影响力的重要条件。政府国际公共关系正是适应这一要求而产生的。

十一届三中全会以后,随着改革开放政策的实施,我国政府国际公共关系也随着国门的打开而日趋活跃,原因如下:

第一,对外开放的发展趋势,推动了政府国际公共关系活动的开展。政府只有注重通过各种传播途径来树立新的良好的国际形象,通过各种沟通方式来协调复杂的国际关系,才能增进与国际社会间的相互了解,扩大交往,发展友谊,增强合作,从而为我国经济和社会的发展创造一个有利的国际环境,推动对外开放事业持续、稳定地发展。国际公共关系正是达到这一目的的有效手段。

第二,日趋先进完善的大众传播技术,为政府国际公共关系的开展提供了优越的物质条件。以三大媒介为例:中国国际广播电台在播音语种、时数、发射功率方面已跻身世界三大国际电台的行列；中央电视台已与上百家外国电视台建立了联系，且已开通了卫星频道，节目内容覆盖了全球大部分地区；我国目前公开发行的上千家报纸也拥有广泛的海外读者，有的还能通过卫星传真当天送达全球各地。这些显然都有力地促进了政府国际公共关系的开展。

第三，国内外的公共关系理论研究和实践，为政府建立国际公共关系提供了不少可以借鉴的成功经验。因此，我国政府国际公共关系虽然尚处于初始阶段，但其发展前景是十分广阔的。

二、政府国际公共关系的特殊性

政府国际公共关系是政府公共关系的一个特殊的方面。它的特殊性主要表现在以下三点。

（一）工作对象的特殊性

政府国际公共关系是政府与国际公众之间的相互关系。国际公众是它特定的客体和工作对象。与国内公众相比，国际公众分布更为广泛，结构异常复杂，这就决定了政府国际公共关系在工作目标、重点、方式方法上比国内公共关系范围更广，要求更高，难度也更大。

（二）工作目的和重点的特殊性

树立政府良好的国际形象，是政府国际公共关系的目的和重点。这一特点既不同于以获取经济利益为目的的企业国际公共关系，也不同于政府面向国内公众所开展的公共关系，政府国内公共关系也有一个树立形象的任务，但树立形象又是为了引导公众为实现政府目标而努力。从这个意义上看，树立形象又可以被理解为一种手段。在政府的国际公共关系中，情况就不同了。这是因为，国际公共关系面临的是不同民族、文化、国度且具有相当独立性的国际公众，政府国际公共关系的目的和重点都必须、也只能放在树立形象上，即力求以良好形象来影响公众，争取国际社会的理解和支持。

（三）工作手段的特殊性

由于国际公众的结构特点和交通等客观条件的限制，政府国际公共关系的活动除以人际交往和组织传播的方式进行外，大量的活动需借助传播媒介进行。

三、发展政府国际公共关系的意义

改革开放政策的实施，结束了我国长期以来的闭关自守状态，密切了中国同国际社会的联系。中国需要世界,世界也离不开中国。在这一背景下,政府国际公共关系的地位和作用也日益凸显。

（一）有助于加强中国同国际社会的沟通和相互了解

由于中国长期处于封闭状态,国际人士对中国既怀有兴趣,又有怀疑、犹豫甚至抱有偏见和误解。这就要求通过政府国际公共关系工作来向外国朋友客观公正地介绍情况、提供信息,以增进他们对中国社会、文化、政策、环境的了解,消除由于信息沟通不畅所产生的种种误解。中国要走向世界,首先要让世界了解中国。

（二）有助于促进同外部世界的经济交流与合作

改革开放以来,对外经济合作与交流已逐渐成为国民经济发展的强大"加速器"。引进、借鉴国外先进的生产技术和管理经验,扩大对外贸易关系,吸引外商来华投资,发展与外商长期固定的经济合作,都离不开政府国际公共关系作用的发挥。在国际竞争日趋激烈的今天,为本国经济的发展创造良好的外部环境和条件,是政府的一项重要职责。政府通过发展国际公共关系,推动本国企业和产品打入国际市场,吸引更多的海外投资者,从而也就为对外经济合作与交流创造了更多的机会和更好的条件。

（三）有助于对外科技与文化交流

对外科技与文化交流,是争取国际公众的重要条件。改革开放以来,我国同外部世界的科技文化交流日益频繁。大批留学生、访问学者出国学习。科研机构、高等院校以及其他一些社会文化团体的国际交往日趋频繁。大批海外人士来华学习、访问或观光旅游。要使他们对中国有更多的了解,在他们面前树立中国政府良好的形象,以增强科技交流和文化上的彼此接受,就需要发展国际公共关系。

（四）有助于我们争取朋友,扩大影响,维护人类和平

和平与发展是当今世界的两大主题,而世界又是一个多元体系,各国的社会制度、文化传统、发展水平之间有相当的差距。这就要求彼此之间互相理解和尊重,不能把自己的选择和观点强加于别人。只有这样,不同制度和文化的国家才能和平共处。发展政府国际公共关系,有助于增强不同国家人民之间的相互理解,培育友谊,争取更多的国际朋友。世界人民的团结,是维护人类和平的根本保证。

四、政府国际公共关系的原则

政府国际公共关系的原则是指政府在开展国际公共关系时所必须遵循的一些基本准

则和要求。只有在严格遵循这些原则的基础上,政府国际公共关系才能够取得预期的良好效果。

（一）互惠互利原则

利益是联系政府与国际公众的纽带。国际的各种交往无不以利益为轴心。然而,利益本身不是单方的,而是双方的。国际公共关系的主体与客体都有自己的利益。互惠互利原则要求在维护自身利益的同时,必须尊重和维护国际公众的利益。只有做到这一点,才能谈得上正常的国际交往,才能同国际公众保持长期合作,建立良好关系。

（二）真实性原则

真实性原则要求政府在开展国际公共关系时,必须坚持实事求是,讲真话,办实事,在国际公共关系活动中,以事实为基础,客观、真实、全面、公正地进行信息传播和双向交流。只有坚持真实性原则,才能赢得国际公众的理解、信任和支持,才能树立良好的国际形象。

（三）平等交往、彼此尊重原则

国家无论大小,一律平等。这是现代国际法的一项基本原则。它同样适用于国际公共关系领域。这一原则要求政府在开展国际公共关系时,既不能以大欺小、以强凌弱,也不能奴颜婢膝、丧失国格人格。同时,在平等的交往中,要尊重对方的利益、独立和尊严,不能把自己的观点、信仰和选择强加于人。只有平等交往、相互尊重,才能建立互相信任的关系,才能谈得上发展国际公共关系。

（四）针对性原则

政府要保证国际公共关系的成效,必须灵活地针对不同情况采取不同的方针和策略。国际公共关系的对象是结构异常复杂的国际公众。这些公众分布于不同的国家或地区,活动于不同的方面和领域,各自的社会、历史、文化背景不同,语言、文字、风俗习惯、生活和思维方式各异,情况可谓千差万别。因此,要使国际公共关系活动富有成效,必须从国际公众的实际情况出发,针对其不同的特点而区别对待,灵活地调整战略、策划方案。

案例研究：德江群众从质疑变为信任

2008 年 6 月 15 日 6 时,贵州德江县 110 指挥中心接到群众报警:在青龙镇大坡山一灌木林中发现一具尸体。根据 2008 年 6 月 7 日张某对其子魏某失踪的报案,侦察员带张某和亲属到现场,初步判认死者是德江一中高三(17)班学生魏某。刑技人员将现场情况向张某及与死者长期在一起生活的姨妈讲述后,在他们的协助和见证下,进入中心现场,对中心现场及尸体进行深入勘查。通过仔细检查死者随身携带的遗物,当场确认死者就是魏某。

随后,围绕魏某死因展开的调查继续进行,侦查人员获取了魏某生前所写信件,信中透露着魏某对生活和未来彻底失望的情绪。2008年6月18日,公安部门综合现场勘查、尸体检验、调查走访材料等诸多证据,专题讨论认定:魏某系自缢自杀,并依法决定不予立案。

6月25日,悲痛的张某脖子上挂着写有"冤"字的牌子到县城喊冤,引来数百名围观群众。县公安局第一时间启动处置突发事件预案,迅速调集警力赶到现场开展疏导劝说工作。围观群众很快被疏散,事态得到有效控制。

此时,当地谣言四起,认为公安部门因为没有能力破案,称魏某是自杀。

为澄清谣言,6月27日德江县公安局召开魏某"死亡事件"情况通报会,邀请县四大班子、教育局、新闻媒体及城区各学校负责人、各乡镇教委主任、德江一中全体教师和各班学生代表共300多人参会。公安部门通过幻灯片的形式为参会者播放了事件处置全过程,详细介绍公安部门得出死者自缢结论的科学依据,同时通过新闻媒体正面宣传,谣言很快被消除。

如今,德江事件已悄然平息。铜仁地委书记廖国勋说,德江县经济落后,积累矛盾较多,这一起事件的成功处置给基层政府以很多启示。

让亲友和群众参与事件处置的全过程。德江县公安局局长魏华松说:"'人命关天',如果有任何工作环节处置不当,就可能引发恶性群体事件。"为了让群众了解真相,从6月15日安排出警到6月27日召开"通报会",事件发生、发展、处置的整个过程中,死者亲友和群众都参与其中,谣言不攻自破。

真诚面对群众,真心感动群众。群众聚集事件发生后,县公安局第一时间启动处置突发事件预案,当地党政干部和民警及时赶到现场,展开疏导、劝解与解释工作,并将围观群众与家属迅速隔离,围观群众很快被疏散,事态得到有效控制。

同时,针对张某难以接受事实真相的心理,党政干部和民警就不厌其烦地一遍遍劝导她,他们注意到痛苦的张某吃不下饭这个细节,就一直陪伴在她身边,饿着肚子耐心做解释工作,从上午一直持续到深夜,民警和当地干部的真心诚意感动了张某和在场群众。廖国勋说:"处理这类事件要真诚面对群众,真心感动群众。"

精细工作作风、务实工作态度、贯穿处置始终。面对已高度腐烂,全身可见大量蛆虫的尸体,法医没有丝毫犹豫和怠慢,一丝不苟地完成了从死者衣袋中翻找随身携带遗物、移送尸体下山、尸体解剖、缝合复原等现场勘查和尸检工作。为查明真相,侦查人员不依赖尸体检验结论,围绕魏某死因展开了深入细致的调查走访工作,查访获取、掌握了大量证据材料,为做出最后结论打下牢固基础。

把握舆论导向,不给谣言传播机会。在县城谣言四起时,县公安局及时召开了情况通报会。会上,除了通报事实真相外,魏华松坦诚地与300多名参会者就县城治安状况和公安存在的问题进行交流沟通。同时向群众宣传了传谣、信谣造成后果的要追究责任等相关法律知识。同时,通过新闻媒体把情况通报给社会各界,谣言很快消除。

贵州省委书记石宗源说,"德江事件"和"瓮安事件"几乎是同时期发生的。但是由于处理问题的思路和方法不一样,结果就大不一样。说到底是责任心问题,是工作水平和工作能力问题,是对人民群众的态度问题。

（资料来源:齐小华,殷娟娟．政府公共关系案例精析．北京:中国人事出版社,2012;李忠将．德江群众从质疑变为信任．瞭望,2009(1)）

思考与讨论:

1. 在互联网上搜集"瓮安事件"的政府公共关系案例,并与本案例进行比较,分析为什么社会个体的"突然死亡"频繁成为社会危机事件的导火索?

2. 德江群众从质疑变为信任的原因何在?

3. 面对社会转型期频发的社会冲突事件,有效控制事态,避免群体性事件发生的关节点何在?

实训项目:举行政府与企业公众关系案例讨论会

1. 实训目的

通过举行政府与企业公众关系案例讨论会,加强对政府公共关系公众相关内容的理解和掌握。

2. 案例简介

政府企业公关还有一种方式是向企业汲取资源,这在国外比较常见,在国内俗称为"拉赞助",这种政府企业公关往往比较敏感,我们来看一个案例:山西某矿老板赞助800万元为警方买直升机事件。

"昨日,一架名为'兴旺号 F 的美国制造的贝尔 212 型直升机在武宿机场的上空进行首航。这架编号为'G-140001'的飞机是我省公安机关斥资 3000 万元引进的第一架警务直升机。它的到来使山西省成为继广东省后全国第二个拥有警务飞机的省份。当天,警务航空队也同时成立。在首航仪式上,山西省公安厅厅长特别对赞助 800 万元购建警务飞机的某县一矿业有限责任公司董事长表示感谢。因为他对警务航空队的成立及这次首航做出了巨大贡献,便以捐助人姓名命名飞机。该省公安厅厅长表示,到 2007 年年底,我省还将购置 2 架不同型号的飞机,这必将大大提高我省公安机关快速反应能力和整体作战能力。"

这是《山西青年报》2006 年 9 月 27 日的一篇新闻稿,报道了企业捐助警方直升机一事。此项赞助有利于提高警察队伍的快速反应能力,也有利于政府机构更好地履行职责,当地媒体宣传的目的无非是通过媒体公关,褒扬企业与政府的合作行为,但社会和媒体对此则议论纷纷。

国际在线刊载了一系列质疑的文章,一定程度上代表了部分公众的不满和质疑。如《"兴旺"公安局什么时候挂牌》,认为公安机关变相寻租,有违社会公平正义。《800 万元,会不会成为企业的"保护伞"》一文认为当公权部门与社会利益集团建立起紧密的利益关系后,为执法不公、徇情枉法埋下了隐患。《"瓜田李下"的警用直升机》一文认为如果公共权力在一定程度上被个人欲望操控,特定情况下,公共权力会成为个人欲望膨胀后肆意侵犯公共利益的工具。《当公共权力遭遇个人"参股"》一文指出,可能会导致公共权力在捐助者面前丧失其独立性和公正性。除此以外还有不少反对的个人评论。

（资料来源:洪建设．政府公关．北京:北京大学出版社,2010）

3. 实训步骤

（1）全班分成以 5～7 人为单位的若干小组。

（2）结合本章"政府公共关系公众"的内容,针对"山西矿老板赞助 800 万元为警方买直升机事件"你的看法是什么？为什么？请分组讨论并形成发言提纲。

（3）各组选一名代表重点发言。

（4）教师总结。

4. 实训手记

通过训练,我的收获是_____。

课后练习题

1. 政府公共关系公众有何特征？
2. 如何进行政府公共关系公众分类？
3. 政府如何选择目标公众开展政府公共关系？
4. 如何优化政府内部公共关系？
5. 如何优化政府外部公共关系？
6. 案例分析

举报非法征地

24 岁的上海白领王帅于 2009 年年初网上发帖举报家乡河南灵宝市非法征地一事,却被"跨省拘捕",以涉嫌诽谤罪被押回河南羁押 8 天。由于公众舆论压力,河南省副省长承认王帅案为冤假错案,并通过网络向其公开道歉,该案导致一批司法人员被处理,王帅获得 783.93 元的国家赔偿。富有戏剧性的是,王帅举报的被违规征用的土地全部复耕,土地又重新回到农民手中。

案例思考:结合本案例,你认为政府应该如何正确处理与社会公众的关系？

第六章

政府公共关系传播

如果一个广受欢迎的政府却没有广为流通的信息或者没有获取它的手段,那就只不过是一场闹剧或悲剧的序幕,或者两者都是。

——[美]詹姆斯·麦迪逊

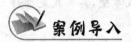 **案例导入**

中美乒乓外交

乒乓外交也称为"小球带动大球",中美建交就是巧借乒乓球队之间的互访成功建立外交关系的一个典型范例,正是以乒乓球为媒,让处于封冻状态的中美关系最终实现了邦交正常化。

20世纪60年代后期起,长期处于敌对状态的中美两国开始为改善关系进行试探和接触。美国要结束越战、脱离战争泥沼,对抗苏联,需要中国的配合与支持;中苏之间因珍宝岛事件关系进一步趋于紧张,中方以实现民族统一大业、恢复和扩大国际交往、积极参与国际事务为己任,两国的战略利益促使双方产生了相互接近的要求。双方都在积极探索接近的渠道,并进行了多次试探。中美两国经过多次试探和接触后,最终通过双方的乒乓球队之间的友谊实现了两国外交上的重大转折。

乒乓外交起源于1971年春天在日本名古屋举行的第31届世界乒乓球锦标赛。在此次世锦赛前夕,周恩来召集有关人士开会时要求这次参赛要"接触许多国家的代表队"、"我们也可以请他们来比赛"。在比赛开始的第一天,中国队乘巴士从驻地前往体育馆时,美国运动员科恩由于同中国国手切磋球技而错过美国队的巴士,正在科恩无奈彷徨的时候,中国队员主动招手欢迎其搭车前往。乘坐期间,中国运动员庄则栋上前和他握手、寒暄,并赠予一块中国杭州织锦留作纪念。这个细节被在场的日本记者抓住,成为爆炸性新闻。在中方邀请加拿大与英国的球队来中国访问之后,美国队的副团长哈里森突然主动来到中国代表团驻地表示了到中国访问的意愿。于是,4月3日,中国外交部以及国家体委就是否邀请美国乒乓球队访华问题向中央请示。经过3天的反复考虑,毛泽东在比赛闭幕前夕决定,由在日本名古屋参加第31届世界乒乓球锦标赛的中国乒乓球队向美国乒乓球队发出访华邀请。次日,美国国务院接到美驻日本大使馆的《关于中国邀请美国乒乓球队访华》的文件后,立即向白宫报告。尼克松在深夜得知这个消息后,立即发电报给美国驻日大使,同意中方的邀请。事后尼克松说:"我从未料到对中国的主动行动会以乒乓球队访问北京的形式得到实现。"

1971年4月10日,美国乒乓球代表团和一批美国新闻记者来访,成为自新中国成立以来,第一批获准进入新中国境内的美国人。4月14日,周恩来在人民大会堂接见了美国乒乓球队的成员,并对他们说:"你们在中美两国人民的关系上打开了一个新篇章。我相信,我们友谊的这一新开端必将得到我们两国多数人民的支持。"

在周恩来讲话几小时后,尼克松宣布了一系列对华开禁措施,包括放松美国对中国实行了21年的禁运,对愿意访问美国的中国人可以加快发给签证,放宽货物管制等。作为回报,美国乒乓球队邀请中国乒乓球队访问美国,这个邀请立即被接受。尼克松还高兴地宣布:"美国的对华政策已经打开了坚冰,现在就要测水有多深了!我希望,其实我是期待着,有一天我将以某种身份访问中国。"

1971年4月21日,周恩来通过巴基斯坦向美方首脑发出访华邀请;7月9日,美国总统国家安全事务助理基辛格博士秘密访华,确定了尼克松访华日期及准备工作,为尼克松访华进行预备性会谈。

1972年2月18日,尼克松启程来华,21日到达北京,成为第一个来华访问的美国在任总统。2月28日,中美在上海发表《中美联合公报》,中美关系开始实现正常化。1972年4月11日,中国乒乓球队回访美国。中美两国乒乓球队互访轰动了国际舆论,成为举世瞩目的重大事件。"乒乓外交"结束了中美两国20多年来人员交往隔绝的局面,使中美和解随即取得了历史性突破。

中美成功建交,乒乓球作为公关媒介对此发挥了重要作用。周恩来也正是掌握了公关活动中的这一独特艺术——寻找媒介达成双方的共识,坦诚相见,才促使此次建交成功。时至今日,中美之间已经上升到了建设性战略协作伙伴关系,在经济、政治以及军事方面都有广泛的联系,共同对世界事务的处置发挥着至关重要的作用。而乒乓外交仍然为两国人民所津津乐道,纪念活动也在两国之间广泛地开展。乒乓外交成为世界各国开展外交活动的一个典型案例,并没有随着历史而终结,而是不断从借鉴中扩展形式使之在国际交往中继续发挥作用。

(资料来源:洪建设. 政府公关. 北京:北京大学出版社,2010)

问题:
1. 结合本案例谈谈政府公共关系传播的真谛是什么?
2. 怎样才能收到最佳的政府公共关系传播效果?

第一节　政府公共关系传播概述

一、传播的基本原理

（一）传播的基本概念

传播是自人类产生以来就有的社会现象。传播行为是人类最常见、最主要的社会行为之一。任何人初降人世，他的第一声啼哭就开始了信息传播：宣告他的出生。一切生产和社会活动都离不开传播。人们的交谈、通信、微笑、握手、穿戴及新闻报道、工商广告、政治宣传都是传播行为。信息传播行为是维系人类社会的纽带，衣食住行加传播构成人类生存发展的基本条件。现代信息社会要求人类特别重视信息传播。

1. 传播的定义

在公共关系中，传播是社会组织利用各种媒介，将信息或观点有计划地与公众进行交流的沟通活动，其基本含义包括以下两个方面。

（1）传播是有计划的完整的行动过程。"有计划"是指整个传播活动必须按组织的公共关系总目标有步骤地进行。"完整"是指传播过程必须完全符合传播学的"五W模式"，即Who(谁)、Say what(说什么)、Through which channel(通过什么渠道)、To whom(对谁说的)、With what effect(产生什么效果)。

（2）传播是一种信息的分享活动。传受双方是在传递、反馈、交流等一系列过程中获得信息。因此，这不是一般意义上的单向性信息传递，而是通过双向的信息沟通，使双方在利益限度内最大限度地取得理解，达成共识。

2. 传播的基本特征

（1）传播具有社会性。传播是人类维持社会生活的一种最常见、最主要的社会行为。任何社会都不能离开传播，没有传播就形成不了社会。

（2）传播具有普遍性。传播行为无时不有，无处不在，有人就有传播。它是人类社会最普遍的现象。

（3）传播具有工具性。人类利用传播作为工具，来监测环境，适应和改造环境。

（4）传播具有互动性。传播在人与人之间进行，总是双向交流、互为主体的活动，纯单向的传播是不可想象的。

（5）传播具有符号性。人类的信息传播是依靠"符号"进行的。语言、文字、音响、图画、形象、表情、动作等符号，都是信息的表现形式。整个传播过程是：传播者将信息译成符号，传递符号；接受者接受符号，还原符号，了解信息内容。

（6）传播具有共享性。传播的目的就是与传播对象共享信息内容，以达到某种共同性。

（二）传播的要素和类型

1. 传播的基本要素

传播是一个完整的过程。传播的起点是信息的发布人，通过传播媒介把信息输出给接收者，接收者就成为传播的终点。构成整个传播过程的要素有以下几点。

（1）信源。信源也称传播者，是信息的发出者。新闻传播中的记者、编辑，政府公关活动中的公关人员，都是信息发出者，都是信息源。

（2）信息。信息实际上是包含内容和表现形式——符号两部分的综合体，二者缺一不可。只有内容没有符号的信息是无法传播的，只有符号没有内容的信息是无意义的。

（3）编码。传播者根据传播对象的特点，按照一定规则将内容制成符号系统传播出去，便于对象的接收和理解。如将新闻事实写成新闻稿。

（4）媒介。媒介是指信息传播的中介和途径。新闻传播媒介是指报纸、杂志、广播、电视等。

（5）信宿。信宿是指信息传播的归宿，即传播的受传者，或传播的对象，有的称受众、读者、听众。

（6）译码。信宿收到信息后，将信息符号译成自己理解的内容。就像战争的双方截获对方的密码，必须经过破译才能掌握其内容一样。

（7）干扰。干扰是指传播过程中放大或缩小信息量，使信息失真的因素。干扰可以出现在传播的任何一个环节，它是影响传播质量、降低传播效果的重要因素。常见的干扰有编码干扰（不会写作）、信息干扰（信息本身产生歧义，使受传者误解）、信宿干扰（信宿本身条件影响了信息的正常接受）。

（8）共同经验范围。共同经验范围是指信源与信宿之间的共同经验。共同经验范围越大，"共同语言"越多，传播效果越好。

（9）反馈。反馈是指信宿对信息所做的反应。传播者根据反馈调整或改变传播行动。反馈可分为正反馈（与传播者传出信息内容要求一致的反馈）与负反馈（与传播者传出信息内容不一致的反馈）、显反馈（明显公开的反馈）与隐反馈（隐蔽、潜在的反馈）等。

2. 传播的类型

（1）自身传播。自身传播又叫人的内向交流或个人的自我沟通。沟通的"双方"不是两个人，而是一个人，是自己与自己的沟通，其表现形式是人的自言自语、自问自答、自我发泄、自我陶醉、自我反省、自我斗争和沉思默想等。从严格意义上讲，它是个人内心的思维活动。从传播学角度看，它是人类传播的基本单位和细胞。

（2）人际传播。人际传播指的是人与人之间的沟通交流。沟通的"双方"是两个人，是一个人与另一个人之间的交流。其表现形式分为面对面无媒介的直接沟通和非面对面的间接沟通两种。前者一般通过语言、手势、姿态、表情等直接沟通,能立即得到反馈;后者通过电话、电报、书信、便条等媒介进行沟通。人际传播的优点有以下几点。第一,使人感到真挚、亲切,容易建立感情。第二,信息真实,不易"变形"和"走样",说服力强。人们常用"亲眼所见"、"耳闻目睹"来强调信息的可信性。第三,信息反馈及时。由于直接交往,发出去的信息可得到及时的反馈,传播者可通过对方的姿态、动作、表情及语言等了解信息发出后在受众中引起的反应,并据此来检查自己的传播行为,纠正偏差和强化效果。人们往往把自己的亲身体验相互传播,无论好事还是坏事,常常一传十、十传百,比官方发布正式消息起的作用大得多。所以,人际传播这种方式在树立形象上有特殊的功效。

(3) 组织传播。组织传播指的是组织和其成员、组织和其所处环境之间的沟通交流。我们每个人都生活在组织中,组织内部成员的关系和谐与否,关系到一个组织的健康与发展。组织的形成本身就有赖于传播活动。没有传播,就无法形成组织。组织传播一般有三种渠道,即上行沟通、下行沟通与平行沟通。上行沟通是自下而上的沟通形式,是基层单位或员工向上级单位或领导反映情况、汇报工作、提出建议的正常渠道。上级单位或领导主动搜集信息、征求意见、听取汇报,也属于上行沟通。上行沟通最好采取"直通"的方式,以减少间接的传递,避免出现失真或误时等现象。下行沟通是自上而下的沟通形式,是上级单位或领导将政策、命令、决议等传达给下级。传达的方式是多种多样的,如口头与书面、直接与间接等。下行沟通一般信息量较小,干扰较多,直接影响沟通的效果。平行沟通是同级之间的沟通形式,是组织内外的同级机构或同级人员之间为了相互配合、彼此支持、解除误会、避免扯皮、消除冲突而进行沟通的重要方式。平行沟通可以促进部门之间的协调,从而有利于工作效率的提高和组织目标的实现。

(4) 大众传播。大众传播是指职业传播者通过大众传播媒介(主要是报纸、杂志、广播、电视等),将大量复制的信息传递给分散的公众的一种传播活动。从媒介角度看,它有两大类:印刷类大众传播媒介和电子类大众传播媒介。这种传播的特点是:传播主体的高度组织化、专业化;传播手段的现代化、技术化;传播对象众多,覆盖面极广;传播者和受传者之间的"人际关系"不复存在;信息反馈比较缓慢、间接等。大众传播的迅猛发展,是现代社会科学技术高度发展的产物。大众传播的方式,是政府公共关系人员必须掌握的。

二、政府公共关系传播的特点

(一)传播主体的独特性

政府公共关系具有独一无二的主体,即政府组织,其组织体系之庞大、结构和任务之复杂、网络之严密,都是其他社会组织难以比拟的。政府公共关系传播就是指政府组织(包括政府机构及其公关部门)与其内部成员即国家各级政府工作人员及其所属部门的沟通与交流,也包括与外部公众即社区、企业、新闻界、社会名流及国际社会公众进行的沟通与交流。

（二）传播工具的优越性

在我国，主要的新闻单位都是由政府管理的，出版、电影事业也由政府管理，政府还办有自己的报纸。政府组织不仅掌握大量的大众传播工具，而且拥有一套系统、严密而又迅速的组织传播网络。除执政党外，其他社会组织在这一点上无法与之相比。这在客观上可以使政府公共关系计划得到严格的保证，使政府公共关系部门在围绕政府中心工作开展的公共关系活动中牢牢地掌握主动权，并且可以通过多种新闻工具从各个角度大量地、反复地传播某一信息来加深公众的印象，提高公共关系工作的效率。一方面，大多数其他组织的公共关系都只能不同程度地依赖不属于自己的新闻工具，这就使公共关系工作多了一层困难：如何引起新闻界的兴趣；另一方面，政府公共关系在收集信息、了解公众反应方面条件也最好。记者的采访、公众向新闻单位的投诉，都包含了从公众向政府方面流动的信息。

（三）内部传播的有序性

内部公共关系的主要传播渠道是组织传播。许多社会组织在小范围内组织传播效率尚可，一旦组织过大往往会成为松散的集团，组织传播的效率就会降低。政府机构虽大却组织严密，其内部有一定的管理跨度和层级，这使政府通过规定的传播渠道，即党的信息传送系统、政府信息传送系统、人民代表大会信息传送系统、社团信息传送系统、新闻信息传送系统和学术信息传送系统等沟通体系发挥作用，采取请示、汇报、指令、批示、例会、简报、文件等方式，按一定的程序实行层级传播，传播信息准确而迅速地在组织内部流动。

（四）外部传播的大众化

政府组织面临的是数量最庞大、构成最复杂的公众。政府的固有职能及其公共关系的独特性使其公众不仅在数量上难以计数，而且在结构上也十分复杂，具有较强的广泛性和包容性。这就决定了政府公共关系在对外传播上，面临着一个具有权利能力和行为能力的十分广阔的公众环境，使政府公共关系的传播具有明显的大众化、公众化的特点。

（五）传播过程的强制性

政府公共关系传播当然也要强调"情感投资"，注意主体与对象之间利益的相关性。相比之下，政府公共关系传播过程中的"强制"色彩更加突出。这是因为政府肩负着组织和管理社会的职责，是根据国家权力机关的决定和委托，按照宪法和有关法律、法规组织起来，依法对国家行政事务进行组织和管理的执行机关。因此，它与内部或外部公众进行信息、思想等交流与沟通，与其说是其义务，不如说是其权利，是依法行政的需要，是开展正常行政管理的需要，是维护安定团结政治局面的需要。

（六）传播手段的综合性

政府公共关系面对的是一个具有不同需求和利益关系的十分复杂的公众群体。为实现政府公共关系目标,提高政府公共关系活动的效果,政府公共关系在传播上经常综合、交叉使用各种传播渠道、传播手段和信息载体。政府的许多政策都是先采取文件形式实施内部的组织传播,而后采取大众传播方式的,有时两种方式同时采用。这种多头并举的方法,在其他组织中比较少见,即使采用其效果也不如政府公共关系。

三、政府公共关系传播的原则

政府公共关系中的传播活动呈现出一种无处不有、立体交叉、灵活多样的复杂景象。它要求政府公共关系人员具有极大的创造性。同时,所有公关传播都要遵循以下原则,以保证取得良好的政府公共关系传播效果。

（一）目的明确原则

政府公共关系传播的总目标是树立、改善政府的形象,形成有利的舆论环境,获得各界公众的支持。因此,在很大程度上,政府公共关系传播是一种宣传,其最终目的是使人们改变或建立某种意见或态度,是通过传播事实和观点,引导、影响人们思想认识的过程。

政府公共关系传播在总目标指导下,每一次具体活动、工作也要有具体的目的,即想要解决什么问题、争取哪些公众、造成什么效果。如果目的不明确,随便组织传播活动,有时花了钱无效果,有时反而会造成负效果。所以,目的明确是政府公共关系传播工作首要的原则。

这种目的明确的传播,在很多情况下,要求目的公众也要明确,这是传播目的中的重要内容。每组织一次传播活动,接收者是谁,他们的情况如何,他们的兴趣在哪儿,政府公共关系人员必须心中有数,有针对性地组织活动。这与大众传播一般化地估计受众及特点是不同的。即使政府公共关系工作借助大众传播媒介进行传播,接收对象也是模糊不清的。但是,政府公关人员仍应有明确的传播目标,以期引起目标对象的注意、关心。政府公共关系传播一定要避免盲目性、随意性。

政府公共关系传播一般性的目的主要有以下几种。

1. 传播信息

传播信息是政府组织最基本的公共关系目标,要实现这一目标,政府公共关系人员必须利用各种传播手段宣传自己。正如国外公共关系专家所指出,良好的公共关系是优良行为与诚实、正确的报道的结合。这说出了传播沟通的重要性。20 世纪 90 年代初,北京市政府通过北京电视台播出电视系列片《同心曲》,就是一个很好的例子。在北京人的日常生活中,常常可以听到诸如乘车难、看病难、买瘦肉难等埋怨。全家看电视赶上停电,高层楼房突然断水,乘公共汽车把帽子挤飞了,买瘦肉只见案头上白花花一片。人们不满意,发几句牢骚,并不奇怪。但是,有许多事情人们并不太清楚。例如。乘车难,为什么不多买汽车、多修路呢? 老听说北京有电、水的危机,是真的"狼来了"还是假的? 北京市有钱盖那么多高级宾馆,为什么不给职工多盖一些宿舍、多建几家医院呢? ……行业之间也有不理解之处。当人们在家里享受着煤气和暖气的方便与舒适时,却很少了解管道工、锅炉工和液化石油站职工们工作条件的艰苦。人们往往只看到民警态度生硬,一遇违章便罚款,但忽略了他们正是为了"您和他人的幸福"才严格执法,而且许多民警经常在外值勤,工作非常辛苦。因此,如实地把北京的发展成就通报给大家,把各行各业的困难告诉大家,把希望和前景指给大家,这"通报"、"告诉"、"指给"就是传播信息,通过传播信息达到上下左右的沟通和理解。在这个节目里,普通市民七嘴八舌,说出了自己的喜和忧、希望和建议。广大群众知情了,市长们和各级领导也向大家交了底。知情才能理解,理解才能同心,同心才能去战斗。

2. 联络感情

联络感情是指政府组织通过感情投资,获得公众对它的信任与爱戴。感情投资是政府组织公关传播的长期目标。同时,它也是短期内可见成效的工作。有这样一个例子。香港客商吕少军是经营房地产的大老板。他所领导的奔海房地产开发总公司,第一个进驻北海,促进了北海的发展。至于下一个投资目标,吕少军初步选定了合肥。1993 年3 月,他们一行 4 人满怀希望飞到合肥市。谁知,在合肥新火车站,在高新技术开发区,在市规划局,接待人员都是爱理不理。吕少军大为失望,折身飞回了北海。合肥市市长得知此事后,当即向牵线人表示:"北海房地产不是你们'哄起来'的吗? 我们合肥也欢迎你们来,现在不说'哄',说投资。"他又诚恳地表示:"关于地价,我提的原则是六个字:你赚钱,我发展。三天内我将组织一帮人去北海向吕老板赔情,并以市政府的名义专程邀请你们再来合肥,我亲自接待。"果然,三天后,合肥市政府招商团真的飞赴北海,邀请吕少军。吕少军很感动,消了怨气,于是又飞回合肥。他们经过考察,确认合肥就是他们将要投资的"新大陆"。这里市长就是通过情感沟通,矫正了政府一些部门的错误做法,极好地树立了政府的形象。

3. 改变态度

政府组织通过公共关系活动以改变公众对政府组织的原有态度,重新建立一种新的态度。改变公众态度是政府公共关系传播的主要目标,它是通过传播手段得以实现的。例如,前面谈到的深圳大亚湾事件发生以后,我国政府经过研究,决定采用公共关系方法解决问题,通过调查研究了解到,苏联切尔诺贝利核电站泄漏事故,使香港人对核电站产生了莫大的恐惧,而误认为在大亚湾建核电站是为了万一出现泄漏事故时不危及内地。从恐惧到误会直至抵制,都是由于我国政府没有及时地进行核知识的宣传造成的。于是,我国政府针对香港地区公众心理状况做了大量的信息沟通工作:通过新闻媒介讲清情况;派核电专家到香港宣传核电知识;请香港地区著名人士参观大亚湾核电站;政府高级领导与请愿团的代表会谈。于是,不利舆论很快平息了,许多人从反对向中立转变,即"最好不要建，建了我们也不反对"。

4. 引起行为

引起行为是在传播信息、联络感情、改变了公众的态度、树立了良好形象的基础上进而追求的目标。因此，它应该是政府组织公关的最高目标。传播信息、联络感情、改变态度，目的都是引起公众的行为，即让公众支持政府组织，参与政府组织的活动，拥护政府的各项方针、政策，实施政府提倡的原则。做到了这些，政府组织的公共关系工作就取得了成功。

（二）双向沟通原则

政府公共关系的双向沟通原则是指传播双方相互传递、相互理解的信息互动原则。这项原则具体包含以下内容。一是沟通必须由两人以上进行。二是沟通双方互为角色，任何一方都可以传递信息，也可反馈信息。三是沟通意味着双方的相互理解，并有所交流。在政府公共关系工作中，因为对政府的各项政策措施，广大公众并不一定理解，所以双向沟通原则显得十分重要。坚持双向沟通的传播原则，往往可以更好地解决问题。例如，天津市政府在物价上涨这一问题上，就积极采用双向沟通原则，取得了明显效果。天津饮食行业多次反映早点价格太低，要求涨价。市政府感到物价问题是个非常敏感的问题，它关系到千家万户的利益，是群众非常关心的大事，于是决定利用报纸展开讨论，让各种意见充分发表，让群众各抒己见。通过讨论，百姓们了解到豆浆等早点的原材料进价日益上涨，饮食行业陷入困境，饮食行业职工积极性受到严重挫伤，早点行业难以为继。最后老百姓自己说话了："不涨点价是不行，不然豆浆比大碗茶还便宜了。"市政府制定了《关于早点问题的八条规定》，并登在报纸上。这一做法不仅没有引起百姓的不满，反而得到了公众的理解、支持与合作，受到早点行业职工的欢迎。

政府与公众实施双向沟通原则应注意以下两个方面。

1. 沟通双方应该存在一定的共识域

这里的共识域是指信息接传各方在经验、知识、兴趣、爱好、文化传统上有相似之处。这些相似、相近之处就是人们可以交流的范围。一则信息，从甲方传递到乙方，沟通双方以类似的经验等为条件。这种"类似的经验等"越多，其共识域越大，沟通时共同语言也就越多，信息的分享程度当然就高。

2. 沟通双方必须具备反馈意识

所谓反馈意识，是指沟通双方在理解了所接收到的信息后应做出反应的意识。它包括信息反馈要主动、及时、适路和适量等。主动是指反馈不仅要对所接收到的信息简单地表示赞成与否，还应主动提出自己的意见，或补充修正原始信息等。及时是指反馈应迅速，不延误沟通的时机。适路是指反馈的内容不要偏离中心。适量是指反馈的信息量要适当，以免冲淡主要信息的传递。

（三）有效传播原则

政府公共关系的有效传播原则是指通过沟通活动要取得预期效果的原则。任何一种传播都可能存在两种后果，即有效传播和无效传播。公共关系追求的是有效传播，即通过传播沟通使公众理解、喜爱、支持政府。在实践中，影响与公众有效传播的因素如下。

1. 信息的真实性与信息量的大小

对公众来说，虚假、空泛的内容丝毫不能引起他们的兴趣，更谈不上关注。好的消息如果信息量不足或太小，则公众就会放弃对其关注而转向另一个热点。因此，适量的传播和与公众利益有关的传播内容是影响效果的重要因素。

2. 传者的方式与态度

政府公共关系人员在传播过程中一定要谦虚、平等、尊重别人。要"投公众之所好"。不管在什么情况下、什么场合中，都要以公众为"上帝"，设身处地地为公众考虑，从公众角度讲话，这样才可取得好的效果。

3. 传播内容的制作技巧与传播渠道的畅通

前者多指文章的写作、节目的编排是否易于被人们接受；后者是指传播过程是否顺畅。文章印刷质量差、版面不清、有错别字和图像模糊、不美观、时间安排不好等，都是传播渠道不畅的表现。

第二节　政府公共关系与新闻媒介

新闻媒介是开展一切公共关系的重要工具。由于政府组织及其面对的公众的特点，开展政府公共关系更要特别注意处理好与新闻媒介的关系，充分利用新闻媒介为政府公共关系服务。

一、新闻媒介概述

所谓新闻媒介，是指以传播新闻信息为主要特征的大众传播工具，其中主要包括报纸、杂志、广播、电视等。新闻媒介是开展政府公共关系工作的重要工具之一，善于借助新闻媒介可使政府组织取得显著的公关效果。

（一）新闻媒介的传播过程

新闻媒介的传播目的，是传播者运用一定的科学手段使公众在短时间内获得准确翔实的新闻，并达到传播者所预期的效果，其基本过程可分为五个阶段。

第一阶段，是新闻媒介的传播者（如报纸、杂志、广播、电视的记者等）将采访到的新闻信息进行加工，变成新闻稿、广播稿。

第二阶段，是经过采访获得的信息和素材，通过编辑的加工制作，在报纸、杂志上刊登出来，在广播、电视上播放出来。

第三阶段，是刊登着新闻信息的报纸、杂志传到读者手中，广播、电视的节目播放于听众的耳边和观众面前，使公众获得欲知的信息。

第四阶段，是公众通过不同方式获得新闻信息后，产生一系列心理活动。这些信息使公众喜怒哀乐，产生了传播者预想到或预想不到的各种效果。

第五阶段，是新闻媒介的传播效果通过信函、电话、传言、来访等多种渠道把公众的意见反馈给传播者。

（二）新闻媒介的传播特点

1. 时效性

新闻报道必须争分夺秒，因为新闻的时效性与新闻价值成正比。新闻报道得越快越早，就越有新闻价值。

2. 空间性

新闻媒介可以在片刻之间获得广大空间各处的新闻，并在短时间内向广大空间范围报道这些新闻。

3. 公告性

新闻媒介传播的信息具有公开性和公告性，尽管有些公告并非新闻，如国家的法令、方针、政策等。

4. 真实性

新闻媒介是报道真相、传播信息的工具，因此真实是新闻的生命。只有真实的新闻，才称得上是新闻，才能与谣言和捏造划清界限。

5. 责任性

新闻媒介作为社会的重要舆论工具，负有极为重要的责任。新闻与言论都对国家、社会、法律和道德负责。

（三）新闻媒介的社会功能

1. 传播新闻，提供信息

新闻媒介的本质是以传递新闻信息为主的经常性社会传播活动。它首要的功能是满足人们对各方面的信息需求，向公众传递新近出现的信息。人类创办新闻事业，就是因为新闻能给人们带来信息。报纸、广播、电视等新闻媒介如果不传递信息，就失去了其存在的意义。因此，信息功能是新闻媒介最重要的功能。作为政府公共关系人员，了解这个特点，在同新闻媒介打交道时，就能有效地提高信息的采用率。

2. 引导舆论，实施监督

长期以来，人们把新闻媒介称为"社会舆论机关"或"舆论界"。它通过表达社会舆论，使人民的正义呼声、革新要求、正确意见天天活现于报纸、广播、电视，每日向社会、政府和党传送着舆论的信息，使党和政府及时把握社会民情动向以及人民群众对党的路线、政策、各级组织、干部、党风、党与群众关系的看法，在此基础上不断地调整自己的政策，改善和加强自己的领导。这样，新闻媒介所反映的社会舆论实际上就成为一种无形的强大的监督力量。许多问题用行政命令解决不了，可是一旦通过新闻媒介诉诸社会舆论，问题就迎刃而解了。新闻媒介能够起到引导舆论、实施监督的作用，还在于媒介本身对舆论的反映从来不是消极被动的。它总是从自己的立场出发洞察舆情，审时度势，或循循善诱，或摆事实、讲道理；它也总是通过公布重大事件或对重大事件发表意见，千方百计来引起公众的关心，使之成为人们一时议论的中心话题，从而形成强大的社会舆论力量，对社会产生重大影响。

3. 引导公众，教育公众

首先，新闻媒介以自己带有倾向性的言论来解释和分析新闻事件，从而把握住舆论的方向；或通过媒介连续宣传代表本阶级根本利益的政治观念、法律观念、道德观念，潜移默化地影响人们的思想和行为，从而逐步地取代旧的传统观念，形成新的社会风尚。这就是引导公众的作用。其次，新闻媒介根据新闻特性的要求，通过经常不断地向受众传播科学文化知识，通过向广大人民群众提供健康有益的文化娱乐节目，来满足受众各方面的兴趣爱好和精神需求，以提高全民族的科学文化水平服务。这就是教育公众的作用。

二、新闻媒介的选择

虽然新闻媒介有利于政府公共关系的开展，但必须做到正确利用。由于各种传播媒介都有自己的特点，在传递政府公共关系信息时，也就有各自的优缺点。因此，对新闻媒介必须进行合理的选择，才能收到良好的传播效果。

（一）新闻媒介的特点

1. 报纸的特点

报纸有全国性报纸、地方性报纸、综合性报纸、专业性报纸,有机关报、非机关报等。报纸种类繁多,发行量大,其传播效果不可轻视。

（1）报纸的优点

① 报纸在我国的传播媒介中占主要地位,它与全国各机关、团体、厂矿、农户等有着传统上的密切联系。一般来说,报纸内容受数量上的限制不大,若需增加报道内容,可以增加版面,而广播的频率和电视频道都不能随便增加。

② 报纸报道深入、细致,可以有较充分的时间处理新闻,增加新闻报道的深度和广度,能给读者留下较深刻的印象。不论何种报纸,总有一定的出版和送报时间,使读报成为读者日常生活的重要组成部分。

③ 读者选择余地大。报纸可以克服时间和空间的距离,能够传递相距千万里或相隔许多年代的人们之间的信息。报纸携带方便,读者可以随兴之所至,依照自己喜欢的速度或方式,阅读自己想看的新闻。

④ 便于保存,便于检索。当今的新闻信息,经过处理保存后,则成为历史资料和专门知识。如果读者想长期保存需要的内容,可以剪贴、摘录,供以后反复使用。

⑤ 报纸是新闻性最强的媒介,而其他媒介在娱乐性与商业性方面常超过新闻性。迄今为止,报纸仍是最主要的新闻媒介。另外,报纸据其报道内容和发行对象的不同,可提供各种较专门化的服务。

⑥ 制作较为容易,成本不高。

（2）报纸的缺点

① 读者数量受到一定条件的限制。如报纸要求读者具有一定的文化水平和理解能力,而有些公众可能不具备这种条件。此外,人们有爱好视听甚于爱好阅读的习惯。

② 传播新闻不及广播、电视迅速及时。报纸必须经过印刷发行诸环节才能到达读者手中,因此它的传播速度不够快。

③ 不能直观地传播信息,不能像电视那样具有生动形象的画面而让人产生现场感,因而感染力相对较差。

2. 杂志的特点

（1）杂志的优点

① 种类繁多,发行量大,读者范围广。另外,杂志的专业性强,读者范围比较稳定。一般读者总在其闲暇的时间阅读杂志,态度从容,情绪稳定,思想和注意力集中,因而感受最深,效果较为显著。

② 报道层次较深。新闻性杂志由于编辑时间较长,有充分的时间去采访和分析,广泛搜集资料,并加以解释,还可以配以必要的照片和图表,从而能够对新闻事件进行深入

翔实的报道。所以,新闻杂志的新闻报道较其他新闻媒介详尽完整并有系统,具有独特的参考价值,能给读者留下强烈而完整的印象。

③ 由于能进行详尽的报道而具有学术和史料价值。另外,读者重点阅读的可能性比报纸大,也利于保存,且检索也较报纸容易。

④ 印刷精美。由于杂志出版时间没有报纸那样紧迫,可以更好地印刷,能做到色彩艳丽、图文并茂,有较强的感染力,能再现报道内容的形象和外观,因而可读性强。

(2) 杂志的缺点

① 出版周期较长,不能迅速地报道新闻事件,这对于稍纵即逝、千变万化的经济信息的传播十分不利。另外,由于发行、运送条件的限制,传播速度较慢。

② 杂志虽比报纸生动活泼,但仍不及电视。

③ 杂志要求读者具有一定的文化水平和理解能力。对于专业性杂志,读者还要具有一定的专业知识和专门爱好。

3. 广播的特点

(1) 广播的优点

① 听众不受文化程度的限制。因为不依赖文字作媒介,所以男女老少、文盲或无阅读习惯者均可接受,能接触到较广泛的公众。

② 不受空间限制。由于广播是由电波传播,能把信息传达到印刷品、电视等媒介通常不能达到的地方。

③ 传播迅速。消息播出后可立即传到听众的耳中,远比报纸的速度快。

④ 感染力强。广播以语言和音响作为传播的主要手段,可以通过现场直播,使听众感受到现场气氛,从而增加真实感。除了所传播的内容外,还能利用音调的喜怒哀乐和声音的抑扬顿挫来传达言外之意,因而具有强大的说服力和感染力,能使人产生亲切感,引起听众的共鸣。

⑤ 广播的信息诉诸人的听觉,因而可以主动地向听众"进攻"。由于收听广播只用耳朵不用眼睛,在从事某些机械性的、无须多加思考的工作时,也可以同时收听广播。

⑥ 费用较低。无线电设备简便,节目制作方便迅速,成本比较低廉。一般人拥有一台收音机即可收听,花费不大,而且便于携带。

(2) 广播的缺点

① 广播传播的信息稍纵即逝,听众稍不注意就无法查找。如有不明之处,也难以反复思考。如不及时录音,内容无法保存,因而缺乏记录性。

② 收听某一节目必须在电台规定的播出时间,一旦错过就不容易再听第二遍,不如阅读报纸方便。当有更多的信息需要传播时,广播不能像报纸出增刊那样增加播放量。

③ 读报纸可以自行确定阅读顺序和重点,可以只看标题、结论而略过细节。听广播则必须按播音顺序来听,一条消息常常要全部听完才能了解其全貌。

④ 广播只传播声音,没有图像,不能展现照片、图像和形象。

4. 电视的特点

作为新兴的大众传播媒介,电视对社会正发挥着日益强大的影响力。

(1) 电视的优点

① 电视是文字、声音、形象三者的结合,而且有色彩,最能给人以身临其境的真实感,最接近面对面的人际传播,因此对观众而言也最容易产生兴趣和最容易接受。

② 电视普及家庭,深入居民之中,观众大多是在业余时间收看,视听情绪比较放松,因而也容易受到感染,引起共鸣。电视节目能掀起巨大的社会舆论。

③ 与广播一样,电视在传播新闻时,速度比报纸等媒介要快得多。

(2) 电视的缺点

① 电视传播的信息稍纵即逝,没有记录性,不便查找,信息不便保留。

② 观众选择余地小。电视播放的时间和内容都是既定的,观众处于被动收看的地位。由于频道少,设备档次低,观众选择的机会很少。

③ 电视节目从制作到播放,耗时费资,不能迅速将信息变为节目,播放、接收的设备比较昂贵,建立电视台和购买电视机都受到经济支付能力的限制,影响收看的范围和普及的速度。

(二)新闻媒介的选择原则

1. 根据公众对象选择媒介的原则

政府组织在不同的时期有不同的工作重点,应该确定不同的公共关系活动内容,并根据不同的社会公众接受大众传播媒介的习惯来选择媒介。政府公共关系人员在选择大众传播媒介时,首先应该考虑:你要传播的是什么信息?这些信息的接收对象是哪些社会群体,这些社会群体受教育程度如何,知识水准和专业技能怎样,经济状况如何,工作性质有何要求,生活习惯有何特点?根据这些情况确定最能接近特定社会公众的大众传播媒介,来传递政府的信息,以收到良好的传播效果。

一般来说,知识水准较高的社会阶层,喜欢看报纸;专业性比较强的工作人员,喜欢看与自己专业密切相关的报纸和杂志;从事经济理论研究的人,喜欢看与经济方面有关的报纸和杂志;从事商品流通工作的人喜欢看有关商业、市场、流通等方面的报纸和杂志;儿童喜欢看趣味性较强的电视节目;家庭主妇在做家务时,只能一边做,一边收听广播或听一听电视节目。

2. 根据传播内容选择媒介的原则

在政府公共关系中,政府组织向外部传播信息,其内容是十分丰富的。由于传播的内容繁多而复杂,因此选择的大众传播媒介也要适应不同的信息内容。如果要介绍某一公共关系活动的全过程,最好拍成电视或电影,以诱发公众观看的兴趣;如果传播的内容要求社会公众不断地思考、查找和保存,最好选择印刷媒介,以满足公众保存资料的要求。

3. 注重社会效益和经济效益的原则

政府组织在选择大众传播媒介时,既要注重社会效益,更多地为社会福利事业和社会公益事业的发展提供帮助和服务;又要注意在预期目标能够达到的前提条件下,尽量节省公共关系预算经费开支。

政府组织在选择新闻媒介时,不能单纯地考虑某一个方面的需求与满足,而应遵循以上原则,综合分析多方面的要求,使大众传播媒介选得切实、经济、可行,以便收到理想的传播效果。

三、新闻媒介沟通的形式

举行新闻媒体联谊会、召开新闻宣传座谈会、进行新闻媒体紧急沟通,是政府公共关系中新闻媒介沟通的主要方式[①]。

（一）举行新闻媒体联谊会

新闻媒体联谊会是地方政府与媒体定期沟通的一种方式,由于政府与媒体之间没有隶属关系,但长期存在工作联系,需要就地方发展中的重大决策、主要问题和舆论引导等方面进行沟通,以达成共识,形成政府新闻传播的主导意见和主流舆论。在我国目前地方党委宣传部与政府新闻办公室合署的工作体制下,新闻媒体联谊会通常由地方党委宣传部门出面,邀请当地所有媒体的主要负责人参加,也可以由政府及其组成部门直接邀请媒体负责人参加。

1. 新闻媒体联谊会的内容

新闻媒体联谊会由于具体操作方式的不同,在实践中主要有以下几种分类方法。一是从召开会议的形式上可分为总结式联谊会、讨论式联谊会、自由发言式联谊会、现场办公式联谊会和电视电话联谊会等;二是从参加人员上可分为首脑级联谊会、部门领导联谊会和工作人员联谊会等;三是从会议具体诉求性质上可分为工作方法联谊会、建立机制联谊会和解决具体问题联谊会等;四是从会议内容上可分为全面工作联谊会、阶段性工作联谊会、专项工作联谊会等。通常新闻媒体联谊会的议事流程主要包括三个环节:一是由政府领导向媒体介绍当前政府工作的具体情况和阶段性安排,为新闻媒体提供需要的政务信息。二是对前期政府与新闻媒体的互动、沟通、合作情况做出总结和梳理,既肯定成绩,又指出问题;同时政府向新闻媒体介绍政府新闻宣传工作重点,提出希望新闻媒体能够配合政府议程的宣传诉求。三是听取新闻媒体对政府新闻工作的意见和建议,对媒体提出的具体问题做出解释说明,尊重和理解媒体的立场,对媒体的服务需要做出回应,并通过双向沟通与交流缩小分歧,加深感情。

---

① 曹劲松,庄伟伟. 政府新闻发布. 南京:江苏人民出版社,2009

2. 新闻媒体联谊会的组织

新闻媒体联谊会的组织包括会前准备、实施和会后总结落实等具体内容。在会前准备阶段，要熟悉所在地区的媒体情况，事先了解媒体主要负责人的情况，向各家主流媒体发出邀请，不要遗漏。同时，对联谊会所需要的各种资料要做好充分的准备。一方面，要对近期媒体新闻报道情况进行搜集分类，掌握地区媒体政府新闻报道动态，根据新闻规律和宣传规律对媒体的新闻传播进行评价和分析，对新闻传播效果进行评价。另一方面，根据政府工作议程和舆论诉求，确定近期合作的新闻议程，整理媒体所需要的政府政务信息，并将近期的工作评价形成书面总结材料。在实施过程中，要做好联谊会的后勤和保障工作，例如与联谊会配套的参观、餐饮和其他活动等，要统筹兼顾，时间紧凑，彼此协调。在新闻媒体联谊会后，要做好会议的总结、落实和评价，对联谊会中提出的问题要认真对待，责任到人，积极解决；对联谊会达成的合作共识，要逐一落实，形成工作机制。同时，将联谊会发言、纪要和其他相关材料送至各媒体和政府相关部门，做好政府部门内部的沟通协调，贯彻实施联谊会所做出的各种决定、计划和方案，使联谊会的效果在工作中得以迅速体现，发挥出应有的社会效益。

（二）召开新闻宣传座谈会

如果新闻媒体联谊会是政府与新闻媒体就宣传工作所做的原则性和指导性的沟通，那么新闻宣传座谈会就是政府与新闻媒体在具体操作层面进行的沟通和交流，其目的是直接就具体问题或一段时期内的重点问题交换意见，达成共识。在会议的组织上可以由地方党委宣传部门和政府新闻办公室定期约请新闻媒体负责人召开，也可以由政府组织部门根据需要不定期召开。在会议出席人员的管理层级上，一般由政府宣传工作或政府部门的分管领导和媒体的分管领导参加。

1. 新闻宣传座谈会的内容

新闻宣传座谈会应当成为政府部门与新闻媒体在具体操作层面上的常态化沟通运行机制。从政府的角度来说，在新闻宣传座谈会上，政府新闻宣传机构或政府部门的负责人可以就具体工作安排与媒体协商，表明政府在近期对媒体报道的具体诉求，提出新闻传播的时间表，并对一些敏感事件提出报道建议；同时，也可以对双方前期沟通与合作情况进行分析和评价，总结政府新闻传播成败的具体原因，寻求改进办法和途径，回应媒体的报道要求等。从媒体的角度来说，媒体要表明对政府近期工作的新闻关注点和聚焦点，提出希望政府给予采访报道配合的具体要求，并就前期的政府新闻传播提出意见和建议，指出双方沟通与合作中出现的问题和改进办法。新闻宣传座谈会的内容设定相对来说具有一定的随机性，除了上述常态的沟通内容或事先确定的专题外，还可以临时由双方提出议题，在相互交流中形成新的政府新闻议程建议和安排，使座谈成为激发双方创造性思维的平台。

2. 新闻宣传座谈会的组织

新闻宣传座谈会的组织相对来说比较宽松,双方参加人员可以根据具体需要或工作日程进行灵活安排。由于新闻宣传座谈会集中于解决具体问题,涉及细致繁杂的操作层面的沟通,所以在组织的准备阶段要做充分的资料准备:一是要对新闻媒体的报道情况进行细致梳理,了解不同媒体在一段时间内政府新闻报道的不同侧重点,对其产生的传播效果进行分析和评价;二是要对政府工作的具体资料和相关数据进行整理和总结,研究并确定新闻报道诉求和传播效果目标,做到在双方沟通中有的放矢;三是要根据政府新闻宣传的要求,整理汇编相关新闻线索和报道素材,为媒体深度报道提供方便。此外,政府可以向媒体提供一些策划方案,为媒体报道提供借鉴和指导。在座谈过程中,要充分尊重媒体的意见和建议,能够给予反馈的应当当场表态,或在会后及时将反馈情况向有关媒体通报,使座谈本身成为意见交换和优化工作方案的快速渠道。在座谈结束后,要对双方达成的共识与合作进行归纳,形成书面材料,向有关媒体和政府部门反馈,以便于尽快付诸实施。

(三) 进行新闻媒体紧急沟通

在突发事件中,新闻媒体扮演着十分重要的角色。美国著名报人约瑟夫·普利策曾说过:"倘若一个国家是一艘航行在海上的船,新闻记者就是船头的守望者。他要在一望无际的海面上观察一切,审视海上的不测风云和浅滩暗礁,及时发出警告。"新闻媒体作为一种新崛起的社会政治因素和独立的社会政治势力,既是实现政府与公众沟通的桥梁和纽带,又是对危机信息进行过滤、筛选的"把关人",它是政府危机传播的中心。因此,在突发事件形成危机的情形下,政府必须建立与媒体沟通的紧急机制,一方面通过媒体及时传播相关信息,表达政府立场、态度和采取的应急措施,满足公众的知情需要;另一方面要在新闻媒体和公众的监督下,积极履行政府职责,有效地处置事件,化解社会与自身的危机。

四、新闻媒介关系策略

正确处理政府与新闻媒介的关系,有利于充分发挥新闻媒介在政府公共关系中的作用,有利于新闻媒介在政府领导下保持新闻渠道和来源的畅通。因此,要充分利用新闻媒介为政府公关服务,关键是要处理好政府与新闻媒介的关系。为此,政府公共关系人员必须注意运用以下策略。

(一) 研究新闻媒介特点

政府公共关系人员要把仔细地研究各种新闻媒介的特点作为日常的基本业务之一。应研究各种新闻媒介(如广播、电视、报纸、杂志等)的性质、特征、风格、听众及读者对象、影响和覆盖面等问题,还应研究各种媒介在报道方针、报道内容、报道方法上有何特点、有何特殊要求,甚至对重要编辑、记者的工作范围以至个性和选稿的偏爱,都要有相当的了解,以便在不同新闻媒介的记者前来采访时都能协助他们工作,为他们提供理想的采访对象、摄影环境、录像和录音条件,从而不错过发布新闻的时机,使政府组织有效地利用新闻媒介。

(二) 尊重新闻媒介

新闻媒介人士是政府组织的重要公众之一。政府组织在其他公众中的相互尊重、平等、互相促进等宗旨,也应在新闻媒介关系中表现出来。政府组织要与新闻媒介建立良好的关系,必须注意各自不同的特点。政府公共关系人员同新闻记者的目的、职责并不相同,有时甚至是矛盾的。在这种情况下,就必须尊重新闻界的职业特点,向记者提供真实、准确、客观的信息,尊重记者地位的独立性,不能将新闻媒介看成纯粹宣传政府组织的工具,诱使或强迫其报道有利于政府组织的信息。新闻媒介机构无论其规模大小、人员多少,由于其任务的规定性及其本身的特殊性,都会在一定范围内产生不同程度的影响力。因此,对新闻媒介一定要平等相待、一视同仁。如遇重大事件,需要记者协助采访报道,最好一一通知本地所有的新闻单位。这是尊重新闻媒介的要求。

(三) 坚持客观公正

所谓客观,就是政府公共关系人员要站在政府组织和人民的立场上观察事物,采取实事求是的态度,不能只写一面之词、只讲一面之理。这就要求政府公共关系人员要以科学的态度来认识、分析问题,不仅从现象上认识事物,而且从内部联系上认识事物,这样的信息才会受新闻媒介的欢迎,才会有广泛的指导意义。

所谓公正,就是主持公道,坦白相陈,既报喜又报忧,对就是对,错就是错。对政府的实绩要宣传,对过失也不去掩盖;对批评的意见要传递,对反批评的意见也要传递;报道犯错误,也要报道改正错误。唯有公正,政府才能树立自己的良好形象,政府的各项工作才能为公众所接受和支持;当政府工做出现失误,碰到困难时,也较容易取得公众的谅解和理解;对新闻媒介来说,也愿意尽心竭力帮助政府克服困难,渡过难关。

(四) 注意三大关系

1. 服从上级领导和独立负责的关系

就新闻单位和新闻工作者而言,应当服从党和政府的领导,贯彻上级的指示。同时,新闻单位有其独特的新闻活动的要求和规律,新闻工作者有在宪法和法律范围内独立处理各种具体问题的权利。因此,上级领导机关除在重大问题上必须给新闻单位以明确指示外,不应干涉新闻单位的日常具体工作。作为政府公共关系人员,在跟新闻单位打交道的时候,切忌摆出上级机关领导的姿态。除需经请示才可提供发表的重大新闻外,什么样的新闻该发,什么样的新闻不该发,还有采用新闻的版面、文字、音响、技术处理等问题,一般都应由新闻单位来决定。

2. 信息控制与新闻自由的关系

社会主义社会中的信息控制和新闻自由都是以人民的意志和利益为准绳的,是对人民负责的。它们作为一种客观存在,是对立统一的。作为新闻单位,最关心的就是报道受众欲知而未知的新鲜事,抢发独家新闻,以形成自身的优势中心,给受众留下深刻的"第一印象";作为政府公共关系人员,虽然也对公众负责,但其侧重的毕竟是为建立本组织的形象服务,首先要考虑政府组织的利益,注意一些信息的保密和控制。在这种情况下,就要慎重地处理好两者的关系,尽量减少对信息来源不必要的和不正确的控制。要处理好这对矛盾,除提高政府公共关系人员和新闻记者的自身素质外,还要尽快建立相关法律,形成一种民主与法制的政治氛围。

3. 贯彻政府意图与遵循新闻工作规律的关系

作为政府公共关系人员,无疑要贯彻好政府的意图,使每个新闻工作者正确地理解政府的重大决策、方针、政策,不断提高新闻工作者的思想觉悟和政策水平,同时也要强调按新闻规律办事。因为与新闻媒介良好合作,最终是建立在符合新闻工作客观规律的基础上的。只有正确处理好这个关系,才能在政府公关过程中正确地体现政府的意图和政策、策略思想,才能避免出现新闻工作中忽左忽右的现象,真正把政府意图贯彻到实处。

第三节　政府新闻发布

一、政府新闻发布及其制度

政府新闻传播可以通过多种方式和渠道加以实现,在长期实践中政府新闻传播已形成了自身体系,即由政府信源到受众的多种传播与媒介作用体系。在这一体系中,政府新闻发布占据着主要角色,是政府借助大众媒介进行新闻传播的主渠道,能够有效起到沟通信息、协调关系、引导舆论和改善形象的作用。

(一) 政府新闻发布的含义

政府新闻发布,简言之,就是政府新闻信息的开诚布公。关于政府新闻发布的概念,文化部政务公开领导小组是这样定义的:通过举行新闻发布会、接受记者采访、提供新闻稿件等多种形式发布有关新闻或阐述政府、部门的观点立场。高菲、白贵则在政府传播范围的视野下,通过对新闻传播活动的传播者、受众和传播渠道三大要素进行系统分析的基础上,对"新闻发布"做如下论断:"政府新闻发布指的是政府通过新闻发言人以及其他信息传播途径,向媒体和公众公布有新闻价值的信息,传达政府的立场和态度。"李明德在谈到政府信息公开与政府新闻发布时,认为政府新闻发布是指"政府部门在日常工作中以及公共突发事件发生时期及时或定期地通过一定的形式向社会、公众公开有新闻价值的信息。"叶皓在《政府新闻学》一书中将政府新闻发布定义为:各级政府或政府有关部门,通过多种大众传播方式公开其政务活动,发布有利于公民实现其权利的信息资源。

政府新闻发布并不是近代才有的事物,从政府存在起,就存在着新闻发布这种信息公开的形式,只是早期新闻发布制度服务的对象不是公民而是统治阶级。新闻发布亦不是政府独有的行为,是"政府、组织、企业、事业对某一特定信息通过媒体对公众进行传播的一种传播形式"[1]。即便在新闻发布制度近代的起源地美国,企业的新闻发布制度也早于政府新闻发布制度的产生。20世纪初,美国工商界对公众利益的无视激起一些正直的媒体记者的愤慨,掀起了一场揭露企业丑闻、呼唤正义与公平的"扒粪运动"。面对这些谴责,为了工商界自身的生存和发展,重塑自身的社会形象,改善与新闻媒介以及公众的关系,企业广泛地开展公共关系活动。现代西方政府的行政事务日趋复杂,很难在一切问题上获得公众的赞同,常常会受到来自各个方面的指责。在这种情况下,借鉴工商界的成功做法,政府将其职能活动视为公共关系活动,有效地开展公共关系活动,树立良好的公众形象,以赢得公众的舆论支持,政府公关随之产生。这样,新闻发布制度才真正从统治者的传播工具进化为保障公民知情权的现代意义上的新闻制度。

新闻发布制度的演进以及现代新闻发布形式的运用,是政府信息化、打造透明政府的结果。与简单的信息公开不同,新闻发布是"信息公开的一种特殊方式,一般意义上的信息公开是静态的、被动的,而新闻发布是动态的、主动的"[2]。政治学家伯纳德·科恩认为,媒体无法决定人们怎样想,但可以在大部分程度上影响人们想什么,这一论断同样适用于政府新闻传播。政府新闻发布过程正是政府站在自身立场,根据政府运作需要和公众的公共信息需求,通过对媒体进行议程设置,来达到宣传自身、推行政策、引导公众舆论的效果。

(二)政府新闻发布的意义、任务

1. 政府新闻发布的意义

(1)政府新闻发布工作是深入贯彻邓小平理论和"三个代表"重要思想、全面落实科学发展观、构建社会主义和谐社会的要求。

(2)政府新闻发布工作是发展社会主义民主政治、建设社会主义政治文明、坚持科学执政和民主执政及依法执政、加强党的执政能力建设的要求。

(3)政府新闻发布工作是深化改革、扩大开放、完善社会主义市场经济体制的要求。

---

① 汪磊. 新闻发布会在协调政府公共关系中的作用. 改革与战略,2004(2):49
② 殷晓蓉. 议程设置理论的产生、发展和矛盾——美国传播学效果研究的一个重要视野. 厦门大学学报,1999
(2):109

（4）政府新闻发布工作是推行政务公开、提高政府工作和政务信息透明度、加强政府自身建设的要求。

（5）政府新闻发布工作是对外全面准确和主动及时地介绍中国，向国际社会展示我国良好形象的要求。

2. 政府新闻发布的任务

（1）紧紧围绕党和政府的中心工作，全面、准确、主动、及时地向国内外公众介绍我国在改革开放、经济建设、社会发展等方面的重大方针政策及其执行情况和取得的成效，增进国内外公众对我国政府工作的了解和理解。

（2）针对境内外舆情动向，及时发布权威信息，解疑释惑，消除不实或歪曲报道的影响，维护我国社会稳定和良好国际形象，为政府工作营造良好的国际国内舆论环境。

（三）政府新闻发布的内容

曹劲松和庄伟伟在其所著的《政府新闻发布》[①]中，从新闻发布的内容上，将政府新闻发布划分为五种主要类型，这基本涵盖了政府新闻发布的主要内容。

1. 政策发布

政策发布是政府对法律法规、政府规章和相关实施办法的解读和介绍，目的是使公众了解政策出台的背景、主要内容及其对社会生活的影响，并形成相应的社会舆论氛围，引导人们自觉主动地配合与支持政府新政的实施。

2. 统计发布

统计发布是指定期将政府所掌握的某一方面的数据信息进行新闻发布，这些数据信息具有统计的特征，是政府及其相关部门依据法律、法规或工作规范所掌握的准确信息。这一类型的新闻发布具有信息规范性、更新周期性、对比分析性和传播解释性等特点，是政府信息公开的常态化信息。从统计发布的内容上又细分为综合信息、专题信息和调查信息，在政府新闻发布中要针对相关信息的内容特点有所区别。

3. 重点发布

重点发布是依据政府在某一阶段内的重点工作安排进行的新闻发布活动，旨在为政府营造有利于工作推进的舆论环境，或通过展示工作成果树立良好的政府形象。在政府新闻发布中，重点发布的频率相对较高，已成为政府主动运用媒体推动工作、落实成效、扩大影响的一种有效方法，新闻发布运用得当能够起到事半功倍之效。

① 曹劲松,庄伟伟. 政府新闻发布. 南京:江苏人民出版社,2009

4. 应急发布

应急发布是政府没有主动做出预期安排和策划，面对一些突发情况和紧急事态，或者涉及官员责任和政府形象的事件及舆情，而组织的相关新闻发布。应急发布不是简单地从发布内容上加以分类，而是着眼于在组织发布过程中的应急特点，通过信源疏导实现对新闻传播效果的控制。

5. 热点发布

热点发布是指政府就社会舆论关注的热点问题进行的专门发布，突出强调在媒体和公众的普遍关注下，如何就相关议题与公众进行有效沟通，通过解析和回应社会热点，引导舆论朝着有利于推进社会发展和政府工作的方向延伸，将舆论热点的传播效应转化为社会动员的精神力量。热点发布在涉及的内容上可能与其他发布类型的内容有所交叉，但其发布的媒体环境、公众认知和传播诉求则呈现出独特性，区别于其他类型的发布，进而在政府传播中的实践要求也不尽相同，因此我们单独将其作为一类加以研究。

（四）政府新闻发言人制度

政府新闻发布既是一项制度，又是一项系统化的工作，新闻发言人制度是其中一个重要组成部分。政府新闻发言人是指那些由政府及其下属机构所任命或指定的新闻发布人员。其主要职责是就政府或本机构责任范围内的重大事件和现实问题，或举行新闻发布会，或约见记者，提供相关的新闻事实，阐释政府的立场、观点，介绍政府已经采取的和将要采取的对策措施，并作为政府或机构的代表回答记者的提问。[①]

1. 新闻发言人的制度设计

新闻发言人是国家、政党、社会团体任命或指定的专职或兼职新闻发布人员。新闻发言人的主要职责是利用新闻发布会，接受记者采访等发布形式，就某些特定的政府新闻信息通过媒体向社会公开发布。这些要素的固定化和制度化，就构成了新闻发言人制度。新闻发言人制度一般是对新闻发布会的组织部门和人员、召开的时间、包括的内容、涉及的单位、发布的对象及媒体的参与等方面所做的规定。政府新闻发言人是政府新闻发言人制度的核心要素，正是政府新闻发言人的特质规定及系列活动才构成了新闻发言人制度。国务院原新闻办公室主任赵启正曾指出，新闻发言人不是"人"，而是制度，并从微观和宏观两方面分析了新闻发言人之所以是制度的原因。但我们必须明确一点，广义的政府新闻发言人是指新闻发言人制度，狭义的新闻发言人即承担发言人任务的个体，只是新闻发言人制度的一个组成部分。

在政府新闻传播体系中，政府新闻发言人作为一个"制度人"的设计，通过各种形式来为政府代言，发布政府新闻，沟通媒体和公众。由政府新闻发言人召开新闻发布会是政府

---

① 曹劲松，庄伟伟. 政府新闻发布. 南京:江苏人民出版社,2009

新闻发布的最主要形式之一,可以及时、准确、高效地向媒体和公众介绍政务信息,阐明政府的立场和观点,并对媒体和公众关心的问题给予答复,建立并维护政府、媒介、公众三者之间的良性互动关系。目前我国政府新闻发布会主要包括三个层次,即国务院新闻办及国务院各部门、省级政府及组成部门、省级以下政府举行的新闻发布会。就新闻发布会的基本类型而言,既有定期的例行发布会,称为"自主"发布会,记者可以就各个方面的政府事务提出问题;也有为配合国家有关重要方针政策出台、发生重大或突发公共事件时介绍情况、应对不实舆论报道和向公众解疑释惑而举行的不定期的专题新闻发布会,通常发言人仅就所发布的专题内容与媒体记者进行交流。

2. 我国新闻发言人制度的历史进程

源自西方国家的新闻发言人制度,在我国肇始于1983年。中国记协首次向中外记者介绍国务院各部委和人民团体的新闻发言人,正式宣布我国建立新闻发言人制度。当时主要是出于外交的考虑和对外宣传的需要而基本局限于中央一级人民政府,20多年的新闻发布实践,满足了对外宣传的需要,向世人展现了中国的良好形象。在新中国成立前和新中国成立初期,中国共产党已经用记者招待会的形式进行新闻发布,但并没有形成制度。

我国新闻发言人制度的全面启动是在2003年。由于"非典"事件的刺激,加上经济全球化浪潮外部冲击和政治经济体制改革内在要求的双重压力的推动,中国新闻发言人群体脱颖而出,各级政府部门的新闻发言人制度如雨后春笋般涌现。有学者指出,2003年"非典"事件,既是对政府危机公关的考验,同时也是实施政府新闻发言人制度的推进剂。

从2004年开始,我国政府新闻发言人制度全面推开。新闻发言人制度以国务院、国务院各部委和地方政府三个层次开始在国内广泛确立,中国新闻发布会的次数明显增多,涉及范围非常广泛,几乎涉及所有主要的重点领域。2004年,中共中央在《中共中央关于加强和改进新形势下对外宣传工作意见》中明确指出,"建立中央对外宣传办公室,国务院各部委及省级三个层次的新闻发布工作机制,明确职责,注重策划,加大对新闻发言人的培训力度,提高新闻发布的效果和权威性,做到经常化和制度化。"2005年3月,中共中央办公厅下发《关于进一步推进政务公开的意见》。将中国政府新闻发布制度建设列为中国政府政务公开的一项重要内容。这使得政府新闻发布会数量大增,截至2005年年末,国务院各部门和各省级政府共召开1088场新闻发布会,新闻发布质量也显著提高,新闻发布的针对性、时效性和新闻性不断增强。同时,政府新闻发布的普及面大幅拓展,国务院有近70个部门设立了80多位新闻发言人,全国有27个省、市、自治区建立了新闻发言人制度。

2008年5月1日,《中华人民共和国政府信息公开条例》正式施行。条例明确规定了政府信息公开的范畴和方式,"行政机关应当将主动公开的政府信息,通过政府公报、政府网站、新闻发布会以及报刊、广播、电视等便于公众知晓的方式公开。""行政机关应当及时、准确地公开政府信息。行政机关发现影响或者可能影响社会稳定、扰乱社会管理秩序的虚假或者不完整信息的,应当在其职责范围内发布准确的政府信息予以澄清。"这意味着报刊、广播、电视的政府报道与信息披露将有法可依,公众知情权和新闻发布制度的完善进一步得到法律上的保证。

我国的新闻发言人制度目前已从国家部委推广到地方区县一级的政府部门。建立新闻发言人制度既是为了保证媒体和公众的知情权，也是为了促进政府提高工作透明度。作为新闻发布会的主角——政府新闻发言人正在越来越引起公众的关注。

二、政府新闻发布的主要形式

只有灵活运用政府新闻发布的各种形式，才能获得好的传播效果。选择不同形式来进行新闻发布，本身也是政府立场、态度的一种鲜明体现。不同的发布形式会在很大程度上影响发布效果。新闻发言人不仅要细心甄别和考虑各种发布形式的适用范围和实际操作效果，还要在新闻发布前根据即将发布的信息的自身特点和发布时的环境参数（如舆论热点、记者需求等）选择适合的发布形式。政府新闻发布的形式主要有 6 种[1]。不同的新闻发布形式在正式性、灵活性、公开性和可操作性等方面各有不同，也因此带来了适用情况的区别。

（一）举行新闻发布会

政府新闻发布会是指政府或政府有关部门举行的向新闻媒体介绍政府立场、观点、态度和有关方针、政策、措施等政府信息的问答式会议。新闻发布会为官员提供了一个通过媒体向公众传达信息的机会，也为公众提供了一个通过媒体向官员提问和获得信息的机会。当前，这种新闻发布形式已成为公众比较熟悉的形式之一。新闻发布会体现出政府的高度重视，便于政府和诸多媒体直接双向交流。

在安排一次新闻发布会之前，请首先思考以下问题。

（1）是否是最好的方式？

（2）是否有足够有新闻价值的信息使媒体记者满意而归？

（3）是否为回答记者提问做好了充分准备？

只有当发布主题足够重要、内容足够丰富、对记者具备足够的吸引力时，才适合举行新闻发布会。

（二）召开背景吹风会

背景吹风会是新闻发布工作中常用的一种形式。背景吹风会的内容大多被要求不做报道，或在报道中不直接加以引用。由于背景吹风会所提供的信息能影响和引导记者有关这类题材的报道，所以它是新闻发布会的一种重要辅助形式。

背景吹风会不必定点定时，形式相对简单，有时要求在报道中隐匿消息来源，可锁定

---

① 国务院新闻办公室新闻局.《政府新闻发布工作手册》连载之三：政府新闻发布的主要形式.对外传播，2008（4）：60

部分目标媒体进行小范围的发布,发布者对信息的掌控度高。

(三)组织记者集体或单独采访

组织记者集体或单独采访是指通过主动和应邀约见或安排独家或多家媒体的采访来发布新闻信息。这种发布形式灵活机动、时效性好,可体现政府主动性,又可有选择地接触媒体,有利于深入交流和树立发言人的良好形象。

(四)以政府新闻发言人的名义发布新闻公报、声明、谈话

以新闻发言人名义发布新闻公报是指新闻发言人由党和政府授权,郑重宣布某项新闻事实,或者对某项政治事件发表声明。它代表着党和政府的立场、态度和主张。声明和谈话则是新闻发言人就有关事项或问题向社会表明本部门、本单位的立场、态度和观点等。这是在特定场合使用的具有相当政治严肃性的新闻发布形式,新闻公报、声明和谈话可以在报刊登载,也可以通过广播、电视播发。公报、声明、谈话发表之前一定要慎重考虑,经反复审定后,选择恰当的媒体播发。

(五)利用电话、传真和电子邮件答复记者询问

遇有热点新闻出现或是媒体需要确证某些新闻信息时,政府新闻办公室常常需要用电话、传真和电子邮件等方式来及时回复记者询问。这种方式及时、简便、灵活、针对性强,需要反应快速。

当一些重大突发公共事件、热点、焦点新闻发生时,或者记者需要立即求证某些重要信息时,这种新闻发布方式用处很大。公开新闻发言人的名单和联系方式,开通媒体与政府联系的"快速通道",本身也是政府透明、开放的一种重要体现,对那些需要异地采访的外地或是境外记者更是非常方便。

(六)通过政府网站发布新闻信息

随着互联网的迅速发展,政府新闻办公室在官方网站上发布政府的重要文件、档案、报告和其他信息,上传新闻发布会的多媒体记录等,成为政府信息发布的重要形式之一。在公共危机事件或其他突发公共事件爆发时,政府如果能充分利用网络传播所具有的时效性、广泛性和互动性特点,第一时间给出政府的态度和声明,就可以展现出政府主动沟通、积极应对的姿态,有效地稳定民心,防止不实报道带来的负面影响。

三、政府新闻发布的策划

政府新闻发布要取得成效,必须精心策划。这里将五洲传播出版社出版的由国务院

新闻办公室新闻局编辑的《政府新闻发布工作手册》的相关内容整理如下,以对政府公共关系人员的新闻发布工作予以指导。

(一) 确定发布主题

新闻发布会"说什么",也就是要确定发布的新闻主题。这是因为除了突发公共事件新闻发布中事件本身就构成了新闻主题之外,其他各种新闻发布都要确定一个到多个新闻主题。所要发布的新闻主题要切合三个"点",即"政府要说的、媒体关注的、公众关心的"。如果发布的主题不符合这三点,发布会的吸引力就会减弱,传播面就会变窄,效果就不会好。

新闻发布会的主题要有新闻性。新闻性体现在所要发布的新闻是否具有新闻价值。新闻价值的判断主要有下列 5 个标准。

1. 重要性

所要发布的新闻事件是否对当前的社会生活、公众利益产生重大影响。影响越大,所要发布主题的新闻性越强。

2. 时效性

所要发布的新闻事件是否是最近发生的。新闻发布离事件发生的时间越短,所要发布主题的新闻性越强。

3. 接近性

所要发布的新闻与公众是否有"地缘"或者"心理缘"的密切关系。地缘接近性是指新闻事件是否是发生在公众身边的事情,心理缘接近性是指新闻事件是否在经济、文化等诸方面与公众有密切关系。例如,上海发生的新闻对上海市民体现出地缘接近性,而对在北京生活的上海人会体现出心理缘接近性。

4. 显著性

著名人物、单位、团体的动态往往引人注目。知名公众人物或单位的动态总是具有一定的新闻性。

5. 趣味性

富有人情味,能引起人们情感共鸣的事件通常也具有新闻价值。

任何一个事件,只要兼具时效性和以上其他任何一个特性,就有成为新闻的可能。当然,所符合的标准越多,事件的新闻价值就越高。通常我们会通过考察主题的新闻价值大小,也就是主题是否具有新闻性,来判断是否发布此主题。

一般来说,对发布主题新闻性的要求是首先要考虑的问题,因为必须避免新闻发布会没有"新"闻的情况,没有"新"闻的发布会只会让公众和媒体质疑发布部门的专业能力。

对每一个主题都要进行精心包装，以使主题新闻性更强、传播效果更好。在包装主题的时候，要充分利用影响新闻价值大小的几个特性，充分突出这些特性，增强主题的新闻性。

（二）确定发布人

新闻发布人通常情况下是本部门的新闻发言人或是最为了解新闻事实的决策参与者。新闻发布人要有权威性，权威性与发言人对所发布新闻事实的参与度相关。参与度越高，权威性越高。对某些专业性较强的主题，由部门的分管领导发布显然更具权威性。而且分管领导更专业，更加熟悉台前幕后的情况，能够轻松自如地应付意想不到的问题。在考虑新闻发布人权威性的同时，也要考虑新闻发布人的政治素质、新闻素养、语言与知识素养、气质外形等条件。

考虑到发布主题涉及面比较广，某些部门要求多人参与，各自负责属于自己方面的问题，而事实上这样的效果并不好。新闻发布台上人数要少，要避免把一些没有发布任务的领导安排陪坐，不要形成传统会议中的主席台模式。因为往往有些热点问题总是对准其中某一个人，避免造成其他人陪坐到终场的局面。而且，会议主席台式的落座方式造成一种政府办公会议式的严肃气氛，不利于场内交流气氛的形成。

所以，新闻发布人要尽量全面熟悉情况，原则上只安排一位新闻发布人。特殊情况可以安排 2～3 人，最多不超过 3 人。一人为主，其他人做补充回答。

（三）选择发布时机

选择新闻发布的时机，有几条原则可以遵守。

1. 围绕中心，设置议程

政府中心工作往往会成为公众和媒体高度关注的话题，因此要围绕中心工作设置新闻发布的议程，特别是要紧紧抓住政府出台重大政策措施、法律、法规的时机，在重大决策、重要文件、重要法律法规出台时尽可能举办新闻发布会，公布、介绍和解读权威信息，这样有利于权威信息的快速、准确传播，从而为公众所了解、接受和支持，最终有利于政府中心工作的推进与实施。

2. 公共事件，快速发布

突发公共事件或者是重大突发新闻，新闻发布的时机要遵循时效性原则，越快越主动。千万不能拖沓观望，等到小道消息或者非官方消息充斥各处时，再做补救式的新闻发布，否则会让本部门处于极端被动的地位，造成公众对政府的信任危机。

3. 把握由头，吸引媒体

某些需要向公众说明的问题需要找到新闻由头，不着痕迹地带出主题。这样对媒体更有吸引力,效果更好。

4. 发稿时限,方便媒体

在具体考虑一场新闻发布会的召开时间时,还要适当照顾各类媒体的发稿时限。例如报纸的截稿时间,电视主打新闻节目的截稿时间,是否要配合电视直播做连线互动等。如果预留的时间太短,记者可能只能提供简讯式的稿件,很难写出高质量的稿件。另外需要注意的是某些专业性媒体是以周报或周二刊的形式出版,有些专业性话题要照顾到周报的出版周期。

5. 避免"打架",适时发布

还要考虑避免其他重大新闻"冲"掉所要发布的新闻,以免造成新闻"打架"的情况。要尽量避开可以预见到的"大"新闻,寻找合适发布时机。

(四) 选择发布地点

1. 新闻发布厅

常规新闻发布会一般都在专用的新闻发布厅举行,发布厅的布置相对固定,设备齐全,运作方便,在准备阶段可以节省很多精力。某些时候,如条件不具备,可以临时使用会议室做发布厅。会议室大小要符合预计出席发布会的记者人数。这种情况要事先充分考虑新闻发布基本设备的需要,以及交通和停车等问题。

2. 现场

突发事件的新闻发布一般在现场进行。现场发布极具新闻性,有极强的吸引力和感染力。突发事件发生时,记者往往蜂拥而至,事件现场发布可以造成强烈的临场感。

(五) 确定发布受众

1. 按主题选定核心受众群

政府新闻发布的对象是广大公众,但是每个主题必然有其特定的核心受众群。新闻发布要考虑受众的情况,根据内容确定传播目的和范围。例如有关城市"低保"问题的新闻发布会,最为关心此话题的受众基本上都是低收入人群,根据这一特点,我们确定传播目的是提高新闻在城市低收入人群中的知晓度,获得他们的理解和支持。据此,通过研究得知城市低收入家庭的媒介使用偏向于电视和广播,报纸、杂志和网络的使用率较低,所以在召开新闻发布会的时候要重点照顾到电视和广播媒介。为获得理解和支持,会后可以重点给电视记者采访的机会,有条件的话可以就此主题参加电视或广播访谈节目,配合新闻发布会进一步宣传。

2. 根据目的选择不同媒体

根据新闻发布的目的不同,可以选择覆盖不同地区和人群的媒体。例如有关房地产政策的新闻发布会就不仅需要邀请综合性媒体,还要邀请房地产和经济类的专业媒体出席。

3. 向中外有资格的媒体开放

目前,我国的发展受世界关注度越来越高,政府新闻发布会除有特殊安排外,应向所有具有采访资格的中外新闻媒体记者开放。

四、政府新闻发布会的组织

新闻发布会是政府公关新闻发布的重要方式之一,也是政府公共关系实务的一项重要内容。其目的在于通过大众传播媒介的途径与广大公众沟通信息,协调政府与公众的关系,树立政府的良好形象。随着我国政治体制改革的逐步深入,我国政府部门形成了经常举行新闻发布会的制度。实践证明,通过新闻发布会使重大情况让人民知道、重大问题经公众讨论,有利于提高决策领导机构的开放程度,促进社会主义民主政治的发展。

(一)新闻发布会的筹备工作

为了确保新闻发布会的活动效果,政府组织必须做好新闻发布会的筹备工作,进行细致、扎实、周到、充分的准备。这是会议成功的关键。

1. 选择新闻发布会主题

政府召开新闻发布会,首先要明确发布哪些重要新闻、从什么角度说明这些新闻内容、新闻发布会的主要基调是什么、新闻发布到何种程度。这些基本问题需要在新闻发布会之前,由政府决策部门慎重地进行研究,并形成一致的认识;确认新闻发布会的上述基本点后,才能有针对性地做好各项准备工作。

2. 撰写新闻发言稿

新闻发布会的发布内容主要反映在新闻发言稿中。政府有关部门必须组织专人或专门班子负责新闻发言稿的撰写。在动笔之前全面收集资料,了解国家宏观的方针、政策和具体问题的背景材料。在获得大量信息的基础上列出大纲,写出文字精练、准确生动、重点突出的新闻发言稿。同时,对记者可能提出的问题,预先准备好基本的回答提纲,供新闻发言人参考。新闻发言稿的撰写还要掌握新闻发布会的口径和分寸,注意不要泄露国家机密。新闻发言稿完成以后,要交给新闻发言人审阅,征求新闻发言人意见后,再作修改。定稿后,安排打印、校对、装订,形成正规的新闻发言稿。

3. 选择时间和会址

确定新闻发布会的具体时间,在不与重大社会事件或节日相冲突的前提下,应力求及时,否则就会失去新闻发布会的良好时机。会址的选择以政府正规会议室为好,会场布置要围绕新闻发布会主题的内容,烘托出主题的气氛,与新闻发布会的基调相一致。还要预先准备好辅助工具,如图表、画片、地图、放大照片、模型样品、幻灯、录音、录像设备等。在记者招待会前也可准备一些现场参观或参观图片展览和实物展览。新闻发布会的时间和地点确定以后,要及时用书面的形式通知公众,并用电话查询落实。

4. 拟定邀请的记者

邀请记者的覆盖面要广,尽量照顾各个方面的新闻机构。不仅要有报纸、杂志记者,还要有电台、电视台的记者;不仅要有当地的记者,还要请外地甚至外国记者;不仅要有文字记者,还应有摄影记者。对记者要一视同仁,不能厚此薄彼。如果财力和时间许可,可以在新闻发布会或参观活动后,邀请记者参加工作午餐或晚餐。这也是一种相互沟通的机会,可以利用这种场合融洽与新闻界的关系。

(二) 新闻发布会的注意事项

1. 活跃气氛

会议主持人应充分发挥主持和组织的作用,活跃整个会议气氛,引导记者踊跃提问。当记者的问题离会议主题太远时,要善于巧妙地将话题引向主题。会议出现紧张空气时,能够及时调节缓和,不要随便延长预定会议时间。

2. 善待提问

不应随便打断记者的提问,也不应以各种动作、表情和语言对记者表示不恭。即使记者提问带有很大的偏见或带有挑衅性,也不能激动发怒,应以平静的话语和确凿的事实给予纠正或反驳。遇到回答不了的问题,不能简单地说"不清楚"、"不知道"、"无可奉告"等,应采取灵活、通情的办法给予回答,切忌引起记者的不满和反感。对于不愿发表或透露的事情,应婉转地向记者作解释,切忌吞吞吐吐。

3. 准确无误

所发布的消息必须准确无误,若发现错误应及时予以纠正。

(三) 新闻发布会后的工作

尽快整理出新闻发布会的记录材料,对新闻发布会的组织、布置、主持、回答等各方面工作进行总结,将总结资料归档备查。搜集到会记者发出的报道,进行归类分析。对记者所发稿件的内容和倾向逐一分析,作为以后举行新闻发布会邀请记者的参考依据。收集记者对新闻发布会的反映,检查新闻发布会的准备安排工作是否有欠妥之处,以便今后改进工作。若有不正确或歪曲事实的报道,应立即采取行动,向报道机构提出更正要求。

案例研究：失败的新闻发布会

2011 年 7 月 23 日晚上 8 点 30 分左右,北京南至福州 D301 次列车与杭州至福州南 D3115 次列车发生追尾事故。7 月 24 日晚,在"7·23"甬温线动车追尾事故发生 26 小时后,铁道部召开"7·23"甬温线特别重大铁路交通事故首次新闻发布会,铁道部新闻发言人王某通报了事故情况,并回答了部分记者的提问。

整个发布会过程混乱,记者情绪激动,争相提问。根据之后《法制日报》记者对王某的采访获知,他当时的信息并不多。发布会一开场他就表达了以下信息："既然今天我来了,我肯定会面对所有的问题,而且我不回避任何尖锐的问题,包括我可能答不出来,我就告诉你,我确实还不了解。但是我必须坦诚地回答你们的每一个问题,请你们相信我,你们相信吗？给予我信心。"

以下是当时新闻发布会的文字实录摘录。

记者：能否按照购票实名制公布死者名单？为什么要在现场掩埋车体？是不是想毁灭证据？

王某：在把工作都做到位的情况下,我可以负责任地告诉你,我们会公布死者名单。事实是无法掩埋的。掩埋得了吗？我们已经不断地通过各种途径,向社会澄清这一点。关于掩埋,后来他们(接机的同志)作了这样的解释。因为当时在现场抢险的情况,环境非常复杂,下面是一个泥潭,施展开来很不方便,所以把那个车头埋在下面盖上土,主要是便于抢险。目前他的解释理由是这样,至于你们信不信,我反正信了。

记者：你在以前接受媒体采访的时候说死了 41 个人,而刚才发布会说只死了 35 个人,这是怎么回事？

王某：作为铁道部新闻发言人,我掌握的情况就是死了 35 个人,至于网上说我发布了死亡 41 个人的数字,我在这里说一声,我没有接受过相关的采访,没有在网上提供这样的数据。

记者：遇难的 35 个人包括失踪人数吗？

王某：这是已经证实死亡的数字。

记者：我们得知今天下午又从现场发现一名生还的小女孩,为什么在你们宣布救援行动结束后,在拆解车体的时候仍然还能发现生还的女孩子？

王某：这是一个奇迹。我们确实在后面的工作当中发现了一个活着的女孩,事情就是这样。

记者：我们上午得到消息,说晚上 6 时发生事故的路线会通车,但事实上没有,是不是发生了新的问题？

王某：我们上午曾经说在 18 时以前争取把路线抢通,确实我们对事故抢险的艰难性、复杂性想象不足,虽然在 19 时许的时候,路线事实上基本具备了开通条件,但是后来大家也知道,电闪雷鸣,天气恶化,我们也是从安全、保险、万无一失的角度考虑没有立即开通。

记者:那么到底什么时候开通?

王某:现在已经具备了开通的条件。

……

1. 网友质疑调侃

当新闻发布会通过电视直播、新闻报道的形式被公众获知后,王某顿时成为全国关注的焦点,陷入了一波接一波网民的调侃。

"这是一个奇迹",还有"至于你们信不信,我反正信了",这两句话在网上被无数次地引用,网友同时对发言人王某,以及对该事故的发生和善后调查进行质疑。另外,还有网友用"×××是奇迹,至于你们信不信,我反正信了"作为高铁体进行造句。而王某在讲这句话时用力一甩脑袋的这段画面也被制作成GIF动画,在微博上发布。

腾讯微博上出现一位叫"高铁体"的网友,发动了一个叫"高铁体造句大赛"的活动,以表达对事故的质疑。该网友称:"以×××,至于你信不信,我反正信了。"为句式进行造句,优胜者将获得10万Q币和铁道部发言人职位"'至于你信不信,我反正信了。'高铁体造句大赛"有7000多网友参与,大多数的造句都是网友对铁道部的质疑和讽刺。

除了他的语言,王某在新闻发布会上面带笑容的表情也让广大网友不满。

2. 媒体批判评论

"新周刊"把王某称为"逻辑帝",并设计了一件T恤,上面印上"至于你信不信,我反正信了",如果仔细看的话,还能看到该款T恤的标签上印着一个铁路的标志。

白岩松在7月25日的《新闻1+1》栏目中也进行了批判性的评论:怎么说呢?今天我们都得到了这样一个消息,铁路7月23日的事故段落,可以说今天恢复了通车,但是恢复的仅仅是通车,由于近一段时间以来接连出现的各种各样的铁路事故,让我们对铁路的信心和信任恢复起来,那可就大大需要时间了。可能也正是因为这样的原因,昨天(7月24日)晚上铁道部的新闻发言人在举行新闻发布会的时候也意识到了这一点。我帮他统计了一下,他向所有的记者和在场的人员提出这种反问,你们相信吗?一共提出了不少于3次。他的回答是"我相信"。是,我相信他必须得说"我相信"。但是你要问我呢,我的答案是,一个多月之前我愿意相信,但是现在我不敢信,不能信,我就简单地信了,对铁路纠错也不一定很好,要想真信,有很多的工作要做。

7月28日下午,教育部的一位原新闻发言人在其博客上发表了长达6300字的信,语重心长地与王某进行了一场"隔空谈心",称王某在7月24日"7·23"甬温线特别重大铁路交通事故新闻发布会中的表现欠妥,语态太强势,语调过于高亢,神态也不合适,更不该说"至于你信不信(由你),我反正信了"之类的话。

3. 事件进展

2011年8月16日,王某被铁道部免除了新闻发言人的职务,这条新闻和铁路降速一起,成为当日的大新闻。

据人民网 17 日报道称,王某将外派到波兰工作。哈尔滨铁路局党委书记韩江平将出任铁道部新闻发言人。这是铁道部八年来首次更换新闻发言人。

(资料来源:王某回应质疑称动车事故发布会未说真话. 法制日报,2011-08-01;温州动车追尾事故铁道部新闻发布会实录. 新京报,2011-07-25;至于你们信不信,反正我信了. 现代快报,2011-07-27;齐小华,殷娟娟. 政府公共关系案例精析. 北京:中国人事出版社,2012)

思考与讨论:

1. 为什么说"7·23"甬温线特别重大铁路交通事故新闻发布会是一次失败的新闻发布会?

2. 政府部门新闻发言人应具备怎样的职业素养?

3. 在平时以及危机发生时,政府应如何真正借助媒体与网络传播为社会解决问题?

实训项目:模拟新闻发布会

1. 实训目的

搜集"7·23"甬温线特大铁路交通事故相关信息,召开一次行之有效,令公众满意的新闻发布会。

掌握新闻发布会的礼仪和程序,懂得新闻发布会的筹划及准备工作,并能在新闻发布会中运用相关技能。

2. 实训时间

2 课时。

3. 实训地点

模拟会议实训室。按新闻发布会要求进行现场布置。

4. 实训步骤

(1) 指导教师将本班同学分为 2~3 组,每组指定一个组长。由组长扮演铁道部新闻发言人,其他同学扮演其助手。

(2) 请各组分别制定新闻发布会的程序,并拟写发言提纲。

(3) 其他各组扮演受邀的各新闻单位,并挑选记者,准备提问。

(4) 由其中一组举行新闻发布会,其他各组成员担任记者,进行现场演练。

(5) 各组对本次实训进行总结,指导教师进行点评。

5. 实训要求

本项目可选择模拟会议室、教室等场所进行,但应对环境作适当的布置。

每组进行演练的时间应控制在 20 分钟以内;条件允许的情况下可以将新闻发布会的过程制作成录像,在实训结束后进行讨论。

课后练习题

1. 传播的要素和类型有哪些?

2. 政府公共关系传播的特点是什么？

3. 举例说明政府公共关系传播的原则。

4. 政府新闻媒介沟通的形式有哪些？

5. 政府应如何处理与新闻媒介的关系？

6. 政府应如何成功地进行新闻发布？

7. 案例评析

北京 2008 奥运会媒体公关

作为人类文明庆典活动，奥运会是一次体育盛会，也是一次媒体盛会。据统计，共有32 278 名中外记者参加北京奥运会报道，其中注册记者 26 298 人，非注册记者 5980 人，其数量不仅超过了参赛运动员总数，也创造了历届奥运会记者人数之最。此外，还有 225 家特权转播商参加电视转播工作，同样创造了历史纪录。北京奥运会的媒体公关工作，对象之广泛、工作之复杂、任务之艰巨，迄今罕见。北京奥运会的媒体公关工作坚持"及时准确、开放透明、有序开放、有效管理、正确引导"的工作方针，把握新闻传播规律，运用现代传播技术，努力提高媒体服务的专业化、国际化水平，实现了"有特色、高水平"的目标。

北京奥运会出色而有效的媒体公关工作，不仅对确保北京奥运成功举办发挥了重要作用，也对塑造中国和北京形象，乃至提升我国国家软实力，发挥了其他活动难以替代的重要作用。北京奥运会在媒体公关方面积累的宝贵经验和成功做法，已经成为我国开展媒体公关工作的范本。主要特点如下。

1. 开放境外记者采访，兑现申办承诺

2006 年 11 月 1 日，国务院发布《北京奥运会及其筹备期间外国记者在华采访办法》（477 号令），按照国际惯例，以开放的姿态欢迎外国记者采访北京奥运会。此举得到国际社会广泛好评，为北京奥运会媒体工作赢得了主动，也为北京奥运会后继续开放外国记者在华采访报道提供了可能。正是在 477 号令的基础上，国务院于 2008 年 10 月 17 日公布施行《外国常驻新闻机构和外国记者采访条例》（国务院 537 号令）。

2. 及时发布和提供权威信息，满足媒体需求

北京奥运会向媒体提供信息的方式多种多样：新闻发布会、新闻吹风会、集体采访、个别采访，以及电视发布、网上发布等，通过多种形式满足媒体需求。北京奥运会主新闻中心和2008 年北京国际新闻中心在奥运期间共召开自主设计新闻发布会 134 场次，平均每天在两场以上，内容涉及与北京奥运会有关的各个领域。北京奥运会组织新闻发布的数量、规模、密度和强度都创下了奥运会历史纪录。发布会吸引了大批来华采访的境外记者，他们普遍认为这些新闻发布会时效性强，具有权威性，内容广泛，为其报道提供了大量第一手素材。

3. 提供采访线索，帮助记者完成报道任务

围绕"绿色奥运、科技奥运、人文奥运"三大理念，以"新北京、新奥运"为主线，根据记者需求发布信息，精心推荐记者集体采访的路线。对外界关注的一些问题，如城市治安和

恐怖主义威胁、奥运场馆质量、奥运与民生、环境和空气质量、兴奋剂等，及时组织权威发布，澄清事实，以正视听。奥运会期间，主新闻中心共组织了 30 场现场参观采访，2008 年北京国际新闻中心组织现场采访 83 次。针对境外记者的采访需求，加强"采访线工程"建设，建立了 10 条采访线 100 多个采访点。这些采访活动既给境外媒体提供了接触中国的机会，又丰富了他们的采访内容。

4. 增强服务意识，为媒体采访提供方便

本着"善待媒体"的原则，北京奥运会媒体服务在硬件和软件两方面均达到一个新的水平。北京奥运会主新闻中心、国际广播中心和 2008 年北京国际新闻中心，以建设"记者之家"为工作目标，为中外记者提供了专业化、人性化的媒体服务，提供了功能齐全、快捷舒适、充满人性关怀的工作环境。如为一揽子解决境外记者来华采访遇到的各类行政审批问题，中央和北京市 17 个管理部门成立了"一站式"服务机构，受理境外记者来华采访涉及的 30 多项行政审批事项，实现申请受理、审批、批准、协调落实等环节的"一站式"服务。"一站式"服务实现了"零投诉"、"零差错"的工作目标，得到境外媒体的称赞。

5. 高效率受理采访申请，尽力满足记者个性化采访要求

记者的采访要求能否得到满足，是做好媒体公关的一个重要环节。为做好记者采访申请的受理工作，工作在一线的人员按照"有求必应、有应必备、有备必给、有给必快"和"不拒绝、不应付、不回避、不耽误"的原则，对所有的采访申请做到件件有答复，件件抓落实，实现"零拒绝"。奥运会期间，主新闻中心和 2008 年北京国际新闻中心设立采访台，24 小时工作。主新闻中心共受理书面采访申请 840 件，落实 810 件，答复率 100%，落实率 96%。2008 年北京国际新闻中心采访申请 478 件，落实 451 件，答复率 100%，落实率 94%。

6. 加强做国际主流媒体工作，争取其发出更多客观报道

加大了"请进来"、"走出去"的力度，北京奥运会筹备期间，有计划地邀请西方主流媒体的负责人和名记者、专栏作家来华访问，精心组织接待工作。奥运会期间，邀请了 86 位外国主流媒体负责人参加开幕式，取得了良好效果。组委会还加强了与境外媒体的项目合作，制作中国国家形象广告在 CNN、BBC 等西方主流媒体上播出，并在《华盛顿邮政》上刊登宣传中国的广告。加强与美国、欧洲、日本等国家或地区的著名电视机构的合作，与其联合制作了一批反映我国经济发展、社会生活、历史文化和有关奥运筹备等内容的影视节目。奥运会前，还邀请英国、法国、意大利、伊朗四国和中国香港地区的 5 位知名导演来京拍摄了 5 部城市宣传片。

（资料来源：王国庆．北京奥运会媒体公关与城市形象塑造．http://www.china.com.cn/news/txt/2009/08/10/content_18310539.htm，2009-08-10）

案例思考：

（1）北京奥运会采取了哪些举措协调与新闻媒体的关系？

（2）北京奥运会媒体公关的意义何在？它为什么能够取得成功？

第七章

政府形象塑造

成功的形象比实际成就更有价值。

——[美]德瑞克·李·阿姆斯壮

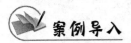 案例导入

习近平努力工作漫画形象感动网友

一组题为"习主席的时间都去哪儿了"的图表新闻占领了各大媒体头条,这组可爱的漫画形象展现了习主席的辛勤工作的形象。漫画描绘了穿着灰色夹克和蓝色长裤的主席形象,然后通过一些地图和表格显示了主席繁忙的日程,包括国内调研、国外出访、先后主持过的会议以及他的业余爱好。

该漫画由北京的千龙网于 2014 年 2 月 19 日发布,已经引起了各在线论坛的热议,诸如"习大大好萌"、"习主席辛苦了"的网友回复多次出现在相关新闻里。

漫画的负责人杨明星告诉《新京报》,是习近平在俄罗斯索契冬奥会上接受采访时的发言给了她们编辑团队的创作灵感。习近平在索契奥运会开幕式期间接受俄罗斯媒体采访时说自己的大部分时间都被工作占去了,并引用了今年春晚上的一首歌《时间都去哪儿了》。

根据该漫画,自习近平于 2012 年 11 月当选中共中央总书记以来,他完成了 12 次全国范围内的调研,覆盖 11 个省级地区。

漫画也表明了自习近平于 2013 年 3 月当选国家主席以来,在 39 天里五次出访海外,覆盖 14 个国家和五个大洲。

在 2013 年,习近平出席的会议以月计算,最高每月有 6 次会议。其中最重要的会议是每年召开的全国人民代表大会和中国人民政治协商会议。

中央政治局集体学习制度是 2002 年建立的。由习近平领导的新一届的中央领导集体履行以来已经进行了 12 次学习,学习内容包括反腐倡廉,以更大的政治勇气和智慧深化改革和提高国家文化软实力等。

此外,漫画还展示了习主席在有限的空闲时间里,喜欢阅读大量书籍并且热爱运动,喜欢游泳、爬山、球类运动和武术等。

为了创建主席更生动的形象,杨明星的团队搜集了他的很多照片来抓取主席的表情特点。卡通人物的衣服基于主席的日常穿着,人物的脚指向两边这个画法可以使图像更加可爱和友好。

网名为"小地盘无限大"的一位网友,在新浪微博中建议此漫画制作人员应该推出一系列这样的漫画。新浪网友"孤独求单"写到,"习主席的工作真的很辛苦,我应该反省一下自己的时间都去哪儿了"。

国家行政学院教授竹立家说,这样的漫画拉近了总书记与老百姓的距离,打破了领导人给大家的神秘感,这是中国社会更自信和更开放的一种姿态。

2013 年 10 月,习主席的卡通形象首次出现在一个五分钟的动画中,动画将中国的政府体制与美国和英国的政府体制进行了对比。

动画由名为"复兴之路"的工作室制作,分别讲述了习近平、美国总统巴拉克·奥巴马和英国首相戴维·卡梅伦的故事。动画包含中英文两个版本,凭借对领导人产生过程的中肯描述在互联网上引起了很大反响,在线浏览次数已经超过 200 万次。

习近平努力工作漫画形象如图 7-1 所示。

图 7-1　习近平漫画形象

(资料来源:南华早报. 习近平努力工作漫画形象感动网友. 对外传播,2014(3))

问题：

1. 请从政府公关的角度谈谈，推出习近平努力工作漫画形象意义何在？
2. 政府应该从哪些方面树立自身形象？

政府形象塑造是政府公共关系的一个重要内容和基本职能之一。作为社会组织，一个在公众心目中良好的形象是政府做好各项工作的有力保障。本书第二章对政府形象的基本概念、特征等进行了阐述，这里在此基础上重点探讨一下国家形象塑造、城市形象塑造、政府领导形象塑造、政府公务员形象塑造四个关于政府形象塑造的重要方面。

第一节　国家形象塑造

一、国家形象的含义和要素

（一）国家形象的含义

在全球化背景下，作为国际关系的主体，国家发展战略特别是全球战略的实现与否，与国家在国际社会的形象直接相关。国家形象的好坏影响到一个国家在国际上的声誉和地位，并且直接关系世界范围内的人心向背。良好的国家形象，有利于争取世界人民的认同，争取国际舆论的同情和支持；反之，恶劣的国家形象则会招致国际社会普遍的反感，疏离与其他国家人民的合作关系。

所谓国家形象是国际舆论和国内民众对特定国家的物质基础、国家政策、民族精神、国家行为、国务活动及其成果的总体评价和认定。这种评价和认定，主要来自于国际新闻流动，来源于国际新闻媒介的新闻和言论报道中所呈现出的虚拟影像。国家形象是国家物质力量和精神力量的综合表现，是国家最重要的无形资产，也是国家立足于国际舞台的重要实力来源[①]。

（二）国家形象的要素

国家形象的基本要素可以概括为物质要素、制度要素和精神要素三个层面。

1. 物质要素

构成国家形象的物质要素是指支撑国家生存和发展的自然物质基础和各种物质要素的总和。其中既包括疆域、人口、自然资源，也包括在此基础上形成的国家的经济、科技、

---

① 张昆，徐琼．国家形象刍议．国际新闻界，2007(3)：11-16

军事实力、体育等综合国力要素。这些因素是国家存在和发展的物质支柱,对国家形象有着极大的制约性。

2. 制度要素

人们在社会实践中形成各种社会关系,这些社会关系在政治、经济、文化等各个领域以规范的形式固定下来,形成各种不同的制度。

从人类社会的历史来看,不论在何种社会形态和历史时期,国家在政治、经济、文化、军事、科技、外交等方面的规范共同构成了国家制度系统。这些制度以国家权力为中心凝结为一个整体,共同规范着整个社会的运行和人们的各项活动,从而成为构成国家形象的重要元素。

公民权利得到保障的程度和范围、政治过程的透明度、公民政治参与的途径、媒介传播的自由空间等,成为评价国家形象的重要指标因素。一个具有自由、民主形象的国家,比一个专制独裁的国家,往往具有更大的道义力量,其外交和对外传播也有更大的公信力和说服力。

3. 精神要素

在一定意义上讲,国家形象是一个国家民族精神和民族性格的象征和表现。"民族精神是一个民族赖以生存和发展的精神支撑。一个民族,没有振奋的精神和高尚的品格,不可能自立于世界民族之林。"[①]因此,国家形象的精神要素集中体现在国家的民族精神或民族性格上。民族性格(National Character)往往也被称为国民性,它在一定的历史环境中,在长期的生产生活实践中积淀而成,对该民族成员的情感意向、审美态度、思想方式、行为准则和生活习性等基本取向,产生着广泛而深刻的指导作用。因此,民族性格一旦形成,就具有鲜明性和相对稳定性。

有史以来,各个民族所经历、创造的一切都不同程度地沉淀在各自的民族文化中,从而使各民族形成自己独特的民族个性和民族精神。这种民族个性通过长期的文化传承逐渐稳定下来,形成了各个民族各自不同的文化传统、情感态度、思维模式、价值观念等。所有这些,都从不同侧面和程度上映射着该民族的精神和国家形象。如我国传统文化深受儒家思想影响,形成了团结统一、爱好和平、勤劳勇敢、自强不息的民族性格,反射到国家形象上,也产生了相应的国家形象。

构成国家形象的三大要素相互依存、相互制约、相互渗透,构成一个相互作用的严密整体,从多层次、多侧面、多角度反映着国家形象,每一方面都会对国家形象产生不可忽视的影响。一个国家若想在国际社会中拥有和维系良好的国家形象,必须同时重视以上各要素的建设,只有这样,才能在强化内部凝聚力、增强国家综合国力的基础上,树立国家的良好形象,以赢得国际社会的普遍认同,提高国家在国际社会的美誉度。

---

① 李寿源.国际关系与中国外交——大众传媒独特的风景线.北京:北京广播学院出版社,1999

二、国家形象的特点

国家形象是一个由多种要素组成的综合体，是一个完整有序的整体结构。[①] 国家形象具有三个明显的特点。

（一）系统性

国家形象是一个国家综合实力的体现。所谓综合国力是一个国家实际存在的综合力量，是指一个主权国家自下而上所拥有的全部实力——物质力和精神力及对国际影响力的合力，综合国力中的各要素几乎包括了维护一个国家生存与发展的所有要素和国家内外活动的各个方面，这涉及资源、经济、政治、科技、教育、军事、社会发展、国际关系等基本领域。在国家形象这个系统中，国家综合实力诸要素所占的地位各不相同，发挥作用的方式和程度也不同，共同构成了国家形象这个完善的体系，并从不同的侧面向社会公众发出各种不同的信息，从而使国家形象同时呈现系统性的特点。

（二）稳定性

国家形象一旦形成，就会对国内外公众的心理产生影响，使其形成对相关国家的具体印象。一般来讲，在国际传播过程中，国家形象具有相对的稳定性。这种稳定性首先取决于国家形象所具有的客观物质基础，这些要素在短期内不会有大的改变，只要国家形象的各要素相对稳定，国家形象也是相对稳定的。即使国家形象的具体部分会随国家各种相应的活动和行为的调整而发生某些细微的变化，但是这种变化不会马上改变国内外公众心目中已经存在的形象。

（三）动态性

国家形象的相对稳定性，并不意味着国家形象一成不变。时代在进步，事物在发展，国家形象必然会随之发生这样那样的变化。随着国际环境的变迁，各个国家内外政治、经济、外交、军事等要素也会因时而异，因而国家形象也处于一个持续、动态的变化过程中。

历史证明，国家形象应该是开放的、动态的，良好的国家形象的确立更是一个渐进的过程。当今世界，致力于发展本国经济、社会、文化等事业，积极投身于各种国际活动，以期在国际社会建立一个良好的国家形象，已经成为各国的共识。所以，国家形象持续的变化应该是预料中的事情。

---

① 张昆，徐琼. 国家形象刍议. 国际新闻界，2007(3)：11-16

（四）差异性

国家形象对内对外存在着一定的差异性。从国家内部来看,每个国家都有一个"自我期望形象",即国家希望自己具有的理想社会形象,它是国家自我期许和自我评价,是国家发展的内在动力和国民凝聚力之所在,任何国家都希望自己有一个正面积极的形象,因此这一形象通常是以国家自身为主来塑造的。由于民族情感和爱国主义精神的影响,国内公众对国家的评价,在一般的情况下趋向于正面,肯定的可能远高于否定的可能。从外部来看,每个国家都存在一个"实际形象",即国家在国际社会公众心目中的主观印象,这是国际社会舆论对某一国家的政策行为、实际状态的综合评价。国家的"实际形象"通常是由国家本身和国家外部的力量共同塑造的。由于国际社会存在着复杂的利益关系和价值标准,这个"实际社会形象"通常与国家的"自我期望形象"存在着或多或少的差距,而很少有一致的时候。有时对于同样一件事情,引发的社会评价,在国内国外可能完全不同。只有国内国外的认知、评价基本一致时,才说明国家形象是接近真实的,国家形象的塑造才算是成功的;当两者存在着差距时,国家必须积极寻找原因并致力于缩短这种认识差距,以改善国家形象。

三、国家形象的传播策略

为了更好地开展政府公共关系,塑造良好的国际形象,我国国家形象的传播应注意采取以下策略。

（一）全面展现,增进了解

对外宣传与传播最重要的历史使命,就是在目标国家的对象面前,展现祖国的完整形象,让世界了解"我的"祖国。只有让其他国家的公众了解中国,中国才能为他们所接纳,最终获得他们的认同。只有得到了国际社会的认同,中国才能够顺利地融入了全球体系,利用和平的国际环境,充分地发展自己,壮大自己,以实现中华腾飞的战略目标,更好地开展政府公共关系,塑造国家形象。

1. 传播本国民族精神和弘扬历史文化传统

让目标对象了解中国人的精神风貌、思维方式和民族性格,把握中华民族在世界文明进化过程中的历史贡献。所谓人之相交,贵在知心。这种介绍就是在做推心置腹的工作,目标对象了解了我们的心,就容易与我们坦诚相待了。

2. 介绍本国政府领导人,传播大政方针

尤其是国家领导人,作为本国人民的代表,本身就是国家形象的体现。中国作为正在和平崛起的世界大国,其政治领导人应该表现出大国风范。此外,对外宣传与传播媒介还

要向国外的目标对象介绍中国的基本国情，如中国壮丽的山河、丰富的物产、多民族的和谐共处、人口与宗教格局、经济发展的实际水平、基本政治制度，等等。目标国家的对象如果能够从这些层面了解中国、把握中国，中国正在崛起的负责任的世界大国形象就容易树立起来。

3. 传播本国普通人诉求，增进彼此了解

例如，2012 年 7 月 18 日，正式访华的联合国秘书长潘基文与夫人在北京观看了一部短片《2032：我们期望的未来》。潘基文说："没有飞车追逐，没有特效加工，没有功夫表演，但我仍然心潮澎湃。"这部时长 4 分半、总投资 30 万元的影片由联合国开发计划署（UNDP）中国代表处制作，32 个中国人各用一句话描述自己对 20 年后未来的愿望。实际参与拍摄的共 232 人，演员周迅是唯一的公众人物。她是 UNDP 中国亲善大使，也是这部影片的资助者。"我们期望的未来"是"里约＋20"峰会的主题，《2032》为此而拍。很多国家通过社交网络征集了本国民众对未来的期许，制作了宣传片或图文展板，联合国新闻部为此组织展览，在"里约＋20"峰会期间向公众展示。《2032》代表中国人向世界倾诉期望，事先虽然未必有明确的意图，但这部小小的影片实际上成为中国的另一种"形象片"。

导演杜家毅的想法很简单："让普通人说。"UNDP 中国新闻官张薇也是这么想的。"中国本身就是精英掌握话语优势的状态，包括在纽约时报广场播出的中国形象片，一群中国名人说话，可是看的人又不知道他们是谁。"张薇告诉《南方周末》记者，"到底中国人应该传递什么样的价值观？什么是任何国家街头行人都能看懂和认可的？在世界舞台上中国的官方声音从来不缺，民间声音一直缺乏。这个短片应该有普通百姓，应该真实记录普通人的未来愿望。"UNDP 中国代表处正设法在纽约时报广场上"协调"一面 LED 大屏幕，播放《2032》的 30 秒极短版——每一张中国面孔只说三个字："我希望。"与中国此前在时报广场播出"国家形象宣传片"的方式不同，之所以是"协调"，因为"联合国这边一分钱没有出"，张薇再次强调。"这个小小的制作未必能承载多大的历史使命，只希望每个人看过会愣两秒，想想自己要的是什么，跟这个世界有什么关系。"[1]国家形象更多的是写在普通人的脸上的，美国《时代周刊》就将中国工人作为封面人物，认为正是占中国人数最多的普通工人和农民最能代表中国形象。可见，诉诸普通人的形象传播对国家形象的塑造会产生神奇的效果。

（二）表达立场，驳斥攻击

在国际事务中，在重大国际国内问题上，中国自然有着自己独特的利益考量。绝不可能再现过去一边倒的现象，绝不会人云亦云，随其他大国的指挥棒跳舞。在国际交流中，对外宣传与传播媒介应该为表达中国自己的主张、立场、态度辩护。这是捍卫国家根本利益的前提。因为，作为国际关系的主体，国家的主张、态度和立场，只有为伙伴国家所了

① 陈毅鸣.《2032》："让普通人说话"——一部无心插柳的"中国形象片". 南方周末，2012-07-26

解,才能得到他们的尊重。对于重大的国际事务、重大的国际问题,一个国家的合法政府没有自己的态度,不发表自己的主张,这无论如何是说不过去的,更何况是一个正在崛起的具有全球影响的世界大国。

在国际关系的舞台上,国家利益是主权国家国际交往的出发点。为了国家的根本利益,国家和国家之间难免发生矛盾和冲突甚至引发战争。至于主权国家之间通过信息传播手段进行的争论、攻击,更是十分普遍。当全球力量平衡被打破,国家之间的利益格局发生变化时,几乎所有新崛起的国家都会引起周边社会普遍的怀疑甚至敌视,随之而起的必然是大规模的妖魔化宣传;将新崛起的国家描绘为可怕的威胁,将力量格局变化视为万象纷乱之源,将新兴国家发展过程中出现的问题无限放大,而对它们取得的成就则视而不见。于是新崛起的充满活力的国家及其形象就会遭到敌对国家政府及宣传媒介的诬蔑、歪曲。中国对外宣传与传播媒介当然应该理直气壮地、以确凿事实的依据进行有说服力的辩驳,还原事实的本来面目,向国外的公众展现中国社会发展的真相。

(三) 正视差异,贴近受众

在任何传播过程中,传播对象对传播内容都是有一定选择的。大众传媒进行对外宣传,建构国家形象,面对的不是一般的对象,而是文化背景、价值观念、语言和思维习惯与我们差别很大的海外受众。他们对传播内容的选择就更为苛刻。对外宣传要达到预期的传播效果,就必须认真研究和分析海外受众的特性,切实知道在哪些方面与之有“共同语言”,在哪些方面存在分歧和差异。比如,从思维方式看,一般中国人偏好形象思维,西方人则偏重抽象思维;中国人偏好综合思维,谈问题往往从宏观、全面的问题入手,西方人则偏好分析思维,谈问题一般从具体问题开始。由于存在这种差异,在中国人看来很正常的事情,可能会引起西方人的疑惑、不满和反感。因此,在确定对外宣传内容时,不能只考虑我们想介绍什么,而应该看海外受众感兴趣的是什么,尽量满足其信息需求,这样才有可能为他们所接受。在这方面一个有效的途径就是借鉴国外传播的有效表现形式,尽量从直观上拉近与海外受众的距离,从而起到事半功倍的宣传效果。

(四) 宣传报道,讲究艺术

塑造国家形象必须借助大众传播媒介的对外宣传,而宣传要唤起受众的感情和注意,必须讲求传播手法和技巧,体现高超的行为艺术。这主要体现在如下方面[①]。

在表现形式上,坚持用中国的立场、国际的表达与世界接轨。注重信息传输过程中的叙事方式,多用事实说话,少用政治语言,使文字生动活泼。注重情景化导语和细节描写,做到情节生动,引人入胜,符合国外受众的阅读习惯和欣赏口味。在此基础上,尽可能突出民族特色,越是具有民族性的东西,越具有国际性,也越容易引起海外受众的兴趣,产生比较理想的宣传效果。

---

① 汪三汉,谭雅宁.媒介传播与国家形象构建.中华女子学院山东分院学报,2006(3):84

在组织形式上,注重背景介绍,多用比较方式,突出不同信息内容的组织和信息量的调控,做到定性、定量结合,具体、抽象兼顾,长短、详略得当。同时,多视角入手,力求全面公正。尤其是在典型宣传上,要从微观和多维切入,既讲典型的光荣业绩,又讲他的家庭、业余爱好、生活习惯,等等。

在时机和环境的把握上,本着快慢得当、因人而异、因地制宜的原则,做到不同时代说不同的话、对不同的对象说不同的话、在不同的地方说不同的话,力争使好事扩大传播范围,切实减少负面影响。

(五) 营造环境,拓展渠道

国际环境有广、狭之义。狭义的国际环境主要是指物质环境,即国家之间客观存在的政治、经济及其他物质利益关系。广义的国际环境包括物质的硬环境和精神的软环境,舆论环境就属于国家生存和发展不可或缺的精神软环境。这种软环境直接关系到主权国家在国际上被认可、接纳的程度,影响到国际舆论对主权国家的内政外交的评价。

每个国家都会赋予其政府支配下的对外宣传与传播媒介,争取国际舆论的重任,营造有利于国家利益实现的舆论环境,增强本国在国际社会中的亲和力、可信度,展现本国和平崛起的真诚意愿,说明本国的崛起对维护世界和平及对象国家根本利益的重要意义。

营造国际环境离不开传播渠道。尽管一些国际传媒对中国的报道和评析不公正甚至带有偏见,但我们要看到国际传媒的本质就是传输信息,从这个意义上讲,国际传媒本身也可以成为中国形象进入国际社会的重要渠道。首先,要逐步加强与海外主流媒体的联系与合作。把宣传的目的和宣传的手段区开来,只要是对建构国家形象有益的做法,我们就应该加以采纳。其次,要充分借助中立媒体和第三媒体力量壮大自己的声音。如果能借用曾长期说过我们坏话的国际传媒为我宣传,不仅国际传播渠道更为通畅,传播效果也会更加有效。

(六) 网络传播,增进效果

目前,在全球互联网的信息中,来自以美国为主的发达国家的英文信息占90%以上,中文网站只占1%。网上有关中国的负面报道和小道消息,通过各种渠道进入中国,已经成为造成国内社会不稳定的因素之一。同时,我国的网络对外传播在题材及内容设置上还不够合理全面,节目"本土化"落地模式还需进一步拓展。新世纪我国的网络对外传播虽然面临着良好的发展机遇,但也面临着严峻的竞争挑战,肩负着更为艰巨的任务,塑造我国的国家形象必须重视网络传播。

1. 负面信息也要报道

长期以来,我国的对外传播一直坚持正面报道为主的原则,大量报道改革开放以来我们在政治、经济、人权等方面所取得的成绩,而对于负面信息的报道总是顾虑重重,从而延误了有利报道时机,影响了传播效果。事实上,有时适当地、恰如其分地反映我国发展规律过程中的某些不足和问题,不但不会影响我国的国际声誉,反而会提高我国对外传播媒体在海外受众中的可信度。

网络传播作为新兴媒体具有传统媒体无法比拟的特点。事实证明,利用网络官方媒体报道负面信息,这些来自可靠信源的信息既满足了受众的知情权,稳定了受众情绪和社会秩序,又赢得了接受国际救助的机会。虽然这样的"负面报道"透视出了悲剧色彩,但它是对灾难本质性的反映,是对新闻真实性的最好诠释。

2. 及时报道突发事件

信息时代的网络对外传播一定要讲究时效性,在现有条件下以最快速度让信息与受众见面。对于重大的突发事件,则要在正确处理宣传纪律和新闻报道关系的基础上进行判断和报道,而不能采取瞒报、迟报或压制某些新闻报道的方法。

只有及时报道突发事件,利用新闻来宣传中国的形象,才能在国际新闻竞争中稳操胜券。

3. 利用网络进行文化交流

对外文化交流是打破意识形态壁垒,与国外受众进行对话,实现国家形象塑造目标的有效形式。特别是我国具有五千年历史的文化,是国外受众对中国感到神秘和向往的一个重要原因。因此,文化类题材作为一个重要的对外报道领域,不仅是我们的优势,也是外国人及海外华人感兴趣的。

对外传播网站要充分发挥网络的特点和优势,着眼于世界文化发展前沿,通过网络文化交流来大力传播我国优秀文化、现代科学技术知识和世界优秀传统文化成果,用文化的内涵来展示我们的价值观和政治立场,从而达到国外受众易于接受传播效果的目的。同时,对外传播网站还要不断创新内容、方法和形式,增加信息量,扩大覆盖面,提高时效性,增强感染力、说服力和影响力,从而使我国的优秀文化得以广泛传播,产生深远影响。

(七) 典型事件,无心插柳

政府层面的典型事件和个人层面的典型人物,都是不可或缺的塑造国家形象的重要资源,如果能够善加利用,将会收到意想不到"无心插柳柳成荫"的神奇效果,成功地塑造良好的国家形象。以下中国利比亚撤侨和李娜法网夺冠就是两个典型事例[①]。

利比亚撤侨是政府层面的典型事件。2011年2月16日,利比亚局势出现严重动荡,各地出现打砸抢烧事件,随着该国爆发的骚乱和流血事件的不断升级,中方在利比亚的3万多公民的人身财产安全受到了极大威胁。2011年2月21日夜里,中央领导同志做出重要批示,要求有关方面迅即采取切实有效措施。中国动员海陆空三军力量全力以赴地展开了撤侨行动。至3月5日23时15分,中国撤离在利比亚人员行动圆满结束。此次利比亚撤侨既保护了国家公民,又树立了国际形象,具有极为深远的意义,可以称得上是近些

---

① 熊玄,翟晨. 简析中国国家形象的构建与传播——以2011年若干热点事件为例. 新闻战线,2012(8):78-81

年来外交事务上的一次巨大成功,也是一次完美的国家形象的展示与传播。在利比亚撤侨这一事件中,中国政府一改往日温和、谨慎的作风,雷厉风行、及时行动,短短半个月时间内完成了"冷战"后最大规模的一次人员撤离。通过这一事件进一步向世界表明:中国政府不仅有百分百的决心,而且有百分百的能力来保护中国公民的生命财产安全,甚至不惜为此付出巨大的经济代价,也间接地向世界展示了正在崛起的中国的综合实力。利比亚撤侨事件,体现了政府对每个个体生命价值的空前重视,以及超强的执行力,不仅给国人以民族自信,而且赢得了国际社会的一致好评。西方绝大多数主流媒体也暂时摘下了有色眼镜,比如,英国《金融时报》、美国《华尔街日报》等对中国政府利比亚撤侨这一事件,都进行了客观报道,并对中方撤侨取得的效果给予了高度评价。能得到苛刻的西方主流媒体的赞赏,再次充分显示了这是一次成功的国家形象的营销与展示。善待自己的国民也成为中国政府推出的又一国家形象广告。

李娜法网夺冠是个人层面的典型事件。2011年6月4日,中国网球选手李娜夺得法国网球公开赛女子单打冠军。这可不是一个普通的冠军,这是中国乃至全亚洲选手第一次荣获大满贯网球赛事单打冠军,是网球运动的至高荣誉,在世界体育影响力上亦算是一次重大突破。因此,它在体育上的意义毋庸置疑,新华社将其评为"2011年中国十大体育新闻"之首就足以说明一切。然而,李娜夺冠在国家形象上的意义更加不容忽视。首先,李娜是从体制内走向体制外的成功人士。众所周知,中国的举国体制由来已久,李娜却从体制内走向体制外并取得了在体制内无法取得的突破。这深刻地表明,运动员个人的选择意愿在某种程度上受到了尊重。其次,李娜在网球赛场上演了一出鲜活生动的"国家形象片"。无须刻意宣传,这个极具个人魅力的湖北姑娘在举起中国和亚洲第一座网球大满贯奖杯时,还悄无声息地改变了西方世界对中国运动员、中国人那种呆板、严肃、不懂幽默的刻板印象。她自信的笑容、流利的英语、风趣的语言,不仅成为中国运动员在世界上的一张新名片,也成了中国人在世界上的一张新名片,让西方人对中国人有了全新认识。最后,形象构建虽然是一项复杂的系统工程,但有时换个思路,独辟蹊径,可能会取得意想不到的效果。一个幽默的笑话可能比严肃复杂的文字说明更让人觉得亲近,自信的举止可能比冰冷的GDP更令人折服。相对于"GDP快速增长"这样的表示中国崛起的概念性符号,李娜夺冠是一个更具体、更容易影响西方普通人的感性符号,就连李娜的幽默回答也为中国国家形象加分不少。

第二节　城市形象塑造

城市形象的塑造,既是城市发展的必然要求,也是地方政府公共关系的重要内容。它对于振兴城市经济,带动城市经济的整体提升,促进国民经济的发展和社会进步,是一项重大举措,同时也是地方政府公共关系实务的有效战略。因此,城市形象塑造是开展政府公共关系,塑造政府形象的题中应有之义。

当前,随着我国城市化建设的迅猛发展,一方面是给整个社会经济发展带来了无限生机和活力;另一方面也无疑导致了城市特色的逐渐消退,使我国城市与城市之间原本不清晰的界限愈加模糊,单纯注重城市的经济发展还导致城市功能单一化,城市的生态环境逐渐恶化,市民生活质量不断降低。这一切引发了人们对"城市形象"的特别关注,希冀从这一角度来研究城市的建设和发展。

一、城市形象的内涵与特点

(一)城市形象的内涵

树立美好的城市形象,不仅是全体市民和城市政府的良好愿望,更是规划师忠贞不渝的规划职责。究竟什么是城市形象?刘卫东教授认为"城市形象就是城市景观特色,是城市存在意义的注释,也是城市性质、结构和功能的艺术表现形式"[1]。徐苏宁教授从美学的角度,认为"城市形象是真、善、美高度统一的艺术综合体,是城市本质的自然流露,是城市历史的长期沉淀"[2]。江曼琦学者认为"城市形象是城市独有的文化、城市精神、城市性质、城市区位和城市底蕴的综合反映,是城市重要的无形资产,体现着城市的价值"[3]。还有学者认为城市形象不等同于城市外部的美学评价[4],城市形象表现为城市外部的知名度和口碑[5]。

综合国内学者观点,我们认为,城市形象是城市内在特色的外在艺术表现,集中反映出城市整体的素质、品位和文化。

城市形象是一座城市内在历史底蕴和外在特征的综合表现,是城市总体的特征和风格。理论渊源上,城市形象是城市意象的一部分,属于城市地理学的感应空间范畴。它表示城市客体在行为人体的心理映射,即主体对客体的感应程度。

城市形象既是一种客观的社会存在,又是一种主观的社会评价。一方面是城市的内在素质和文化底蕴在外部形态上的外在表现;另一方面又是城市内外公众对城市的现状和未来发展趋势做出的总体的、抽象的、理性的概括和评价,并且公众的看法和评价将影响城市的生存与发展。其中,城市的内部和外部公众包括城市的常住人口和非常住人口,即市民、外来务工人员、外来商务人员、游客和其他关心该城市发展的人。影响城市的因素是多方面的,包括政治、经济、社会、文化等。城市形象的组成要素包括城市景观形象、城市功能形象、城市经济形象、城市文化形象、城市政府形象、城市市民形象、城市市容形象和城市潜能形象等若干子形象。城市形象的结构可简要概括为城市理念形象、城市行为形象、城市视觉形象,并且这三部分结构与城市形象的各子系统相互融合交叉[6]。

[1] 刘卫东.城市形象之我见.城市规划,2003(4):23
[2] 徐苏宁.城市形象塑造的美学和非美学问题.城市规划,2003(4):24-25
[3] 江曼琦.对城市经营若干问题的认识.南开学报(哲社版),2002(5):62-67
[4] 何子张.量力而行经营城市形象.城市规划,2003(5):43
[5] 俞滨洋.城市规划·城市经营·城市品牌.城市规划,2002(6):69-72
[6] 陈柳钦.城市形象的内涵、定位及其有效传播.湖南城市学院学报,2011(1):62

（二）城市形象的特点

1. 自然性

城市形象是生活在城市中的人们长期生活方式和社会实践熏染的结果，是城市文化风貌的自然体现，具有自发性和自在性，而非领导决策或专家杜撰的再造品。

2. 独特性

城市形象应该是被识别城市独有的，是"我有你无"和"独一无二"型的，而非放之四海而皆准的普适性标识。

3. 象征性

城市形象必须具备让人们产生自然想象力的功能，即看到这个词就能够联想到这座城市。提及北京，人们想到大气，想到天安门、故宫和长安街。提及上海，人们想到洋气，想到外滩、南京路和"十里洋场"。

4. 多样性

从构成要素上看，城市形象可以是城市建筑、山脉、水体等物质文化景观，也可以是城市人的共性特质、城市人际互动的关系特质和城市独特文化等精神文化景观。

5. 差异性

不同人对同一城市具有不同的意向性，仁者见仁，智者见智。广州本地人对珠江、白云山、北京路、天河城等记忆深刻，外地人可能对火车站、汽车站、工厂附近的地摊和小吃店感兴趣。

优美的城市形象，不仅对提高城市知名度、创立城市品牌、提升城市品位、繁荣城市经济，有着十分重要的作用，而且对于增强城市实力、优化城市功能有着重要的促进作用[1]。

二、城市形象的构成

城市形象是一个涉及面很广的立体系统，简而言之，它是由体现城市外在总体特征和风格的"硬件"和体现内在总体特征和风格的"软件"两部分组成[2]。

（一）基础建设——城市形象的"硬件"

基础建设是城市形象的物质层面，是城市形象设计与实施的基础。一般认为它主要

① 黄景清. 城市营销. 深圳：海天出版社，2003
② 蒋春堂. 政府形象探索. 北京：中国国际广播出版社，2001

由以下三种因素组成。

1. 经济发展水平

经济发展水平是衡量任何一个城市形象的最基本的因素。一座经济发达的城市既可以为城市建设投入充足的资金,又可以以雄厚的经济实力吸引外来资金和技术,寻求合作伙伴。另外它往往又和高水平的科学化管理、良好的投资环境相关联,给外界留下良好的印象。

2. 市政建设与生态环境

市政建设指城市的规划布局,包括建筑形式与风格、工业及生活区域的合理安排、市区交通和医疗及购物是否便捷。市政建设在科学化、合理化的基础上应突出城市的特色,展示城市的个性,增强城市独有的"魅力"。

城市的生态环境是指城市及其周边地区的环境质量。空气、噪声、水质这些环保因素与市民健康息息相关。人们渴望生活在一个拥有蓝天、碧水、清新的空气、悦耳的鸟鸣、绿化美化良好的城市环境中。追求人与自然的和谐、共存与发展应是城市环保工作的目标。

3. 完善的服务

城市的服务功能主要体现在公用事业服务(自来水、电、市内交通)、医疗保健服务(医院、疗养院、妇幼保健院)和消费服务(餐饮、旅游、通信、金融、保险、娱乐)三个方面。人们希望得到热情、周到、方便、高效的服务,以满足工作与生活的需要。完备的服务机构和设施,良好的服务态度和技能是发挥城市服务功能的必备条件。

(二) 精神内涵——城市形象的"软件"

人是要有一点精神的,城市也要有一种精神,非如此,城市就不会"鲜活"起来,就不会生机盎然。城市精神是一座城市本质特征的提炼,是历史传统与时代精神的融合。它以无处不在、潜移默化的形式支配着城市决策者及市民群众的行为与观念,给城市形象增添一抹抹亮色。譬如,深圳市政府倡导的拓荒牛精神,就是深圳市人民勇做改革的排头兵、知难而进、永不退缩精神的象征。它既以极大的感召力,激励着深圳人在新的征途上奋发图强,艰苦创业,同时又在全国人民面前展示了深圳——这个全国改革开放窗口的良好城市形象,赢得了海内外的广泛赞誉。

城市形象的精神内涵主要由下列因素构成。

1. 精神理念

如前所述,精神理念是城市本质的提炼和概括,是统率城市一切工作的指导原则。作为一种观念,它是含而不露的,但作为一种行为体现,它又是随处可见的。它像"随风潜入夜,润物细无声"的春雨,浸润着人们的心田,规范着人们的行为,陶冶着人们的情操。当前我国很多城市都已经形成了自己独特的城市精神,例如,"重庆:重山重水,重情重义"、

"长春:宽容大气,自强不息"等,这些城市精神都代表了城市整体形象和特色风貌。从城市发展的角度来看,只有打造出自己的城市精神,才能对外树立形象,对内激发民众积极进取,为城市的生存和发展注入能量。城市精神的打造不是一朝一夕可以完成的,应该在城市的发展过程中自然形成。由于城市的历史文化、地域、发展水平等方面的差异,每一座城市的精神都应该与众不同,因此,城市精神无论是内涵还是文字表述都要反映出自身的特色。

2. 市民风尚

一座城市的市民风尚集中体现在公共道德、邻里关系、社会责任感等诸多方面。一个崇尚科学文化、遵纪守法、睦邻团结、助人为乐的社会,不但能为市民提供一个良好的社区环境,而且会为外来者所称颂,为城市形象增光添彩。

3. 文化氛围

经济文化一体化已成为当今社会发展的共同趋势。我们不可能在一片文化荒漠上建成一座经济发达的现代化城市。一座缺乏深厚文化积淀的城市,其经济发展必将是十分脆弱的。一座城市的文化氛围固然有历史的因袭,但也有现代的影响。如何使二者结合,使古城焕发现代光彩,是值得我们研究探讨的问题。一座城市的文化氛围还应包括:当地的文化设施,教育发达程度、出版状况、戏剧音乐等艺术的繁荣程度与发展状况等。

4. 历史遗迹与人文景观

中国有五千年辉煌灿烂的文化。中国人民有长期反侵略斗争的光荣传统。祖国各地散布着大量的历史遗迹和人文景观,这些都是对人民群众,特别是对青少年进行爱国主义和革命传统教育的好场所,如北京的圆明园遗址和长城,西安的碑林和兵马俑博物馆,南京的静海寺和中国人民抗日战争纪念馆等。"前事不忘后事之师",一个不忘记历史的民族才是有希望的民族。只有从历史和传统中汲取经验和力量,才能增强我们建设现代化国家的决心和自信心。

三、城市形象的定位

城市形象定位是指从城市长期发展战略出发,在充分发掘城市形象资源优势的基础上,把城市的历史、现状和未来发展方向紧密结合,对城市形象建设的方向和目标进行定位[①]。城市形象定位的实质是对城市形象建设的方向和城市产品进行定位。城市形象定位要充分体现城市建设与发展的一般规律和趋势,从城市的功能和性质(质)、城市规模(量)、城市产业结构(向),特别是要从反映具体城市历史文化和特色的文物古迹等形象要素和资源条件(形)出发,充分体现城市形象的视觉识别、行为识别和理念识别三个特点,遵循现代城市建设与发展的一般规律和趋势,注重其整体风貌特色及前瞻性,既要符合时

---

① 卢燕. 西安构建区域性金融中心的目标定位模式选择与对策研究. 商业时代,2011(13):140

代要求,还要体现城市未来的发展前景①。例如,江西省赣州市在对自身资源优势与特色分析的基础上,对赣州的城市形象进行了"质"、"量"、"向"、"形"的四维定位,以帮助自身找到经营城市的准确路径和方式。赣州城市功能(质)定位——中西部地区承接产业转移第一站;赣州城市规模(量)定位——赣粤闽湘四省通衢区域中心大都市;赣州城市产业结构(向)定位——工业主导产业、农业优势产业和现代服务业协调发展;赣州城市形象(形)定位——"江南宋城"、"红色故都"、"客家摇篮"。

(一) 城市形象定位的体系

城市定位体系包括资源定位、产业定位、功能定位、属性定位、综合定位五个方面②。城市资源环境是存在、发展、竞争和发挥作用的基础,包括自然资源和人文资源。根据轻重缓急不同,城市产业定位一般分为主导性产业、前瞻性产业和辅助性产业。功能定位是城市为实现最大化收益,根据自身条件、竞争环境、消费需求等及其动态变化,确定自身主要发挥作用和担负任务的主要领域、空间范围、目标位置做出战略性安排。城市基本属性定位是对城市各方面属性的定位,包括城市性质、城市规模、城市质量、城市结构等的定位。城市综合定位是在具体属性和部分定位的基础上,通过全面与重点的综合进行的概括和提炼,包括城市总体目标、城市核心理念、城市的视觉形象。产业定位是基础、功能定位是核心、综合定位是灵魂。各城市应根据自身情况选择恰当的定位方式。

(二) 城市形象定位的原则

1. 准确性

由于区位条件、经济水平、历史角色、文化底蕴、人文风情、产业优势、发展前景等具体需求存在多方面差异,定位城市形象应当视具体情况而定,城市所确定的形象必须符合自己的真实市情,绝不能名不副实。否则定位不准确,必然给城市的设计、推广工作带来诸多不利影响。

2. 导向性

富有导向性的城市形象,应对广大市民具有激励性,对城市发展具有推动作用。具体来说,对内应具有凝聚力,对外应具有吸引力和辐射力,它对城市的繁荣和健康发展应具有引导作用。所以,导向性是城市形象定位不可缺少的原则之一,有组织地进行城市形象定位必须考虑形象的导向性。

3. 统一性

城市形象有总体形象和次级形象之分,但城市形象首先是城市整体化的精神和风貌,

① 王苏洲. 城市形象的四维定位——以简析赣州为例. 科技经济市场,2011(5):69
② 王莉. 论城市形象管理的内涵、原则及程序. 长沙大学学报,2012(5):24-33

是城市全方位、全局性的形象,包括城市的整体风格与面貌、城市居民的整体价值观和精神面貌及文化水平等。所以次级城市形象只不过是根据城市优势的某一方面得出的定位结论,不管它多么鲜明和重要,但是它绝不能超越和代替总体形象,而只能从属于和服务于总体城市形象。

（三）城市形象定位的策略

1. 提高认识,高度重视

城市形象定位指的是在与别的城市相比较的基础上,从本城市现状和历史出发,充分发掘本城市的各种资源,并对关乎本城市发展的各种因素进行综合分析,着眼于城市的历史、现在、未来的继承和统一,按照特殊性、科学性的原则,找到城市的灵魂和精神,选取富有个性的城市形象资源加以凸显放大,确定城市建设的目标和方向。城市形象的定位是城市形象管理的基点,准确的城市形象定位能够反映一个城市的特点和优势,激发城市的内在潜能,为城市特定时期的发展提供目标指向。

准确的城市形象定位对城市形象塑造具有十分重要的意义:首先,能够提高城市的知名度和美誉度,使城市获得更多的经济、政策支持;其次,有助于城市整合各方面资源打造品牌城市;再次,有助于增强市民的凝聚力和自豪感,使市民在城市建设中更多地发挥聪明才智;最后,能够为公众提供差别化利益,通过定位向公众传递与众不同的信息,使城市的个性清楚地凸显在公众面前,从而引发他们的联想与支持[①]。因此,城市政府应该从城市实际出发,对城市形象做出科学的、有城市特色的、符合城市历史文化的定位。

应从思想上正确的认识城市形象,才能准确地定位城市形象。城市形象定位的着眼点是城市精神理念、城市的性质和城市的社会经济发展战略目标。城市形象定位反映着城市的灵魂,是城市优势的浓缩,更是城市发展的指向,城市形象的定位对于城市形象管理和城市开发有着深远的意义,城市政府对此必须给予足够的重视,城市形象的定位并不是为了夸大城市实力而做的广告,所以城市政府应认清本城在全省、全国甚至全球的地位,明确城市的现今发展阶段。政府有关职能部门和决策者应以科学的发展观和清晰的全局观,抓住城市发展机遇,以明确的思路指导关乎城市未来发展的定位。

2. 抓住特色,突出形象

城市形象定位要抓住城市形象特色。城市形象是一座城市以物质和非物质为载体的各种信息向人们(包含城市的内外公众)传递与交流的外在形式与综合反映,是融合时间、空间与人共同建构的有别于其他城市的代表该城市特质的整体形象[②]。城市的特色是丰富多彩的,有历史的、有传统的;有民族的、地方的;有时代的、新兴的;有景观的、环境的;也有产业的、功能的,等等。

从世界各地已经形成的特色城市的个性与共性看,特色城市大致可分为五种类型:一

---

① 钱志鸿,陈田. 发达国家基于形象的城市发展策略. 城市问题,2005(1):28-32
② 陈柳钦. 城市形象的内涵、定位及其有效传播. 湖南城市学院学报,2011(1):62-66

是政治型城市,如纽约、日内瓦等;二是经济型城市,如鹿特丹、中国香港等;三是文化型城市,如威尼斯、戛纳等;四是宗教型城市,如耶路撒冷、麦加等;五是旅游型城市,如桂林、苏州等。

特色是城市过去和现在的浓缩,是物质实体和历史文化的提炼,是城市形象的精髓和灵魂,也是一座城市的独特的优势,对推动城市发展具有十分重大的意义和作用。

城市的特色是在城市的发展过程中形成的,是城市极富价值和竞争力的个性所在,具有稀缺性,城市形象定位必须维护好城市的特色。每座城市都有自己独特的地理环境、产业结构、民族风情,城市政府能够把握并突出城市的特质,是城市形象定位成功与否的一个决定性因素。世界上没有两片相同的叶子,更没有两座相同的城市,因此政府要充分认识到城市特色的可贵,在城市形象定位中不能盲目仿效其他城市,而应以特色为旗帜,对城市的环境、历史地域条件、产业以及民俗等特质做深入的研究,有所侧重地显示出强烈且鲜明的城市风格[①]。

3. 依靠市民,以人为本

在城市形象定位过程中应贯彻以人为本的理念。市民是城市的主人,城市政府在定位城市形象时必须以人的需求为出发点,本着利民、便民的原则进行操作,塑造以人为本的城市形象,使城市形象定位有利于创造出适合市民生存发展的空间环境和人文环境。市民是城市形象的最直接的评判者,具有用脚投票的权利,所以城市形象为了能获得人的肯定和赞许必须以人为本,实现人的长远利益和发展。城市政府应积极培养市民的主人翁意识,提高市民的综合素质,实现人的全面发展,使城市形象在定位时就有丰厚的现代人文精神,使良好城市形象的根基更为稳固。

4. 挖掘资源,重视调研

城市形象定位必须建立在城市本身现状及公众对城市现有评价的基础之上。城市的定位不可以闭门造车,不可以由内向外而应该由外向内。所以确定一个城市形象之前必须了解外界是如何评价这座城市的,而不可以一厢情愿地自以为是。

调查研究是形象定位的基础,全方位地去调查和分析各种竞争和市场要素是定位城市形象的前提。要想成功调研,首先,从本地资源优势、未来发展、市民意向和政府的城市发展规划入手,立足于城市现实基础,全面分析和研究城市面临的现状基础。其次,则是利用专业机构向本地区包括海外的受众,进行各种形式的访谈和问卷调查,了解公众、周边城市和国际社会对城市的评价。在此基础上对城市现有形象进行系统、科学的分析评估,以找出城市现有形象的缺陷和不足,发现城市现有形象与城市期望形象之间的差距,从而找出城市形象策划的立足点和切入点,得出客观而科学的结论,为下一阶段的工作提供决策依据。

城市形象定位不仅仅是建立在对城市现状调查研究和分析的基础上,而且更重要的是在现有基础上全面挖掘城市形象资源,使城市形象定位做到静态与动态的统一、现实与

---

① 于洪平. 论城市形象的塑造与营销. 东北财经大学报,2007(6):67-71

未来的结合。所谓城市形象资源是指一座城市所拥有的或所能利用的能够使城市公众对城市产生良好心理感受、形成良好主观印象的某些自然资源,也包括某些人文资源;既包括某些物资层面的资源,还包括制度层面的资源。城市形象资源具有明显的城市形象识别功能和城市形象吸引功能。任何一座城市的形象建设都必须基于对城市拥有的或可能利用的各种形象资源的充分开发和利用。正因为如此,在城市形象定位中充分挖掘城市形象资源,是一个非常重要的基础工作①。

四、城市形象塑造的策略

(一) 塑造城市理念形象

　　理念识别是城市形象识别系统的核心和原动力,因为它规划城市精神、制定经营策略与经营信条、决定城市性格等理念,是城市形象的高度概括。

　　城市理念形象是城市行为形象和视觉形象的精神内涵。没有理念形象,城市行为形象和城市视觉形象都只是简单的装饰物。在创建市场品牌中,理念形象对提升城市文化形象的层次、格调、风格起决定性作用。随着城市经济社会的快速发展,人们追求的目标逐渐转向精神文化。有再好的硬件、硬环境,也会因为市民的价值观、法制观、道德观、信誉观等都极差而难以树立代表品牌城市的形象。正因为城市理念形象是城市所有社会组织和市民的精神信念、心智状况的总和,一座城市必须有明确的精神追求、正确的价值观念、较高的思想境界和品德风貌以及强烈的创新意识。而这些核心观念或价值取向来源于一座城市上层建筑的功能导向和长期文化积淀。

　　2010 年,在纪念深圳经济特区成立 30 周年过程中,深圳市组织了"深圳最有影响力十大观念"评选。经过市民网友和专家学者两个月的筛选,"时间就是金钱,效率就是生命"、"空谈误国,实干兴邦"、"让城市因热爱读书而受人尊重"、"来了就是深圳人"等入选。去年,《深圳十大观念》一书出版,畅销全国。围绕深圳十大观念,深圳开展了大量宣传推广工作,极大提升了深圳城市形象的知名度和美誉度,成为我国城市形象塑造与传播的一个成功范例。②

　　深圳十大观念从评选开始,就充分尊重民意、集纳民智,以其形式上的"接近"赢得民心——评选活动起源于网友"为饮涤凡尘"在深圳新闻网发表了一篇题为《来深十八年,再回忆那些曾令我热血沸腾的口号》的帖子;活动广邀市民网友推荐了 200 多个条目候选;筛选出的 30 条候选观念又面向全国进行投票。在十大观念诞生之后,深圳报网台又展开互动传播,围绕十大观念遍访市民、专家和学者,在讲述与回忆中,激起深圳人共同的回忆。此后,深圳新闻网又展开了"十大观念的个人体验"民间征文活动,邀请大家说出自己的奋斗历程,与十大观念相互激荡。

---

　　① 于洪平. 论城市形象的塑造与营销. 东北财经大学学报,2007(6):67-71
　　② 翁惠娟,张玉领."观念"在城市形象传播中的作用——以"深圳十大观念"传播推广活动为例. 新闻世界,2012(7):15-16

十大观念诞生之后,深圳就通过系统策划整合传播工具和传播过程,除了在媒体上开设专栏从不同的角度对十大观念"广而告之"之外,更以多种创新载体来传播十大观念。首先,出版《深圳十大观念》一书,固化精神成果。该书选择丁学良、强世功、袁伟时等海内外十位学者作为对话对象,将"深圳十大观念"放到人类整个价值链上来解读和讨论,使该书实现了对深圳特区30年观念史、思想史的梳理和探讨,具备极高的文献价值与学术价值,该书邀请广东省委常委、深圳市委书记王荣作序《值得铭记和传承的深圳观念》,由深圳市委常委、宣传部部长王京生主编并撰写引论《观念的力量》。其次,在北京、天津、深圳等地举行了多次专家座谈会,请专家从各自研究领域出发,一起检验和解读十大观念之历史价值与现实意义,从理论层面赢得了专家的肯定,进一步提升了观念的影响力。再次,将十大观念与大运精神相融合,赋予其新的时代精神。深圳一媒体负责人带着采访团深入各区,以"重温十大观念、弘扬大运精神"为主题,开展"走基层、转作风、改文风"采访活动,探讨"大运"精神、十大观念与日常工作之间的关系,找寻助力城市发展的观念力量。最后,在媒体上推出以"深圳十大观念"为主题的公益广告,并酝酿推出十大观念组歌,以群众喜闻乐见的方式,让观念普及深化。十大观念诞生以来,深圳媒体对十大观念的关注和报道就没有停止过,并不时掀起高潮。精心设计的十大观念公益广告出现在大街小巷,吸引更多的人感受观念的力量,激发干事情创业的热情。

一旦在城市形象塑造中加入"观念"(理念),其形象传播就具备了超能量,具备了"内圣外王"的超能力——对内,可凝聚民心;对外,可展示城市软实力,输出价值观念。"深圳十大观念"的传播,较好地证明了这一点。一年多来,随着"深圳十大观念"走向全国,深圳的城市形象和软实力都得到了提升。

(二)塑造城市行为形象

城市行为是指本城市为实现既定形象,在理念指导下所做的一切努力,是以城市经营理念为核心,制定城市的制度、组织管理方式、教育规范、行为准则等。城市的社会公益活动、赞助活动、公共关系等都是城市行为形象的重要表现。

城市行为形象的基础是城市的文明与文化,作为城市行为形象具体体现者的城市核心主体——市民,既是城市文化的创造者、发展者,又是城市文化形象的体现者和传播者。城市文化形象的塑造者,首先取决于城市人的品位和整体修养。城市人的素质高低取决于城市文化形象的品格和内涵。城市建筑文化、城市公共文化、城市市政文化、城市制度文化、城市环境文化等都是城市文化形象的表现形式,其中背后的决定因素就是人的整体素质。只有具备文明素质的市民,才会有高尚的城市公共意识,才会有高水平的城市公共文化形象。

另外,城市公务员是城市市民的重要组成部分,他们对城市事务的参与不仅仅是自身形象的发展,更重要的是他们是政府行为的缩影,是市民的参照体,因此,公务员的管理水平决定着城市文化建设的成败。有什么样的公务员队伍,就有什么样水平的城市文化形象传播效果。可以说,公众可以从城市的功能形象、环境形象、市政形象、政府形象中看出城市公务员的素质和水平。也就是说,全面提升城市市民特别是公务员管理水平是塑造城市行为形象的关键所在[①]。

（三）塑造城市视觉形象

视觉识别是城市形象识别系统中最直接、最有效地建立城市知名度和塑造城市形象的方法。视觉形象是城市的外在体现，是在自然条件的基础上，人类经过长期物化劳动所形成的城市物质环境，包括：城市标识、建筑物为主体的人工环境（含各类装饰、文字、图形、广告等）和自然风光（含地形、地貌）等。

如今很多城市已经有了自己的形象标识，如重庆的"人人重庆"，杭州的由篆书演变的"杭"字等，各城市的面貌、个性和文化都融合在这些分辨度高并且容易记忆的标识中，使人们一看到它，就能感受到该城市的氛围，进而对该城市产生良好的印象[②]。鉴于城市视觉识别系统的重要性，国内越来越多没有确定城市形象标识的城市也纷纷效仿重庆、杭州、东莞等城市，陆续进行城市形象标识的公开征集活动。如成都市在 2010 年 6 月 1 日至 2010 年 7 月 31 日公开征集成都形象标识。

提升城市建设管理水平，重点体现在城市标志性重点地段、标志性建筑物与广场以及绿化、雕塑、广告、灯光等方面的建设和管理。就原则性来讲，应该按照城市设计的要求和现代城市经营的理念来开发、建设与管理。

城市设计是城市开发建设的依据，建立在科学城市定位基础上的城市设计，不应随政府领导的更迭和规划与设计者的偏好而任意改变。现代城市经营理念就是要把城市资源运作好、包装好，不仅如此，还要把它营销出去，让公众接受它、认同它，有了这样的吸引力以后，城市发展自然就会有后劲，就会提升竞争力。塑造城市视觉形象，应该按照这样的思路和原则来进行，违背哪一项，都不会取得成功。

（四）开展城市公关广告宣传

公关广告是公共关系广告的简称，是指社会组织为增进公众对它的全面了解，并为提高其知名度和美誉度而开展的一种广告宣传活动。公关广告并不直接宣传产品，而是传播与组织形象相关的信息。在实际应用中，广告效果比较好的有如下几种类型的公关广告[③]。

1. 旅游形象广告

旅游形象广告是指把城市的旅游资源作为城市形象广告宣传片的主导形象。如哈尔滨国际冰雪旅游节广告、杭州"平静似湖，柔滑似丝"广告，都是以本市特有的旅游资源来突出城市形象的。近年来，旅游形象广告的播出形式，比较常见的是在各大卫视栏目之间的广告时段播出。另外，比较有特色的还有像重庆卫视和湖南卫视等省级卫视频道的"旅

---

①② 胡艳. 论城市形象塑造中的公共关系. 学理论，2010(10)：100-101
③ 李长月. 文化软实力提升与城市形象公关. 西南农业大学学报，2010(9)：66-68

游天气预报"栏目,也为很多旅游城市宣传了旅游形象,推广了旅游文化。

2. 人文历史形象广告

人文历史形象广告是指将城市积淀下来的历史文化作为宣传城市形象的要素。我国很多城市都有着悠久的历史并积淀了多样的文化,如北京、西安、洛阳、南京等城市,都在运用人文历史形象广告来向公众传递城市的文化软实力。此外,还有一些城市也在挖掘自身的人文历史内涵,如在江苏常熟市的形象广告片里,就明确了常熟市是"一座因丰沃水土而得名的城市,三千多年的历史,赋予它绵长醇厚的文化底蕴"。

3. 优势产业广告

对于一些没有悠久的文化历史而又缺乏旅游资源的城市而言,可以利用该市的优势产业来展示城市形象。例如,影视明星许晴在2011年签约代言陕西省渭南市白水县的"白水苹果",2012年该电视广告已在各大卫视播出。从广告效果来看,当地民众和果农普遍比较支持政府的这一举措,认为这一举措让全国人民了解了白水苹果这一特色产品。据统计,2011年白水苹果总产值增加了8亿元,可见这一广告不仅带来了经济效益,而且也提高了当地的知名度和美誉度,产生了极大的社会效益[①]。除了上述几类广告外,还有很多城市的形象广告是融合了旅游、人文历史、优势产业等综合型的公关广告。就广告的载体来说,电视是目前城市形象公关广告的主要媒体,很多城市都积极地应用央视和省级卫视平台进行宣传推广,如央视播出的"香城泉都,湖北咸宁"、"书藏古今,港通天下,宁波欢迎您"以及江苏省常熟市2010年的"和谐发展看常熟",2011年的以第二十届中国常熟牡丹花会为依托的"江南福地,常来常熟"等城市形象广告,都取得了相当不错的传播效果,在不同程度上提升了城市的文化形象。

第三节　政府领导者形象塑造

目前,我国正处于社会转型期,人们对政府领导者的形象问题十分关注,政府领导者的形象问题,已成为一个社会的热点问题。政府领导者形象是政府形象的重要组成部分,是政府公共关系的重要载体,政府领导者形象的好坏,不仅影响领导的个人形象,还影响一个政府、一个地区的形象。良好的政府领导者形象不仅对政府领导班子和政府公务员起到积极的精神导向作用,还会在民众中产生强大的号召力和凝聚力,有效实现政府管理的目标。因此,开展政府公共关系,塑造政府形象就必须重视政府领导者形象的塑造。

---

① 王启凤. 公共关系在构建城市软实力中的应用研究. 重庆科技学院学报,2009(9):88-89.

一、政府领导形象概述

（一）领导者是政府形象的重要输出者

政府形象是由政府与社会民众之间的信息交流而产生的一种社会影响和心理印象，它对社会心理、普通民众的政治文化观念具有很强的调节作用。任何一个政府首先要关心的就是在社会民众心目中的形象是怎样的，只有塑造的政府形象得到社会认同，才能保证政令畅通。毫无疑问，领导者是政府形象的重要输出者，这是由领导者所处的特殊地位所决定的。

1. 领导者是政府的核心

领导者在政府中居于核心地位，大部分决策都是由领导者做出的。而政府形象的塑造在很大程度上得益于良好的政策，这就决定了领导者不仅是政府体制上的核心，而且也是政府形象中的核心。

2. 领导者代表的是整个政府

一个人一旦走上领导岗位，成为政府的领导者，其角色就发生了转移。因为在很多场合，领导者代表的并不是其个人，而是整个政府。所以领导者的言谈举止都是在输出政府的形象，人们往往从领导者的修养与气度来判断政府形象的高低。这样就对领导者的素质提出了更高的要求。

3. 领导者是社会民众和新闻媒介关注的焦点

领导者的特殊地位决定了他们总是社会民众和新闻媒介关注的焦点。这样就为领导者输出政府形象提供了更大的便利，也提出了更高的要求。政府公关可以利用领导者的这一优势而营造诸多社会效应，使政府形象通过信息交流不断得到改善。

（二）领导形象的内涵

所谓领导形象就是领导在他人心目中的印象和看法。具体地说，领导形象是群众（包括下属）对领导的总体、概括的一种认识、一种判断、一种评价，或者说是领导者各自的内在素质与外在行为给周围群众的心理形象。领导形象有个体和集体之分。两者是统一的，相互依存，相互影响。集体领导形象是个体领导的总体反映和有机融合。每一个个体领导形象都是集体领导形象的反映。在一个有机体里，不论是"班长"还是其他领导成员，其整体形象是不可分割的。如果其中一个成员有了问题，那么整个领导班子的形象都要受损。因此，从维护整个集体形象出发，只能提拔一些综合素质高的人。

二、政府领导形象的内容

领导形象是领导干部自身修养的外在表现。作为一名领导干部,只有从多方面加强自身修养,才能塑造良好的领导形象[①]。

(一)信仰坚定

信仰坚定就是坚定的共产主义理义理念、信念,在思想、政治、行动上与党中央保持高度一致,创造性地贯彻执行党的路线、方针、政策,坚定不移地走有中国特色社会主义道路。只有这样,才能在错综复杂的国内外形势面前,使广大人民群众看到光明的前途,树立起为实现有中国特色社会主义伟大事业而团结奋斗的信心。

(二)公道正派

公道正派就是具有坚定的原则性和高度的纪律性,使自己成为一个品德高尚的人,领导干部做人为政要坚持真理,主持正义,刚直不阿,依法办事,在重大问题上能够坚持正确的原则和立场。为人处世要做到忠实、坦白、心胸开阔,有德有理,有情有义,站在党的立场上秉公办事,平等待人。在用人问题上,严格按照党的干部政策和"四化"方针选贤举能,重素质、重业绩、重公论,大胆提拔德才兼备的干部走上领导岗位,不搞团团伙伙、亲亲疏疏。

(三)廉洁奉公

廉洁奉公就是克己自律,不谋私利,全心全意为人民服务。廉洁奉公历来是我们党对领导干部思想道德修养的基本要求。在执政的条件下,各级领导干部能否做到这一点,不仅是对自身的严峻考验,更是关系到党的生死存亡的大问题。廉洁奉公的核心是正确处理公与私的关系,作为领导干部,要解决好掌权为什么、掌权干什么、掌权靠什么三个基本问题,做到时时处处以党和人民的利益为重。始终保持艰苦奋斗的政治本色,"先天下之忧而忧,后天下之乐而乐"。

(四)勤政务实

勤政务实就是勤勤恳恳、兢兢业业地忘我工作,以优良的作风和政绩回报党和人民的信任。就是要求领导干部必须勤于学习、思考、理政,不断提高自己的领导水平;不图虚名,不尚空谈,埋头苦干,工作上不断有所建树和贡献;说实话、办实事、求实效,为官一任,

---

[①] 杨利.谈领导形象及其塑造.中共合肥市委党校学报,2003(2):19-20

保一方平安,富一方百姓;深入实际,深入群众,调查研究,开拓进取,在创造性工作中争创一流政绩;迎难而上,百折不挠,无所畏惧,在克服困难中不断进取。

三、塑造政府领导者良好形象的策略

(一)转变观念

对领导者形象观念上的转变,是形成领导者形象的基础条件。以前在领导者的心目中是"做官",这种观念会使一些领导忘记了自我,养成了"自以为是,官味十足"等一些官僚作风。无形中领导者形象就走样了,被歪曲了。旧的领导者形象观念有必要完全转变过来。"管理就是服务,权利就是责任"、"做官就是做事,做事就要尽责,尽责就要见效"。人的思想观念的转变,会引起精神状态、思维方式的转变,以及工作作风的转变。"领导者就是榜样"、"正确领导是无声的力量",这里的"领导"已经人格化了,他们的言行举止,无疑是代表一种信念和一种力量,足以使被领导者产生敬重感。领导要以精神服人,以品德感人,自己要作风正派、平等待人。领导要坚持党的基本路线,做到自重、自醒、自警、自励,努力做一个高尚的人、一个有道德的人、一个纯粹的人、一个脱离了低级趣味的人、一个益于人民的人。认识到一点,才能解放思想,才能使树立领导者形象成为可能。

(二)工作创新

领导者要有"创新、务实、廉洁、高效"的工作新形象。工作新形象中,首先突出的是"创新"精神。工作创新,首先要求思维要有创新。思维创新包括三个方面:一是思维的流畅性;二是应变的灵活性;三是反映的独创性。也就是说要善于思考和发现问题;要敢于标新立异,不蹈前辙;要善于提出新问题、新观点,并顽强地进行实践,因而思维创新就是指高层次的思维能力和实践能力相结合的"脑"与"手"的最完美协调。比如,第一,工作中要深入贯彻落实科学的发展观,全方位地思考问题;第二,工作中不是泛泛而谈地空喊,更不是脱离实际地空想;第三,工作中要学会融合三情(国情、党情、民情),创造性地决策,创新性地实践;第四,工作中要以实为本;第五,工作中还要有良好的工作作风[①]。

工作创新精神就是领导者必须在自己的岗位上不断学习、实践、总结,再学习,再实践,再总结,不断往复,不断前进,使自己具有政治家的胆略、思想家的深邃、企业家的精明、外交家的活力、哲学家的睿智,在改革中不断创新,在创新中不断改革,而创新、改革又必须紧紧围绕"务实、廉洁、高效"的精神,这样,领导者的工作创新能力的音符才会在领导工作的主旋律中永远弹奏。

---

① 李小园. 提升领导形象增强领导能力. 党政干部论坛,2010(3):18-20

（三）营造环境

从教育学的角度来说，在人的性格培养过程中，环境所起的作用是最大的。不管什么样的人，把他放在淡定的环境里，随着时间的推移，总能把他改变为测试者所预期的性格的特点，到达预期目标。在一个领导集体里，如果周围的人都有好的领导者形象标准，天长日久，某一个人或某几个人的领导者形象就自然形成了。如"让时间分高低，凭实绩论英雄"、"凭实绩用干部，靠改革出活力"、"把创业有功的人用起来，把敬业有进的人留下来，把无所作为的人调下来，把败业有余的人撤下来"等，这些格言营造了领导者形象的"大气候"和大环境，促进了领导者形象的形成。

领导者形象主要靠硬环境和软环境来形成。硬环境是指政策和制度环境，就是规定领导：怎样做，形成制度。之所以叫它"硬环境"，就是因为它有强制性和法律效力。有了一个积极的运营硬环境，规范了领导者形象的养成。所谓软环境是指领导者形象的文化环境和文化氛围，就是在人民群众的眼里领导者形象应该是什么样的，希望是什么样的。这样的思想已经扎在干部和群众的心里。群众的眼睛是雪亮的。领导的一言一行、举手投足都被群众看到眼里，记在心里。他们心里有一杆秤，会时刻评论领导的形象。领导为了避免非议，会时刻注意自己的言行和举止，这无形中会影响领导者形象的成长。领导者形象就是在这样的软环境和硬环境被培养出来了。

（四）提升素质

1. 坚持读书学习

善读书是领导者能力的资本。读书学习是领导干部加强党性修养、坚定理想信念、提升精神境界的一个重要途径，读书学习是领导者胜任领导工作的必然要求，领导干部加强读书学习也是推动学习型政党、学习型社会建设的需要。习近平总书记建议领导干部读当代中国马克思主义理论著作，读做好领导工作必需的各种知识书籍，读古今中外优秀文化书籍，并要坚持阅读与思考的统一，为的是把书读活，坚持书与实际相结合，为的是把知识转化为能力。锲而不舍、持之以恒地读书，是因为读书是一个长期的需要付出辛苦的过程，不能心浮气躁，浅尝辄止，而应先易后难，由浅入深，循序渐进，水滴石穿。

2. 加强道德修养

良好的品德是自身形象塑造之魂。一个领导者良好的品德能为其自身形象注入一种强大的精神，能起到一种表率作用，"其身正，不令而行，其身不正，虽令不从"。这种表率是一种无声命令，会起到潜移默化的作用。领导者好的一言一行、一举一动都会带动群众，鼓舞群众，都会被群众所赞赏、所效仿，因而一个领导者必须有一流的人品做底子，否则品质越差，能力越强，失败得越惨。

因此，作为领导者，要特别注重思想道德修养，要有全心全意为人民服务的公仆意识，要有无产阶级的世界观、人生观、价值观。在执政中，要廉洁奉公，严于律己，宽以待人；切不可高高在上、滥用职权、做点工作就讲条件和讲价钱、自己伸手要好处和要荣誉。要在经济大潮冲击下,始终保持党员的光荣本色,率先垂范,以身作则,以良好的形象,带动和促进党风和社会风气的好转。

3. 注重仪态美

人的仪态美,指的就是出自那些看似最不经意的细节姿态。一位资深美仪专家说:"在公共场合如果懂得一些姿态上的技巧,不但会使我们举止优雅,而且也是一种生活的修养。"所以每一位领导者应时刻提醒自己:在上下楼梯进出门时、上下汽车时、拾取地上东西时,是否会注意自己的仪态? 在站、坐、行走的时候是否会忽略了一定的姿态标准? 在与他人握手时是否会忘了规矩? 在接听电话时是否轻声细语? 这些看似不经意的细节,正是值得我们特别关注的地方,有时往往是决定一个人事业成败的关键。需要政府领导者给予足够的重视。

第四节　公务员形象塑造

国家公务员是政府管理的主体、政令实施的执行人和政府权威的塑造者,其地位的重要性和职业的特殊性决定了形象塑造的必要性。因此,研究和分析国家公务员形象的基本内容,在此基础上明确其形象塑造的重要意义,并寻求一条保持和提升国家公务员形象的有效途径,是十分有意义的,它是关系到我国改革开放和社会主义现代化建设事业能否成功的重大问题。

一、塑造公务员形象的重要意义

依据《中华人民共和国公务员法》,公务员是指"依法履行公职、纳入国家行政编制、由国家财政负担工资福利的工作人员"。他们是一切行政活动的实施者,其行为直接影响到政府职能的有效性,其形象反映了一个国家的整体形象。要维持政府的合法性,提高人民对政府的信任,以及保障国家的大政方针能够科学地制定、正确地贯彻和有效地实施,就必须塑造一群具有高素质、形象良好的国家公务员队伍。塑造公务员形象具有如下意义。

(一)实践科学发展观的需要

公务员是国家公务的具体执行者,广大人民群众评价中国共产党是否真正做到"以人为本",不是凭抽象的语言和口号,而是看每一个党员特别是领导干部能否以身作则,看在党的领导下每一名公务员是否廉洁从政,是否全心全意为人民服务。

（二）维护党和政府良好形象的需要

人民对政党、政府的信任是执政党、政府合法性的真正来源，也是经济发展和社会繁荣的社会基础，而公务员是政府行政权力的实际行使者，他们大多是共产党员。因此，党和政府的良好形象是由一个个良好的公仆形象得以体现的，每一名国家公务员形象的好坏，都会直接或间接地影响党和政府整体良好形象在公众心目中的树立。简单地说，公务员在政务活动中，言谈讲究礼仪，可以显得文明；举止讲究礼仪，可以显得高雅；穿着讲究礼仪，可以显得大方；行为讲究礼仪，可以显得高贵。

（三）建设高素质公务员队伍需要

一群具有良好形象的国家公务员，必然能在履行职责过程中扮演正当与重要的角色，不畏强权，不人云亦云，并在公共服务使命的召唤下，考虑长远的全民利益，坚持与捍卫立国精神，保障和提升公民道德，以此不断适应现代社会对高素质公共管理者的迫切需要。

（四）维护政治清明和社会安定的需要

公务员的腐败问题是当前干群关系中一个比较突出和尖锐的矛盾。公务员是否廉洁，直接关系到民心向背，而且在很大程度上决定着一个政府或政党，甚至一个国家、民族的前途命运。腐败亵渎了公民的信任，导致人们丧失对政治体系的信心，失去对政治权力的认同，最终可能招致严重的社会危机，影响国家稳定。因此，要解决这个问题，必须标本兼治，既要加强法制建设，加大反腐败力度，健全监督制约机制；又要教育公务员克己自律，在人民群众中树立起廉洁、勤政的形象，以此建立政府与公众之间相互理解、相互信任的良好气氛和融洽、稳定的关系。

（五）促进社会主义精神文明的需要

良好公务员形象的树立，必然对整个社会产生巨大的正面效应，促使广大人民群众自觉遵纪守法，坚决抵制各种不良风气，形成公正、公开、公平、透明的宏观环境，有利于保证改革开放和现代化建设遵循正确的轨道和方向进行，充分发挥社会主义的优越性，并大幅度地促进社会主义精神文明建设的发展。

二、塑造公务员良好形象的内容

（一）政府形象

国家公务员代表政府的良好形象，代表国家政府的形象是国家公务员最基本的形象，它是指国家公务员在对社会公共事务管理过程中始终代表国家利益，体现国家政府意志的行为。从这个意义上说，每一个国家公务员牢记自己的使命和职责，有义务为政府良好形象的塑造而严格要求自己，约束自己，提高自身素质和完善自我，努力把自己塑造成代表国家政府形象的公务员。

（二）公仆形象

国家公务员的公仆形象是最能反映公务员本质的形象。因为国家公务员的宗旨是全心全意为人民服务。公仆形象的实质含义，就是塑造国家公务员为民为公共事务服务的形象，它与封建等级官僚制度及专制独裁制度截然相反，它要求国家公务员是为民服务，清正廉洁的模范，而不是骑在人头上作威作福的官僚。因此，塑造国家公务员公仆形象，就可以保证国家公务员真正做到而且永远做到为人民服务。

（三）执法形象

国家公务员执法形象对我国公务员而言是最重要的形象，它是指国家公务员依法行政，以执法确保国家法律、法规的正确实施的行为反映。良好的国家公务员执法形象是国家公务员法律地位的必然要求，国家公务员的执法形象最能反映国家公务员队伍履行管理公共事务职能的形象，同时也是全社会公众最为关注的社会热点问题。因此，只有国家公务员具备良好的执法形象，才能换回一个纯正上进、廉洁文明的社会风气，才能真正地使我国社会实现法治。

三、塑造公务员形象的策略

（一）加强管理

首先，要进一步完善国家公务员管理法规，把国家公务员法及相关法规不断加强完善，使它能以国家公务员的最有力度的法律形式表达出来，进一步加强对国家公务员的约束力，从而保证国家公务员队伍的纯正性和严肃性。

其次，要净化国家公务员组织，把严公务员组织的入关口，确保最优秀的人员成为国家公务员组织的一员。为此，一要就现有的国家公务员严格考核，对德、能、勤、绩、廉的考核内容要量化标准，对不适合做国家公务员工作的人员一定要给予辞退。二要对愿意从事行政管理工作、有一定能力资格的人员应严加考核，按公开、平等、竞争、择优的原则录以任用。

最后，不断加强对国家公务员的培训、轮训的工作，不断提高国家公务员对新科学、新知识的掌握能力。通过学习提高国家公务员的知识水平和理论水平，进一步、更深入地理解党的方针、政策和国家的法律、法规，从而保证在行政执法活动中的良好形象。

（二）规范执法

努力提高公务员的依法办事能力,也就是要求国家公务员在执行公务过程中一定要依法行政,把握好执法尺度。一定要行使好自己手中的行政权力,在执行公务的过程中做到:该自己做出的行为一定要做到位,要求他人做出的行为一定要规范好,抑制某种不该发生的行为一定要准确。只有当国家公务员真正做到了这些,才能确保提高依法办事的能力。

（三）加大宣传

加强国家公务员良好形象塑造的宣传力度,不断培养国家公务员心目中的形象意识,让每一个国家公务员都时刻牢记自己的行为始终代表着政府形象,从而增强国家公务员的责任感,保证国家公务员的良好形象的树立,巩固和不断地持续下去。

（四）强化监督

行政组织是以层级关系形成的体系,在其组织系统之中,上级对下级基于隶属关系具有控制的权力,以维持与下级之间的命令服从关系。行政组织针对国家公务员在履行职责过程中所出现的各种合理与不合理的问题均有监督的权力。当然,除行政机关外,立法机关、司法机关都不同程度地享有监督国家机关人员行政行为的权力。

由于公务员行使职权的过程并非是其单方面形成的,而是公务员与公民的互动过程。一般而言,公务员本身不易从内部主动地改造,公务员的为善为恶、尽责与失职在很大程度上是公民是否尽了合理的督促作用。因此,在塑造公务员形象的问题上,公民的参与十分重要,它是反腐败、反对不道德行为的强有力手段,它对公务员形象的纠正、完善有巨大的推动作用,应当发动广大群众积极参与公仆形象的有效监督管理。

总之,权力监督和社会监督是制约系统的重要组成部分,即干部纪检部门依照规范对所辖干部的形象进行法制监督管理的一种组织上的根本管理;社会舆论是形象评估的另一种有效监督,它们都是对公务员行为实行规范和约束的重要力量。只有把这两种监管方式有机地结合起来,才能把公仆形象管理得更好。

（五）自我完善

1. 不断强化公仆信念

公务员要塑造良好形象,必须加强自我校正、自我完善和自我修养,而这首要的是不断强化公仆观念。

社会实践证明,国家公务员公仆形象的不断完善,关键要靠内因,内因的变化发展起根本性作用;教育等外因只是其发展变化的外部条件。我们提倡公仆形象的自我完善和修养,是指依照干部原则不断进行的自我革命、自我改造、自我反省和检讨。在当今复杂的思想形势下,不但要提倡个人的思想改造,还要澄清各种模糊认识。各级干部只有无情地严于律己、自我革命、自我解剖,有的甚至要脱胎换骨,才能实现自我形象的修正和定位,达到党和人民的要求。

2. 展现良好的外在形象

国家公务员要想保持和展现良好的外在形象,首先必须养成良好的生活习惯。对公务员而言,充实的生活内容、良好的生活习惯、高雅的生活情趣是组成身心健康生活方式的重要内容。

公务员在做好本职工作的前提下,应当不断扩大自己的生活领域,充实自己的生活内涵,全面提高生活质量,使上班时段与业余时光同样充实、物质生活与精神生活同步发展、职业工作与休闲娱乐同时并重、集体活动与家庭生活同等快乐;要养成良好的生活习惯,遵守社会公德、职业道德和家庭美德,摈弃各种不良风气,保持良好的个人卫生习惯,培养健康向上的家庭生活习惯。要培养健康高雅的生活情趣,不断提高审美意识和审美水平。一方面要懂得美、欣赏美、体验美;另一发面要开发潜能,通过艺术(如各种文艺形式)、生活(如日常生活)等途径,积极参与美的创造,从中获得美的体验,净化灵魂,完善人格,陶冶情操。要坚持经常进行体育锻炼。健康的身体是革命的本钱,是树立阳光形象的依托,并且只有保持健康的体魄,才能一如既往的兢兢业业,勤勤勉勉,才能更好地为人民谋利益。经常的体育锻炼可以衬托出健康向上的精神状态,为公务员的美好形象加分。

每一位公务员都必须学习、掌握一定的现代礼仪常识。在外在形象的包装上,除了符合一般形象礼仪外,还要根据工作的特殊要求做到正规和规范。

(六)内求团结

加强国家公务员内部的团结与合作,使国家公务员整合为一个完整统一的整体,并保持整体的良好形象是塑造国家公务员形象的最终结果。因此,必须要强化内部团结与合作,绝不容许行政部门之间、上下级之间以及国家公务员之间出现严重不协调现象,努力做到行政协调、全体一致地完成提高行政效率这一行政管理的最终目的。

案例研究:中国国家形象广告策略

2011年1月中旬,以"人物篇"命名的新一期中国国家形象广告,开始在CNN等频道播出,同时,还在美国时报广场的大屏幕以及华盛顿画廊广场的大屏幕上高频次播出。根据目前所获得的反馈来看,本期中国国家形象广告取得了相当大的影响,也凸现了对外传播过程中可能出现的一些问题和挑战。

1. 彰显积极心态,致力沟通

通过广告这种现代传播方式与世界进行沟通,体现了我国对外传播工作锐意进取、不断突破的创新精神,也体现了我国政府努力与世界沟通的积极心态。这一点,从外媒的报道来看,是获得很大肯定的。例如,《华尔街日报》表示,世界并不了解中国,所以很容易陷入思维定式,向全球播放国家形象宣传片是中国政府发起的"反攻",是中国为柔化自己海外形象所做的系列努力的一部分,这一举动的背景是全球对中国的关注度越来越高。世界主流媒体的评论,至少肯定了中国力求加强沟通的积极意图,同时也使世界意识到,中国与世界关系正在发生变化。这种在世界范围内产生的意识影响,可以为中国在未来的国际舞台上发挥更大的作用做好思想准备工作,具有战略意义。

2. 合理安排节奏,未播先热

本期中国国家形象广告很好地运用了议程设置的传播技巧,合理安排广告策划与发布的节奏,做好了国内与国外的联动,协调了对内沟通与对外传播,吸引了国内主流媒体与世界主流媒体的关注,从而使国家形象广告未播先热,广告播出后随即引起了巨大的国际反响。本期国家形象广告在策划筹拍期间,就以发布筹拍信息等方式与媒体进行了沟通,澄清了媒体中出现的一些关于广告播出时间的误传,很好地控制了局面。就国家形象广告播出时间,国内媒体最初有报道说是在 2010 年 10 月播出。国务院新闻办随即通过媒体进行了公开澄清,回应国内外舆论,从而很好地把握了国内外公众对国家形象广告片的预期,开启了就本期国家形象广告与公众进行深入沟通的过程。当广告于 2011 年 1 月 17 日开始在美国 CNN、《纽约时报》广场与华盛顿画廊广场播出后,国内外热情迅速爆发。

3. 明确广告策略,立足互动

本期中国国家形象广告具有明确的广告策略,主题鲜明,目标明确,让世界感受到了真实的中国人,并且在传播中产生了互动性。本期中国国家形象广告将各个领域的名人或普通人作为中心内容,如策划所预期的那样,引发了广泛讨论与深入思考。在这期广告片中,有些人物可能被世人所熟悉:他(她)的影响力与才华、聪明与美丽、勇敢与不寻常等,他们对中国国家形象的贡献是被人们广泛认可的;而那些尚不被人所熟悉的人物,则可能激发人们的好奇心,使人们通过主动搜索信息去认识他(她),从而使该广告产生了很强的互动效果。大胆利用人物群像的创意表现,尽管冒有一定的创新性风险,但是无疑使世界看到了中国更加关注个人价值的一面,也拉近了美国人民乃至世界人民与中国的心理距离。纽约高中生夏洛特·麦古金在接受采访时说,"宣传片制作非常精良,布局非常巧妙",她说她在纽约生活了 18 年,这是第一次在时报广场的大屏幕上看到这么多中国人同时出现的画面。面对着采访她的记者,她开心地指出了广告片中的姚明,还提到了中国乒乓球选手(邓亚萍),她说在奥运会比赛的转播中见过这位选手,甚至还联想到了她在学校中学过的中美乒乓外交。广告片使夏洛特·麦古金"好想去中国亲眼看一看"。《纽约时报》广场巡逻保安格雷格则对采访记者说:"全世界都知道中国人民勤劳智慧,这部片子很好地展现了中国人的风貌,他们值得我们尊敬。"纽约高中生夏洛特·麦古金和保安格雷格的观点还是一定程度上反映了本期中国国家形象广告的积极效果。

4. 体现整合传播，延伸效果

本期中国国家形象广告体现了整合传播的思路，广告片（《人物篇》）与宣传片（《角度篇》）相互配合，先通过高效率的广告片诱发话题性，然后通过篇幅较长的宣传片进行深入沟通，发挥了不同传播工具的独特功能。在这次集中性广告战役与相关传播过程中，我国外宣部门也在传播过程中对国内外舆论进行了合理引导，从而使广告效果延伸、扩大。根据目前所公布的信息可知，国家形象广告片（60 秒《人物篇》）从 1 月 17 日开始在时报广场首播，每小时播放 15 次，从每天上午 6 时至次日凌晨 2 时播放 20 小时，共 300 次，并一直播放至 2 月 14 日，共计播放 8400 次。中国形象广告片在时报广场电子屏播出，很好地发挥了黄金地段户外媒体的功能，6 块电子主要显示屏同时播放广告片，显示屏的侧面还有"感受中国"的英文字样，从而产生了广告的集群效应，使周围其他商业广告黯然失色。中国形象广告由此脱颖而出，吸引诸多路人驻足观看。广告片在 CNN 等电视频道和网络频道播出的频次也非常高，从而与户外广告的集中播出形成电视、户外的广告联动。在《人物篇》播出的几天后，国务院新闻办随后对媒体宣布，国家形象宣传片《角度篇》将随后通过不同途径播出。这是很典型的集中性广告战役，也是很典型的整合传播案例。整个宣传计划是按照事前策划，有步骤有节奏地进行的。精心策划，整合传播，这是本期中国国家形象广告宣传活动发挥重大影响的主要原因。

5. 为高层会晤创造良好舆论氛围

本期国家形象广告播出时间，恰逢时任中国国家主席胡锦涛访美，客观上为中美高层外交会晤创造了良好的舆论氛围。因为在刚刚过去的一年内，人民币汇率、贸易纠纷、人权和对台军售等一系列问题困扰着中美关系的发展，中美之间出现了多次紧张关系。提起中国，不少美国人会想到一个被"指控"操纵汇率和窃走美国就业机会的国家，会想到一个正在崛起的竞争对手形象。有观察家甚至认为，去年是十年来中美关系最紧张的一年。中国国家形象广告在这种背景下推出，向美国表达了中国力争友好的意图，对于缓和中美紧张关系具有现实作用。彭博社援引美国皮尤调查中心 1 月公布的一项调查称，有 47% 的美国人认为中国已成世界第一经济体，而只有 31% 选择美国，认为中国于胡锦涛访美期间在美国播放电视宣传片，是为了提升国家形象，并认为中国近年来一直在努力利用中国文化和中国人民缓和国际社会对中国崛起的忧虑，该广告就是其中的一部分。中国人民大学教授时殷弘结合中美高层会晤评论说，举行峰会时，双方都会开展大量的公关工作，我们的领导人需要公关，希望能消除美国公众的疑虑。所以，从本期中国国家形象广告长期策划与运作过程来看，尽管可能最初并非是为配合胡锦涛访美而策划的，但是在这一重要时刻正式发布，客观上产生了配合良好的作用，为中美最高层会晤创造了良好的舆论氛围。

（资料来源：何辉．中国国家形象广告：策略与效果．北京：对外传播，2011(3)）

思考与讨论：

1. 中国国家形象广告传播活动产生了怎样的影响？其意义何在？

2. 中国的国家形象究竟是指什么？作为公民应对国家形象负有什么样的责任？

3. 在新媒体时代应如何加强国家形象的传播？有哪些途径？

实训项目：举行中外国家领导人形象展示会

1. 实训目的

通过举行中外国家领导人形象展示会,进一步掌握政府形象塑造的策略和方法。

2. 实训组织

（1）将全班同学分成若干各小组,每组 5～6 人,并选出小组长 1 人。

（2）每组通过互联网、报纸、杂志、书籍等搜集中外领导人形象的案例、图片等资料,形成《某领导人风采》的 PPT 文件。

（3）以小组为单位在全班交流。

（4）老师对各组进行指导。

3. 实训手记

通过训练,我的收获是：_____。

课后练习题

1. 国家形象有哪些特点？应如何传播国家形象？

2. 城市形象的构成要素有哪些？

3. 你所在的城市是如何进行城市定位的？在塑造城市形象方面有哪些好的做法？

4. 举例说明政府领导者形象的塑造。

5. 如果你是一名公务员,你认为应该具有怎样的形象？

6. 案例评析

燕昭王取信于民

经历了燕国"子之之乱"后,燕国国内景象凄凉：田地荒芜,房屋坍塌,百姓在废墟上啼饥号寒。新即位的燕昭王下决心要复兴燕国,但如何才能觅求治理国家的贤才,燕昭王一筹莫展。

为此,昭王诚恳地向老臣郭隗请教,郭隗答道,如果大王能放下架子,礼待那些德才兼备的士人,甚至甘愿屈身上门求教,当他们的学生,那么,不但他们会心悦诚服地出力效劳,而且还能吸引强十倍、百倍的贤才前来投奔,这是自古以来治理国家获取人才的规律。接着,郭隗讲了一个故事。古时有个国君,打算用千金去求千里马,但 3 年也没买到一匹。一名内侍自荐为国君去购买。3 个月后,辗转打听到千里马的消息,可惜刚一赶到,那匹马已死了。内侍就花重金把死马的骨头买了回来。国君大怒,说他要的是活千里马,而不是没用的马骨头。内侍从容答道,别人听说大王肯花钱买死马,那活马自然就会有人送上门来。果然,不到一年,好几匹千里马就从四面八方被送来了。

讲完这个故事,郭隗说出了自己的打算,大王如果真想招贤纳才,不妨就从他身上做起,让天下人都看到,像他这样不才的人尚且受到大王如此的尊重,更何况那些德才大大超过他的人呢?这样国内外的贤才就会不远千里向燕国聚集了。

燕昭王昕了大受启发,回去后,马上为郭隗盖了一座金碧辉煌的公馆,并且还拜郭隗为师,天天上门向郭隗求教。此外,昭王还在沂水之滨,修筑了一座高台(后世称之为"黄金台"),用以招揽天下贤士。台上放置黄金千两,作为赠送贤士的进见礼。各国有才干的人听到燕昭王如此求贤若渴,纷纷赶到燕国求见,其中最出名的便是赵国人乐毅。燕昭王拜乐毅为亚卿并请他整顿国政,训练兵马,燕国果然一天天强大起来。

(资料来源:洪建设.政府公关.北京:北京大学出版社,2010)

案例思考:

(1) 试运用政府公共关系的相关知识分析评点这一案例。

(2) 这一案例对今天开展政府公共关系有何启示?

第八章

政府危机管理

> 每一次危机既包含了导致失败的根源，又孕育着成功的种子，发现、培育，以便收获这个潜在成功机会就是危机管理的精髓。

——[美]诺曼·奥古斯丁

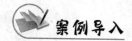 **案例导入**

贵州瓮安群体事件

1. 危机事件发生

2008年6月22日，贵州瓮安县一位名叫李树芬的初二女生意外死亡，其家属用一个冰棺将尸体冷冻起来，并要求法医进行鉴定。根据法医的鉴定结果，死者李树芬系"溺水而亡"。

6月23日，李树芬家属由于对第一次尸检结果不满，其父亲李秀华向瓮安警方提交《急案侦破申请书》，要求对李树芬死亡当天在场的三名人员采取隔离询问，并对其女儿的身体进行一次全面检查。

6月22日，瓮安县公安局下达不予刑事立案的书面通知。

6月25日，公安局传唤李树芬的叔叔、瓮安玉华乡中学教师李秀忠，希望他能够出面做家属的工作，但遭其拒绝并且与几名干警发生了冲突。从公安局出来后，李秀忠遭到了6个不明身份的人围殴，受重伤被送往县人民医院救治。当天下午，贵州黔南州公安局法医对李树芬的尸体进行了第二次体检，检查结果同样认定其为溺水而亡。

6月28日，李树芬逝后的"头七"。县公安局下达《尸体处理催办通知书》，通知李树芬的家属尽快处理李树芬的尸体，否则就交由公安机关处理。下午3点，瓮安街头出现了一支打着"为群众呐喊申冤"横幅的游行队伍，队伍从停尸地点西门河大堰桥边出发，途径县委县政府，又折回了县公安局的大楼，沿途不断有人加入游行队伍。瓮安县公安局出动40余名警力在办公楼大厅内组成了人墙，防止游行队伍冲入大楼内。16点30分左右，一些情绪激动的游行人员在少数人的煽动下,开始用矿泉水瓶、泥块、砖头袭击民警。随后,有人向停在公安局门前的汽车投掷了燃烧瓶,一时燃起熊熊大火,警方被迫向公安局大楼内转移,人群也迅速跟进。几分钟后,一群人抬起停在公安局门口的一辆外地牌照皮卡车,扔到公安局一楼大厅里,然后用汽油点燃,整个大厅内浓烟滚滚,警方又被迫向楼上撤退。失守的一、二楼内,文件、办公桌被人点燃,浓烟和大火包裹了整个公安局大楼。其间,游行人员又抢走、烧毁若干大楼办公设备,打伤数十名公安干警,围攻前来灭火的消防人员,抢夺消防龙头,剪断消防水袋,使得消防人员被迫撤离。

据事后统计,全县43万人口的户籍资料被全部烧光;县委大楼、县政府办公大楼104间办公室,县公安局办公大楼47间办公室、4间门面被烧毁;42台交通工具被毁,数十台办公计算机被抢走。整个打砸抢烧事件一直持续到次日凌晨3点,聚集的近万名群众才散去,事态暂时平息。

2. 危机应对过程

(1) 媒体的应对。2008年6月29日,即事件发生的第二天,新华网发布对事件的报道——《贵州省瓮安县发生一起打砸抢烧事件》。随后,多家媒体进行了相关后续报道。

(2) 贵州省委书记赶赴现场。6月30日,贵州省委书记石宗源专程赶到瓮安指挥"6·28"事件处理工作。在考察现场,看望武警官兵、公安干警后,石宗源听取了事件处置报告并召开了领导干部会议。随后通过走访、调查了解瓮安民众的真实状况,在同民众交流的过程中,三次鞠躬向民众表达歉意。紧接着,召开了包括瓮安县人大代表、政协委员、群众代表在内的座谈会,进一步了解事件的背景与民众的心声。会上,其几度哽咽。

(3) 政府部门"辟谣"。7月1日,贵州省政府新闻办在贵阳召开了新闻发布会,当地警方及政府有关负责人就"6·28"瓮安群体事件答记者问。政府通过新闻发布会将相关信息及时传达给民众,驳斥了各种不实的传言。

(4) 法医专家组再次对尸体进行司法鉴定。7月2日,也就是骚乱发生后的第四天,贵州省成立由贵州省公安厅刑侦总队主任法医师、溺水研究专家屈剑平,贵阳医学院法医教研室主任、司法鉴定中心主任王杰教授,贵州省人民检察院高级工程师叶忠源、副主任法医师杨永刚组成的专家小组。在李树芬父亲、姨妈等的监视下,进行了第三次尸检取样,对死者遗体进行仔细探查,并将有关提取物用无菌物证袋封存,于7月3日上午送往贵州省公安厅物证鉴定中心,作精斑及DNA检验。李树芬家属签署了检验记录,并在之后按照当地风俗将她的遗体入棺下葬。

7月10日,官方第三次尸检调查结果公布。经检验,未检出人的精斑及男性DNA分型,并认为李树芬仍为处女,生前未发生过性行为或受到性侵害。对遗体头部进行层层解剖的结果显示,死者脑组织没有出血和挫伤,颅底无骨折;颈部检查后没有发现勒、扼、压、掐等留下的痕迹,系统解剖检验中也未发现颅脑、颈部肌群、胸、腹等脏器损伤。死者胸腹体表皮肤完好,无钝器、锐器伤,也没有发现遭受暴力侵害时可能留下的搏斗伤和抵抗伤。尸检表明死者有典型的溺水死亡征象:双肺彭隆肿胀,双肺前缘超过锁中线;鼻腔外见白色蕈状泡沫。贵州省公安厅刑侦总队主任法医师、溺水研究专家屈剑平认为:"如果人是死后被投入水中,是不可能出现上述体征的,比如水性肺气肿、点状出血等。"另外,病理学检验排出了病理性死亡和中毒死亡的可能性。鉴定结论为死者系溺水死亡。

（资料来源：夏琼，周榕．大众媒介与政府公关．北京：人民出版社，2014）

问题：

1. 试分析瓮安群体事件发生的原因。
2. 请就瓮安群体事件的危机应对进行评价。

第一节　危机与政府危机管理

　　任何社会都不可避免地会遭受各种各样的灾难，从而面临各种公关危机的强烈冲击。从美国的"9·11"事件到印度尼西亚巴厘岛爆炸案，从韩国大邱地铁纵火案到中国南京汤山投毒案，从美国炭疽传播恐慌到中国"非典"疫情防治，一系列的公共事件的突然出现，在不同范围内和一定程度上引发了危机。危机不仅会造成人在生命、财产方面的巨大损失，对经济和社会的基础设施造成巨大的破坏，也会引起环境的恶化，阻碍社会的可持续发展，甚至可能导致社会和政治的不稳定。

　　我国已进入市场经济为基本架构的社会，社会公关危机事件的发生变得常规化，有效处理社会危机，将是市场经济条件下政府要经常面对的问题。因此，对一个政府而言，建立完善的公关危机管理机制，形成有效的政府制度安排，实施有效的对策选择，不断增强政府公共危机管理能力，使危机状态下的社会事务被有序地管理起来，把危机给社会造成的危害减到最小，无疑成为政府管理活动中的一个重要内容。

一、政府危机的含义和特性

（一）政府危机的含义

　　进入 21 世纪，随着中国社会的进一步转型、地区之间和内部收入差距的扩大，社会利益主体多元化格局的形成，加入 WTO 所面临的国际竞争等诸多挑战，传统道德文化体系的失衡和信仰危机的出现以及国际经济秩序的重建、国际各类极端势力的发展等构成导致政府危机的多元化动因，这些动因完全可能使政府面对不可回避的多方面危机。按照国际社会的一般看法，危机是指对一个社会系统的基本价值和行为准则架构产生严重威胁，并且在时间压力和不确定性极高的情况下，必须对其做出关键决策的事件。从危机的构成来看主要包括：一是因不可抗力引起的自然灾害，如地震、干旱、洪水等；二是由于人的因素（如疏忽大意、非预见性等）造成的重大事故如飞机失事、火车出轨、煤矿爆炸、集体中毒、疾病流行等；三是由于人为故意因素造成的社会动乱，如党派纷争、民族冲突、宗教对抗；四是恐怖活动或恐怖事件；五是国家或国家集团之间的武装冲突或战争。

（二）政府危机的特性

在现代社会中,危机的发生已经成为社会生活中一种常见的现象。通过对危机源起的分析考察,可以发现危机具有如下特点。

1. 突发性

突发性即不可预测性,"那些能够预防的'危机'都只能称为问题,只有那些无法预知的、被忽视的、具有颠覆性的意外事故,才算得上真正的危机"[1]。我国 2008 年的"瓮安危机"仍然存在着发生征兆和预警的可能,因为它依旧是由一系列细小事件逐渐发展而来的,但危机发生前的量变过程不为人们所注意。真实发生的时间、地点具有一定的不可预见性,特别是人为因素造成的危机事件,由于很难发现造成危机的原因,无法找到危机的根源,使得危机的解决颇为棘手,公共对策很难对事件的发生和发展做出预先的判断,待到危机发生时,事物原有的发展格局突然被打乱,使公众和政府感到非常突然,陷入被动和慌乱。同时不断出现的新情况也往往是无章可循的,需要时间进行分析和应对,这时就出现了"政策真空",危机中的混乱局面使人们既得利益丧失或可能丧失,使政府和公众面临一个全新的、不熟悉的环境,人人有一种强烈的希望回到原来状态的心理,使人们更加感觉到危机是突发性的。

2. 破坏性

危机所造成的危害性在强度和烈度上表现得特别显著,危机会造成损失,这种损失可能是有形的,在物质方面造成巨大的损失,危机也可能是无形的,波及局部地区甚至是普遍范围内的经济、政治、文化等各个领域,更为严重的是危机会在社会公众的心理层面产生普遍的恐慌、不安全感,甚至使公众对政府管理社会的能力产生怀疑。如发生在美国的"9·11"恐怖袭击,直接经济损失 900 多亿美元,伤亡数以千计,在美国民众心理上造成了不可磨灭的伤痕,对全球政治格局产生了深远的影响,这次危机不仅被描述为文化的冲突,而且还引发了世纪初的阿富汗战争。可见危机的破坏力是多么巨大啊!

3. 不确定性

在危机事件的开端,一切都是瞬息万变的,是无法用常规性规则进行判断的,而且其后的发展和可能涉及的影响也没有经验性知识进行指导,若按照以往的经验和统计规律去判断危机常常是不确定的,容易犯错误,不利于进行危机管理。同时,信息时代的发展,事物之间的联系越发呈现多元和共时的特征,资源的有限性也会导致事实上顾此失彼,由此危机引起更大、更多的彼危机,形成"连带效应"。"因为这些危机就像一粒石子投进池水中引起阵阵涟漪那样,对外部会产生一系列的负面影响。初始危机就像投入水中的石头,所引起的冲击破坏可能包含了石子撞击池底、在水面及周边溅出水花和涟漪激荡而引

---

① 劳伦斯·巴顿. 组织危机管理. 符彩霞,译. 北京:清华大学出版社,2002

起的波动。米卓夫和皮尔逊把这种由于危机初期管理不善而造成的涟漪效应称为'连锁反应'。"①它使危机的影响进一步扩大,不确定性进一步增强。典型的例子如 1989 年在澳大利亚奥克兰等地发生的火灾,初期的管理就在于灭火。然而,随后的人员伤亡,家庭破碎,商业恢复和社区重建遇到的困难都形成严重的社会性危机,这里伴生的原因已经不是火灾,而是原有系统通过赋税征收来修复、重建社区基础设施的能力薄弱。全球经济一体化的趋势,加深了"连带效应"的发生,使得国内问题国际化的特征越发明显。一个国家发生的危机,往往不再只是一个国家内部的事务,对世界范围内的政治、经济造成很大的影响,如美国的"9·11"事件引发全世界股市暴跌就是一个明显的例子。

4. 紧迫性

不但危机的发生是突然的,而且危机的发展也是非常迅速的,"危机一旦出现,它就会像一枚突然爆发的'炸弹',在社会中迅速扩散开来,对社会造成极大的冲击。"②随着危机的进展,危机影响面越来越广,危害日益增多,危机造成的损失会越来越大。政府对危机的反应越是快速,危机反应决策越是准确,那么损失就会越小。所以危机中,时间非常紧迫,对时间的把握程度很大程度上决定了危机管理的有效性,"若控制不力或行动迟缓,必产生严重后果,所以必须牢记'兵贵神速'这一兵法格言",强调危机管理的时效性。

5. 信息不充分

在危机中,原有的沟通渠道如通信设施可能会遭到破坏,使信息无法有效地沟通。在危机中,公众处于惊慌状态,会因为过度紧张而对客观情况反映失真或夸大危机的微妙之处,从而使危机管理者接受的是错综复杂而又真伪并存的信息,在这种状态下,对危机管理有用的信息是非常不充分的。

6. 资源严重不足

在危机中,用于解决危机的资源是非常有限的。因为在危机中资源会遭到破坏,而用于危机反应的备用物资资源,或者遭到破坏,或者离危机现场很远,远水解不了近渴,即使资源充足,由于危机中对资源的需求量非常大,而且资源的使用速度非常快,也难以满足危机反应和恢复的需要,加之政府还要动用过去的积累资金去应付危机,组织的资金资源也显得非常紧张。危机中的资源紧张还表现在人力资源的紧缺,未受过训练的人在危机中会惊慌和感到压力,无法冷静地参与解决危机,而训练有素的危机管理人员毕竟是有限的,危机规模加大时就会感到人力资源的缺乏。

7. 公共性

政府面对的危机是专指在公共管理范围内的危机。即对一个社会公共系统的基本价值和行为准则架构产生严重威胁的危机。其影响和涉及的行为主体具有社群性,这与个

---

① 罗伯特·希斯. 危机管理. 王成,宋炳辉,金瑛,译. 北京:中信出版社,2001
② 张岩松. 企业公共关系危机管理. 北京:经济管理出版社,2000

体、经营性组织所面对的危机有着本质差别。危机发生后,会像一根牵动社会的"神经",迅速引起社会各界的不同反应,令社会各界密切关注成为社会热点。于是,事件必须要通过调动相当的社会公共资源,进行有序的公共组织力量协调,并在公众心理状态上和公共评价体系中消除不利影响才能予以妥善解决。

8. 非常规性

我们知道危机具有信息不充分、资源严重不足、突发性、紧迫性、不确定性等特性,危机发生之前潜伏着的焦点问题的形成和聚焦,使组织所面临的环境达到了一个临界状态,而且政府应对危机的成效直接影响到政府组织系统是处于崩溃、维持原状还是进行良性变革,这就决定了危机从本质上是非程序化决策。因为对于危机状态,正是要在有限的信息、有限的资源、有限的时间的条件下寻求"满意"的处理方案,整个事件都具备独特性,无法用处理常规事件的方法来应对和处理,必须在相当有限的时间里做出重大决策和反应。因此危机的处理是任何政府都必须认真面对的问题,它甚至比任何常规性决策都更能考验一个国家政府的治理结构和治理能力。

例如,稍加比较,不难发现我国 2003 年爆发的"非典"的全球性传播具有时间上的突发性和直接危及生命健康的紧急性,产生原因、发展过程和可能造成的后果具有高度的不确定性,信息传递中不对称性十分突出,使得全球社会出现恐慌波动,对经济发展、文化活动和社会稳定都产生了巨大的影响,世界各国及我国中央和地方政府也直接面临着需要在高度压力下进行非程序性决策的形势。因此,2003 年"非典"的爆发,不仅仅是一种全球性恶性传染病的传染过程,更是一次典型的社会危机事件。

近年来,我国进入政府危机事件的高发期,诸如瓦斯爆炸、煤窑坍塌、水污染、禽流感、雪灾、食品安全事件、大地震等。这些突发性危机事件引起社会震荡,使得社会陷入一种非正常状态,这时就需要政府出面缓解危机,稳定社会秩序,维持社会运行,在政府的管理活动中也就产生了危机管理。

自 2003 年"非典"事件十年来,我国政府开始重视危机管理,在危机中借鉴、学习和反思,将危机管理纳入政府工作之中,相应出台了一系列政策措施,各级政府形成了危机管理部门,制订了危机管理预案,逐步建立和完善了危机管理机制,并将其纳入中国特色的政府公共关系体系。

对各级政府而言,危机管理既是需要在短期内制定政策,集中调动资源,克服突然性事件的行为过程,更是一项要在长期内研究危机因素、完备政策体系,建立危机管理机制的政治工程。

政府公共危机管理具有重要意义。危机的发展中隐藏着"双重置换"的机会,它既是一次危机因素的总爆发,充满对抗和混乱,又给予了重塑与再造的机遇,诺曼·奥古斯丁描述到"每一次危机既包含了导致失败的根源,又孕育着成功的种子",所以"发现、培育,以便收获这个潜在成功机会就是危机管理的精髓"[①]。如果政府在危机中表现出了令人赞赏的决策能力和执行效率,那么一个临危不惧、应对有方和处置得当的政府,将以此赢

---

① 诺曼·奥古斯丁. 危机管理. 北京:中国人民大学出版社,2001

得公众的尊重和信任,甚至可以依托危机的解决获得在其他政策行为中的有利地位,推动自身主体合法行为的进一步提高。可以说,政府危机管理是对政府的管理能力和效力的全面考察与综合鉴定,是衡量和反映政府是否具有维持和确立一个和平、安宁、持续发展的社会环境的重要方面,它集中体现了政府的统治力量。

二、政府危机的类型

根据不同的划分标准,我们可以将政府机构及其工作人员可能面对的公关危机分为不同的类型。这里参照费爱华、李程骅所著的《政府媒体公关》(南京:江苏人民出版社,2011)中的相关划分,加以梳理,按照危机的起因与性质,可以把危机分为以下五种类型。

(一)自然灾害型危机

自然灾害引发的危机是指由于发生水旱灾害、气象灾害、地震灾害、地质灾害、海洋灾害、生物灾害和森林草原火灾等自然灾害给政府部门带来的危机。我国是一个自然灾害多发的国家,据民政部发布的数据显示,2008 年全国各类自然灾害共造成约 47 795 万人(次)不同程度受灾,因灾死亡 88 928 人,是自 1976 年唐山大地震以来,因灾死亡人数最多的一年。2008 年南方部分地区严重低温雨雪冰冻灾害和汶川特大地震两场历史罕见的巨灾波及范围极广、伤亡人员极多、经济损失极重、社会影响极深、救灾难度极大。2010 年我国的西南旱灾、青海玉树地震、甘肃舟曲泥石流等同样造成生命财产极大损失。

(二)事故灾害型危机

事故灾害引发的公关危机主要包括工矿商贸等企业的各类安全事故、交通运输事故、公共设施和设备事故、环境污染和生态破坏事件等引发的公关危机。比如,2010 年 3 月 28 日山西乡宁县王家岭煤矿发生透水事故,115 人获救,35 人遇难。

(三)公共事件型危机

公共事件型危机包括公共卫生事件和社会安全事件两种类型的公关危机。

1. 公共卫生事件型危机

公共卫生事件引发的公关危机主要包括传染病疫情、群体性不明原因疾病、食品安全和职业危害、动物疫情以及其他严重影响公众健康和生命安全的事件引发的公关危机。大的如 2003 年的 SARS 事件,小的如 2010 年南京小龙虾事件等就属此类。由于科技水平的限制,公共卫生事件在短时间内很难得出结论,更难加以解决,甚至难以控制灾害的蔓延,而受害者或普通百姓出于恐惧或悲伤、生活的不安等,急于了解真相和摆脱困境,如果不能及时公布真相、解决问题,公众会对相关政府部门甚至整个地方政府的行政能力表示质疑。

2. 社会安全事件型危机

社会安全事件引发的公关危机主要包括恐怖袭击事件、经济安全事件和涉外突发事件等社会安全事件引发的公关危机。2009 年的成都公交车燃烧案、2010 年福建南平凶杀案及菲律宾绑匪杀害中国香港游客事件等都属于此列。如果政府没有及早地公布信息，或者不能及时控制局面，一旦小道消息满天飞、大众媒体尤其是网络的渲染，容易引起公众的恐慌情绪，进而使人们对政府产生失望乃至愤怒情绪。

（四）公众失当型危机

公众失当型危机是由于政府所面临的公关客体——公众本身自身行为不当或其对政府部门产生误解而导致的政府危机。

1. 公众行为不当型危机

公众行为不当导致的公关危机主要有以下两种情况。第一，公关客体在公关危机方面认为的"误操作"，带来了种种社会问题，直接引发了公关危机。例如，虚假广告就会造成社会诚信的受损与公众利益的损伤。第二，公关客体在与公关主体展开博弈时，极少数客体故意钻政策的空子等也很容易导致问题的产生，进而引发矛盾和公关危机。以威胁跳楼、自焚或服毒等极端失常行为为典型案例。

2. 公众误解型危机

由于公众误解导致的公关危机同样可以分为两种类型：一是由于信息不对称等客观原因，公关客体——公众可能误解政府而导致危机产生；二是由于公众自身观念、生活习惯等主观原因，公众以自己的判断标准来衡量政府的行为而产生的"应然"与"实然"的悬殊所产生的公关危机。

（五）政府失误型危机

政府部门及其工作人员的行为，由于侵害了社会群体的利益或是违背了公共部门的宗旨时，很容易引发公关危机。一些政府官员贪污腐败行为被媒体或网络曝光，或由于政府部门不作为、偏袒甚至非法行政等，导致部分公众利益受到伤害，政府部门不能及时表态乃至处理，引起公众不满，媒体或网络普遍对政府部门表示不满，甚至发展到针对政府部门的游行示威抗议活动，等等。美国的水门事件、我国 2008 年的重庆出租车罢运、华南虎照造假、2009 年的上海钓鱼执法、内蒙古女检察长豪车事件、河南农民开胸验肺以及各类突发性群体事件等就属于这类情况。具体而言，政府失误型公关危机主要包括以下几类。

1. 因政府的责任导致天灾人祸发生的危机

由于政府本身的问题导致客体利益受到损害,而引起突发性群体事件。譬如,让几千万工人失去工作的"工人下岗运动",让几千万农民失去土地变成"四无农民"的"农村圈地运动",让成千上万居民无房可居的"城市拆迁运动",等等。

为什么将其称为"突发性群体事件"呢?因为它不是预谋的,是"突发性"的,是长期潜伏着的矛盾突然激发的结果。利益受到严重损害的"弱势群体"原本寄希望于上访找到高一级领导来解决,然而事情不仅得不到解决,反而受到莫名其妙的打击报复。2007年3月,中国社科院发布了一项评估报告中对560名进京上访者的问卷显示,有71.05%的上访者认为,地方各级政府对上访人的打击迫害更为严重,有63.9%的人表示曾因上访被关押或拘留;有18.8%的人表示曾因上访被劳教或判刑。2008年6月28日贵州省"瓮安事件"发生后,贵州省委书记石宗源坦言"背后有深层次原因"——该事件反映一些社会矛盾长期积累,多种纠纷相互交织,没有得到重视,没有及时解决,干群关系紧张所致。从某种意义上说,如今"群体性突发事件"之所以这么多,这么严重,就是与"弱势群体"的信访没有得到有效的正确解决有关。

2. 政府应对天灾人祸失误引发的危机

天灾人祸型危机爆发以后,由于政府应对危机的过程中可能产生的决策失误、管理混乱以及应对危机失败等问题的曝光,很容易引起公众的不满与质疑,进而引发公关危机。主要包括以下三种可能性。

(1)根据归因理论,大多数人在判断谁应该为一件事情或者一个行动负责的时候存在偏差:一方面,趋向于把别人的成功和我方的失败归结到外部因素上;另一方面,趋向于把自己的成功和别人的失败归结到内部因素上。政府在进行危机公关时,也会存在这种情况,这导致政府部门及其工作人员推卸责任、逃避问题。很多情况下,事件发生后,作为责任主体的政府在接受采访时往往会强调问题出在受害者身上,把责任推得一干二净。例如,发生矿难和矿工素质不高有关;工地发生食物中毒与工人身体素质不高有关等。

(2)包庇肇事者的嫌疑。如网络上有消息称,在华南虎事件中一直力挺造假者周正龙,对事件发展起到了推波助澜作用。而在2008年6月被停职的朱巨龙、孙承骞,已经低调的官复原位就存在政府部门包庇肇事者嫌疑。

(3)善后处置不周全引发的矛盾。比如,上海2009年"钓鱼执法"事件发生后,浦东新区相关部门公布调查结果,认为不存在"倒钓"执法问题,一时引起舆论大哗,人们纷纷质疑相关部门的公正性。

3. 政府某些官员言行不当导致的危机

某个政府官员的不当言辞可能引起政府危机,1988年英国卫生部次官埃德温娜·柯里在一次电视讲话中称:"英国生产的大部分鸡蛋受到了沙门氏菌的污染。"此言一出,鸡蛋生产商群起攻之,柯里被迫辞职。在我国,一些政府官员"官本位"观念根深蒂固,在开展工作的过程中,经常会仅从自身管理便利的角度出发进行决策和设计政策。经常有官员"说官话"、"说风凉话"、"说大实话",自认为高人一等,甚至对媒体记者进行人格侮辱、人身攻击。发生在 2010 年 3 月全国"两会"期间的某省省长"抢录音笔事件"就是一个典型。"官本位"思想极易招致公关客体的不满,这既暴露了体制问题,凸显了主客体的地位不平等,又无法解决主客体之间的矛盾,进而引发危机。

政府部门工作人员往往习惯于用老观念、旧手段开展行政工作。但由于环境变化,这类行为往往得不到相应的效果,甚至是好心办坏事。政府部门本着良好的意愿,但是遵照老观念和旧手法开展公共关系活动时,很可能出现法律纠纷和违背社会公共道德的矛盾。另外,政府部门工作人员在工作过程中由于缺乏科学决策和人性的管理,很容易导致客体的群体性事件引发公关危机。

第二节 政府危机管理机制的构建

对一个政府而言,面对各种危机,最重要的战略选择应是建立一套比较完善的公共危机管理机制,并在此基础上不断增强政府以及整个社会的危机管理能力。

构建政府危机管理机制,本质上就是非程序化决策行为的程序化,危机事件处理相对于社会秩序的常态,是非程序化决策,但是在相对独立的、非常态的危机管理体制内部,又应该是相对程序化、模式化、法定化的。在面对层出不穷、类型各异的危机事件时,科学的政府危机管理体系是预防和降低危机损害的关键所在。作为政府必须构建开放的、有机合理的、协同运作的危机管理机制,以便尽可能地吸纳各种社会资源参与危机管理,扩大危机管理体系的组织和资源吸纳能力,实现系统有序化、规范化和可操作化。特别是现阶段处于危机事件高频发生时期的中国,更应当完善常设性的具有极大的强制性、权威性的社会稳定预警系统的设计和运行,建立强大的反"黑客"措施和极其严密的"防火墙",从而把危机事件对公共利益的损害程度降低到最小。我国现有的危机管理机制主要依赖于各级政府的现有行政设置,没有专门的危机管理部门和完善的危机管理制度,至多是针对一些专门事件的非常设性机构与经验办法,缺乏专业人员和应急运作的规则、程序,导致危机预警能力不足,应急反应迟缓,事态控制办法单调,跨部门协调动员机制不顺,绩效考核体系不健全,激励、惩罚机制错位,责任无法明晰,一些地方政府对待危机的态度往往是"捂盖子",从发生危机事件到处理、分析、防治都很表面化甚至各行其是。

一、树立强烈的危机意识

"科学的危机意识是策略化、实效化、艺术化处理危机的保障[①]"。危机意识是这

---

① 张岩松.企业公共关系危机管理.北京:经济管理出版社,2000

样一种思想或观念,它要求一个组织的决策者管理者从长远、战略的角度出发,在和平、发展的时期,抱着遭遇和应付危机状况的心态,预先考虑和预测组织可能面临的各种紧急的和极度困难的形势,在心理上和物质上做好对抗困难境地的准备,预期或提出对抗危机的应急对策,以防止在危机发生时束手无策,无法积极回应,而遭受无法挽回的失败。因此,政府管理者必须建立起危机管理,不只是对危机发生后政府的迅速回应和对危机局势的严厉控制,更重要的是政府要有解决社会问题,防止剧烈危机爆发的意识。

具体来说,我国的各级政府首先应从关系党和国家进步生存发展的高度上认识危机处理的重大意义,保持敏感度;实时调整、更新危机应对战略;在日常的公共决策中,则应确立以广大群众利益为先导,采取科学民主的决策方式,在源头上减少危机事件发生的可能;在应急的非常规决策中应制订行之有效、有的放矢的危机管理计划,并及时总结,以修正、调整常规性决策,标本兼治,建立科学合理的危机治理结构;公众的参与是整个社会危机管理的基础,政府应通过公共信息的传播、教育和多学科的职业训练等方式,强化社会公众的危机管理意识、知识和技能,提高其危机管理意识与能力。

二、建立有效的危机管理系统

危机管理是一门科学,更是展现人类高超管理艺术的活动。在危机发生以后,一个有效的公共危机管理系统是政府是否能够成功管理危机的关键。通过有效的危机管理系统,政府对危机的管理被纳入一个有步骤、有条理的进程中,能够将危机给社会带来的各种影响减小到最低程度。包括如下几个方面。

(一)完善危机管理组织体系

危机管理是政府基本职能和职责之一。为了强化政府管理危机的能力,政府有必要建立统一领导、分工协作的组织体制。除了政府之外,市场组织、非营利组织都可以在危机管理的过程中发挥重要作用,因此,政府应该发展危机管理的伙伴关系,把危机管理的网络扩展到整个社会。此外,在经济全球化的时代,加强与国际组织的合作也十分重要。

(二)建立有效的危机管理信息系统

在危机管理的整个过程中,信息发挥着十分重要的作用。通过良好的沟通和有效的信息交流,整合和协调危机管理的行动,及时搜集、传递和共享信息,能够舒缓危机,降低危机的损害。更重要的是,一旦出现灾难和危机,信息沟通和交换可以保证政府做出及时和准确的决策,并在公共危机的早期预警中发挥作用。

（三）建立公共危机管理的资源保障体系

有效的危机管理是建立在充分的资源保障基础上的。政府有必要把危机管理的资金纳入政府的预算之中，建立应对各种灾难和危机的专项基金，并通过社会保险等方式扩大资金的供给。政府应完善战略性资源的储备，编制资源目录，以利于有效地调动资源。国家和社会应该加强人力资源的培训和训练，为危机管理提供充足的人力资源。

（四）绩效考核系统

绩效考核系统是对不同部门、不同地区，以及不同的人员在危机管理中的行为与成绩进行考评，这既是有效激励的依据，也是政府危机管理系统整体改进的依据。我国现有现行危机管理的绩效考评系统还存在很多错位，常常出现默默无闻避免危机得不到奖励，轰轰烈烈解决危机成为英雄的现象，还有直接引起危机者得到惩罚，而在体制上造成的危机却可以逃避罪责。因此，我们的绩效考评方法、程序，以及相应的激励与奖惩机制都还有待于进一步地科学化、规范化，有待于在制度上为各级政府的行为选择提供相应的正向激励，增加综合性社会发展要求，减少单纯的指标性要求，等等。

三、全面加强制度建设

任何形式的冲突和危机，归根到底，与稀缺的资源分配不均存在直接或间接的关系，因此，建立一个内容健全、组织有序、反应灵敏的制度体系是危机管理取得成效的根本保障。为防范危机发生所需的应急政策、各种危机发生时政府的干预政策、危机发生后控制事态所需的紧急状态法规、危机救治中的各种管制条例等，都要制定好，以便情况需要尽快依法实施。此外，还要加快电子政务建设，切实实现各级政府运作的公开化、程序化、透明化，扩大公民的政治参与，树立统一的"以民众为中心"的理念。

四、建立危机预案机制

为了有效地预防和回应各种危机，制定切实可行的危机管理战略、政策和规划是必要的，即建立危机预案机制。它有助于明确危机管理的目标，指导危机管理的行动，统一调配危机管理的资源，强化危机管理的能力。危机预案机制就是指建立针对各种危机的预备方案制度。一旦有危机发生，该制度就自动启动，马上发挥作用，迅速反应，减少损失。危机预案必须全方位地覆盖危机管理的事前、事中、事后。危机预案机制大体包括以下五种类型[①]。

---

① 曲士正．论我国政府危机管理的含义、原则及对策．理论界，2006(8):216-217

1. 危机评估预案

分析恐怖袭击事件、紧急突发事件、灾难事故以及对生命、财产、环境有潜在危险的因素,并将其备案。

2. 灾情缓解预案

依据危机评估预案,制订降低和消除灾难发生可能性的预备方案。如提高航线安全以避免恐怖袭击,完善防恐怖袭击体系,环境检测,应急物资的储备和规划等。

3. 预防预案

对于恐怖事件、重大灾难,灾情缓解预案没有做到或不可能做到的工作,需要政府和相关单位制定救援和减灾的有效措施,并进行政府备案。如统筹中央、地方政府的物资,进行模拟训练,安装预警系统,配置紧急救援部队等。

4. 快速反应预案

对恐怖袭击、紧急事件和灾难发生以后,政府应该如何及时应对和组织紧急救援工作,制订科学有效的应急反应预案。如政府应如何组织搜寻、营救、避难、医疗供应、食物供给等救援工作;政府应如何快速稳定社会局势以及避免再次遭到重大损失等。

5. 恢复重建预案

灾难后的系统恢复和重建预案,包括两部分内容。

(1) 短期恢复预案,即恢复受难者的生命支持体系,达到最低保障水平的措施方案,如灾难现场清理,恢复电力供应,搭建临时房屋,保证食物和水的供给。

(2) 长期恢复预案,即制订持续多年地或长期地使受灾地区完全恢复或比灾难发生前更好的政府规划,如重建贷款、法律援助和社区减灾规划等。

我们必须意识到,面对挑战,必须直面危机,勇于变革,抓住有利时机,掌握改革的主动权。其中,建立现代危机管理机制就是主动应对危机的关键点。当然,从根本上说,单纯的危机管理机制的形成并不能保证社会的全然无忧,危机管理的最佳途径是优化程序性决策从而有效避免危机的发生,长治久安根本上还是取决于公共治理结构的优化:治理主体由过去单一的政府变为由政府、企业和社会组织各方有序参与的合作集体;治理规范由过去单纯的国家法令变为法令、道德和社会及公民的自主契约等并存;治理程序从仅仅考虑效率变为公平、民主和效率等并重;治理的手段由过去单纯强调法治变为重视法治、德治和社会公民自觉自愿的合作相互补充;治理的方向由过去单一的自上而下变为上下左右互动①。

---

① 薛澜,张强,钟开斌. 危机管理——转型期中国面临的挑战. 北京:清华大学出版社,2003

第三节 政府危机处理的程序与策略

"如何积极化解危机,这是现代社会面临的一个大问题。"[1]政府公共危机发生后,由于情况紧急,不免使政府和各级组织都感到手忙脚乱,为了使危机处理有序进行,必须坚持正确的处理程序和采取有效的策略。

一、危机处理的程序

危机正确的处理程序,对危机事件的有效处理十分重要。这个工作程序应该和危机应急方案相衔接,同时根据当时情况予以调整。其基本程序如下。

(一) 成立机构,专人负责

危机发生后要迅速成立处理危机的专门机构,由政府的主要行政长官担任领导人,会同有关职能部门,如医疗救护、安全力量、消防等组成,必要时还要配备新闻发言人,代表政府向社会公众和社会各界发布政府的有关工作情况,稳定公众情绪。

(二) 深入现场,搜集信息

除了政府主要领导人要到达现场之外,还要有调查事故的专业人员,确定弄清事件发生的时间、地点、原因、人员伤亡和财产损失情况,并掌握事态的发展和控制情况。了解公众的情绪和舆论的反应,要尽可能多地、全面地掌握有关信息。

(三) 分析研究,探寻根源

在掌握危机的第一手情况,了解公众和舆论反应的基础上,在政府重要领导者的直接参与下,探寻危机产生根源,这可以暂时安抚公众的情绪,保持社会稳定,为进一步采取危机处理措施奠定基础。

(四) 评估后果,确定对策

评估危机可能产生的后果,评估时要注意危机衰落曲线、转瞬即逝的机会和意外事变

---

① 德罗尔. 逆境中的政策制定. 上海:远东出版社,1989

的关注,因为这些都能为危机的处理提供很多启示和重要参考。值得注意的是,这种评估必须注意一定的公开和有利于社会稳定的隐蔽的结合,有时必须从最好或较好的方面引导公众。在评估的基础上,确定应采取的对策和措施,这是危机管理的一大关键。对策和措施不仅要考虑危机本身的处理,还要考虑如何处理好危机涉及的各方面关系。

(五)组织力量,落实措施

组织力量,落实措施是危机管理的中心环节。公众和舆论不仅要看政府的宣言,更要看政府的行为。政府领导人要亲自组织和协调力量,落实危机管理措施。落实措施情况要详细记载并及时向公众和媒介宣布,表明政府正积极、认真地处理危机。

(六)总结反思,消除后果

政府应当从公共危机事件中吸取教训,反思制度建设和政府决策方面存在的问题以及深层次的社会发展问题,改进工作不足、改善治理结构、改革制度理念,提高执政水平,推动社会稳定和持续发展。对危机造成的后果要及早消除:对生命和健康的损害,政府要进行相关的医治和抚恤并关心受害人今后的状况;对物质损失政府要发挥指导作用,促进经济恢复,减少人民损失;对社会公众心理层面的伤害,政府必须认识到救治的难度和长期性。

二、危机处理策略

政府危机处理的策略是指具体进行政府危机处理所采取的对策和方式及相应原则规范。采取政府危机处理策略,对于尽快平息政府危机、逐步恢复政府形象和地位,具十分重要的意义。

(一)强制干预,快速反应

在解决危机中,政府的积极强制干预,快速反应是十分必要的。在危机状态下,决策者会处于一种非理性状态,要么亢奋,要么保守,很难达成妥协和统一,有时还会出现较大的分歧,因此要对付危机,"政府中枢决策系统就必须享有发号施令的权威,并且可以制定和执行带有强制性的政策。"[①]依靠政府权威,在最高一级政府总的组织、协调和指挥下,有分权的各级政府同时高效率地采取干预措施,必定会掌握危机控制的主动权。

---

① 德罗尔．逆境中的政策制定．上海:远东出版社,1989

（二）真诚坦率，规范传播

从某种意义上说，危机管理也就是传播的管理。危机发生后，各种传闻、猜测都会发生，媒介也会予以广泛关注。此时若不能及时与公众沟通，这一真空必然会被谣言、误解和胡言乱语所填充。在危机管理中采取"无可奉告"的态度，只能激起公愤。因此，学会规范传播，采取真诚坦率的态度，直言相告，"全部、尽快、准确地把情况告诉公众"[①]，对有效地处理危机至关重要。如在处理2003年"非典"危机过程中，党和国家领导人不时在国内外公开场合表明态度，提出建议措施；职能部门和政府有关部门召开新闻发布会坦诚面对记者，回答来自社会各方面的询问，通过正式公开的新闻传媒表明态度，以免媒体发生不规范的报道，产生不应有的负面影响。

（三）心理抚慰，稳定社会

对社会来说，危机造成的最大危害在于社会秩序遭到破坏，并由此带来社会心理的脆弱。所以保持稳定的社会秩序，保持原有的社会运行轨迹是首要选择。要促进社会的正常运转，就应尽可能保证社会公共生活的正常。公众心理的脆弱使他们需要强大的政府，政府必须加强公关，以维护政府在危机中的形象。在操作上坚持以人为本，政府宁可遭受经济损失，也要保证把人民生命安全和健康放在第一位。

（四）全员参与，协调运作

参与危机处理的人员和力量来自各个方面，包括交通、通信、消防、信息、搜救、食品、公共设施、公众救护、物资支持、医疗服务和政府其他部门的人员，以及军队、武装警察官兵等，有的时候还有志愿人员参加，广泛的社会力量参与危机处理，不但可以缓解危机对公众产生的副作用，使公众了解真相，去除恐惧，消除危机制造者希望危机伴生的流言、恐慌等副产品，起到稳定社会，恢复社会秩序的作用，而且因为社会力量的参与，信息交流通道得以畅通，政府决策的可信度和可行性得到提高，可以降低政府政策的制定、执行以及处理危机的成本。全员参与要求危机应对中协同一致运作就显得特别重要。不同职能管理部门之间实现协同运作，明晰政府部门与机构的相关职能，优化整合各种社会资源，发挥整体功效，才能最大可能减少危机损失。在今天，危机原因和结果往往是世界性的，所以加强全球合作也显得十分必要，"在对危机的处理上，尽管世界各国存在着地域上和意识形态上的差异，但是反应是相似的。"[②]通过全球合作，可以提高危机处理效率，获得更多的谅解，有效消除危机，恢复社会秩序，重建文明世界。

总之，在一个国家的社会生活中，可以说危机是不可避免的，但危机却是可以管理和

---

① 郭惠民. 当代国际公共关系. 上海：复旦大学出版社，1995
② 斯蒂尔曼. 公共行政学. 北京：中国经济出版社，1989

控制的。一个国家危机管理体现出国家的能力和政府管理水平，特别是政府决策机构及其领导人的执政能力。同时，在现代社会条件下，危机管理是一个国家综合国力的反映。政府危机管理虽然是政府在非常时期的管理，但它是"危难之时显身手"的管理，运用这套政府危机管理的科学理论和方法取代政府对危机自发的混沌管理，就能化"危机"为"良机"，最大限度地清除危机的负面影响，提高政府公信力，塑造良好的政府形象。

案例研究：中国政府"汶川大地震"的危机公关

中国是一个自然灾害多发的国家，在面对水灾、地震和雪灾等自然灾害时，中国政府和地方各级政府处理能力亦在不断提高。2008年5月12日，四川汶川发生了里氏8.0级大地震，这是新中国成立以来破坏性最强的地震灾害，超过1976年的唐山大地震。面对突如其来的地震灾害，中国政府以最快的速度开展了抗震救灾支援工作。时任中国共产党总书记胡锦涛第一时间做了批示，时任国务院总理温家宝在地震后两小时飞往地震灾区，开放国内外的新闻媒体采访报道，向世界如实全面报道地震灾情的最新情况，报道的及时性和透明度赢得了海内外传媒的信任和支持。世界各国通过新闻媒介的渠道了解中国的地震灾情实况，并给予中国国际人道支援，增强了中国政府的救援力度。

中国政府在该次地震灾难中成功的危机处理，可总结为以下几点。

1. 速度第一、承担责任——党中央最高领导层高度重视、第一时间亲身到灾区指挥救援工作

当地震灾害到来的时候，胡锦涛总书记第一时间做了重要的批示，温家宝总理第一时间飞往余震不断的灾区。中国政府最高领导人对灾害的高度重视，有利于中国各级部门对地震灾害的重视，有利于凝聚危机处理的各方面力量。

中共中央政治局在两天内召开两次大会。解放军在地震后的十几分钟奔赴灾区，医疗队、武警部队、公安民警、消防部队等组成了强大的救援队伍，以最快的速度赶赴灾区。抢救数以万计的伤员，安置好数百万受灾群众，当晚六点整，中国国家减灾委启动二级救灾应急响应。时任国务院抗震救灾总指挥温家宝在救灾工作中再三强调"第一位的是救人"、"救人是第一任务"、"一分一秒都不能耽搁"……这充分体现了中国政府把抢救灾区人民的生命放在最重要的位置，人民生命和利益高于一切，体现了中国政府对"以人为本"的深刻内涵的理解和认识，体现了对人民生命的尊重。

中国政府最高领导层对地震灾害的严重后果有充分意识，灾害发生后第一时间做出各种应急方案，成立应急指挥小组，并由温总理任总指挥亲身到灾区指挥救援工作，把人民的生命放在最重要的位置，人民生命和利益高于一切。上述是这次抗震救灾取得胜利的最关键因素。

2. 权威证实、及时沟通——通过媒体及时、公开的报道，让公众知道震情的最新进展

在任何特大事故及灾难期间，往往是传言四起，消息混乱。发布了不准确的消息或与事实不符的消息，若权威部门没有迅速查明真相、及时给予澄清和指示、争取公众舆论的正面转化,那么由此带来的危机有可能比事故或灾难本身的危机更大。在此次危机中,中国政府成立了新闻发布中心并开放媒体采访。中国地震局新闻发言人在 5 月 13 日北京召开的国务院新闻发布会上,反驳了为保证奥运前的安定局面,隐瞒了地震预测结果的谣言;中国政府在地震灾难发生的很短时间内,权威机构国务院新闻办公室召开新闻发布会,公开四川地震灾情,同时中国政府开放国内外各大新闻传播媒体到四川地震灾区报道,确保了公众对政府的信任。中国政府充分意识到封锁地震消息,只会使公众滋生流言,使公众处于恐慌的状态,造成民心不稳定,社会秩序不稳定,灾情信息的公开化能消除政府和公众之间的不理解和猜疑,灾情的公开透明,安定了民心,消除了公众的猜疑,让中国公众享有知情权和表达权。灾情通过媒体第一时间报道出去,得到了世界 100 多个国家或地区的响应,俄罗斯、日本、新加坡救援队、国际红十字会到中国开展支援活动。

　　5 月 14 日,四川都江堰的化工厂爆炸,污染了水资源的谣言一时间传得沸沸扬扬。居民们到超市把瓶装水和矿泉水一抢而空。其实真实的情况:地震造成了水管的破损,相关的管理部门对水管破损进行停水维修。"化工厂爆炸"是因为当地的一家橡胶厂起火燃烧了,产生了异味,一些人没有了解情况,误认为是"化工厂爆炸",误解导致谣言迅速地传递扩散。当天上午 10 点,都江堰的记者深入化工厂现场进行采访。11 点,抗震救灾指挥部新闻中心在电台、电视台播出了有关新闻,真实的新闻粉碎了"化工厂爆炸"的谣言。12 点,当地抗震救灾的权威部门进一步采取有效的公关手段,权威人士在电视台辟谣,他们的反应迅速和妥善的处理方法稳定了局势和人心。随后电视台采访了自来水厂,水恢复了正常的供应。政府部门与新闻传播媒介保持了良好的关系,得到了新闻媒介单位的支持。假如当天下午,政府没有利用大众媒介发布权威的信息,一直保持沉默,公众就会误传消息,使广大公众陷入极度恐慌之中,给正常的社会秩序带来严重的后果。当地政府清楚地意识到保持沉默不是维护社会秩序的方法,要时时与媒体处理好关系,通过媒体的客观报道,给公众较为清楚的答复。恐慌中的民众需要中国政府和地方政府的权威信息。一旦误传的信息得不到政府的核实,就会继续扭曲,导致公众的不安,会给社会带来政治动荡,我国政府的权威信息通过媒体的报道,安定了民心。

　　相比邻国——5 月 2 至 3 日,缅甸遭受超强热带风暴袭击,造成重大人员伤亡,生命财产损失严重,国内新闻媒体未能向公众发出任何有关超强热带风暴警告,造成灾情严重,救灾工作艰巨。欧盟国家警告缅甸政府要控制当地的危机发生,要允许外国志愿者和非政府组织进入缅甸。缅甸政府起初拒绝美国、英国等一些国家的国际支援物资和救援队伍。直到 5 月 23 日,联合国秘书长潘基文与缅甸国家和平与发展委员会主席丹瑞大将会晤,终于说服了丹瑞接受国际支援,但是一些东盟国家不愿到缅甸支援,原因在于东盟国家不是很了解缅甸的灾情。而中国汶川大地震,政府快速反应,得到国际社会的支援。许多国家和国际组织为中国提供了支持和援助。例如,日本专业救援人员 16 日 9 时 45 分抵达中国四川青川县关庄镇,是最早抵达中国的外国专业救援人员。5 月 13 日 13 点整,中央电视台新闻频道向全国各地播出四川地震的消息。央视新闻频道的收视率在 5 月 13 日最高时比平时翻了 6 倍,达到了该频道开播以来的收视的最高峰值①。地震发生的 18 分钟后新华

　　① 邝新华.中央台,站起来.新周刊,2005(276):30-32

网发布了第一条权威确认的地震报道。《人民日报》、《北京日报》、《解放日报》、《中国青年报》、《四川日报》、《华西都市报》、《成都晚报》、《成都商报》等报纸,人民网、新华网、光明网、央视网等网络媒体全方位报道地震的最新情况。网络、杂志不间断报道中央和地方政府开展救灾工作,大众媒体从不同侧面、不同角度报道了中国政府高度重视救灾工作。我国政府在地震中积极争取媒体合作,运用新闻传播媒介辟谣,把握公众正确的舆论导向,满足公众的知情权,提高了信息透明度,有效地控制了谣言的扩散。周边公众可以通过媒介来了解政府最新的救灾情况,便于各方面的救助工作。

3. 以人为本——全国的哀悼日

地震发生后的一个星期,国务院发布公告:5 月 19 至 21 日为全国哀悼日,全国和各驻外机构下半旗志哀,停止公共娱乐活动,外交部和我国驻外使领馆设立吊唁簿,奥运圣火传递活动暂停三天。这是新中国成立以来首次为普通民众举行的国哀,体现了中国政府对地震中失去生命的普通民众的至高哀悼和伤痛,也是尊敬普通人的生命的诠释!

全国哀悼日让全国人民为地震中的难民哀悼,同时也使举国上下人民团结一致、同心协力共同克服困难。这对灾区人民也是一种鼓励,激励他们克服困难,抗击灾难,重建家园。

4. 救援系统运行完善——中国政府启动善后处理机制

汶川地震带来了重大人员伤亡,扰乱了灾区群众的正常生活。为了让灾区群众重新投入到正常有序的生活中去,中国政府迅速使震后工作有效地展开。民政部、卫生部、地震局、财政部等部门各司其职,还迅速地成立了高素质地震工作领导小组,选择各有专长的精干人员,对潜在危机形式进行分类评估,并制定了预防危机的方针、对策,为处理每一项潜在的危机制定全体的战略和战术。卫生部在 5 月 16 日首次大规模抽调心理专业医生到灾区进行灾后心理干预工作,帮助灾区人民减轻失去亲人的痛苦,消除心理阴影,抚平心灵上的创伤。地震发生后,中国教育部要求各地方政府对学校的校舍进行安全隐患的排查,禁止使用有潜在危险的校舍建筑,并要专门建立检查工作的专门数据资料库。国家疾控中心派出 30 名疾控医学专家,组成防疫应急队。5 月 16 日,四川省政府全面启动了灾后疾病防控预案,实行灾区疫情、食物中毒等突发公共卫生事件日报和零报告制度。5 月 23 日,环境保护部和核安全局迅速启动了应急预案,对灾区核设施进行了监督和检查,对灾后的化工厂泄漏进行处理,保证了当地水质和大气环境不受污染。6 月 5 日,科技部抗震救灾应急分析小组成员在汶川映秀镇的某一倒塌的中学进行资料收集和建筑鉴定评估,为灾后重建的工作制定了建筑抗震设防标准。中国地震局地震现场应急工作队在 5 月 12 日至 6 月 30 日启动汶川地震科学考察第一阶段工作,即应急性科学考察。应急工作队考察了地震烈度调查、强余震监测以及灾害损失评估等内容,为灾区的重建工作和灾民安置提供基础数据;国家地震局 7 月 15 日召开汶川八级地震科学考察工作部署大会,考察工作自 7 月中旬开始,考察时间两个半月,主要考察汶川大地震的发震构造与断裂活动性调查、汶川大地震及邻近地区地壳形变观测、龙门山断裂带的深部地球物理探测、汶川大地震工程震害调查、汶川大地震应急救援情况等内容。中国政府通过震后一系列措施,使各项恢复重建工作开展得卓有成效。

中国政府在此次抗震救灾中,"以人为本",尊重人民生命及财产,尽一切可能降低地震给人民带来的灾害,第一时间为灾区灾民提供所需的救援。及时、公开报道整个救灾过程,通过中国政府在抗震救灾中及抗震善后处理上有效的危机处理方案,凝聚全国人民力量战胜了这场世纪大灾难。

（资料来源:杨群瑛.汶川地震的危机公关.南方论刊,2009(5)）

思考与讨论:

1. 中国政府面对汶川大地震——新中国成立以来破坏性最强的地震灾害,采取了哪些公共关系危机处理手段?

2. 请运用所学知识,对"汶川大地震的危机公关"中的传播沟通策略进行分析评价。

实训项目:举行政府公共关系危机处理研讨会

1. 实训目的

掌握政府公关危机处理的基本工作方法,能够成功地开展政府危机管理工作。

2. 实训时间

2 课时。

3. 实训地点

实训室。

4. 实训背景

(1) 九江大桥 6·15 船撞桥断事故

2007 年 6 月 15 日 4 时许,石桂德驾驶"南桂机 035"船装载河砂,自佛山高明顺流开往顺德,开船时江面上有浓雾,能见度急剧下降。作为船长的石桂德没有按照规定加强瞭望、选择安全地点抛锚以及采取安全航速等措施,在无法确认船首前方所见白炽灯是否为主航道灯的情况下,仍然冒险航行。

当"南桂机 035"船接近九江大桥时,石桂德因该船与桥前约 80 米的一个航标发生擦碰而意识到本船已严重偏离主航道,但仍没有采取停航等有效措施,反而试图将船头调至九江大桥桥墩间通行,轻信可以避免船只与大桥桥墩接触。

5 时 10 分左右,船因偏离航道以及石桂德对航道灯判断的严重失误,致使该船头与九江大桥 23 号桥墩发生触碰,导致九江大桥 23 号、24 号、25 号三个桥墩倒塌,并引发所承载桥面坍塌,使得正在桥上行驶的四辆汽车落入江中损毁。经鉴定,共计价值人民币 32 万余元,车内 6 人以及 2 名大桥施工人员落水后死亡,造成经济损失为人民币 4500 万元。

广东九江大桥是 325 国道上的一座特大型桥梁,位于广东省佛山市南海区九江镇与江门鹤山市杰州之间,跨越珠江水系西江主干流。1988 年 6 月正式建成通车。大桥曾于

1990 年获得国家科技进步二等奖,1991 年,获得国家优秀设计铜奖。

肇事运沙船为佛山海南籍,编号为"南桂机 035"。据海事部门估计,该船吨位为 1599 吨。

(资料来源:夏琼,周榕.大众媒介与政府公关.北京:人民出版社,2014)

(2)元宵节发生踩踏事件

2004 年春节刚过,北京密云灯展就拉开了序幕。元宵节前,灯展每天大约有 3000 名游人,但元宵节当天游人突破 3 万人,公园中十分拥挤,而公园中的彩虹桥既长又窄,最窄处不过三四米。不幸的事情发生了,19 时 45 分,彩虹桥上发生了严重的游人踩踏事件,这起恶性事故造成了 37 人死亡,15 人受伤。死亡人员大部分都倒在地上,胸部受到严重挤压,造成胸闷窒息,停止呼吸。事故发生十几分钟后,受伤人员陆续被送到医院,情况严重者已经面部青肿,瞳孔放大,失去生命体征。虽然经过抢救,仍然难以挽回生命。多位事故目击者回忆,当时并没有人从桥上掉下去,全部是在桥内被挤压致死的。

5. 实训步骤

(1)将学生分成若干个小组,分组讨论,针对"案例背景"中的危机事件任选其一,制订出具体的方案。

(2)每组选出一名代表进行总结性发言,发言分两部分:一部分为小组危机处理方案的陈述,一部分为答辩,针对方案,其他同学可以自由提问。

(3)教师总结、点评。

6. 实训手记

通过训练,我的收获是: _____。

课后练习题

1. 举例说明什么是政府危机。
2. 政府危机的特点和类型有哪些?
3. 如何构建政府危机管理机制?
4. 政府危机处理的程序和策略有哪些?
5. 案例评析

日本福岛第一核电站核泄漏危机

危机事件发生

2011 年 3 月 11 日,日本当地时间 14 时 46 分,日本东北部海域发生里氏 9.0 级地震并引发海啸,造成重大人员伤亡和财产损失。受大地震影响,日本福岛第一核电站发生放射性物质泄漏,随后 1 号机组发生氢气爆炸。日本时事社援引东京电力公司的消息说:"日本福岛县第一核电站 1 号机组于 12 日 15 时 6 分爆炸后释放大量核辐射,造成重大二次灾害。"

日本政府部门即刻发布消息,建议福岛核电站爆炸核电站周边半径3公里区域的居民应迅速撤离,在撤离过程中不要吃喝任何东西,尽量不要让皮肤暴露在外。到安全场地后要更换衣物。应该扩大疏散区域,如不能马上疏散,应提醒居民关闭门窗,关闭空调。第二天,菅直人视察受损核电站,政府又将疏散范围扩大至核电站周边半径20公里的区域。

随后,日本经济产业省原子能安全保安院宣布,福岛第一核电站1号机组周边检测出放射性物质铯和碘。铯和碘都是堆芯的燃料铀发生核分裂的产物,这表明反应堆堆芯的燃料熔化进一步加剧。不过,1号机组的反应堆容器内的蒸汽已被释放,容器内的气压已经开始下降。原子能安全保安院官员在当天的记者招待会上说:"可以认为堆芯的燃料正在熔化。"目前堆芯的具体温度还不明确,但设计能够耐1200度高温的燃料包壳已经熔解。这表明,自地震发生后核电站反应堆自动关闭约1天以来,放射性物质的扩散仍然持续,核电站事故已经达到了非常严重的状态。

3月14日上午11点,3号机组发生氢气爆炸。15日早晨,2号机组又传出爆炸声。负责核电站运营的东京电力开始撤离部分工作人员。随后,四号机组又发生氢气爆炸。3月17日,地面自卫队直升机从空中向3号机组注水,消防车从地面喷水。至此,法国原子能安全机构将此次日本福岛核电站爆炸事故调升至6级。而日本原子能与工业安全局仍然坚持维持福岛核电站爆炸事故的4级定级。

3月20日,日本内阁官员枝野幸男表示,在东日本大地震中受到破坏的福岛第一核电站最终将被放弃。4月12日,福岛第一核电站事故将被定级为7级,这使日本核泄漏事故等级与苏联切尔诺贝利核电站核泄漏事故等级相同。

危机应对过程

(1)报废核电站。2011年3月30日,日本东京电力公司会长胜俣恒久在公司总部举行的记者招待会上说:"客观地分析(福岛第一核电站)1~4号机组的状况,可以说将不得不报废。"东京电力公司将从3月31日起在福岛第一核电站内试验性喷洒特殊合成树脂,以防止含放射性物质的尘土扩散。如果这种防范被证明有效,东京电力公司将在整个核电站内喷洒这种特殊合成树脂。共同社说,这样做是为了保证工作人员作业安全,从而使得机组冷却工作以及积水清除工作加速。内阁官房长官官枝野幸男当天在记者招待会还表示,福岛第一核电已经进入稳定低温停止状态的5号和6号机组也将报废。他说:"在政府做出判断之前,从整体情况来看这已经是很清楚的事了。"

(2)撤离民众。福岛核泄漏事故发生后,相关人员频频撤离,并把从事故发生之日起一年内累计辐射剂量可能达到20毫希沃特的区域定为"计划疏散区"。2011年3月13日,疏散约59万民众,其中包括在福岛核电站周围20公里的21万民众,另约有38万民众从受到地震与海啸影响的地区疏散到2050个疏散中心。

2011年3月15日,日本首相菅直人要求居民避难半径从第一核电站周边20公里扩至30公里,30公里之内的居民待在家里。3月23日晚,日本原子力安全委员会发布的评估显示,居住在遭地震损坏的福岛第一核电站半径30公里之外的民众或许已受到高水平放射性物质的影响(达到紧急作业人员10万微西弗标准)。3月25日,日本东京电力公司表示,日本政府已经敦促福岛核电站30公里半径内的民众自行撤离,但尚无扩大核电站周边疏散范围的计划。

（3）善后赔付。2011年9月26日的消息称，东京电力公司将于19月底之前提交一个新的减少成本计划，以此来支付赔偿款，以及帮助解决福岛核电站的危机。据悉，东京电力公司将启动向受害者支付赔偿金计划，而目前正在筹措赔偿金。东京电力公司已将位于首都圈等地的约40处公司住房、员工宿舍及休闲娱乐设施列为第一批出售产业。东京电力公司计划10月中旬举行竞标，11月着手移交手续，预计销售总额达100亿日元，约合人民币8.38亿元。

危机解决

2011年3月25日，东京电力公司对外公布称，在福岛核电站3号机组现场涡轮厂房处，地下积水中的放射性物质浓度高达普通反应堆积水的1万倍左右。他们还在积水中检测出了碘131、铯137等放射性物质。东京电力公司开始通过外部电源做好对丧失冷却功能的第一核电站个号机组反应堆等注入淡水的准备。

另据消息称，日本政府可能研究引入"夏时制"以节省电力。除帮助东京电力公司支付赔偿金外，原子能损害赔偿支援机构还可能使用纳税人基金以加强东京电力公司的资本基础，帮助其克服困难，支持其运营。如今福岛第一核电厂停运，并对该厂周边进行清理等。

（资料来源：夏琼，周榕．大众媒介与政府公关．北京：人民出版社，2014）

案例思考：请运用政府公共关系的相关知识分析评点福岛第一核电站核泄漏危机的处理。

第九章

政府网络公关

互联网已经成为思想文化信息的集散地和社会舆论的放大器,我们要充分认识以互联网为代表的新型媒体的社会力量。通过互联网来了解民情、汇聚民智,是一个重要渠道。

——胡锦涛

 **案例导入**

四川省会理县政府的技术合成照危机

2011 年 6 月 26 日,天涯社区一篇名为《太假了,我县的宣传图片》的帖子引起了网友的极大兴趣,该帖曝光了四川省会理县政府官网上的一张用技术合成的照片。一个宣传人员疏于网站管理的过失性事件在微博的影响下迅速发酵,会理县被推到了舆论的风口浪尖上。会理县政府和事件当事人巧妙利用微博向网友致歉并说明了情况,化解了一场危机,并赢得了公众的谅解和好感。随后,会理县政府顺势而为,利用微博推介会理的旅游资源,化危机为转机,促成了会理的一次华丽的转身。

2011 年 6 月 26 日,天涯爆料会理县政府网站上的一张领导视察的新闻图片是技术合成的,并非真实的新闻图片,并附上了疑用合成照片的新闻页面以及会理县政府官网截图。照片中的三位县领导悬浮在公路上,技术合成的痕迹十分明显,称三位领导正在当地某乡镇检查新建成的遇乡公路。当日该图片被删除。

6 月 27 日上午,《潇湘晨报》等媒体对该县进行采访,工作人员进行了回应;网友的质疑是对的,新闻照片不应拼接,6 月 26 日夜间发现问题后,经过初步调查,已对涉事工作人员进行了严肃处理,并要求不允许再犯类似错误。① 下午 5 点 22 分,天涯论坛上出现了该事件的致歉帖,称检查工作确有其事,但"由于照片效果不佳",便对照片做了"拼接,修改,造成了不良影响,向有关网络媒体和广大网友表示深深的歉意,恳请谅解,并保证在

---

① 庞胡瑞.四川省会理县 PS 事件舆情研究.人民网,2011-07-08

今后的工作中不再发生类似情况"①。致歉帖中还出现了原图和经过技术合成后的照片，后面有孙某，也就是技术合成照片当事人的署名。

6月27日18时许，四川会理县政府在新浪开通官方认证微博，连发三条道歉微博并贴出照片原因，给公众道歉并再次澄清事实。表示会"以此为鉴，更为谨慎努力地工作"，该行为赢得了多数网友的肯定。同时，孙某的微博账号也注册开通，不仅在微博上道歉，承认是"自身工作态度问题"，而且不回避网友创作的技术合成照片，主动转发并进行点评，称"感谢全国热心网友，让会理县领导有机会在短短的时间内免费周游世界，旅行归来后，领导已回到正常的工作轨道，也希望网友把关注的焦点，转移到会理这座古城上来"。戏谑的语言和坦诚开放的态度赢得了网民的好感。

6月28日，会理县政府的官方微博和孙某的微博，开始用图文并茂的方式，在微博上转发会理风光，介绍会理的旅游资源。大多数网友不仅对会理县政府的做法表示赞赏，并表示有机会要去会理旅游。

会理技术合成照片事件始发于网络社区，在微博的推动下达到高潮，最后同样是在微博这个平台上，不仅化解了事件对政府形象的负面影响，还转危为机，使该事件成为城市营销的一个良好契机。在事件的发展过程中，微博在舆论形成和发展的几个关键节点上都发挥着至关重要的作用。

（资料来源：根据天涯社区、新浪微博中相关内容以及新闻报道整理；齐小华，殷娟娟．政府公共关系案例精析．北京：中国人事出版社，2012）

问题：

1. 在会理技术合成照危机事件中，微博起了什么作用？
2. 新媒体环境给政府公共关系传播带来了什么？
3. 面对日新月异的新媒体环境，政府应该如何做好公共关系传播？

第一节　网络媒体与网络沟通

随着现代科学技术的迅速发展，人类社会已经进入了信息化时代。信息化时代的重要标志便是全球的网络化。国际互联网是现代计算机技术、通信技术一体化的产物，代表了现代传播科技的最高水平。国际互联网的出现，在一定程度上改变了人类的传播意识、传播行为、传播方式，并逐步转变人类长期形成的交往、时间、空间等观念，甚至影响人类社会生活的方方面面。公共关系作为一种以传播沟通为中介的功利关系，必须迅速吸收和借助互联网这种最新的传播沟通技术，开发互联网中丰富的信息资源，发挥互联网强大的传播优势。互联网络的迅速发展，一方面为公共关系提供了新的传播手段；另一方面也

---

① 领导工作照系拼接．京华时报，2011-06-28（A20）

给政府公共关系工作带来了极大的挑战①。

一、我国网络媒体现状

互联网作为新媒体的代表，在 20 世纪最后十年出现，一开始寄生于传统媒体，消息来源于传统媒体，近几年来则快速发展，成为继报刊、广播、电视之后的第四大传媒形态。

根据中国互联网络信息中心（CNNIC）2014 年 7 月 21 日发布的《第 34 次中国互联网络发展状况统计报告》，我国网络媒体状况如下。

（一）基础数据

截至 2014 年 6 月，我国网民规模达 6.32 亿，较 2013 年年底增加 1442 万人。互联网普及率为 46.9%，较 2013 年年底提升了 1.1 个百分点。

截至 2014 年 6 月，我国手机网民规模达 5.27 亿，较 2013 年年底增加 2699 万人。

截至 2014 年 6 月，我国网民中农村人口占比为 28.2%，规模达 1.78 亿。

截至 2014 年 6 月，整体网民中小学及以下学历人群的占比为 12.1%，相比 2013 年年底上升 0.2 个百分点，而大专及以上人群占比下降 0.3 个百分点。

手机上网的网民比例为 83.4%，相比 2013 年年底上升了 2.4 个百分点。台式电脑和笔记本电脑上网网民比例略有下降，分别为 69.6% 和 43.7%。

截至 2014 年 6 月，我国域名总数为 1915 万个，其中".CN"域名总数为 1065 万，占中国域名总数比例达到 55.6%；".中国"域名总数达到 28 万。

截至 2014 年 6 月，我国网站总数为 273 万个，.CN 下网站数为 127 万个。

（二）趋势与特点

1. 手机上网比例首超传统 PC 上网比例，移动互联网带动整体互联网发展

截至 2014 年 6 月，我国网民上网设备中，手机使用率达 83.4%，首次超越传统 PC 整体使用率（80.9%），手机作为第一大上网终端设备的地位更加巩固。同时网民在手机电子商务类、休闲娱乐类、信息获取类、交通沟流类等应用的使用率都在快速增长，移动互联网带动整体互联网各类应用发展。

2. 互联网发展从"广"到"深"，网民生活全面"互联网化"

互联网发展重心从"广泛"转向"深入"，网络应用对大众生活的改变从点到面，互联网对网民生活全方位渗透程度进一步增加。2014 年上半年，中国网民的人均周上网时长达 25.9 小时，相比 2013 年下半年增加了 0.9 小时。除了传统的消费、娱乐以外，移动金融、移动医疗等新

---

① 费爱华，李程骅．政府媒体公关．南京：江苏人民出版社，2011

兴领域移动应用多方向满足用户上网需求,推动网民生活的进一步"互联网化"。

3. 支付类应用迅速发展,推动电商基因渗透更多线下消费场景

2014年上半年,支付应用在整体和手机端都成为增长最快的应用。手机支付用户规模半年增长率达63.4%,使用率由2013年年底的25.1%增至38.9%。移动网上支付与消费者生活紧密结合,拓展了更多的应用场景和数据服务(如账单功能),也推动了手机端商务类应用的迅速发展。相比2013年年底,手机购物、手机团购和手机旅行预订网民规模增长率分别达到42.0%、25.5%、65.4%。

4. 手机游戏异军突起,带动整体网络游戏使用率逆转增长

截至2014年6月,中国网络游戏用户规模达到3.68亿,使用率从2013年年底的54.7%升至58.2%,扭转了使用率一直下滑的趋势,基本恢复至2012年年底的水平。手机游戏使用率为47.8%,增长4.7个百分点,规模增长3648万,成为整体游戏用户增长的主要动力。

5. 互联网理财用户初具规模,网络金融服务创新潮涌

互联网理财产品推出仅一年时间内,用户规模达到6383万,使用率达10.1%。互联网的便捷性打通资金链条,降低了理财产品管理及运营成本。互联网的长尾效应聚合个人用户零散资金,既提高了互联网理财运营商在商业谈判中的地位,也使个人零散资金获得更高的收益回报。

6. 社交网站使用率持续下滑,社交元素与其他应用的融合已成常态

2014年上半年,我国社交网站用户规模为2.57亿,较2013年年底减少2047万,网民中社交网站使用率为40.7%,比去年年底下降4.3个百分点,用户规模和使用率持续下滑。由于社交类应用更新迅速,对单纯社交网站用户产生较大分流。与此同时社交作为互联网应用的基本元素,与其他应用相融合,并已经成为一种常态。

二、网络媒体沟通的特征

网络作为继报纸、广播、电视之后出现的第四种具有超强影响力的传播媒介,具有其他媒介无法替代的功能,在信息沟通方面发挥着越来越独特的作用。网络媒体沟通与传统媒体沟通方式相比较,具有以下特点①。

(一)信息资源十分丰富,空间容量大

由于网络信息技术的不断进步,加之人们对网络的日益青睐,各种信息通过大型门户网站和搜索引擎等被加入互联网,使得互联网成为一个信息和知识的宝库。人们可以轻松地

---

① 郭文臣. 管理沟通. 北京:清华大学出版社,2010

通过搜索引擎查到自己需要的文字、图像、视听资料。在以往传统的沟通方式中,无论是人际沟通还是大众沟通都会不同程度地受到时间、空间等各种因素的干扰和影响,而网络沟通空间巨大、容量无限,它不仅可以跨越地域、文化和时空进行沟通,而且可以通过"超链接"功能把信息连接到其他相关信息上,使互动式信息容量远远超过现实世界中的静态信息。

(二)沟通交互性、多维性、即时性、直复性

网络沟通的一大特色是互动性,网络沟通不仅仅是媒体作用于用户,更多的是用户作用于媒体,用户可以对网络信息进行阅读、评论或下载,进行加工、处理。网络沟通不仅能向用户显示文字资料,还能同时显示图形、活动图像和声音,人们可以通过留言,或直接通话,或直接视频沟通,实现即时交流。互动式媒体使用户有控制权和前所未有的影响力,不仅影响企业或组织提供给他们的服务,也影响这些服务提供的时间和地点。特别是随着网络技术不断向宽带化、智能化和个体化方向发展,用户在更广阔的领域内实现声音、图像和文字等一体化的多维信息的共享和人机互动。所谓直复性沟通是指企业和公众通过网络直接连接。它不像以往的沟通方式,往往要通过一定的环节,特别在新闻传播中,编辑、记者经常充当"守门员"的角色,经过层层审查才能与公众见面。而网络沟通则节省了编辑加工环节,可以立即发布信息。企业也可直接面向消费者发布新闻或者通过查询相关的新闻组、网络论坛来发现新的顾客群,研究市场态势,直接得到大量真实的信息反馈等。

(三)空间开放性、虚拟性和相对平等性

网络空间面向每一个人,人人都可以利用网络发表自己的观点、见解,既可以利用网络展示自己的技能,也可以利用网络发表自己的"作品"(如博文)等。空间的开放性、虚拟性,决定了沟通的平等性。人们可以实名或匿名运用网络进行相对自由的沟通。

(四)沟通形式多样,可选择的沟通工具众多

人们既可以在网上浏览信息、阅读电子图书、进行英语对话交流、观看电视和电影,也可以玩游戏、作画、健身;既可以一对一交流,也可以群体交流。近年来,即时通信工具的种类越来越多、功能越来越强大、使用越来越方便,而且还十分经济,很多功能可以免费使用。

总之,网络沟通是一种全新的沟通方式,是一种集个体沟通(电子邮件)、组织沟通(如电子论坛或电子讨论组)和大众沟通于一体的沟通形式。网络沟通已经掀起了一场沟通方式的革命,它改变人们的沟通意识,对组织的沟通管理也提出了新的挑战。

三、网络媒体沟通的主要方式

现代网络运用电子媒介和各种电子沟通工具,为人们提供了经济实惠、方便快捷的信

息服务。由于网络对人们的生活、学习、工作等产生了巨大的作用和影响,网络技术开发也得到了高度重视,网络沟通工具无论在种类上、形式上,还是在数量上、质量上都以惊人的速度得到发展,新的网络沟通工具不断涌现,功能日益完善,使用者越来越多,影响范围越来越大。

网络沟通最常见的方式包括电子邮件、即时通信工具、电子论坛、博客等。

(一) 电子邮件

电子邮件(electronic mail,E-mail)是互联网上的重要信息服务方式。通过网络的电子邮件系统,用户可以用非常低廉的价格或是免费把信息发送到世界上任何用户指定的、同样拥有邮件地址的另一个或多个用户。电子邮件内容可以是文字、图表、视听材料等。E-mail 具有使用简易、投递迅速、收费低廉、易于保存、全球畅通无阻等特点,已经成为利用率最高的沟通形式和沟通工具。

(二) 几种即时通信工具简介

1. 腾讯 QQ

腾讯 QQ 这一最早的国产即时通信工具,集图文消息实时发送和接收功能于一体,为用户提供游戏社区、开放型聊天室的服务。在商用领域,由于员工使用 QQ 交流的不可控性会影响工作效率,QQ 分支 RTX 和 TM 相继出现,较早走上了即时通信的商用化道路,但起初效果不太理想,现在正在不断地改进和发展,客户数量在不断增加。

2. 微软 MSN

微软凭借其技术力量和服务体系,使 MSN 在 PC 的主流操作系统 Windows XP、掌上计算机、智能手机上使用。MSN 不仅具有实时图文发送、接收功能,用户还可以在 PC 上通过 MSN 与其他联系人进行语音交谈,或者通过计算机给其他联系人拨打电话、发送文件、召开多人联机会议,或进行 MSNZone 网络游戏。同时,用户还可收到 Hotmail 的新邮件到达通知以及最新的 MSNBC 新闻头条等。MSN 使用独特的非 ID 号注册原则,用户不能随便搜索到在线用户,也不能随意猜测到其他 MSN 用户的 ID,因而有效地避免了商务用户不想被骚扰的问题。而且,MSN 白板功能及网络会议等功能的加入,可为企业提供类似于 RTX 的企业内部办公系统。

3. 雅虎通(Yahoo messenger)

Yahoo messenger 因其集成了主流即时通信软件的绝大多数优点,而且首次实现了即时通信产品与搜索工具的融合,通过其搜索产品"一搜"与"雅虎通"的巧妙整合,推动了搜索向桌面的扩展。3721 加入雅虎通后,依托其庞大的企业资源库,再加上雅虎通本身的功能优势,基本实现了企业会员之间的商务沟通。

4. 新浪 UC

新浪于 2004 年 7 月 1 日宣布收购"朗玛 UC",使新浪拥有了技术支持和庞大的用户群体。新浪凭借其国内门户的领先优势、良好的人气及广泛的娱乐服务与 UC 已有成就相整合,打造而成"新浪 UC"。但是,由于 UC 极强的娱乐色彩,再加上投身门户网站,服务于固定网络群体的限制,"新浪 UC"难以得到企业级用户的宠爱。

5. 网易泡泡(POPO)

网易泡泡最先推出 IM 软件,但由于新浪与 UC 的合并,直接导致其运用于门户娱乐服务的 IM 市场占有率大幅下滑。但网易泡泡在商用领域表现出一定的生存能力,网易泡泡在网络连接和防火墙穿透方面拥有一定的优势,只要能浏览网页就能使用泡泡及其可以穿透任何防火墙的能力,使得它对经常在网上传输文件的商务用户形成极大的帮助。

6. 搜狐"搜 Q"

搜 Q 出现较晚,侧重于娱乐,缺乏商用优势。

7. 阿里巴巴"贸易通"

"贸易通"由全球最佳 B2B 网站"阿里巴巴"于 2003 年 11 月推出,是专为商人量身定做的免费商务即时通信软件。其从界面风格到服务内容都体现了商务用户对即时通信软件的需求。商务用户使用该软件不仅可以实现实时的在线交流,而且还具有由它发布即时商业供求信息以及随时查看最新商业资讯等功能。

8. 电子名片 TraCQ

从 2003 年问世之初 TraCQ 便定位于商用即时通信领域。在商用领域,它开创了多项即时通信新模式:一是实名制注册,组织行为管理。这一创新要求企业在电子名片(TraCQ)的注册中必须遵循实名原则,并通过企业管理员统一管理。新原则的实施,可使企业免去使用传统娱乐 IM 软件公私不分的不可控性。统一有序的组织管理加上具体到位的实名账号,会使企业的沟通及工作效率得到大幅改善。二是 TraCQ 电子名片独创网页会话技术,一改传统 IM 软件必须通过 PC 桌面登录客户端并添加联系人方可交流的局限。企业只需将电子名片(TraCQ)嵌入自己的网页,便可为访问企业网站的访客提供便捷的交流途径。访客无须下载安装任何客户端软件,只要点击企业网站上的工作人员名片就可直接进行全面的文本、短信及视、音频在线洽谈。这一交流模式的创新,从根本上突破了阿里巴巴"贸易通"只提供会员与会员间交流的弊端,使得会员与会员、客人与会员的交流变得更加直接有效,从而最大限度地增加了企业的成交机会。TraCQ 电子名片的出现,使即时通信软件与互联网的基础——网站的结合变得更加密切,使得点对点的沟通通过 IE 即可方便地实现。这可能进一步推动"静态网站"向"交互网站"的升级,开创即时商务的新时代。

9. Skype

Skype 是网络即时语音沟通工具,具备 IM 所需的其他功能,如视频聊天、多人语音会议、多人聊天、传送文件、文字聊天等功能。它由 KaZaA 开发人员所研发,采用 P2P(点对点技术)的技术与其他用户连接,目前不仅可以进行语音聊天,也可进行视频交流。Skype 是一家全球性互联网电话公司,它通过在全世界范围内向客户提供免费的高质量通话服务,正在逐渐改变电信业。美国联邦通信委员会主席 Michael Powell 说:"当我下载完 Skype,我意识到传统通信时代结束了。"

(三)电子论坛

电子论坛(bulletinbroad system,BBS)即电子公告系统,又名电子公告板、留言簿、布告版。它是网络内容的提供者,如商业网站和个人主页,是为上网者提供的自由讨论、交流信息的地方。它提供一块公共电子白板,每个用户都可以在上面书写,可发布信息或提出看法。电子公告牌按不同的主题、分主题分成很多个布告栏,布告栏的设立依据大多数 BBS 使用者的要求和喜好,使用者可以阅读他人关于某个主题的最新看法(几秒钟前别人刚发布过的观点),也可以将自己的想法毫无保留地贴到公告栏中。在与别人进行交往时,无须考虑自身的年龄、学历、知识、社会地位、财富、外貌、健康状况,而这些条件往往是人们在其他交流形式中无可回避的。同样地,也无从知道交谈对方的真实社会身份。这样,参与 BBS 的人可以处于一个平等的位置与其他人进行任何问题的探讨。

(四)博客

"博客"一词是从英文单词 Blog 音译而来。Blog 是 Weblog 的简称,而 Weblog 则是由 Web 和 Log 两个英文单词组合而成,通常称为"网络日志"。Blog 是一个网页,通常由简短且经常更新的帖子(张贴的文章)构成,这些帖子一般是按照年份和日期倒序排列的。Blog 的内容涵盖广泛,有的是纯粹个人的想法和心得,包括新闻、日记、照片、诗歌、散文,甚至科幻小说;有的是对其他网站的超级链接和评论;有的是关于公司事务的公告、管理心得、述评;也有的是在基于某一主题的情况下或是在某一共同领域内由一群人集体创作的内容。Blog 是私人性和公共性的有效结合,它不是纯粹个人思想的表达和日常琐事的记录,它所提供的内容可以用来进行交流和为他人提供帮助,具有极高的共享精神和价值。撰写 Blog 的人叫 Blogger 或 Blog writer。简言之,Blog 就是以网络作为载体,简易、迅速、便捷地发布自己的心得,及时、有效、轻松地与他人进行交流,再集丰富多彩的个性化展示于一体的综合性平台。Blog 的发展历史并不长,通常认为至 2009 年只有十多年的时间。2000 年博客开始进入中国,2005 年开始盛行。国内主要门户网站相继开设博客网,并免费提供博客网络管理服务。

博客类型主要包括个人博客(普通人博客、名人博客)、小组博客、家庭博客、商业博客(企业博客、产品博客)、知识库博客(K-LOG)等。

国内学者对网络通信工具的优缺点和适用范围做了比较分析,如表 9-1 所示。

表 9-1　几种主要网络通信工具的优缺点和适用范围比较

比较项目 网络沟通方式	主 要 优 点	主 要 缺 点	适 用 范 围
全球咨询网网页 (Webpage)	信息量大、传播范围广	保密性差、无确定主题、不确定性反馈	需要公开的、大范围传播的信息
电子邮件(E-mail)	流向清晰、发送速度快、传达准确、保密性好	邮件接收的不及时、需要反馈等待	需要向特定主体(个体或群体)传递的或要求保密的信息
电子公告牌(BBS)	信息内容丰富、发布接收信息方便、信息公开透明	保密性差、谣言或不实信息迅速传播	需要向员工或其他相关人员公告的信息和需要讨论或征集意见的问题等
聊天室(chat room)	可以实现异地同步沟通、立即反馈、话题丰富、保密性好	受沟通对象是否在线的约束和文字载体的约束	员工或领导与员工之间工作之余的情感沟通
网络电话、传真	沟通及时、反馈无须等待、内容清晰、成本低	对通话时间有一定限制,对沟通内容也有一定的要求	紧急性的、需要当即回复的、内容简单、容易表达清楚的信息沟通
电子内部刊物	成本低、保留时间长、浏览方便、针对性强、更具时效性	信息传递的确定性和范围程度难以预知	专业性、针对性较强的信息沟通
网络会议系统	召集会议方便、省时、省力	互动效果相对传统会议较差,参会人员的精力投入不充分	不同地域人员参加的非大型会议或需要紧急召开的、有分散在各地人员参加的会议
即时通信工具	方便、即时互动、时效	受沟通对象是否在线的约束	员工或领导与员工之间工作之余的情感沟通
网络会议系统	召集会议方便、省时、省力	互动效果相对传统会议较差,参会人员的精力投入不充分	不同地域人员参加的非大型会议或需要紧急召开的、由分散在各地人员参加的会议

(资料来源:董玉芳,王德应. 基于网络技术的企业管理沟通:选择与组合. 江淮论坛,2005(5))

四、网络媒体沟通——政府公关的新课题

以互联网为代表的新兴媒体具有开放性、即时性、互动性等特点,已经成为覆盖广泛、快捷高效、影响巨大、发展势头强劲的大众传播媒体。互联网、手机的广泛运用普及,不仅

大大拓展了中国社会的舆论空间,而且深刻影响着社会舆论的形成机制和传播方式。政府在网络时代如何适应新媒体的传播方式,利用好新媒体进行公关,对树立良好的政府形象,对政府执政的科学民主、可持续发展,对国家和社会的长治久安都有着长远的意义,网络媒体沟通已经成为政府公共关系的新课题。这主要体现在以下几个方面。

(一)网络是社会舆论的放大器 [①]

网络媒体具有传播速度快、传播范围广的特点。即时性是网络新闻传播时效性强的形象表述。20 世纪末,网络媒体对突发事件的报道,就不断创造了发稿时效第一的纪录。据工业和信息化部 2009 年 10 月底公布的数字,网民总数达到了 3.6 亿人,名列世界第一,而且数量大大超过处于第二名的美国 2.1 亿人。互联网作为媒体的功能已被中国网民广泛接受。3/4 的网民的主要信息渠道是互联网,网络媒体占据网民信息来源的第一位,超过 9 成的网民表示,需要信息时首先想到互联网。网上“意见领袖”的博客是“权重”最高的网络舆论;1.55 亿网民使用手机上网,2.4 亿网民使用即时通信工具,他们中的“公民报道者”托起了两种新锐的网络舆论载体——微博客和 QQ 群,每天都有可能用手机和互联网实时播报公共事件。网络论坛、讨论区、留言板、聊天室、电子邮件、ICQ 及 MSN 等即时通信软件等,吸引着大量网民积极参与与传播信息、评论新闻、讨论新闻话题,数以亿计的人在一个电子空间里同步交流、密集互动,不可避免地对参与者的思想认识产生巨大的影响,形成网络舆论的强大力量,从而影响社会舆论的走向。

(二)网络是思想文化信息的集散地

网络媒体具有很好的开放性以及很高的信息共享度。“网络传播无国界”,网络传播面对的是一个信息的海洋,普通的网络使用者都可以为互联网络提供信息,它承载信息的扩充性是无限的。网络媒体可以依靠这些宝贵的资源,用“超链接”的方式将各方面的信息在允许的范围内据为己用,这种信息共享大大丰富了网络媒体的信息量,信息的深度和广度上都大大增强。网络媒体可实行全天 24 小时发稿,人民网、新华网等新闻网站和新浪网、搜狐网等门户网站实行全天候发稿,已有近 10 年时间。

权威资料显示,目前,中央和地方重点新闻网站每天首发的新闻达到 24 000 条,内地受众覆盖面平均每天超过 5000 万人次。新浪仅新闻频道首页的新闻链接总量就高达 800 多条,各栏目还源源不断地滚动播出新闻,发稿量巨大。点击打开任何一条网络新闻网页,呈现给读者的除该新闻的内容之外,还有关键词、相关新闻和新闻专题等链接,广为集纳追踪报道和相关信息,全面报道事件始末,极大地丰富了新闻外延和背景资料,让读者充分享受新闻盛筵。除非人为清理或服务器没有备份的情况下遭到破坏,理论上网络媒体所发稿件,将以数字形式长期保存在资料存储容量巨大的服务器上。在这种意义上,网络媒体简直就是一个浩瀚的新闻数据库,是各类思想、文化、信息的集散地。

---

①　费爱华,李程骅.政府媒体公关.南京:江苏人民出版社,2011

（三）网络是群体极化倾向的助推器

美国当代法哲学家凯斯·桑斯坦在《网络共和国——网络社会中的民主问题》一书中正式提出了"群体极化"概念并进行了界定,他在书中说:"群体极化的定义极其简单,团体成员一开始即有某些偏向,在商议后,人们朝偏向的方向继续移动,最后形成极端的观点。"新的舆论媒介——网络下聚集的群体,是由分化而类聚的,表现出群内同质、群际异质的特性。这样极易导致群体认同的现象。在网络中,网民经过分化组合,某个网络论坛中聚集着具有某些相同特质的人群,他们彼此具有很强的认同感,通过论坛、讨论、跟帖、转帖等手段,就容易"达成共识",形成群体极化倾向,再加上网民"从众心理"的影响,从而制造声势浩大的舆论声势。像贵州"瓮安事件"、湖北"石首事件"、吉林"通钢事件"等,政府在突发事件和敏感问题上舆论引导不及时,处置不力,网上事件演变成为网下暴力程度、警民对抗程度最高的重大群体事件,成为社会性、利益性冲突向政治性飘移的标志事件。

更为重要的是,网络媒体与传统媒体相互结合可以产生影响巨大的共振效应。传统媒体的意见领袖作用与网络媒体相比,最大的区别在于,前者的影响力容易随着新闻事件的自然平息或人为强制性平息而逐渐消失,后者则能够倚重网络社群的力量,稳固并放大自己所代表的民间声音,持续不断地对政府决策产生影响。这也是目前网络媒体产生影响较大的舆论总是和传统媒体的介入密切相关的主要原因。当某一社会性事件或议题引起网民广泛关注时,传统媒体往往会及时介入。反过来,传统媒体对有些事件的报道也可以在网络上迅速扩散其影响,使它迅速变为公众议程的一部分。网络媒体与传统媒体交互作用,很难区别是网络还是传统媒体真正推动和引导了舆论。

第二节　政府网络公关的含义和功能

一、政府网络公关的含义

网络公关正是在媒介条件、主体条件和客体条件都日趋成熟的情况下,成为当今这个时代的产物。政府网络公关,就是将网络传播方式引入公关活动过程,在电子空间中搜集和传递信息,进行沟通交流与双向互动,从而展示政府时代作风与亲民形象的公关理念与行为。

（一）政府网络公关的要素

与传统公关一样，网络公关也由公关主体、客体和媒介三要素构成[①]。

1. 网络公关主体

网络公关主体有狭义和广义之分。狭义主体是指各级政府主要负责网上信息发布和回应、政府网站日常运行、网络监控等工作的部门和人员，他们与网民保持日常接触和直接对话，是网络公关的技术主体；广义主体则是利用网络平台与公众交流互动的人员，其中以领导人员居多。对他们而言，网络只是公关手段和工具，他们才是网络公关的内容主体。

2. 网络公关客体

网络公关客体是政府开展网络公关活动的对象。其中，直接客体就是上网的公众，俗称网民；而间接客体包括数量庞大的社会公众，他们是网络公关的潜在客体。网络信息扩散的途径很多，可以沿着网民的家庭、朋友、同学等关系渠道扩散，也可以通过网络媒体—传统媒体—非网民公众的路径传播。因此，不应将网络公关的客体仅局限于网民一族。

3. 网络公关媒介

网络公关媒介包括网站和网页、聊天室、BBS、电子邮件等网络传播和互动工具。网站和网页是政府发布信息、接收公众反馈、提供网络化公共服务的主要平台，是网络公关的主阵地；聊天室是官员与网民进行即时互动交流的有效形式；BBS是监控网络信息和网络民意的重点所在；电子邮件是开展网络调查和评议的重要工具。由于网络传播的技术、方法和手段仍在不断发展变化中，网络公关媒介还有着很大的发展空间。

（二）政府网络公关的实质

在网络舆情监测体系保障下，政府主动通过回应、引导、参加和媒体公关等方式，试图改善其与网民的关系，其实质是实现政府与社会关系和谐的一种新的探索。公关理论认为，政府公关主要有两个紧密联系的目的：其一是争取公众的信任和支持；其二是塑造良好的政府形象。然而，这两个目的都是为了建立和谐的政府与社会关系。政府网络公关正是政府通过互联网和各种公关方式，实现政府与社会相互信赖、相互理解以及相互支持关系的活动，而政府形象的改善只是这种关系实现的结果而已。在没有采取网络公关之前，政府在社会舆论压力下采取控制、抵制甚至打压的方式应对不利信息和舆论，效果甚微的同时反倒加剧了政府与社会关系的紧张。而在进行网络公关的时候，地方政府以回应、引导、参与和媒体公关等方式应对网络民意和网络舆论，在取得公众认可的同时，也展

[①] 唐钧. 政府公共关系策略与实务. 北京：中国传媒大学出版社，2008

示了其作为实现政府与社会的关系和谐新探索的特质。

（三）政府网络公关的特点

网络发展到今天，已经不再局限一种技术平台，而是成为多种方式混合的新型媒体。政府网络公关，使政府活动更好地被民众所理解支持，加速了民主政府、服务政府的进程。与此相比，传统公关方式更多的是依靠新闻报业和电视媒体，而新闻媒体的受众数量有限。当发生一些重大事件的时候，传统的政府公关方式也受制约，反应滞后。而政府网络公关的出现，逐步取代了原有简单的公关方式。尤其在一些突发事件中，网络公关的传播迅速、信息量大的特点，往往在事态第一时间就交代给公众，其影响力逐渐上升，已经冲击了传统的政府公关。综合政府网络公关的实践，其特点表现如下。

1. 信息发布快捷

在政府公关活动中，网络媒体的运用使信息发布更加快捷和广泛。当发生突发事件的时候，民众最希望在第一时间得到及时准确的消息，知道到底发生了什么事、状况如何。据调查，社会上突发事件一旦发生，一般 2～3 小时就可以在网上出现，6 小时后可以被多家网站转载，24 小时后网络的跟帖和讨论就可以达到高潮。在突发事件发生的最初 12～24 小时内，消息会像导线一样接连不断地高速传播，政府对危机事件的反应越快，公信力就越高，损失就越小。

2. 便于公众监督

当今的政府处在一个"网络围观"的时代。政府机构在做什么、政府官员怎么做，网络都会详细地披露出来。由于网络的互动匿名性，网民们可以在网上表达真实意见。而网络公关的出现，让人民有着前所未有的知情权、表达权和参政权。政府不单单是直接了解民意，满足人们需要，同时，人们也可以通过互联网来对政府行为进行监督。由于网络的公开性，政府官员不会再像以前一样能躲就躲、能避就避，滥用职权、责任缺失现象得以很好的改善。近几年网络上出现了"表哥"、"最牛房地产局长"、"出国门事件"、"杭州飙车案"等，正是这些事件的频发，让政府越来越重视网络监督这种新型的监督手段。只要有互联网，就会有网络监督，其快捷和实效性，突破了空间的限制，并且可以最大限度地保障人民群众民主权利的实现，对反腐倡廉工作也有着不可小觑的力量。现在绝大多数政府网站上都公布了邮箱，或者公关留言板，以便发现问题、解决问题。为了方便公众举报贪污腐败问题，中央纪检机构和最高人民法院、最高人民检察院、国家预防腐败局都开通了网站，对预防和惩治贪污腐败发挥着重要的作用。

3. 官民直接沟通

在我国，并不是每个人都可以参加人民代表大会，直接提出自己对政府的建议和意见的。政府网络公关的出现，在政府和百姓之间架起了相互沟通的桥梁，开启了民众参政议政、行使政治权利的大门。在政府发布网页的留言板、聊天室或者相关部门的论坛上，网络给公众提供了一个全新的交流互动平台,让大家可以不受时空的限制,方便快捷地关注政府最新动态,提出自己的相关问题,真正实现听民声、获民意、解民困。通过电子邮件、论坛、微博这些互动渠道,群众已经一改往日信息接收者的角色,在接受政府信息的同时,还能够与政府平等对话。

4. 反馈快捷简便

在政府网络公共关系活动中,政府的网上站点会收到大量的反馈信息,政府只需设少数人员管理这些信息,便可以对反馈信息中的各类提问快速、详尽地予以答复。

5. 获取信息方便

公众可以极其方便地查询和保存政府信息,政府网页只要链接上知名搜索引擎,查询者就可以通过搜索引擎很快地搜索到自己所需的资讯,通过信息下载或拷贝很方便地将所查到的信息保存起来。

二、政府网络公关的基本功能

(一) 传播政府信息

塑造政府形象是政府公共关系的首要职能,在政府公共关系活动中,除了要提示政府树立正确宗旨、行动准则,优化社会发展规划和目标,以及改变工作作风之外,还需要进行有效的传播,对社会公众进行正确的引导。一个政府,即便有着良好的形象,但如果缺乏有效的传播,不能把信息传递给公众,是不会在公众心中形成良好的形象的。政府网络公共关系在宣传和塑造政府形象方面有着突出的特性和优势。它能有效地展示政府领导的形象,迅速地公布政府将要实施或正在实施的政策、规定等,同时又能及时地反馈公众的意见和要求。

1. 公布施政纲领

新的政府领导人可在网页上举行适当的就职仪式,发表就职演说,公布施政纲领,宣传本届政府的独特工作风格和形象,如提倡建立新的工作秩序,愿意接受社会公众和社会舆论的监督,强调法制等,很快就会在社会公众面前树立良好的第一印象。

2. 展示政府成绩

对于政府工作取得的成绩,网络公共关系可及时地介绍、宣传,以扩大政府在公众中的影响。当政府工作出现差错和问题时,网络公共关系可及时开展“危机公共关系”宣传活动,协助政府面对现实,勇于承担错误,挽回损失,消除负面影响。

3. 开展反腐倡廉

当发现政府有腐败问题时,政府网络公共关系可通过网页开展信访活动,搜集整理公众检举、揭发犯罪嫌疑人的信息材料,并及时将政府的反腐倡廉措施和严格查处的情况利用网络传播媒介公之于众,让公众感受到政府反腐倡廉、惩治腐败的决心,塑造政府廉政自律形象。

(二) 监测舆论环境

监测舆论环境是政府网络公共关系的又一个重要职能,它通过信息采集和处理,了解政府发展的内外部环境,把握其发展变化趋势,为政府制定或调整目标提供客观依据。

1. 对政府形象信息监测

在传统的政府关系和管理活动中,由于对政府形象信息监测渠道疏通比较困难,信息搜集工作量大,面对面地搜集公众对政府领导的评价,公众思想顾虑较多,此项工作常常束之高阁。在网络上,公众没有时间、空间的限制,随时随地可以对政府领导提意见、做出真实评价,公众真实姓名可不必告知,公众无半点后顾之忧。由此可见,对政府形象信息监测在政府网络公共关系活动中将会有效地展开。

2. 对社会观念、公众心理的监测

政府网络公共关系可通过网络会议,邀请社会各个方面、各个层次的人士及其专家进行网络座谈,及时了解对社会发展、政府运作产生影响的社会观念、公众心理的走向,使政府的决策及其实施更有针对性,增强实效性。还可以利用网络多媒体的特征,在网络创造比较接近现实的虚拟化的社会生活,以预测和反映社会心理环境的变化。

3. 其他环境信息的监测

政府网络公共关系可通过远程登录和搜索引擎把世界各国和国内的政治、经济、科技等方面的重要信息、社会文化、时尚潮流的信息及其变化搜索起来,建立动态的信息资料数据库。政府网络公共关系随时监控和处理这些信息,协助政府从宏观上把握各种动态,审时度势,使政府形象和公共关系状态调整到最佳位置。

(三) 协调政府关系

中央政府与各级地方政府只有相互配合、相互支持才能产生最优的管理效果,发挥政府整体系统功能。但是,由于中央政府和地方政府的工作对象、内容和特点的不同,以及信息不及时等缘故,容易产生各种各样的矛盾。政府公共关系要主动配合做好协调工作,其中主要是疏通信息沟通渠道,加强中央与地方间的经常联系,造成一种相互信任、相互支持、相互谅解的团体合作氛围。

过去影响上下级政府协调的主要障碍是上下级政府信息传递困难,联系渠道不流畅、不便捷。在政府网络公共关系条件下,这些问题都迎刃而解了。如美国是一个公认的政府网络公共关系、信息化工作开展得比较好的国家,在美国,从联邦政府一级机构,到州级政

府,再到每一级县、市,几乎所有的机构单位均已建立了网上站点。网络的内容丰富有效,并能做到上下链接。此种情况下,各地方政府可以中央政府为核心,相互之间、上下之间开展有效的信息传递和协调,既方便又省事。我国政府上网工程、网络公共关系从 1999 年开始起步,经过多年来的建设已经发挥出整体效应,网络公共关系在上下级政府关系协调中已极其活跃。

(四)评价政府活动

政府应对政府公共关系活动进行有效评价。从理论上讲,每开展一项政府公共关系活动,事后都应对活动的效果进行评估,发现不足之处,找出问题,为下一轮公共关系活动的开展做准备。但在实际操作过程中,由于评价指标复杂,工作量大,往往放弃了对效果的评价。如在政府公共关系活动中公众接收的信息量,被新闻媒介采用的信息,改变的观点、态度、行为的公众数量等的监测工作难度比较大。而在互联网上发布政府公共关系信息,可通过访客流量计数器系统精确统计出有多少受众接收到了信息。包括公众对政府公共关系活动的评价、建议,公众对活动的自我感受等。对这些信息的处理,虽然要有专人管理,但通过网上进行处理,工作量就少得多、方便得多。

第三节　政府网络公关的对策

一、政府网络公关的影响因素

21 世纪以来,中国互联网迅猛发展。互联网已成为思想文化信息的集散地和社会舆论的放大器,是党和政府了解民情、汇聚民意的一个重要渠道[①]。当前,各级政府对网络公关日益高度重视,网络公关举措层出不穷,为什么会出现政府主动的网络公关呢? 要回答这一问题,就要明确政府网络公关的影响因素。

外部社会和网络舆论环境、自上而下的体系内政治压力以及各级政府的利益需求,是影响政府网络公关态势的主要因素[②]。

(一)网络舆论环境

当前,一些网络舆论热点事件使地方行政的公正性、合法性以及公信力受到网民的质疑,而有关省、市、县政府不作为、行政违法和官员行为失范、腐败的信息和事件等在互联

---

①　http://news. xinhuanet. com/politics/200806/26/content_8442547. htm
②　贾宝林. 网络公关:地方政府与社会关系和谐的新探索. 理论导刊,2009(12):52

网广泛传播,严重损害了政府的形象。因此,网络成为中国大众舆论和民众意见的平台,网络舆论压力是政府网络公关的主要外因。

首先,公众意见本可以通过政治系统所固有的政治化渠道或者官方的传统媒体得到表达,但是,中国制度化的意见表达机制并不十分畅通,同时,官方主导下的地方传统传媒由于背负着宣传"喉舌"的使命,也难以成为主要的民意载体。

其次,网络媒体与传统媒体相比,极少受到信息容量的限制,而且很大程度上无须传统媒体那样严格的审查制度,于是,互联网理所当然地成为释放地区性公众利益要求和各种观点的最佳通道,并在快速发展中成为真正的大众传媒之一。

此外,当前中国网民意见表达的理性化,也是网络成为大众舆论和民意表达平台的重要原因。网络意见的表达,只有在理性的范围内才能得到政府的回应,并使政府发现网络公关的可能性。一旦网民意见表达超出了理性范围,政府被迫采取强力控制措施加以应对,网络公关也缺乏了存在的基本条件。事实上,多数网民深悉中国政治参与的"边界",他们把注意力投注到具体社会事件,并且尽量远离那些过于敏感或带有抽象性质的政治话题,这使政府不得不转而求助于网络公关这类非强制手段应对面临的问题。

(二)政治体系内的压力

网络舆论环境固然影响深远,但来自中央政府或上级政府的体系内压力更受政府及官员的重视。一旦某些关联政府的网络舆论事件引起普通的网络舆论抨击,倍增的社会影响力往往会引起党和国家领导人的高度关注,甚至个别事件还会引致中央领导人的批示。于是,中央或上级会指示地方领导以民为本,妥善处理事件以维护社会稳定。这种政治意图或指令通过党政体系自上而下,经过各个层级迅速下达,致使有直接责任的政府机构及其官员承受着巨大的政治压力。如果直接责任者处置突发事件失误,被动应付网络舆论的质疑,并且引发了更为严重的社会矛盾,就会受到党纪或政纪的处分,由此而被迫辞职以及双开、"双规"和入狱者不在少数,相关的上一级地方高层领导干部被问责者也不乏其人。政府担忧的不仅是网络舆论,他们尤为恐惧来自上级乃至中央的批评和惩处。可见,网络舆论只有通过纵向政治体系转化为自上而下的现实政治压力,才能真正地发挥功效。前述的"压力论"显然忽视了体系内压力的重要作用,陷入了外因决定论的陷阱。

(三)政府的利益动机

事实上,政府进行主动的网络公关,还是政府实现自身利益和官员追求政绩的结果。研究表明,肇始于20世纪80年代的财政分权体制,使政府成为中国经济快速持续增长的主要动力,以经济增长为中心内容的政绩指标始终是政府官员行为的内生动机。网络公关有利于政府通过互联网塑造本地的良好形象,宣传本地政策优势和投资环境,对招商引资、吸引人才以及促进旅游业等方面的发展均具有积极意义。当前,科学发展观推出之后的官员政绩评价体系正在发生变化,其中社会管理与服务水业已成为一项重要指标,而官员关系的和谐(尤其是辖区内公众的满意度)和当地的社会稳定也是地方治理绩效的主要指标。当前,地方领导人的政绩好坏与官民关系是否和谐、政府形象是否良好越来越息息相关,增强公众认可度和信任度,正在成为各地政府面临的迫切问题。因此,政府主动网络公关,在很大程度上是官员追求新标准下良好政绩表现的结果。

二、政府网络公关的形式

网络公关就是为了争取公众对政府工作的理解和支持,在公众中塑造良好形象,通过运用互联网这种传播和沟通的手段来处理和协调与公众之间的关系,以便更好地管理社会公共事务。网络之所以会成为重要政府公关途径,主要仰赖于互联网的发展。在中国,互联网虽然只有仅仅十几年的发展时间,却取得了重大的成就。有互联网专家称:未来网络在中国的力量将不可小觑。政府网络公关的主要途径如下。

(一)政府门户网站

政府的门户网站就是当代政府的主要名片之一,随着我国网民数量的增多,利用电子媒介传递信息,与公众交流沟通已经成为大势所趋。越来越多的地方政府都开设了自己的门户网站。门户网站在很多情况下代表着政府的形象。政府门户网站是公众了解政府的重要渠道之一。事实上,门户网站的代表性丝毫不亚于政府大楼的代表性。在这些门户网站上,随时更新政府的相关举措,层次分明,条理清晰,让网民一目了然政府的活动,展示了政府的公关理念和行为,提升了政府形象,增强了主人翁地位。

通过近几年的努力,政府网站已经由原先的不被认识演变成了现在的广大民众的认可。市民可以通过这样的途径,了解政府信息,获取政府服务,参与政府相关决策。这无疑对构建服务型政府迈出了一大步。

(二)微博问政

随着 2010 年"微博元年"的开始,政府公共传播大环境发生了很大的变化。自 2009 年 11 月云南省政府新闻办开通我国首个政府微博"微博云南"后,逐渐掀起了微博问政的高潮。根据微博公布的数据,截至 2011 年 11 月,通过微博认证的各政府机构及官员个人微博已超过 1.85 万家,其中官员个人微博 8628 个,覆盖全国 34 个省、自治区、直辖市以及特别行政区。

近些年,政府官员在网上开博,发表博文,受到了网友的热烈追捧。博客这种形式,让政府官员广开言路,多渠道地直接听取老百姓的意见,加强了公众与政府之间的沟通,减少了公众对官员的误解,紧密了政府与公众之间的关系。政府官员开博还有一个重要的作用:引导舆论发展方向。在政府公共关系中,政府官员对于舆情要有足够的敏感度,当网络舆情出现不合理倾向时,政府官员要及时正声,通过自己的博客方式或其他形式引导网民的舆论方向。

微博,作为新媒体的后起之秀,具有信息简短、传播迅速、交互性强、开放度高等特点。无论是官员个人微博还是部门官方微博,都已经成为与公众沟通的一个新兴渠道,逐渐成为听取民意、网络问政的新窗口。政府公关在微博的作用下,变得更加透明、公正公开、更加负责,也能帮助政府塑造良好形象。

(三)电子邮件

电子邮件是网络时代重要的人际沟通工具,不仅具有传统的信件沟通功能,而且具有快捷方便、成本低廉等新特点。电子邮件不同于其他网络平台的特点,在于它对象的可选择性。电子邮件的发送对象既可以一对一,也可以多对一,这样使得信息沟通更加具体,更具有针对性。我国很多政府门户网站都开通了如市长邮箱、省长邮箱等,但真正发挥作用的并不多,还需要进一步发展。

(四)网络新闻

根据中国互联网信息中心数据,截至 2012 年 6 月底,我国已有 5.38 亿网络用户,互联网推广应用率达 39.9%,其中有大约 3.92 亿网友浏览网页新闻,半年增长率为 6.9%;网络新闻在网民日常使用中占 73.02%。随着网络即时聊天工具,如聊天室、BBS 等的日渐流行,越来越多的新闻资讯进入网民的信息接收范围。另外,手机的新闻阅读覆盖率更广,不受时间、空间的限制,极大地促进了网络新闻的传播和扩散。

(五)政府网上聊天室、网络论坛

网络的受众群就是网民,网民在网络中,其身份可以是一个人,也可以是一个组织;可以是行业专家,也可以是工厂工人。在虚拟的网络世界里,网民是平等的,没有地域,没有等级,也不存在领袖和下属。正是这种自由行可以使网民对网络敞开心扉,说出自己的真实想法。政府网上聊天室和网络论坛,面向所有大众开放。无论何时何地、无论什么人,都可以和官网进行沟通,表达意见和建议。网络的运用,极大程度拓宽了公众的舆论空间。公众的民主意识和政治参与习惯逐步形成。对社会生活和公共决策的参与度越来越高,开始要求在社会事务中拥有更多的发言权和表决权。

三、政府网络公关的对策

(一)树立网络公关意识

切实发挥政府网络公关的重要效用,首先应转变政府网络公关的陈旧观念。有些部门和官员认为政府公关就是通报新闻、发布政府政策,这种落后的政府公关观念已经不再适应新时代政府的要求。近几年危机事件的频发,让网络政府公关一跃成为政府公关的首要方式。在网络问政时代,还有不少官员有着"政府权威"的思想,对民众的事情不在意、不重视,在运用权力的过程中也不愿意接受人民的监督。要想真正做好政府网络公关,必须转变原有的落后观念,真正为人民群众服务;完善的政府网络公关应从观念上着手,与人民沟通了解,相互依赖相互信任。政府应学会利用网络进行公关,树立正确的公关意识。政府应该利用网络,和民众进行主动、平等的对话,公开信息,引导社会舆论。当政府出现负面信息的时候,不应该对其进行删帖,只有公开事实真相,化解民众的疑问,主动与民众进行沟通和了解,才能化解矛盾,得到网民的支持和理解。

良好的意识引导和支配着实际行动,意识超前,处处领先。以下网络公关意识是必须树立的。

1. 形象意识[①]

形象作为政府的宝贵财富,已不仅仅局限于现实空间。由于政务活动日趋虚拟化和网络化,政府在虚拟空间的行为和表现,同样关系到政府形象问题。因此,应注重将政府形象建设拓展到虚拟空间。而且,实践证明,利用网络渠道来塑造尤其是修复政府形象的效果更为理想。

2. 学习意识

开展网络公关,必须具备利用网络工具的能力。这不仅是网络公关工作的需要,更是践行与时俱进、建立学习型政府的必然要求。应当学习掌握基本的计算机网络技术,学会运用常见的网络传播工具。此外,企业组织的网络公关理念和方法更为先进,政府也可师法企业,借鉴学习。

3. 互动意识

政府应将网络作为公关工作的重要工具和平台,习惯通过网络获取信息,善于通过网络了解民意。对网民提出的意见、建议或质疑,应以高度的责任感予以积极回应,提高公众满意度。

4. 服务意识

改变将公众角色局限为行政相对人的传统思想,借鉴新公共管理所提倡的顾客理念,更多地将公众作为顾客和服务对象,重在提供良好服务。尽可能地使公共服务网络化、在线化和简单化,使公众获取服务更加便捷,切身利益更好地得以满足。

(二)建立网络预警制度

建立完整有效的预警机制,形成科学有效的网络公关制度,是做好政府网络公关的基本前提。只有通过预警监控,主动掌握负面新闻事件的网络舆论发展情况,才有可能对即

---

① 唐钧. 政府公共关系策略与实务. 北京:中国传媒大学出版社,2008

将爆发的网络舆情危机做出提前预警和防范。政府网络公关的预警制度包括以下几个方面。

1. 建立网络舆论搜集和信息共享机制[①]

建立网络舆论搜集和信息共享机制：第一是要收集、整理和评判各个网络消息，这样才能给政府的执行者以准确、全面、系统的信息；第二是要注意网络舆论背后隐藏的信息，行政长官需要基于不同诉求做出回应；第三是要增加网络信息的透明度，掌握信息的主动权。地方政府在突发事件中经常使用控制、阻塞、辟谣等方法，居高临下地应对网络舆论，这些策略多为网民所反感和诟病，甚至激化了政府与民众的矛盾。而抢先发布敏感事件信息，报道真实可靠的信息就可排挤虚假信息和谣言。

2. 建立固定的网络发言人机制

首先，地方政府要建立网络发言人机制，明确网络发言的权责，针对网民提出的各种问题，通过网络公开进行答复和办理。对于一时无法解决的问题，网络发言人也要主动及时地跟网民说明原因，争取赢得更多网友的理解和支持。其次，政府要建立跨部门快速反应机制，使每一个问题都能圆满解决。最后，要进一步完善民众对网络发言人的表现"评分"，督促其提高为民解难的效率，把网民的不满和消极情绪遏制在源头。

3. 建立系统的应急机制

建立系统的应急机制，需要从三个方面着手：第一，确立地方行政首长负责机制，本着公众至上的理念，调动各个部门的积极性，形成完整统一的系统，真真切切地解决网民们的问题。第二，整合一切资源，根据本地的实际，利用网络切实为网民服务，维护和提升政府形象。第三，建立健全完整的网络制度。保护通过网络平台表达合理愿望的网民的权益，约束和规范通过网络来打击报复地方政府的网民行为。地方政府在进行网络危机公关时应有章可循，有法可依，切实做到依法行政。

（三）完善网络公关资源

好的政府网络公关离不开公关实体资源，电子政府工程建设就是重要的网络资源。首先，加大电子政务基础工程的建设。中国政府的电子政务基础工程和发达国家相比还处在初级阶段，亟待增强国家基础信息系统的建设。做好基础性系统工程的建设。其次，加强政府门户网站的建设。与发达国家的门户网站相比，我国当前的政府网站内容显得单调，以宣传政绩为主，应用层次较低，我国多数的政府网站多是呈现职能介绍、政策法规、联络方式等静态信息和进行政府新闻发布等。因此在发展电子硬件信息的同时，还应注重政府部门门户网站基本设施和功能的建设。

---

① 赵健羽. 我国地方政府网络公关能力问题及其对策. 重庆科技学院学报，2011(2)：18

（四）发挥网络监督功能

腐败领域的多元化和手段的智能化,使得新时期的反腐败任务更为艰巨;网络传播的理想效果同时造成政府形象受损易、维护难。因此,应当进一步拓展信息渠道,接受来自各个方面的监督。网络监督的全天性、平等性、匿名性等特点,使之成为当前最为有效的监督方式之一。搞好政府公共关系,应自觉接受网络监督,形成制度化的监督作用机制,使公众监督成为改善公众评价、提升政府形象的推动力。网络监督又可分为网络新闻监督、网络舆论监督和网络申诉监督[①]。

1. 网络新闻监督

网络新闻监督即以在网上传播新闻的方式对国家和社会事务进行监督,主体既包括网络媒体,也包括个人网站、博客站点的创办者等传播个体。

2. 网络舆论监督

网络舆论监督即网民通过在网上表达倾向一致的意见来进行监督,主体主要为网民。

3. 网络申诉监督

网络申诉监督是通过登录专门的申诉系统,如纪检监察系统、信访系统等来进行监督,主体大多是自认为受到不公平待遇的干部或群众。

（五）强化网络安全管理

由于政府网络公关是通过网络为公民提供便捷的服务,与公众进行沟通交流,那么其中的信息很容易被不法之徒利用和黑客攻击。必须加强网络安全技术管理,同时对相关人员进行网络安全知识的培训和考核,只有这样,才能构建和谐政府网络公关环境。

网络立法,为政府网络公关提供法律标准,从而起到了规范网络环境的作用。因此,健全网络管理的相关法规势在必行。目前,我国已先后颁布了《关于维护互联网安全的决定》、《互联网信息服务管理办法》、《互联网站从事登载新闻业务管理暂行规定》、《互联网电子公告服务管理规定》等一系列法律、法规。只有建立、健全相关的法律、法规,加大执行力度,严惩网络违法犯罪行为,才能真正构建政府和谐的网络公关环境,为政府网络公关和树立政府新形象服务。

---

① 唐钧. 政府公共关系策略与实务. 北京:中国传媒大学出版社,2008

第四节 政府网络危机管理

一、政府网络危机的内涵和特点

（一）政府网络危机的内涵

政府网络危机类属于公共危机，与其他公共危机不同的是，政府网络危机一般体现为网络舆情的积聚，且这些网络舆情针对政府，并且对政府不利。

政府网络危机可以定义为，公众（或网民）在网络公共领域内针对公共事件或网络曝光所形成的各种否定的、负面的和不良情绪、态度和意见的总和，并由此导致对政府的合法性和形象形成了严峻威胁和挑战的一种状态。如政府官员的某些不恰当言论或行为在网络上迅速传播而引发众多负面舆论，这些网络舆论力量会迅速集聚，以至整个网络舆论方向完全一边倒，使政府处于极大的舆论压力之下而不得不回应。

政府网络危机管理是在网络舆论越来越多地影响到社会政治生活背景下，政府以突发性网络危机事件为目标指向，对突发性网络危机事件及其相关联事物的管理活动，目的是通过提高政府网络危机发生前的预见能力、危机发生时的反应能力与控制能力、危机发生后的救治能力，及时、有效地处理各种网络危机事件，缓解社会矛盾，提升政府形象来保证社会正常秩序。

（二）政府网络危机的特点

掌握网络危机的特点，对于处理和化解危机至关重要。政府必须在对网络危机全面了解的基础上用先进的理念、科学的策略来化解、处理危机。

政府网络危机作为公共危机的一种表现形式之一，其有公共危机的一般特征。同时，由于网络危机的传播途径是网络，其载体的这种特殊性决定了政府网络危机不同于一般公共事件危机，它还具有独特的个性[①]。

1. 突发性

公共危机都具有突发性的特点，但由于网络信息在网络公共领域传播的速度快、手段多，以至于政府网络危机的突发性尤其突出。

一般的，公共事件危机无论由自然事件引起，还是人为事件引起，可能在危机爆发之

---

① 谢金林．网络空间政府舆论危机及其治理原则．社会科学，2008(11)：28-35

前都有一些征兆,有一个"能量"积聚过程,通常这个积聚过程还比较长。但网络危机则不一样,网络信息在网上传播速度以秒记,网络危机没有任何时间限制,在任何时间节点上都有可能爆发。再加上网络舆论常受到"群体极化"机制的影响,在极短的时间里,相关舆论可能就走上极端化道路,将整个舆论发展方向定格下来,大大减少了留给政府危机处理的反应时间,尤其是随着微博、社交网等工具的广泛应用,它总是以极端突然性出现在政府面前。人民网舆情监察室提出的官方处置公共危机事件的"黄金4小时"法则很容易被挥霍掉,使政府危机管理工作变得更困难。

2. 易发性

网络是开放的,没有边界,网络上的价值观念与道德标准呈多元化,网络是现实价值标准的碰撞地。据统计,超过80%的网民在上网时都会浏览各类网络新闻,而新增的高知识网民群体更是对网络新闻特别关注,由于社会转型而出现的各种社会问题总是能激起众人的不满情绪,而传统的政治参与渠道又难以排解这种不满。因此,这些网络话题被众多网民共同关注并参与讨论时,就很容易形成针对政府的谴责和讨伐,引发网络危机事件。

3. 扩散性

互联网就像一个无数管道相通的网,没有区域和国家之别。各大网站就是网上的各个结点,只要点击鼠标,任意两个结点之间都可以随意交换信息,而且通过强大的网络搜索引擎,可以将不同网站所有有关信息都连接起来。这种信息串联机制使得网络舆论的形成往往非常迅速,一个热点事件加上一种情绪化的意见,就可以成为点燃一片舆论的导火索。当某一个事件发生时,网民可以立即在网络媒体上发表意见,如果加上一些别有用心的人的煽动,网民个体意见可以迅速地汇聚起来形成负面的公共舆论。同时,各种渠道的意见又可以迅速地进行互动,从而迅速形成强大的舆论声势,产生严重的负面影响。

4. 难控性

在网络公共领域,网民个体和政府在话语权上是对等的,任何人都能成为新闻发布者和信息传播者,都可能成为信息权利的中心。舆论主导权被分散,以至于没有谁总是能够成为意见领袖。很多网络危机往往起源于一些网民的临时或偶然行为,包括偶然拍摄的照片或视频等,这使得地方政府往往难以预防与掌握。同时,网络的匿名性剥去了网民在现实生活中的"理性外衣",保证网民可以态度偏激、言语激烈甚至无所顾忌地表达观点,这就使得那些形成的所谓基本一致的看法其实是带有很多的偏见、偏激成分的。如果再加上一些别有用心的"网络领袖"的煽风点火和网民的盲目跟从,则网络上群体极化现象较现实情况就更为明显,经过网民热烈参与和讨论的网络舆论,经常以形成极端观点为结局。如果一些地方政府没有能力和手段处理,或者不够明智、采取压制信息传播的手段,网络危机就会演绎得更加激烈,使地方政府处于更为被动的局面,不易控制。

5. 广泛性

在传统媒体占据垄断地位的时代,危机的局部特征性强,某种负面信息第一时间只能影响到媒体覆盖区域。而在网络时代,网络传播信息的空间远远超过传统媒体。互联网上每个结点间,彼此有着无数通道都能够随意交换信息,而且通过强大的引擎,可以将不同网站所有同类事件报道都连接起来。这种信息串联机制使有关政府某一事件的负面舆论,可能在极短的时间内就传遍世界任何一个网络所能够延伸到的角落。地区性危机常常演变成全国性甚至国际性危机。

6. 持续性

持续性即危机延续性时间长。由于网络信息具备可以多次重复的传播特性,导致政府在危机结束后很长一段时间内,仍需继续关注网络上关于危机时间的报道、网民的反应。因为,尽管危机可能早已结束,但是一些对政府造成负面影响的消息仍有可能不断地被复制、粘贴去误导其他公众,从而给政府造成新的危机。

7. 严重性

公共事件危机挑战的只是政府决策能力与反应能力。只要政府在危机爆发之时及时做出反应,科学决策,及时化解危机,就能使政府公信力得到极大的提高。网络言论虽然只是公众意见的表达,甚至有时仅仅是公众情绪的反应,但是网络公众舆论不仅涉及政府形象,传播快、覆盖面广,还有可能会导致政府合法性危机,所以,政府网络危机相比公共危机而言,对政府形象所造成的危害可能会更大。

虽然网络危机与公共事件突发危机有不同的特点,但它毕竟是危机,也具有危机的特性。因此网络危机也表现为如下五个阶段。

(1) 危机酝酿期。尽管网络危机由于信息传播速度快导致危机酝酿时间可能非常短,但是网络危机的诞生还是一个从量变到质变的过程。如果政府对网站或论坛出现批评性或负面言论的帖子没有进行及时处理,很可能导致网络危机的爆发。

(2) 危险爆发期。当事件突破预警防线,网络危机便进入爆发期,并会威胁到政府的形象,如果不立即处理,危机等级将进一步上升,其强度会更大,范围会更广。

(3) 危机扩散期。当网络危机大规模爆发时,会对其他领域产生连带的影响,有时会冲击其他领域,造成不同程度的连锁危机。

(4) 危机处理期。危机处理期是危机生命周期最重要的关键时期,后续发展完全取决于政府决策者的专业水平。

(5) 后遗症期。网络危机经过紧急处理后,可能得到解决,但无效的处理可能使网络危机的残余因素经过发酵,使危机进入新一轮的酝酿期[1]。

---

① 林景新.网络危机管理.广州:暨南大学出版社,2009

二、政府网络危机管理的原则

（一）注意态度

危机发生时，政府对网民应采取真诚沟通的方式，尤其杜绝居高临下、自以为是的态度。公权力是人民赋予的，政府在行使公权力的同时必然要顾及公众的情感。尤其对于网络受众这一特性突出的客体，公众很在意政府是否关注自己的利益和感受，危机公关能否有效的关键首先取决于政府作为主体的态度。

（二）承担责任

有些官员在突发事件发生时，考虑的不是如何及时处置问题，而是如何在第一时间消除对自己政绩的不良影响，这样的做法在网络推动下很容易被识破和遭到批判，必然会导致群众对政府的公信力下降，进而损害政府在人民群众心目中的形象。因此，推卸责任是不可取的，政府应做的是严查事实真相，采取果断措施，才能控制事态发展。

（三）迅速反应

网络媒体的时效性在所有传统媒体之上，因而突发事件一旦发生便会迅速传播，非常考验政府部门的迅速反应能力。如果等到舆论哗然还按兵不动，甚至根本没有察觉到危机的发生，就失去了危机公关的黄金时机，最终在社会舆论推动下被动地反复道歉和解决问题，这也是政府和社会不愿看到和经历的。

（四）公开表达

网络公众最需要的是知情，人对未知的东西才会产生畏惧与强烈的求知欲。网络危机事件性质不明和过多的猜测，往往是谣言产生和传播的重要原因。当网络事件演变成公共事件后，面对受众的疑惑，相关政府机关便无权保持沉默，有责任让公众了解事件的真相。公众追问真相、政府给出真相，才能在捍卫公众知情权、参与权、表达权、监督权时形成良性互动，才能保护公众参与热情，重振政府公信力，才是真正对地方、对全国人民的"负责任"之举。

三、政府网络危机管理策略

（一）构建网络危机预警体系

政府网络公关预警体系是指对政府管理过程中出现的风险，通过筛选、评估、分析、监控、处理及反馈等各个环节,以达到化解危机重塑政府形象的目的而形成的一套管理系统。

政府网络公关预警系统结构的设计:按管理信息系统的基本组成并结合政府网络公关预警系统的特殊设计而成,由网络风险感染区、评价指标和网络风险预警区三部分组成①。

1. 网络风险感染区

一是未验证网络信息。这是指未经过网络审查部门审查通过的遍布于网络载体的各种离散型信息。大量未验证网络信息的出现,给政府网络监管带来很大的困难,给网络环境及社会的良性运转带来巨大的危机,成为网络风险的主要来源。二是风险因子。未验证网络信息的出现既是一个制度问题,也是一个技术问题。而一些通过审查的网络信息也有演变成网络风险的可能。网络投机、网络牢骚、网络炒作、网络谣言等这些基于不同背景和复杂目的的大胆运作,使网络成为一个熔炉,将那些通过验证和未通过验证的网络信息演变成夹杂着巨大危机性的网络感染源。

2. 评价指标

风险因子只有经过严格的风险评估才能进入预警系统。我们从事件的发生发展过程中提炼选取以下四个比较典型的指标构建网络风险评价指标体系。一是网络关注。网络的开放性,使得经常出现一些热点话题并形成关键词语,吸引着网民注意并讨论这些事情。网络关注这一指标的出现,弥补了传统上的仅以信息接收率单一指标作为网络信息考察工具的弊端。网络关注指标由信息点击率、信息搜索排行榜和信息链接及转载率三个指标构成二级指标。二是网络评论。它是网络媒体的旗帜和灵魂,是判断一个网络媒体是否把握正确舆论导向的标尺。好的网络评论,不仅能开掘新闻事件的内涵,还是强化舆论引导功能的重要手段,能引导网民对新闻事件和社会问题的理解和评论。网络评价按评价的形式来说,有论坛上的评论、新闻跟帖、专家或网民的专栏评价等。长时间地持续接触这类语言符号会改变一个人对于这些内容的认识和看法。三是媒体介入。当网络热点事件发展到足够引起社会的关注时,各种新闻媒介为了取得新闻的时效性纷纷介入。新闻媒介主要包括新闻事业整体、新闻媒体实体和新闻工作者。这些新闻媒介主体的新闻伦理观念的差异和责任感的不同,将可能会使一些网络热点事件演变成为承载着巨大网络风险的商业行为,甚至演变成群体性事件,给社会的良性运转带来巨大危机。四是社会吸收和过滤。任何网络行为和网络操作最终都将面对社会公众,并对社会公众产生影响。因此,这些夹杂着各种意图,混合着多种利益的网络信息,都将考验着网络公民和社会公民的心理观念和生活理念,从社会群体来看将可能影响整个社会发展模式,对整个社会发展和运作构成极大的挑战,使一些网络风险变成社会风险。

3. 网络风险预警区

一是事件导入系统。它是对经过评价指标筛选过的危险事件进行初级的细化分析,

---

① 宁凌,刘亮,贾宝林.政府网络危机公关中的预警体系和风险控制.重庆科技学院学报,2011(3):34-35

具体可以从事件缘起、事件属性、社会反应度这三个指标进行梳理定位,这一环节实际上是整个预警系统细化分析的开始。二是专家分析系统。它是一个建立在专家分析基础上的数据库,把专家的分析结果整理成案例,以便在未来的处理事件中进行智能化模拟,通过计算机进行初步分析。在公关预警中,专家分析系统主要从事件敏感度、网民意愿、监管干预、其他热点事件干扰、预警级别判断五个指标进行分析,最后对所要考察的网络危机事件进行预警级别判别,以供政府网络管理者和相关决策者的参考,杜绝网络风险演变成网络危机事件。三是预警对策系统。危机事件的危机性不同,所要采取的预警对策也有所不同,主要包括技术处理、宣传引导、网络监管、法律惩戒四种措施。对于危害国家安全的网站、论坛、博客、QQ 群和境外 IP 等,可以依据相关法律规定予以查封。对于大多数网站来说,如果发表了不当言论,可采取网管人员及时提醒、删除、取消发言权等方法,控制错误言论传播。四是风险反馈系统。任何网络危机事件的处理都会有一个结果,或者是预警对策得力、网络危机事件淡化和消除,或者是预警对策不当、网络预警升级。第二种结果是非常危险的,将可能导致网络危机事件恶化升级转变成社会范围内的群体性事件,危害社会和谐。因此,及时、有效地采取科学化方案将危机事件扼杀在萌芽状态是十分必要的。

(二)积极传播应对网络危机

很多热点事件都有这样的传播规律:网络播种,传统媒体发芽,网络开花,传统媒体结果。因此,发生舆论危机时政府要发挥网络传播与传统传播的合力,即通过传统媒体进行积极的形象传播,引导舆论方向,同时又要通过政府门户网站、微博积极主动地公布信息,还要运用超链接的功能与著名的商业网站、论坛建立合作关系,将政府形象传播搬到网络空间。具体要抓住传统媒体、政府网站、微博和主流网站等开展积极而有效的传播沟通①。

1. 发挥传统媒体优势

在新媒体兴起之后,传统媒体的影响力依然不可小觑。与新媒体相比,传统媒体的优势表现在以下方面。

(1) 影响范围比较广,公信力较高。新媒体传播的技术平台是网络,所以在时效性方面传统媒体在公信力、专业性方面有着独到的优势。在新媒体传播中,尤其是在论坛、博客、微博中每个人都可以发布信息,且信息量大都未经审核,因此谣言与真相并存,可信度不高。而传统媒体的"三审"制度保证了新闻的真实性,因此也使之具有高于新媒体的公信力。北京师范大学张洪忠博士 2010 年曾与《现代广告》共同发起了中国媒介公信力系列调查,结果表明:以北京为例,电视、报纸分别以 72.8%、13.7%位居前两位,遥遥领先于 4.48%的网络和 0.13%的手机媒体。

(2) 传统媒体人员素质高、专业性强。传统媒体的从业人员是职业化的新闻传播工

---

① 鲁远,甘根华,龚齐珍,等. 信息公开——化解政府网络危机的有效途径. 中共南昌市委党校,2012(10):46-51

作者,他们接受过专门的新闻传播理论教育和事业训练,能够把握新闻传播事业的本质和内在规律。在如何最大限度地揭示事件真相,如何最准确地传达各方观点,如何最深入地报道事件等方面,传统媒体都有着其他新兴媒体所不能比拟的优势。

因此在危机发生后,政府要善于与传统媒体合作,充分发挥传统媒体在公信力、专业性方面的优势。要利用传统媒体及时对危机的处理过程进行全面的披露和解读,深度报道危机事件及处理过程,传达政府态度观点,从而稳定公众情绪,引导公众的思想和观念,凝聚社会力量,形成有利于危机解决的良好的社会氛围,树立政府良好形象。

2. 利用政府网站权威

政府网站是各级政府对外的主要窗口,是公众与政府交流的平台,获得政府信息的主要渠道。目前我国各地、市、县、区基本上都建有政府网站,但很多地方政府网站由于资源匮乏、深度有限、内容更新不及时、投诉建议不回复等问题,导致网站认知度不高,丧失信息传播权威的地位,使政府在网络舆论危机应对中常常处于旋涡的边缘,没有能力引导舆论走向。

政府网站要树立自己的权威地位,首先要完善政府信息公开机制,丰富信息公开形式。将传统媒体与网络平台结合,建立多层次、全方位的信息公开渠道;加大信息公开力度,进一步推进涉及公众的政府信息的全面公开。信息公开面要广、程度要深、信息更新要及时。群众意见和建议要及时处理和反馈。只有日常工作做好了,才能获得公众的广泛认可,危急时刻提供的信息才能得到公众的信任。

危机发生后政府应在自己的门户网站上迅速采取行动,公开事实真相,解释事件的具体情况,及时更新事件的发展情况。由于公众对危机事件的关注度很高,他们迫切希望获得相关的所有最新消息。因此,政府网站要随时更新反映突发事件进展的信息,确保公众每次登录政府网站都能获得最新消息。还可在网站中合理设置议程,将有关事件的相关信息发布在网站首页的突出位置,充分利用网络新闻、电子公告、网络论坛等形式及时准确地发布有关危机的最新、最真实的消息。让公众感觉到政府正在采取恰当的行动,力争尽可能地修复危机所造成的不良影响,提高公众对政府的信任度,为政府解决危机营造良好的舆论环境。

3. 借助微博开展沟通

微博在中国兴起于 2009 年,但自从出现后,就势如破竹,席卷全国。截至 2012 年年底,微博用户达到 3.09 亿,仅仅两年多时间就发展成为近一半中国网民使用的互联网工具。微博之所以获得公众如此的认可,除了极低的门槛之外,还与它体现的传播内涵有关。它改变了传统的信息传播模式。之前主流媒体的传播方式是自上而下的威严传播,即便是后来的互联网也仍然是网站主导信息传播,信息传播方式是单向的,信息的传播源头是少数的,人们获取信息的内容也是被动的。而微博出现之后,信息传播方向是信息通过人与人之间的"关注"、"被关注"网络,将自己和自己所关注的人所发布的信息,通过"转发",一层层地对外传播开来。这种裂变式的传播效应,一旦成功发起就会四下蔓延,快速复制,并在极短的时间内获得极大的传播效果。微博的低门槛使得用户前所未有的广泛,一百多字即可成文,手机即可发布,使得任何人、任何时候、任何地点都可以发布信息,每个人都是信息发布的源头。微博成为新的信息来源、舆论阵地、围观中心,甚至是公民维权的武器。

信息公开的目的就是要实现公开的最大化,而微博用户广泛,传播迅捷的特点正可以实现这一目的,所以政府应该充分重视微博平台,使之打造为大众与官方沟通的渠道。微博的传播速度很快、范围很广,短时间内即可聚合信息,形成舆论风暴。政府一方面可以通过微博掌握舆论风向,制定危机管理对策;另一方面可以利用微博的"短、平、快"天然优势,实时跟踪报道事件发生的过程,及时准确地公开信息、发布权威消息,进行舆论引导。

4. 主流网站回复信息

危机发生后争取权威的第三方为你说话,是危机公关能否成功的一个重要因素。第三方声音规模越大,声势越大,其影响也越大;第三方可信度越高,其说服效果越显著。公众在危机中追求的是真实、公正,与危机没有直接关系的"第三方"说的话更容易让人觉得真实、公正。从危机公关的角度,不同的组织应借助不同的第三方力量,如媒体、网民、专家学者、政府政要、学者、专栏作家等。目前,很多国家第三方都由媒体担任。

在我国,传统传媒作为政府宣传的"喉舌"一直没有完全独立于政府部门,所以在政府网络危机发生初期,在公众对政府部门一片质疑的情况下,不适合作为与事件没有直接联系的"第三方"。而新媒体中浏览量大、信誉好、有影响力的主流网站,由于与地方政府联系少,并且具有传统媒体不能企及的即时性、全球性、活动性,可以作为很好的第三方力量。所以地方政府要学会与主流网站合作,积极探索同网络媒体的合作模式,共同设置危机新闻的内容,引导公众对危机的看法。

首先,应当充分发挥网络多媒体的特性积极为网站提供图片、文字、视频等各种信息,借助网络媒体专题设置和链接详细介绍有关危机的知识,将整个危机发生的背景、地点、相关人物、过程、动态等情况,在网站上立体地全方位公开。

其次,可以邀请事件当事人、专家、学者、网络意见领袖、政府官员多角度解读事件,将事件可能产生的影响以及各方对危机的反思进行全景式展示,着重对政府措施予以详解,借助深度报道的形式来表露政府处理危机的举措。通过"第三方"传达政府部门解决问题的真诚态度,引导公众对危机的看法,最终实现转"危"为"机"。

(三)做好政府网络危机管理的基础工作

1. 加强网络公关队伍建设

加强网络公关队伍建设要着重建设好两支网络公关队伍:一是组建一支网评员队伍,把对负面舆情的引导作为政府日常工作的一部分。网评员通过在网上发表评论文章、博客、新闻跟帖等,用正确的思想教育公众,权威的信息满足公众,生动的形式吸引公众,为网民阐释社会热点,理性分析新闻事件,澄清事实、舒缓情绪、批驳谣言,牢牢掌握网络舆论的主导权。二是创建一支舆论引导员队伍,通过论坛问答、系统公告及主动导贴、积极跟帖、审核帖子的方式,达到对网上过激言论、消极思想进行引导的目的,强化舆论引导,发挥网络宣传工作的应有功效。

2. 正确对待"意见领袖"

据统计,网络上80%的声音一般由20%的网民发出,这20%的网民就是网络社会的"意见领袖"。在"大众传播—意见领袖—追随者"的传播过程中,"二级传播"往往比直接的大众传播更有说服力①。因为意见领袖的传播更有针对性、更灵活,更容易被受众接受和相信。"意见领袖"往往具有较高的理论素养,广阔的视野和较强烈的社会关怀,能够左右网民的判断并最终引导网络舆论的走向。因此,政府应尽量找到一些恰当的方式与这些"意见领袖"沟通,减少破坏性意见,增加建设性意见,或者聘请一些新闻评论家、行业权威的"意见领袖",更好地引导网络舆论。

3. 提高网络危机意识

随着我国网络舆论监督向纵深发展,越来越多的民众认识到网络在帮助他们"解决问题"时的可行性和重要性。因此,网络危机频发,深刻考验着基层干部的危机处理能力。

"学会正确处置网络舆情危机,已经成为当前地方党政干部面临的避不开、躲不过的现实课题。"②基层政府官员不仅要提高预防网络危机的认识,强化其危机意识,也要提高其处理网络危机的能力。

首先,要培养基层干部尊重网络民意的意识。网络危机归根结底是网络民意的极端体现,只有将网络舆论看成了解民意的通道,并克服抵制、害怕危机等不良心理,才能更好地发挥引导效应。

其次,要深刻挖掘网络危机的发生、发展规律,洞察网民的心理特征,才能有针对性地进行网络危机的处理。

最后,要提高处理网络危机的技巧,善于利用网络管制,借助各种手段,通过有效的信息沟通,化解网络危机。基层政府官员可以通过专门的网络危机培训,来提高认识及培养危机意识。

4. 建立良好的网络媒体关系

要掌握网络舆论主导权,首先政府要转变思维,积极建立与网络媒体的良好关系。通过举办各种交流会,推动政府与网络媒体合作,高度重视和积极推动网络媒体发展;提高政府和公共机构的透明度和公信力,促进社会各界的相互理解和交流;鼓励和支持网络媒体在搞好舆论监督和保障人民知情权、参与权、表达权、监督权等方面发挥重要作用。

5. 建立网络危机管理机构

可由地方政府设立一个专门的网络危机管理机构。机构职能至少要包括:安全预警、

---

① 李尚旗.高校网络舆情的作用及其管理.学术论坛,2011(2)
② 刘国军.网络舆情发展与地方政府社会治理考量.理论研究,2010(03)

危机状态跟踪、危机应急处理、危机影响评估。安全预警是通过对网络信息进行采集,搜集有关社会危机发生的信息,对可能引起危机的各种因素和危机的表达进行严密的监测,及时掌握危机变化的第一手材料,对未来可能发生的危机类型及其危害程度做出估计,并在必要时发出危机警报。危机状态跟踪,是在危机发生后,给政府提供需要全面的事态的现状及发展态势,帮助政府制订出具有针对性的危机解决方案,第一时间将危机处理好。危机应急处理承担着危机管理过程中的决策任务,要遵循危机处理原则及操作流程,还要考虑人员应急设备调度、危机状态的信息发布、民众危机反映意见的收集等工作。

6. 建立网络危机管理制度与流程

对政府而言,设立了组织结构后,还要用制度保证政府在危机处理过程中能有制可依,用流程规范危机处理时政府的行为。

政府网络危机管理,特别需要制定一整套全面、系统、可操作的危机管理制度和处理机制,以备不时之需。建立制度与流程应符合危机处理原则,应遵循科学性和有效性的特点。危机处理制度要能够知道决策者在考虑危机处理决策方案时,应符合国家和个人的哪些方面的利益,从而更明确地引导决策者去实施什么,避免什么。危机处理流程是危机发生时,政府各部门应充分遵守的具体活动实施细则。处理流程和制度必须根据相关领域的一系列科学方法和手段来进行,比如,充分运用运筹学、管理科学、行为科学、经济学等学科现有的发展水平来使具体活动的效果达到最优,或在活动选择上达到最优。

案例研究：杭州市政府的网络服务

"中国杭州"网上政府服务

"网上政府"是在信息社会的基础上产生的新型政府。"网上政府"是现实政府的延伸和创新。而政府门户网站是政府提高效率、提供政府公共服务的窗口,满足企业和公民对政府工作的知情权、参与权和监督权。以政府门户网站建设为切入点,带动电子政务建设,可以促进政府职能转变,创新行政管理体制,改进工作方式和工作作风,树立良好的政府形象。

"中国杭州"政府门户网站(http://www.hangzhou.gov.cn)从2003年建站之初,就秉持"执政为民"理念,以构建"方便、实用、为民"的网上政府为目标,以统一电子政务网络平台、提升办公业务系统、完善业务工作体系为支撑,包含着市政府及所属各部门的综合信息。在展示形象、发布信息、受理事务、提供服务等方面发挥了积极作用。

门户网站四大板块内容包括资料查询板块、政府信息公开板块、互动交流板块、政府服务板块。

1. 以公众为中心,整体构架清晰,追求简洁实用

按照服务对象对网站内容进行初步分类,打破政府部门界限,面向用户提供所需的专门服务。对于各类服务对象均能够按照应用主题提供覆盖生命周期所需服务内容,体现

客户意识。注重内容质量的重视程度，表现形式上追求简明实用，尤其在首页设计上，采用精练的目录式的设计风格，精简篇幅，容易让用户掌握内容整体构架。突出政府门户网站的"综合服务型"定位，使用者往往通过 3～5 次点击就可以得到所需的信息服务，在细节上重视人性化设计。

2. 以服务为核心，整合各类资源，办事功能强大

将提供在线办事类服务作为网站的主要内容，服务能力向纵深方向发展，重视资源整合，充分发挥政府门户网站作为资源整合平台的重要作用。在服务对象上，应从公众、企业、政府雇员和非营利性组织的角度出发，根据不同的人群和获取信息的特点提供特色服务。

3. 整合一站式在线服务

公民与企业无须了解政府组织的复杂结构和关系，不必为一件事分别登录多个政府网站。政府通过门户网站提供一站式业务，公民可以得到流程化服务。统一注册、数字认证、统一受理、统一反馈将成为未来门户网站办事的基本要求。

4. 重视运营效率，多方合作运营

政府网站建设中积极寻求与专业公司的合作，比如将工作外包，建立联盟，与私营公司建立合作等，以提高政府效率、节约政府支出。可以与杭州阿拉丁信息科技有限公司合作三维地图一样，和百度合作搜索，和杭州网合作媒体咨询与讨论；与阿里巴巴、慧聪等商业网站合作，拓展"杭州网站手拉手"活动，进一步让"中国杭州"政府门户网站成为杭州网站群的总枢纽。

5. 扩大民主与公众参与

公众可以通过门户网站向政府发送电子邮件、论坛或以网上投票方式进行参政议政，对行政决策的事项、方案选择等充分地发展意见和想法，表达利益诉求，提出服务需求，从而促进政府决策的民主化、科学化。

6. 提高政府门户网站互动的即时性

随着政府与公众双向互动的加强，迫切要求建立以电子邮件、短信、呼叫系统和即时通信技术为手段的信息交换和发布机制，要求系统对所有公众的请求都能迅速产生回应；提供全市人大代表、政协委员的联系方式，便于市民与代表、委员的联系沟通，使民意上升到监督层次，使其法律化。

7. 构建政府门户网站的绩效评估体系

建立政府考评与第三方测评相结合的评价机制，建立政府网站和信息资源开发利用绩效考评指标体系。通过绩效评估和激励措施实施的制度化和规范化，调动各方面的能动性和积极性，促进和规范网站建设，为政府网站可持续发展提供动力。

（资料来源："中国杭州"政府门户网站．http://www.hangzhou.gov.cn）

思考与讨论：

1. "中国杭州"政府门户网站包括哪四大板块内容？哪四个用户频道？
2. "中国杭州"政府门户网站提供哪些服务功能？
3. 试分析"中国杭州"政府门户网站网络办事流程。

实训项目：撰写政府网络公共关系考察报告

1. 实训目的

掌握政府网络公关的特点、原则与策略等。

2. 实训时间

1 课时。

3. 实训地点

实训室或者教室。

4. 实训步骤

（1）把全班同学分成若干组，每组 6～8 人。
（2）每组通过上网搜集和归纳政府网络公关的表现形式，并指出各自的利弊。
（3）每组针对某个政府部门开展网络公共关系的情况考察，撰写一份政府网络公关考察报告。
（4）教师点评、总结。

课后练习题

1. 网络媒体沟通的特征和形式是什么？
2. 举例说明政府网络公关的功能。
3. 政府网络公关的影响因素和形式有哪些？
4. 如何进行网络危机管理？
5. 案例评析

"天价烟"事件

危机事件发生

2008 年 12 月 11 日，《现代快报》上一篇名为《怪不怪？低于成本价卖方要被调查》的新闻被各媒体竞相转载，将南京市江宁区房产局局长周久耕推向了公众的视野。

在报道发出的前一天，周久耕接受媒体采访时曾表示，"对于开发商低于成本价销售楼盘，下一步将和物价部门一起对其进行查处，以防止烂尾楼的出现。"在老百姓普遍对于房价过高表示不满的大背景下,周久耕此番"敏感"的表态,点燃了大多数民众心中的怒火。12月11日下午,凯迪社区出现了一篇题为《遍撒英雄帖,追查南京市江宁区房产局局长周久耕》的帖子,号召网民对周久耕进行人肉搜索。

12月14日,一位名叫"华阁"的网友,在天涯社区发了一篇名为《赞一下那个声称要处罚低价房的房产局长,看人家抽的烟》,根据一副周久耕开会时的照片,"华阁"发现其抽的烟是1500元一条的"南京九五至尊"。之后,网友一方面顺藤摸瓜,从周久耕抽的香烟扩展到了衣服、手表等其他生活用品上,并将其在多个公开场合所戴各种不同名表的照片贴出,以证明其生活奢侈,另一方面将针对周久耕的检举信寄到了相关部门。

危机应对过程

(1) 网民的声音。12月17日,《周久耕局长周久忠经理人肉搜索新进展》的帖子再次将周久耕推向舆论的风口浪尖。帖子中称,周久耕与南京天创建设实业有限公司的总经理周久忠是亲兄弟关系,周久耕之前的言论有"官商勾结"、"徇私舞弊"之嫌。

(2) 周久耕回应。被网友"人肉搜索"之后,周久耕一直未出来直面媒体和公众,也没有进行相关的辟谣。但在2009年10月10日被判刑后,通过其律师,周久耕称自己在看守所内已经写就了一本长达35万字的长篇官场小说。他表示,写小说主要有两个目的:一是为了排遣在看守所的无聊,而且在看守所,有难得的清静,让他去反思和沉淀;二是为了总结一些这么多年的官场和人生感悟。

(3) 政府部门的措施。一位网名为"范福"的网友发帖称,自己给南京市房产局局长发了邮件,举报周久耕。市房产局给出的答复是"江宁区房产局不属于市房产局下属单位,隶属区政府管辖,其言行只代表区政府部门,你如有意见和建议请向区政府反映投诉"。

12月19日,《成都商报》上一篇题为《南京市纪检委:网络不可信,不会调查》的报道称,南京市纪检委10号接待员在接受记者采访时说"偶尔抽一包'九五至尊'香烟,尝尝鲜有何不可?"、"网络消息不可靠"、"纪委不会仅凭几张网络照片就调查周久耕"。

12月23日,南京市纪委表示,已经指示南宁区纪委依照有关规定进行调查,要求查明情况,依法依纪严肃处理,并解释了此前"10号接待员"的问题,指出这位接待员并不了解情况,市纪委有关领导对这种随意答复的行为,已进行了严肃的批评教育。

危机解决

2008年12月28日,周久耕因对媒体发表不当言论以及消费高档香烟等行为,被江宁区委按照有关程序免去其江宁区房产管理局局长职务。后经过深入细致的调查,纪检、监察机关逐渐掌握了周久耕涉嫌严重违纪的证据。

2009年2月13日,江宁区纪委决定对周久耕立案调查。随后,周久耕因严重违纪被开除党籍、开除公职,并被移送司法机关依法处理。

2009年8月5日,南京市检察院以受贿罪对周久耕提起公诉。

2009年10月10日,周久耕被南京市中级人民法院一审以受贿罪判处有期徒刑11年,没收财产人民币120万元,受贿所得赃款予以追缴并上交国库。经审理查明,周久耕在担任江宁经济技术开发区管委会副主任、江宁区民政局局长、江宁区房产局局长期间,利用职务之便,先后为有关单位和个人在承接工程、企业改制、人事调动等事项上牟取利益,共收受贿赂人民币1 071 257元和11万港元。法院认为,周久耕身为国家工作人员,利用职务之便,为他人牟取利益,非法收受他人财物,其行为已构成受贿罪。鉴于周久耕归案后,如实供述办案机关尚未掌握的同种较重罪行,并主动退出全部赃款,认罪态度较好,依法从轻处罚。

(资料来源:夏琼,周榕.大众媒介与政府公关.北京:人民出版社,2014)

案例思考:

(1)"天价烟"事件的导火索是什么?该事件为什么会一步步发展到不可收拾的地步?

(2)政府官员如何提高媒介素养应对"所有人对所有人"的新传播模式时代?

参 考 文 献

[1] [英]弗兰克·杰夫金斯. 公共关系理论与实践. 上海:复旦大学出版社,1989

[2] [美]斯蒂尔曼. 公共行政学. 北京:中国经济出版社,1989

[3] 德罗尔. 逆境中的政策制定. 上海:远东出版社,1989

[4] 黎祖交. 政府公共关系. 北京:求实出版社,1989

[5] 陈耀春,王笑南. 政府公共关系学. 北京:中国经济出版社,1991

[6] 张龙祥. 中国公共关系大辞典. 北京:中国广播出版社,1993

[7] [英]里杰斯特. 危机公关. 郭惠民,译. 上海:复旦大学出版社,1995

[8] 郭惠民. 当代国际公共关系. 上海:复旦大学出版社,1995

[9] 景春,胡钧浪. 政府公共关系理论与实践的若干思考. 惠州大学学报(社会科学版),1996(1)

[10] 孔德元,张岩松,吕绍平. 政府与公关. 青岛:青岛出版社,1997

[11] 傅箭星,陶长英. 政府公共关系亟待加强. 地方政府管理,1997(3)

[12] 宋湘华. 政府公共关系理论初探. 行政论坛,1997(10)

[13] 陈耀春. 中国政府公共关系. 北京:中国经济出版社,1999

[14] 殷晓蓉. 议程设置理论的产生、发展和矛盾——美国传播学效果研究的一个重要视野. 厦门大学
     学报(哲社版),1999(2)

[15] 张岩松. 企业公共关系危机管理. 北京:经济管理出版社,2000

[16] 王洪萍. 浅谈政府公关. 天津市财贸管理干部学院学报,2000(4)

[17] 喻野平. "劝服说"能统一公关理论吗. 贵州民族学院学报,2000(4)

[18] [美]诺曼·奥古斯丁. 危机管理. 北京:中国人民大学出版社,2001

[19] 熊源伟. 公共关系学. 合肥:安徽人民出版社,2001

[20] 居延安. 公共关系学. 上海:复旦大学出版社,2001

[21] [美]斯科特·卡特里普,等. 公共关系教程. 明安香,译. 北京:华夏出版社,2001

[22] [美]罗伯特·希斯,危机管理. 王成,宋炳辉,金瑛,译. 北京:中信出版社,2001

[23] 蒋春堂. 政府形象探索. 北京:中国国际广播出版社,2001

[24] 方正松. 论政府网络公共关系. 求实,2001(4)

[25] 王兴顺. 政府公共关系概述. 辽宁行政学院学报,2001(4)

[26] 段彬群. 论政府公共关系的有效性. 地方政府管理,2001(9)

[27] 刘文光. 试论建设有中国特色的政府公共关系. 理论导刊,2001(11)

[28] [美]劳伦斯·巴顿. 组织危机管理. 符彩霞,译. 北京:清华大学出版社,2002

[29] [美]艾伦·森特,斯科特·卡特里普. 有效的公共关系. 北京:华夏出版社,2002

[30] [美]伦纳德·萨菲尔. 强势公关. 梁浚洁,段燕,译. 北京:机械工业出版社,2002

[31] 徐美恒,李明华. 公共关系管理学. 北京:中国人民公安大学出版社,2002

[32] 江曼琦. 对城市经营若干问题的认识. 南开大学学报(哲社版),2002(5)

[33]俞滨洋．城市规划·城市经营·城市品牌．城市规划,2002(6)

[34]薛澜,张强,钟开斌．危机管理——转型期中国面临的挑战．北京:清华大学出版社,2003

[35]阎良,翟昆．社会危机事件处理的理论与实践．北京:中共中央党校出版社,2003

[36]杨利．谈领导形象及其塑造．中共合肥市委党校学报,2003(2)

[37]刘卫东．城市形象之我见．城市规划,2003(4)

[38]徐苏宁．城市形象塑造的美学和非美学问题．城市规划,2003(4)

[39]何子张．量力而行经营城市形象．城市规划,2003(5)

[40]钟倩．新闻发言人制度与公共关系管理．当代传播,2003(6)

[41]赵宇峰．美国政府的公关发展对我国政府形象建设的启示．江西社会科学,2003(12)

[42]杨为民．公共关系也是生产力．中国工商,2003(12)

[43][美]阿尔·里斯,劳拉·里斯．公关第一、广告第二．罗汉,虞琦,译．上海:上海人民出版社,2004

[44]詹文都．政府公共关系．广州:华南理工大学出版社,2004

[45]刘妍．个性化魅力:政府领导形象的核心．中国四川省委省级机关党校学报(新时代论坛),2004(1)

[46]周莹．新闻发布会:政府传播的重要形式．新闻知识,2004(12)

[47]汪磊．新闻发布会在协调政府公共关系中的作用．改革与战略,2004(2)

[48]张岩松．构建社会主义和谐社会的政府公共关系．光明日报,2004-12-02(B4)

[49]张岩松．政府危机管理机制与对策初探．行政论坛,2004(3)

[50]王萍．如何塑造良好的国家公务员形象．辽宁行政学院学报,2005(1)

[51]钱志鸿,陈田．发达国家基于形象的城市发展策略．城市问题,2005(1)

[52]张昆．重视国家形象的对外宣传与传播．今传媒,2005(9)

[53]谢昕,王小增．基于公共行政理念的政府公共关系发展历程探析．湖北社会科学,2005(9)

[54]李广斌,王勇,袁中金．城市特色与城市形象塑造．城市规划,2006(02)

[55]汪三汉,谭雅宁．媒介传播与国家形象构建．中华女子学院山东分院学报,2006(3)

[56]曲士正．论我国政府危机管理的含义、原则及对策．理论界,2006(8)

[57]杜创国．公共关系实用教程．北京:清华大学出版社,2007

[58]孟建,李晓虎．中国政府新闻发布制度的理论探析．现代传播,2007(3)

[59]张昆,徐琼．国家形象刍议．国际新闻界,2007(3)

[60]于洪平．论城市形象的塑造与营销．东北财经大学学报,2007(6)

[61]唐钧．政府公共关系策略与实务．北京:中国传媒大学出版社,2008

[62]国务院新闻办公室新闻局．《政府新闻发布工作手册》连载之二:政府新闻发布会、新闻发言人和新闻发布．对外传播,2008(2)

[63]张珂．网络对外传播与国家形象塑造．新闻窗,2008(2)

[64]国务院新闻办公室新闻局．《政府新闻发布工作手册》连载之三:政府新闻发布的主要形式．对外传播,2008(4)

[65]国务院新闻办公室新闻局．《政府新闻发布工作手册》连载之四:政府新闻发布的策划．对外传播,2008(5)

[66]张岩松．增强政府开展公共关系的能力．大连日报,2008-08-08(B3)

[67]国务院新闻办公室新闻局．《政府新闻发布工作手册》连载之五:政府新闻发布的策划．对外传播,2008(9)

[68]谢金林．网络空间政府舆论危机及其治理原则．社会科学,2008(11)

[69] 曹劲松,庄伟伟.政府新闻发布.南京:江苏人民出版社,2009

[70] 林景新.网络危机管理.广州:暨南大学出版社,2009

[71] 唐钧.政府公共关系.北京:北京大学出版社,2009

[72] 吴有富.政府国际公关在塑造中国国家形象中的作用.探索与争鸣,2009(2)

[73] 王洁.试论国家公务员形象的塑造.中共伊犁哈萨克自治州委党校学报,2009(2)

[74] 杨群瑛.汶川地震的危机公关.南方论刊,2009(5)

[75] 王启凤.公共关系在构建城市软实力中的应用研究.重庆科技学院学报(社会科学版),2009(9)

[76] 常春圃.公共危机管理中的政府公共关系.商场现代化,2009(10)

[77] 王妍.信息化背景下我国政府公共关系研究.山东行政学院、山东省经济管理干部学院学报,2009(10)

[78] 贾宝林.网络公关:地方政府与社会关系和谐的新探索.理论导刊,2009(12)

[79] 鲁远,董利华,徐杰.地方政府网络危机管理.中共南昌市委党校,2009(12)

[80] 廖为建.政府公共关系.北京:中国人民大学出版社,2010

[81] 中国国际公共关系协会.最佳公共关系案例.北京:企业管理出版社,2010

[82] 郭文臣.管理沟通.北京:清华大学出版社,2010

[83] 李小园.提升领导形象增强领导能力.党政干部论坛,2010(3)

[84] 刘国军.网络舆情发展与地方政府社会治理考量.理论研究,2010(3)

[85] 夏琼,周榕.大众媒介与政府公关.北京:人民出版社,2014

[86] 李长月.文化软实力提升与城市形象公关.西南农业大学学报(社会科学版),2010(9)

[87] 洪建设.政府公关.北京:北京大学出版社,2010

[88] 冯丙奇,齐小华.政府公关操作.北京:清华大学出版社,2011

[89] 费爱华,李程骅.政府媒体公关.南京:江苏人民出版社,2011

[90] 陈柳钦.城市形象的内涵、定位及其有效传播.湖南城市学院学报,2011(1)

[91] 赵健羽.我国地方政府网络公关能力问题及其对策.重庆科技学院学报,2011(2)

[92] 李尚旗.高校网络舆情的作用及其管理.学术论坛,2011(2)

[93] 何辉.中国国家形象广告:策略与效果.对外传播,2011(3)

[94] 李军鹏.完善政府公众诉求回应体系,打造回应型政府——以九江市政府"民声直通车"为例.行政论坛,2011(3)

[95] 宁凌,刘亮,贾宝林.政府网络危机公关中的预警体系和风险控制.重庆科技学院学报,2011(3)

[96] 王苏洲.城市形象的四维定位——以简析赣州为例.科技经济市场,2011(5)

[97] 齐磊,王娟.转型期公共危机预警机制的构建.中州大学学报,2011(8)

[98] 吕小娟,刘鹏.网络公关——政府公关的新途径.管理纵横,2011(9)

[99] 卢燕.西安构建区域性金融中心的目标定位模式选择与对策研究.商业时代,2011(13)

[100] 胡建华.中国基层政府网络危机管理的引导策略.经济研究导刊,2012(30)

[101] 齐小华,殷娟娟.政府公共关系案例精析.北京:中国人事出版社,2012

[102] 张岩松,张国桐.公共关系实务.北京:清华大学出版社,2012

[103] 刘梦琴,刘智勇.论政府公共关系的基本原则.软科学,2012(1)

[104] 吴玉宗.提升政府公共关系水平研究.社会科学研究,2012(2)

[105] 杨华.浅议公务员形象与礼仪修养.特区实践与理论,2012(4)

[106] 罗忠政.多元舆论生态下的政府危机应对策略——以深圳"5·26"事件为例.特区事件与理论,2012(4)

[107] 王莉．论城市形象管理的内涵、原则及程序．长沙大学学报，2012(5)

[108] 陈靖宇．网络公关视角下政府网络舆情的引导策略．淮北师范大学学报(哲学社会科学版)，2012(6)

[109] 翁惠娟，张玉领．"观念"在城市形象传播中的作用——以"深圳十大观念"传播推广活动为例．新闻世界，2012(7)

[110] 熊玄，翟晨．简析中国国家形象的构建与传播——以2011年若干热点事件为例．新闻战线，2012(8)

[111] 鲁远，甘根华，龚齐珍，等．信息公开——化解政府网络危机的有效途径．中共南昌市委党校学报，2012(10)

[112] 刘丽霞．完善政府网络公关树立政府新形象．中国工商管理研究，2012(12)

[113] 胡建华．我国基层政府网络危机管理的困境及对策．前沿，2012(20)